팀 켈러의 설교

Preaching
by Timothy Keller
Copyright © 2015 by Timothy Keller
Korean Translation Copyright © 2016 by Duranno Ministry

This Korean edition published by arrangement with Redeemer City to City c/o McCormick Literary, New York, through Duran Kim Agency, Seoul.

이 책의 한국어판 저작권은 듀란킴 에이전시를 통해 Timothy Keller c/o McCormick & Williams와 독점 계약한 두란노서원에 있습니다. 저작권법에 의하여 한국 내에서 보호받는 저작물이므로 무단 전재와 무단 복제를 금합니다.

팀 켈러의 설교

지은이 | 팀 켈러
옮긴이 | 채경락
초판 발행 | 2016. 9. 21
19쇄 발행 | 2024. 6. 20
등록번호 | 제1988-000080호
등록된 곳 | 서울특별시 용산구 서빙고로65길 38
발행처 | 사단법인 두란노서원
영업부 | 02)2078-3333 FAX | 080-749-3705
출판부 | 02)2078-3330

책값은 뒤표지에 있습니다.
ISBN 978-89-531-2625-1 03230

독자의 의견을 기다립니다.
tpress@duranno.com www.duranno.com

두란노서원은 바울 사도가 3차 전도 여행 때 에베소에서 성령 받은 제자들을 따로 세워 하나님의 말씀으로 양육하던 장소입니다. 사도행전 19장 8-20절의 정신에 따라 첫째 목회자를 돕는 사역과 평신도를 훈련시키는 사역, 둘째 세계선교™와 문서선교단행본·잡지 사역, 셋째 예수문화 및 경배와 찬양 사역, 그리고 가정·상담 사역 등을 감당하고 있습니다. 1980년 12월 22일에 창립된 두란노서원은 주님 오실 때까지 이 사역들을 계속할 것입니다.

팀 켈러의

설교

팀 켈러 지음 | 채경락 옮김

두란노

감사의 말

먼저 나의 첫 목회지(1975-1984년)였던 버지니아 주 호프웰의 웨스트호프웰장로교회 성도들께 감사하고 싶다. 신학교를 갓 졸업한 스물네 살의 나이에 호프웰에 갔다. 당시 설교학 성적이 C 학점이었는데, 당연한 점수였다. 웨스트호프웰장로교회에서 나는 주일 오전, 주일 저녁, 수요일 밤마다 매주 다른 본문으로 강해 설교를 했고, 여기에 결혼예배와 장례예배, 가정 심방, 지역 학교 채플에 수련회까지 한 달 평균 두어 번의 과외 설교가 있었다. 힘겨운 시간이었는데, 서른세 살이 되기까지 9년 동안 설교한 분량을 모아 보니 대략 1,500편이었다.

정말로 버거운 일이었지만, 내 곁에는 공동체의 사랑과 지지를 보여 주는 성도들이 있었다. 심히 연약했던 내 초기 사역을 성도들의 사랑 덕에 따뜻한 존중 가운데 행할 수 있었다. 작은 마을의 작은 교회 사역은 관계의 비중이 굉장히 크다. 내 설교에 대해 나는 거의 모든 사람과 폭넓게 대화를 나눌 수 있었다. 이를 통해 설교 어느 대목이 불분명했는지 어느 부분에서 성도들의 필요를 놓치고 있었는지, 그들의 반대 의견과 의문을 제대로 다루지 못한 대목은 어디였는지 깊이 파악할 수 있었다. 목양실에서의 만남을 통해 설교의 어떤 부분이 삶의 변화라는 아름다운 열매를 거두고 있는지도 확인할 수 있었다. 물론 그러지 못한 대목도 확인하면서 말이다.

실천과 피드백은 시너지를 일으켰다. 설교 후에 듣는 성도들의 진심 어린 피드백은, 내가 만약 다른 곳으로 갔더라면 결코 경험하지 못했을 설교의 커다란 진보를 선물해 주었다. 다른 곳이었다면 그토록 열심히 사역하지도, 그렇게 큰 사랑을 받지도 못했을 것이다.

또한 1984년에서 1989년까지 5년 동안 설교학을 가르쳤던, 필라델피아의 웨스트민스터신학교의 학생들과 교수들에게도 감사를 표하고 싶다.

현장 설교자로서 나는 이 주제에 관해 오랫동안 책을 쓰고 싶었지만, 너무나 어려운 일임을 깨달았다. 현역에 있는 많은 사람이 그러하듯, 내 머릿속에도 세밀한 사항에 대한 조언거리들로 가득했다. 조력자들의 수고가 필요했는데, '리디머 시티투시티'(Redeemer City to City)의 동료인 스캇 카우프만(Scott Kauffmann)과 펭귄 랜덤하우스에서 내 책을 오랫동안 편집해 준 브라이언 타트(Brian Tart)의 도움에 힘입어 오늘날 설교 사역이 수반하는 핵심적인 윤곽을 분별할 수 있었다.

변함없이 1년에 몇 주간씩 산뜻하고 가지런히 정리된 환경 속에서 집필할 수 있도록 배려해 준 린 랜드(Lynn Land), 메리 코트니 브룩스(Mary Courtney Brooks), 제니스 워스(Janice Worth), 존과 캐롤라인 트위

네임(John and Carolyn Twiname)에게 감사를 표하고 싶다. 마지막으로 내게 있어 최고의 비평가요, 말씀 설교자로서의 내 삶과 사역에 가장 열렬한 지지자인 아내 캐시(Kathy)에게 고마움을 전한다.

contents

PART 1

말씀을 섬기는 설교
─ 설교자는 성경 본문의 진리를 향한 책임이 있다

PART 2

사람들에게 다가가는 설교
─ 설교자는 청중의 삶을 향한 책임이 있다

진리를 효과적으로 전하기 위해
고민하는 이들에게

말씀 사역의 세 가지 레벨

호주 신학자 피터 애덤(Peter Adam)은 우리가 "설교"라고 부르는 것 즉 주일날 한자리에 모인 회중을 향한 공식적인 대중 연설이, 성경에서 유일하게 "말씀 사역"(행 6:2, 4 참조, NIV)이라는 표현을 쓴 형태라고 논한다.[1]

오순절 성령 강림 사건의 현장에서 베드로는 '하나님이 그분의 영을 모든 사람에게 부으실 것이니, 너희 자녀들은 예언할 것이다'라는 선지자 요엘의 말을 인용했다(행 2:17 참조). *Theological Dictionary of the New Testament*(신약 신학사전)에서 게르하르트 프리드리히(Gerhard Friedrich)는 영어 신약성경에 "preaching"(전도, 복음 전파, 설교) 혹은 "proclaiming"(복음 전파, 선포)으로 번역된 헬라어 단어가 최소 33가지라고 밝힌다. 애덤이 조사한 바로는, 이 단어들 전부가 대중 연설 행위를 지칭하고 있지는 않다.[2] 예를 들어, 사도행전 8장 4절은 사도들 말고도 수많은 그리스도인이 여기저기 다니며 메시아를 선포했다고 기록한다. 이 말은 모든 신자가 청중 앞에 일어서서 설교했다는 의미가 아니다. 또 브리스길라와 아굴라는 아볼로를 집으로 데려와 그리스도의 말씀을 설명해 주었다(행 18:26 참조).

성경에서 우리는 최소한 세 가지 레벨의 '말씀 사역'을 구분할 수 있다. 바울은 모든 신자에게 그리스도의 말씀이 그들 속에 풍성히 거하게 하고, 또한 모든 지혜로 서로 가르치며 권면할 것을 당부한다(골 3:16 참조). 모든 그리스도인이 '가르침'(디다스칼리아, *didaskalia*; 무언가를 지도하는 활동을 지칭하는 헬라어)과 '권면'(누쎄테오, *noutheteo*; 삶의 변화를 촉구하는 강한 조언을 일컫는 헬라어)을 통해 성경의 교훈을 다른 이들에게 전할 수 있어야 한다는 말이다. 이는 주로 일대일 대화 속에서 이루어지며, 비공식적이지만 신중하게 이루어져야 한다. 이것이 말씀 사역의 가장 기초 형태다. 이 형태를 '레벨 1'이라고 부르자.

다양한 말씀 사역을 스펙트럼 모양으로 펼친다면, 보다 형식을 갖춘 공식적인 형태의 끝자락에 '설교'가 있다. 말하자면 회중을 향해 선포하는 대중 설교나 성경 강해인데, 이를 '레벨 3'이라고 부르겠다.

사도행전에 이런 형태의 설교가 많이 소개되어 있다. 대체로 베드로와 바울의 설교가 이에 해당하고, 여기에 이스라엘 역사를 요약하는 스데반의 연설 정도가 추가된다. 사도행전이 워낙 많은 대중 연설을 소개하기 때문에, 사도행전의 저자인 누가의 관점에서 초대교회의 발전은 사실상 설교의 발전과 궤를 같이 했다고 볼 수 있다.

한편 '비공식적인 기독교적 대화'와 '공식적인 대중 설교' 사이에, 말씀 사역의 '레벨 2'가 존재한다. 사도 베드로는 '말하기'의 영적 은사에 관해 다음과 같이 묘사한다.

> 각각 은사를 받은 대로 하나님의 여러 가지 은혜를 맡은 선한 청지기같이 서로 봉사하라 만일 누가 말하려면 하나님의 말씀을 하는 것같이 하고 누가 봉사하려면 하나님이 공급하시는 힘으로 하는 것같이 하라 이는 범사에 예수 그리스도로 말미암아 하나님이 영광을 받으시게 하려 함이니(벧전 4:10-11).

베드로는 영적 은사에 관해 말할 때 두 가지 매우 일반적인 단어를 사용한다.[3] 첫째는 말하기를 가리키는 헬라어 '랄레인'(lalein)이다. 신약의 나머지 부분에서 이 단어는 누구나 하는 단순하고도 일상적인 말을 지칭한다(마 12:36; 엡 4:25; 약 1:19 참조). 설교 사역을 가리킬 경우도 있는데, 예수님(마 12:46; 13:10 참조)이나 바울(고후 12:19 참조)의 설교를 서술할 때 사용된다. 그렇다면 위 말씀에서 베드로가 의미한 바는 무엇일까?

한편 로마서 12장, 에베소서 4장, 고린도전서 12, 14장에 소개된 바울의 은사 목록을 감안하면서 이 단락을 살펴보면, '말씀 사역의 은사'라는 총체적인 범주 안에는, 주일날 회중을 향해 선포하는 대중 설교 방식 외에, 다양하게 기능하는 은사들이 있음을 알 수 있다. 여기에는 개인적인 권면이나 상담, 전도, 개인 혹은 그룹 단위의 교육이 포함된다. 성경학자 피터 데이비즈(Peter Davids)는, 베드로가 '말하기'의 영적 은사에 관해 이야기할 때, "그리스도인 사이의 일상적인 대화를 말하는 게 아니고 …… [목회자]나 다른 교회 직분자들의 활동만을 일컫고 있지도 않으며", 오히려 상담과 지도, 가르침과 복음전도와 같은 여러 "언어적 은사"를 가진 모든 그리스도인을 가리킨다고 결론짓는다. 이 사역의 범주 안에는 설교만 있는 게 아니다. 그리스도의 말씀을 전하기 위한 다양한 교육과 대화가 포함되고, 토의를 인도하는 것도 포함된다.[4]

베드로는 대중 앞에서 말하는 사람뿐만 아니라, 여타 형식으로 말씀을 전하는 사람도 그들의 과업을 신중하게 수행해야 한다고 경고한다. 그리스도인으로서 성경을 가르칠 때 그들은 "하나님의 말씀 …… 같이"(벧전 4:11) 말해야 한다. 데이비즈는 "'같이'(as)라는 단어가 그들 자신의 말과 하나님 말씀 사이에 미세한 간격을 띄운다"라고 지적한다. 누구도 자신의 가르침을 성경 계시와 동일한 권위로 주장해서는 안 된다는 말이다. 그러면서도 베드로는 한 가지 놀라운 주장을 내놓는다. 성경의 가르침을 전하는 모든 그리스도인은 단지 그들 자신의 의견을 피력해서는 안 되며, 바로 "하나님의 말씀"을 전해야 한다는 것이다. 대중 설교에서와 마찬가지로, 어떤 그리스도인이라도 진리를 전할 때면 그들이 이해한 바 성경에 계시된 그대로 전해야 한다.[5] 그렇게 성경의 의미를 충실하게 설명한다면, 듣는 이들은 그 강해 속에서 하나님이 그들에게 말씀하시는 바를 들을 수 있을 것이다. 듣는 이가 단지 인간적인 재주의 산물이 아니라, 있는 그대로의 하나님 말씀을 듣게 될 것이라는 말이다.

모든 그리스도인은 비공식적이고 개인적인 만남에서 다른 누군가에게 그것을 풀이하고 적용해 줄 수 있을 만큼, 성경의 메시지를 충분히 이해해야 한다(레벨 1). 멀리 설교(레벨 3)까지는 아니더라도 레벨 2 수준의 말씀 사역을 수행하는 다양한 방법이 있는데, 거기에는 더 심도 있는 준비와 전달 기술이 필요하다. 오늘날의 레벨 2에는 글쓰기, 블로그 활동, 성경공부반이나 소그룹 인도, 멘토링, 신앙적 이슈에 관한 공개 토론회 진행 등을 들 수 있다.

이 책의 목표는 어떤 식으로든 자신의 기독교 신앙을 전달하려는 모든 그리스도인, 특히 레벨 2와 레벨 3 수준에서 전하려는 이들에게 길잡이가 되어 주는 것이다.

대체할 수 없는 설교만의 사명이 있다

오직 설교만이 말씀 사역이라는 비성경적인 믿음에 사로잡히는 것은 위험하다. 피터 애덤이 말하듯, 그것은 "감당할 수 없는 짐, 즉 성경이 다른 모든 형태의 말씀 사역에 기대하는 과업을 오로지 설교에 부담 지우는" 격이 될 것이다.[6] 어떤 교회도 하나님의 말씀에서 나오는 모든 삶의 변혁(요 17:17; 골 3:16-17; 엡 5:18-20 참조)이 오직 설교를 통해서만 나온다고 기대해서는 안 된다. 심지어 최고의 설교를 듣는 것만으로 자신이 그리스도를 닮아 갈 것이라고 기대해서도 안 된다.

우리 곁에는 "진리의 말씀을 옳게 분별하며"(딤후 2:15) 우리를 격려하고, 지도하고, 위로해 줄 다른 그리스도인들이 필요하다. 또 글로 우리 신앙의 성숙을 도와줄 기독교 작가들의 책도 있어야 한다. 교회 바깥에 복음이 필요한 자들에게 다가갈 방도가 오직 설교라고 기대하는 것도 옳지 않다. 내가 신앙을 갖게 된 것도 누군가의 설교나 말을 통해서가 아니라 책을 통해서였다. (혹 이 말에 놀란 사람이 있는가?) 우리는 교회 말씀 사역의 모든 짐을 주일 설교가 홀로 감당할 수 있다는 생각을 버려야 한다.

교회 사역에 있어 설교에 너무 과도한 짐을 지우고 있다는 애덤의 지적은 참으로 시의적절하다. 그런데 어쩌면 오늘날 교회가 당면한 가장 큰 위험은 이게 아닌지도 모른다. 우리는 권위에 대해 극도로 저항하는 시대를 살고 있다. 공적 선포에 드리운 자그마한 권위의 향취에도 많은 이가 저항감을 드러낸다. '진리'라는 말 자체에 과민 반응을 보이기에, 그것을 극복하기 위해선 상당한 전달 기술이 요구된다. 혹여 이런 현실 자체가 복음 사역을 위해 교회가 굳게 지켜 내야 할 설교의 중대한 본질을 이미 놓치고 있음을 의미하지는 않은지 심히 우려스럽다.

에드먼드 클라우니(Edmund Clowney)는 베드로전서 4장 10절에 대해 쓴 주석에서 다음과 같이 말한다.

> (특정인이 아니라─옮긴이주) 모든 그리스도인이 하나님 말씀에 대해 경의를 품고 분별하고, 성령의 도움을 구하며 그것을 다른 이에게 전해야 하는 것은 사실이다. 그러나 한편으론 하나님의 말씀을 …… 설교하기 위해 성령의 특별한 은사를 받은 이들이 있다. …… 하나님의 양무리를 돌보고 먹이는 특별한 직무를 위해서 말이다(벧전 5:2 참조). 교권주의에 대한 반동으로, 자칫 교회가 양무리의 부목자(under-shepherds)로 부름받은 이들이 담당하는 말씀 사역의 중요성을 망각할 위험이 있다.[7]

여기서 클라우니는 회중을 향해 말씀을 선포하는 것과, 단지 소그룹 성경 공부를 인도하는 것 사이의 '아무런' 질적인 차이를 보지 못하는 처사를 경고한다. 이 둘의 차이는 단지 형식이나 절차상의 문제가 아니다. 단지 참석한 사람의 숫자나 모임 장소의 규모, 혹은 연사의 발성이나 말의 빠르기가 차이 나는 게 아니다. 청중을 향해 설교해 본 사람이라면 누구나 설교와 성경공부, 나아가 설교와 강의 사이에 는 무언가 질적인 차이가 있음을 감지한다. 사도행전에 소개된 베드 로와 스데반, 바울의 연설을 살펴보면, 그들이 "하나님의 말씀 …… 같 이"(혹은 "하나님의 말씀으로"-옮긴이주) 메시지를 선포했을 때 무언가 특별 한 능력이 나타났음을 확인할 수 있다. 이는 하나님의 영이 공식적인 예배 모임에 부여하신 고유한 권위를 통해 나타나는 능력이다.

다양한 형태의 말씀 사역이 늘 필요하지만, 그럼에도 불구하고 설교라는 특별한 공식적 사역은 다른 것으로 대체할 수 없다. 피터 애 덤은 교회의 복음 사역은 "강대상 중심이되, 강대상에 제한되어서는 안 된다"라고 정리하며 절묘하게 균형을 맞춘다.[8]

이렇듯 말씀 사역에는 세 종류의 레벨이 있다. 셋 모두 중요하고 서로를 지지한다. 그리스도인 모임에서 그리스도를 공식적으로 설교 하는 것(레벨 3)은, 하나님이 백성에게 말씀하시고 백성을 세우시는 고 유한 방식으로서 레벨 1과 레벨 2에서 더욱더 유기적인 말씀 사역이 가능하게 하는 토대를 마련한다. 마찬가지로, 레벨 1과 레벨 2에서의 충실하고 숙련된 소통은 주의 백성이 설교를 보다 더 잘 받아들이게 준비시킨다. 이 책은 갈수록 회의적인 시대 속에서 어떤 형태로든 사 람들에게 삶을 변화시키는 성경의 진리를 전할 방도를 고민하는 모든 그리스도인을 위한 책이다. 특히 현장 설교자들과 교사들을 위한 개 론과 입문서가 될 것이다.[9]

좋은 설교란
무엇인가

두아디라 시에 있는 자색 옷감 장사로서
하나님을 섬기는 루디아라 하는 한 여자가 말을 듣고 있을 때
주께서 그 마음을 열어 바울의 말을 따르게 하신지라.
- 행 16:14

위대한 설교의 비결?

　설교 사역을 시작한 지 얼마 지나지 않아, 나는 청중의 반응에 일관성이 없다는 당황스러운 사실을 발견했다. 가끔은 설교가 끝나고 주중에 흐뭇한 피드백을 받았다. "그 설교가 제 삶을 바꿔 놓았습니다." "마치 목사님이 콕 찍어 저한테 말씀하시는 것 같았어요. 제 사정을 어떻게 아셨는지 신기했어요." "그 설교는 절대 잊지 못할 겁니다. 하나님으로부터 직접 나오는 말씀처럼 들렸습니다!" 이런 말을 들을 때면, 내가 모든 젊은 사역자의 간절한 바람인 '위대한' 설교를 해냈구나 하고 뿌듯했다.

　그런데 머지않아 같은 메시지에 대해 전혀 다른 반응을 보이는 사람도 있음을 알게 되었다. 예를 들어, '시시해하는' 식의 반응 말이다. 내 아내 캐시는 종종 이렇게 말했다. "오늘 설교는 나름 괜찮았지만, 최고는 아니었어요." 그런데 같은 설교를 두고 이튿날 어떤 성도가 찾아와서는 눈물을 머금은 채, 이 설교를 들었으니 더는 이전과 같은 삶을 살 순 없다고 고백하기도 했다. 이 상황을 어떻게 이해해야 할까?

처음에는 설교의 아름다움은 그저 듣는 사람마다 다르게 느끼는 것이라고 생각했는데, 지금 생각하면 그건 너무 자의적인 설명이었다. 어떤 설교는 설교자인 나 스스로 보기에 정말 잘 준비되었고 전달도 효율적이었다. 아내마저 동의하니 사실로 굳게 믿었다. 그런데 그렇게 괜찮은 설교가 실제 영향력은 거의 없는 경우도 있었고, 간혹은 내가 보기엔 그저 그런 설교인데 사람들을 변화시키는 강력한 힘을 나타내는 경우도 있었다.

사도행전 16장에 바울이 빌립보에서 교회를 개척하는 기사가 나온다. 그때 바울은 여러 여성들에게 복음을 제시했는데, 그중 한 사람이었던 루디아가 그리스도에 대한 믿음을 품었다. 주께서 그 마음을 열어 바울의 말을 따르게 하셨기 때문이다(행 16:14 참조). 모든 사람이 같은 연설을 들었지만, 루디아만 완전히 변화되었다. 이 대목을 너무 과하게 읽어서, 하나님은 오직 현장에서 전해진 메시지를 통해서만 역사하시고, 바울이 메시지를 준비할 때는 그를 돕지 않으셨다고 생각해서는 안 된다.

어쨌든 그럼에도 그 본문이 명확하게 가르치는 바가 있으니, 각 사람에게 설교의 영향력이 다르게 미치는 것은 하나님의 영의 역사로 인함이라는 사실이다. 바울이 설교 행위를 일컬어 청중에게 "말로만 …… 아니라 또한 능력과 성령과 큰 확신으로"(살전 1:5) 복음이 이르는 것이라고 묘사할 때, 아마도 그는 루디아를 염두에 두었을 것이다.

나는 나쁜 설교와 좋은 설교의 차이는 대체로 설교자 안에 있다고 섣불리 단정했다. 설교자의 은사와 기술, 특정 메시지에 대한 설교자의 준비 상태가 나쁜 설교와 좋은 설교를 가른다고 말이다. 성경 본문을 이해하고, 선명한 설교 개요와 주제를 추출하고, 설득력 있는 논증을 마련하고, 감동적인 예화와 비유, 실제적인 예화로 풍성하게 채우고, 심리적인 동기와 문화적인 전제들을 예리하게 분석하고, 현실의 삶에 구체적으로 적용하는 등 설교 준비에는 엄청난 공이 든다. 여러 시간에 걸친 고된 작업일뿐더러, 그걸 기술적으로 구성하고 전달하는 데는 수년에 걸친 연습이 필요하다.

그런데 나쁜 설교문과 좋은 설교문의 차이는 대체로 설교자의 책임이지만, 좋은 설교와 위대한 설교의 차이는 설교자와 더불어 청중의 마음에 역사하시는 성령의 역사에 달려 있다. 빌립보서의 메시지는 바울에게서 왔지만, 듣는 이들을 향한 설교의 효력은 성령으로부터 왔다.

무슨 말인고 하니, 그저 그렇게 준비된 메시지를 때로 하나님이 위대한 설교로 사용하실 수도 있다는 것이다. 예전에 한 사역자가 위대한 18세기 설교자인 대니얼 로랜드(Daniel Rowland)와 조지 휫필드(George Whitefield)를 비교해 달라는 질문을 받고는 내놓은 대답이 바로 이 맥락에서 나온 것이었다. 그는 두 사람의 설교는 공히 늘 위대한 설교였다고 대답했다. 그런데 로랜드의 설교문이 항상 좋은 설교문이었다면, 휫필드의 경우는 항상 그렇지는 않았다고 한다.[1] 특정 설교의 준비 과정과 상관없이, 휫필드의 설교에는 항상 하나님의 임재와 권능이 함께 따라오는 것이 느껴졌다.

'위대한 설교의 비결'에 관해 당신은 어쩌면 설교 구성 훈련을 돕는 일련의 지침을 기대했는지도 모르겠다. 그 지침을 곧이곧대로 따르면 거의 매번 위대한 설교를 할 수 있는 쪽집게 지침 말이다. 그런데 나는 그런 공식을 줄 수가 없다. 사실 그 누구도 줄 수 없다. 비결은 하나님의 지혜로운 계획의 심연에, 또 하나님의 영의 능력에 있기 때문이다. 지금 나는 많은 이가 말하는 소위 '도유'나 '기름부음'에 대해 이야기하는 것이다. 이 역동성 안에서 우리 설교자들이 감당할 역할에 대해서는 마지막 장에서 다루겠지만, 그것을 확실하게 보장할 수 있는 비법은 없다.

어떤 사람은 사역자의 기도 생활을 비결로 지목하는데, 나름 일리가 있다. 그런데 '그게 바로 위대한 설교의 비결입니까?'라고 묻는다면, 내 대답은 '예'인 동시에 '아니요'다. 깊고 풍성한 기도 생활은 위대한 설교와 좋은 설교를 위한 필수요소지만, 그 자체로 설교의 위대함을 보장하지는 않는다. 우리로선 하나님의 진리에 대한 우리의 설교가 '좋은' 전달이 되는 데 필요한 일들을 행해야 하지만, 우리의 전달을 얼마만큼, 또한 얼마나 자주 청중에게 '위대한' 전달이 되게 할지는 하나님께 맡겨야 한다. "네가 너를 위하여 큰 일을 찾느냐 그것을 찾지 말라"(렘 45:5).

건강한 설교는 사랑에서 나온다

이 구분을 오해하여 어떤 사람은, 복음 전달자가 할 일은 그저 성경 본문을 설명하고 '나머지는 하나님이 하시도록 맡기는 것'이라고 생각할 수도 있다. 그러나 이것은 설교 사역을 위협하는 위험한 오해와 축소다.

테오도르 드 베즈(Théodore de Bèze)는 종교개혁 당시 프로테스탄트 개혁주의의 창시자인 장 칼뱅(Jean Calvin)의 어린 동료이자 후계자였다. 칼뱅의 전기에서, 베즈는 당시 제네바의 위대한 설교자 세 사람을 회상하는데, 칼뱅과 기욤 파렐(Guillaume Farel), 그리고 피에르 비레(Pierre Viret)다. 베즈는 말하기를, 파렐은 설교 전달에 있어 가장 뜨겁고, 열정적이고, 강력한 설교자였다. 비레는 구변이 가장 뛰어나서, 청중들은 그의 기술적이고도 아름다운 언어에 매료되었다. 비레의 설교를 들으며 앉아 있노라면, 시간 가는 줄 몰랐다고 한다. 칼뱅은 가장 심오한 설교자로서, 그의 설교는 "가장 중요한 통찰들로" 빼곡히 채워져 있었다.

말하자면 칼뱅은 최고의 내용을 가졌고, 비레는 최고의 웅변술을, 파렐은 최고의 열정을 가졌다. 베즈는 "이 세 사람을 합쳐 놓은 설교자가 있다면 절대적으로 완전할 것"이라고 결론지었다.[2] 베즈는 그의 위대한 멘토인 장 칼뱅을 완전한 설교자로 인정하지 않는다. 칼뱅은 탁월한 내용을 확보했지만, 청중의 주의를 집중시키거나 설득하는 것, 마음을 사로잡는 데는 다른 이들만큼 기술적이지 못했다. 비레와 파렐의 설교가 더 흡입력 있고 감동적이었다.

기독교 역사상 첫 설교 매뉴얼로 꼽히는 책에서 성 어거스틴(St. Augustine)은, 설교자의 의무는 단지 프로바레(*probare*), 즉 지도하고 증명하는 것만 아니라, 델렉타레(*delectare*), 마음을 사로잡고 즐겁게 하며, 또한 플렉테레(*flectere*), 사람들의 마음을 휘젓고 감동시켜 마침내 행동하게 하는 것까지 포함한다고 말했다.[3] 어거스틴은 이교 철학자들을 향해 "파산 상태"라고 일갈하지만, 한편으로는 기독교 설교자들이 수사학에 관한 그들의 저작에서 배울 것이 있다고 믿었다. 헬라어 레토리케(*rhetorike*; 수사학-옮긴이주)는 플라톤의 대화록 《고르기아스》(*Gorgias*, 이제이북스 역간)에서 처음 등장하는데, '설득 작업'을 의미한다.[4]

고전학자 조지 케네디(George Kennedy)는 대부분의 커뮤니케이션 행위가 단순 정보 표현을 넘어 상대방의 믿음과 행동, 감정에 영향을 미쳐 전하는 내용을 받아들이게 만들려는 목적을 갖고 있다는 점을 들면서, 수사학은 어떤 면에서 "모든 인류 문명의 공통 현상"이라고 말한다.[5] 누구나 목소리의 크기와 높낮이의 변화, 말의 빠르기 조절을 통해 강조하는 등 어느 정도는 수사학을 사용한다. 말하는 사람은 누구나 전하려는 의미에 빛을 드리우고 힘을 실어 주는 단어와 은유(메타포)를 선택해야 하고, 사람들의 주의를 모으며 유지하고, 언어적·비언어적인 방법을 동원해서 어느 대목은 다른 부분보다 더 강조해야 한다.

장 칼뱅도 여기에 동의한다. 고린도전서 1장 17절에 바울이 '말의 지혜와 웅변술'의 활용을 삼간다는 대목의 주석에서, 칼뱅은 이것이 "메시지 치장을 위해 웅변술과 수사학이 조금이라도 가미된다면 복음 설교가 파괴된다는 의미인지"를 묻는다. 그러고선 그는 "여기서 바울이 [수사학적] 기술에 대해 거룩함과는 무관한 것인 듯 경멸하는 것으로 이해해선 안 된다"라고 답한다.[6] 바울은 다만 그것의 남용을 경고했다. 자칫 수사학 자체가 목적이 된 나머지, 재미와 즐거움의 요소가 "거창한 표현법에 대한 어리석은 애호"와 합세하여 성경 메시지의 단순성을 흐릴 수가 있다.[7] 장황한 이야기와 화려한 언어, 드라마틱한 제스처들이 사람들의 이목을 사로잡아 버리고, 정작 실제 성경 본문의 메시지는 무시될 수 있다는 말이다.

칼뱅은 진리의 단순한 표현이든 기술적인 연설이든, 그것이 성경 본문을 섬기고 있는 한 경멸해서는 안 된다고 말한다. "웅변술이 복음에 길을 비켜 주고 그것에 종속되기를 주저하지 않으며, 오히려 여주인을 섬기는 여종의 자리를 취한다면, 복음의 단순성과 전혀 상충되지 않는다."[8] 설교는 단지 재미를 주는 인위적인 공연이나 메마른 원리들의 낭송이 되어선 안 된다. 신령한 웅변은, 복음 진리 자체를 향한 사랑과 그 진리를 듣는 사람들을 향한 설교자의 절박한 사랑에서 나온다. 그 진리를 받는 것이 청중에겐 곧 삶과 죽음의 문제임을 알기 때문이다.

결론적으로, 설교가 염두에 두어야 할 두 가지 근본 대상은 '성경 말씀'과 '듣는 사람'이다. 밀을 추수하는 것만으로는 충분하지 않다. 사람이 먹을 수 있는 형태로 준비하지 않으면, 양분을 공급할 수도 기쁨을 줄 수도 없다. 이렇게 건강한 설교는 두 가지 사랑에서 나온다. 하나님의 말씀을 향한 사랑과 사람들을 향한 사랑인데, 양쪽 모두 사람들에게 하나님의 영광스러운 은혜를 보여 주고픈 열망이 솟아나게 하는 원천이 된다. 오직 하나님만이 듣는 이의 마음을 여실 수 있음이 분명하지만, 전하는 자도 진리를 정확하게 제시하고, 듣는 이의 마음과 삶에 깊숙이 새겨지게 하기 위해 많은 시간을 투자해야 한다.

그리스도를 설교하라

설교에 관한 성경 구절 가운데 고린도전서 1장 18절부터 2장 5절까지의 말씀보다 더 중요한 대목은 없을 것이다.[9]

> 내가 너희에게 나아가 하나님의 증거를 전할 때에 말과 지혜의 아름다운 것으로 아니하였나니 내가 너희 중에서 예수 그리스도와 그가 십자가에 못 박히신 것 외에는 아무것도 알지 아니하기로 작정하였음이라 내가 너희 가운데 거할 때에 약하고 두려워하고 심히 떨었노라 내 말과 내 전도함이 설득력 있는 지혜의 말로 하지

아니하고 다만 성령의 나타나심과 능력으로 하여 너희 믿음이 사람의 지혜에 있지 아니하고 다만 하나님의 능력에 있게 하려 하였노라(고전 2:1-5).

바울은 "내가 너희에게 …… 하나님의 증거를 전할 때 …… 내가 너희 중에서 예수 그리스도와 그가 십자가에 못 박히신 것 외에는 아무것도 알지 아니하기로 작정하였음이라"(고전 2:1-2)라고 말한다. 바울이 편지를 쓸 당시, 설교할 수 있는 성경이라곤 우리가 지금 구약이라고 부르는 게 전부였다. 그런데 구약 본문을 설교하면서도 바울은 예수 외에는 아무것도 알지 아니했다고 말한다. 구약 어디에도 예수님의 이름이 명시적으로 드러나지 않는데 말이다. 이것이 어떻게 가능했을까? 바울은 모든 성경이 궁극적으로 예수님과 그분의 구원을 가리킨다고 이해했다. 모든 선지자, 제사장, 왕이 '궁극적인 선지자, 제사장, 왕'을 향해 빛을 비춘다는 것이다. 성경을 '남김없이 온전히' 전한다는 것은 곧 그리스도를 성경 메시지의 중심 주제와 본질로 설교하는 것이었다.

고전 수사학은 연사가 '인벤치오'(inventio), 즉 주제(토픽)를 선택해 그 주제를 세부 구성 요소로 나누고, 연사의 논지를 뒷받침할 정교한 논증과 장치들을 곁들이는 것을 허락했다. 그러나 바울에게는 항상 하나의 주제만 있었으니, 바로 예수다. 성경 어디를 펼치더라도, 예수가 중심 주제였다. 심지어 주제의 구성 요소도 완전히 우리에게 일임된 것은 아니다. 설교자는 예수에 관해 성경 본문 자체가 말하는 주제들과 요지들을 제시해야 한다. 다시 말해, 설교자는 예수에게 '스스로를 제한시켜야' 한다는 말이다. 설교자로서 내 40년 경험으로 얘기하건대, 그렇다고 해서 이 한 분 개인의 이야기를 앵무새처럼 반복하고, 또 반복할 필요는 없다. 그분의 이야기는 온 우주 역사와 인류 전체의 역사를 포괄하는 것이요, 우리 각자의 인생 줄거리에 대한 유일한 해명이기 때문이다.[10]

그래서 바울은 어떤 본문을 설교하든 예외 없이 예수에 관해 설교했고, 그것도 단지 귀감이 되는 존재가 아니라 구주로 선포했다. "그리스도 …… 예수는 …… 우리에게 지혜와 의로움과 거룩함과 구원함이 되셨으니"(고전 1:30).

바울에게 그리스도는, 모든 성경 본문을 이해하는 열쇠(좋은 설교의 첫 번째 면모)요, 또한 말씀을 듣는 이의 마음과 삶에 설득력 있게 새기는 열쇠(두 번째 면모)였다. 바울은 "내가 너희에게 나아가 하나님의 증거를 전할 때에 말과 지혜의 아름다운 것으로 아니하였나니"라고 말한다. 일견 이 말은 설교에는 그 어떤 기교도 사용해서는 안 된다는 주장으로 보인다. 그러나 나머지 신약을 살펴보면 (칼뱅이 지적하듯이) 바울이 설교를 하면서 논리, 논증, 수사학, 학식을 전혀 사용하지 않았다고 보기란 불가능하다. 나중에 살펴보겠지만, 사도행전에서 바울은 다양한 청중을 향해 다채로운 논증을 매우 기술적으로 활용한다. 고린도후서 5장 11절에서도 바울은 듣는 이들을 사실상 "설득"(NIV)한

다. 따라서 그가 사람들의 마음을 변화시킬 전략을 전혀 품지 않았다고 볼 수는 없다.[11]

신약학자 앤서니 티슬턴(Anthony Thiselton)은 고전 수사학에 대한 최근의 학문적 연구를 토대로, 바울이 고린도전서에서 말하는 "말의 지혜"와 "설득력 있는 지혜의 말"이 무엇을 의미하는지를 보다 명확히 이해하도록 도와준다. 티슬턴은 바울이 거부하는 건, 개인의 센 성격이나 재치 있는 듯하지만 예리한 경멸을 사용해서, 즉 말을 무기로 삼아 거칠게 상대를 몰아붙이는 행위라고 해설한다. 군중의 선입견, 자존심, 두려움 따위를 이용해 사람들의 반응을 유도하는 말들도 해당된다. 이는 교묘한 이야기나 현란한 언어와 재치, 혹은 학식을 가지고 청중을 압박하는 교묘한 기술들이다.[12]

바울은 "그리스도와 그가 십자가에 못 박히신" 메시지를 이러한 수사학적인 남용과 대척점에 세우는데, 이 대조에 담긴 의미를 숙고할 필요가 있다. 바울이 진정으로 원하는 것은, 듣는 이의 마음 기초를 완전히 뜯어고치는 것이다. 바울은 사람들이 근본적으로 사랑하고, 소망하고, 믿음을 두는 대상을 변화시키기를 원했다. 그런데 이 변화는 인간적인 재간에서 나와서는 안 되며, 오직 "성령의 나타나심과 능력"(고전 2:4)에서 나와야 한다는 것이다. 다르게 번역하면 "성령이 강력하게 역사하는 선명한 증거를 통해서"[13] 그리 되어야 한다는 말이다. 이게 무슨 의미일까?

본문에 더 깊숙이 들어가서 티슬턴은 이렇게 말한다. "고린도전서 2장 16절부터 3장 4절에 분명히 드러나듯, 성령은 기독론적으로 정의된다." 이 단락에서 바울은 "자기를 감추시는 성령을 말하는데, 성령은 자신을 넘어 그리스도 안에서 역사하는 하나님의 일을 드러내신다"라고 말한다.[14] 여기서 바울은 스스로를 성령에 빗대고 있다. 그의 직무는 운동장의 조명처럼, 스스로를 비추는 게 아니라 우리에게 그리스도의 영광과 아름다움을 보여 주는 것이다(요 16:12-15 참조).

이것이 기독 설교자의 능력이다. 또한 이것이 바로 단지 정보 전달이 아니라 삶을 변화시키는 설교를 전하는 길이다. 설교는 단지 그리스도에 대해 말하는 것이 아니라, 그분을 '보여 주고' 그분의 위대함을 '증명하고' 찬양과 경배를 받으시기에 합당한 분으로 그분을 '계시하는' 것이다. 우리가 그렇게 할 때, 성령이 우리를 도우실 것이다. 그것이 세상에서 그분의 위대한 사명이기 때문이다.

문화의 심장부를 향해 설교하라

아직 이 단락에 나타난 풍성한 설교신학을 다 논한 게 아니다. 바울이 삶을 변화시키는 설교를 이야기할 때 그는 듣는 이들의 내면세계에만 한정하지 않는다. 바울은 또한 그들이 살고 있는 문화를 응시하고 있다.

하나님의 지혜에 있어서는 이 세상이 자기 지혜로 하나님을 알지 못하므로 하나님께서 전도의 미련한 것으로 믿는 자들을 구원하시기를 기뻐하셨도다 유대인은 표적을 구하고 헬라인은 지혜를 찾으나 우리는 십자가에 못 박힌 그리스도를 전하니 유대인에게는 거리끼는 것이요 이방인에게는 미련한 것이로되 오직 부르심을 받은 자들에게는 유대인이나 헬라인이나 그리스도는 하나님의 능력이요 하나님의 지혜니라(고전 1:21-24).

신학자 돈 카슨(Don Carson)은 이 대목을 일컬어 "[바울이 살았던] 시대의 근본적인 우상숭배"에 대한 묘사라고 부른다.[15] 바울은 헬라 문화와 유대 문화 내러티브 사이에 나타나는 차이점을 지혜롭게 요약한다. 각 사회는 그 안에 속한 구성원들의 정체성과 전제들을 형성하는 세계관이나 세계관적 역사, 즉 "문화 내러티브"(cultural narrative)를 가지고 있다. 헬라인이 대체로 철학과 예술과 지적인 성취를 중시했다면, 유대인은 막연한 생각보다는 능력과 실질적인 기술을 중시했다.

바울은 이러한 두 문화 내러티브에 예수 십자가를 가지고 도전한다. 고도의 사고나 철학이 아니라 십자가에 못 박힌 구원자를 통해 나온 구원은 헬라인이 숭상하는 지혜에 반하는 것이었다. 즉 그건 미련한 것이었다. 또한 능력이나 로마를 압도하는 구원자로부터 나오지 않고 십자가에 못 박힌 구주로부터 나온 구원은 유대인들이 중시하는 힘에 반하는 것이었다. 그것은 약함이었다. 바울은 복음을 가지고 각 문화의 면전에, 그들이 신뢰하고 중하게 여기는 가치가 지닌 우상숭배적인 성격을 드러낸다.

이렇게 각 문화에 도전한 후에, 그는 각 문화의 핵심 열망을 분석하고 거기에 메시지를 조율한다. 바울은 헬라 청중에게 말한다. "지혜를 원하는 여러분, 십자가를 보십시오. 십자가가 하나님으로 하여금 의로운 분이면서 '동시에' 믿는 자들을 의롭게 하시는 분이 되게 하지 않았습니까!" 유대 청중을 향해서는 이렇게 말했다. "능력을 원하는 여러분, 십자가를 보십시오. 십자가가 하나님으로 하여금 우리의 가장 강력한 적인 죄와 죄책, 죽음 자체를 물리치실 수 있게 하지 않았습니까? 우리를 멸망시키지 않으시고도 말이죠. 이것이야말로 궁극적인 힘이 아닙니까!"

이렇게 바울은 각 문화 내러티브를 분석하여, 각 문화의 우상이었던 헬라인들의 '지적인 오만'과 유대인들의 '행위에 기초한 의로움'을 드러냄으로써, 그들이 최고의 가치와 선함을 추구해 온 방식이 사실은 죄악되고 자기파괴적이었음을 일깨운다. 이것은 단지 지적인 활동이나 약삭빠른 수사학적 전략이 아니다. 다름 아닌 사랑과 돌봄의 행위다. 우리는 사회 문화적인 존재로서, 우리의 내면 동기들은 우리가 속한 인간 공동체에 의해 깊숙하게 형성된다. 성경 본문을 풀이하는 과정에서 기독교 설교자는 성경 메시지와 그 문화의 근본 신념들(그 안에 속한 사람들 눈에는 잘 안 보인다)을 비교하고 대조함으로써, 그들이 자신을 보다 정확히 이해하도록 도와주어야 한다. 이 작업이 제대로 이루어지면, 자연스레 사람들이 '오, 그래서 내가 그런 식으로 생각하고 느낀 거였구나' 깨닫게 된다. 한 사람이 그리스도를 향한 믿음에 이르는 여정에서 이 순간이 가장 해방적이고 촉매적인 단계 가운데 하나일 수 있다.

사람들에게 다가가기 위해 복음 설교자들은, 문화 이야기가 복음과 충돌하는 지점에서 도전하고, 궁극적으로 문화 이야기를 있는 그대로 다시 들려줌으로써 선(good)을 향한 그들의 가장 깊은 열망이 오직 그리스도 안에서만 채워질 수 있음을 보여 줘야 한다. 바울처럼 우리도 그들의 문화적 열망을 매개로 사람들을 초대하고 사로잡음으로써, 마침내 그들이 진정한 지혜와 의로움, 또한 참된 능력과 아름다움이신 그리스도께 오도록 초청해야 한다.

설교의 과업들

그렇다면 좋은 설교란 무엇인가? 한마디로 '하나님의 증거를 전하는 것'이다(고전 2:1 참조). 권위 있는 본문을 지혜롭게 다루어 성경적으로 설교하는 것이다. 다시 말해, 설교자의 의견이 아니라 말씀을 설교하는 것이다. 성경을 설교할 때 우리는 "하나님의 말씀"(벧전 4:11)을 전한다. 설교자는 본문의 의미를 그 문맥 안에서 선명하게 전해야 한다. 역사적인 시대 배경과 전체 성경의 맥락 안에서 말이다. 말씀을 섬기는 이 과업이 바로 '강해'(exposition)다. 단락의 메시지를 이끌어 내되, 나머지 성경 전체의 가르침의 조망 안에서 신실하고도 통찰력 있게 도출하여, "성경 한 부분을 설명할 때 다른 부분과 괴리되지 않도록" 하는 것이다.[16]

또한 "유대인이나 헬라인이나"(고전 1:24) 모두에게 선포하는 것이다. 강력하게 설교하고, 문화에 참여하며, 마음을 감동시키는 것이다. 단지 지성에 정보를 던지는 게 아니라, 듣는 이의 관심과 상상을 사로잡고 그들로 하여금 회개와 행동으로 나아가도록 설득하는 것이다. 좋은 설교는 의지의 변죽을 두들기는 몽둥이가 아니라, 가슴을 파고드는 칼과 같다(행 2:37 참조). 최상의 설교는 우리의 근본을 파고들어서, 우리 스스로를 우리 앞에 드러내고 분석해 낸다(히 4:12 참조). 그것은 성경 강해 위에 세워져야 한다.

사람들이 성경 본문이 그들의 삶 속에서 어떻게 임하는지를 보기 전까지는 그 본문을 제대로 이해한 게 아니다. 사람들이 이것을 보게끔 돕는 것이 이른바 '적용' 작업인데, 일반적으로 생각하는 것보다 훨씬 복잡하다. 앞서 말했듯이, 마음을 향한 설교와 문화를 향한 설교는 서로 연결되어 있다. 문화 내러티브가 각 개인의 정체성과 양심, 실재를 이해하는 것에 깊은 영향을 미치기 때문이다. 설교에서의 문화 참여(cultural engagement; 설교 안에 각 문화의 특성을 담아내고, 설교 메시지를 각 문화 특성에 맞게 조율하고 연결하는 것-옮긴이주)는 '타당하게' 보이기 위한 것이 목적이 되어서는 안 되며, 오히려 청중의 삶의 근본을 발가벗기기 위함이어야 한다.

강해 설교자 알렉 모티어(Alec Motyer)는 이것을 다음과 같이 요약한다. 모티어는 우리가 설교할 때 하나가 아니라 두 가지 책임을 지닌다고 말한다. "첫째는 진리에 대한 것이고, 둘째는 특정한 그룹의 사람들을 향한 것이다. 어떻게 하면 그들이 진리를 가장 잘 듣게 될까? 우리가 어떻게 하면 진리를 그들의 마음에 와닿게, 그들이 가장 수용적으로 듣게 …… 그러면서도 불필요한 상처를 피하게끔 전할 수 있을까?"[17]

이것이 설교의 두 가지 과업이라면, 이 둘을 완수하기 위한 하나의 열쇠가 있다. 바로 그리스도를 설교하는 것이다. 이것은 다른 둘에 더하여 추가적으로 수행해야 하는 별개의 과업이 아니라, 각각을 어떻게 수행할지에 관한 본질이다. 성경적인 정확성과 그리스도 중심성은 바울에겐 동일한 것임을 기억하라. 어떤 본문을 설교하든 그것의 주제가 그리스도의 인격 안에서 성취됨을 보여 주지 않는 한, 우리는 그 본문을 제대로 설교할 수 없다. 그 본문을 전체 성경 안에 정당한 위치에 놓고 설교할 수 없다는 말이다. 마찬가지로, 성경적인 원리를 통해 예수의 아름다움을 가리킬 수 없다면, 다시 말해 그 본문의 특정한 진리가 오직 그리스도의 사역에 대한 믿음으로만 실현될 수 있음을 보여 주지 않는 한, 진정한 의미에서 우리는 마음의 정감을 제대로 건드리고 변화시킬 수 없다.

아내가 한번은 내 이야기를 듣다가 좋은 주일학교 강의가 될 수 있겠다고 말한 적이 있었다. 그런데 내가 '그리스도께 넘어가는' 순간 강의가 설교로 변했다. 청중이 자기 설교를 받아 적기를 바라는 설교자들이 있는데, 그리스도께로 넘어가는 순간에는 그 소원이 변하여, 청중이 받아 적고 있는 것을 '경험하기'를 바라야 한다.

유명한 19세기 영국 설교자 찰스 스펄전(Charles Spurgeon)은, 모든 설교는 듣는 사람 모두가 그리스도를 볼 수 있도록 그분을 높여야 한다는 것을 추호도 양보하지 않았다. 그런 차원에서 그는 가끔 불평하기를, 어떤 설교는 "매우 지적이고 …… 세련되고 장엄하기까지 한데" 온통 도덕적 진리와 윤리적 실천, 영감이 풍성한 개념으로 가득할 뿐 "그리스도에 관해서는 단 한 마디도 없다"라고 아쉬워했다. 그의 평가는 마치 막달라 마리아의 말을 연상시킨다. "그들이 나의 주님을 데려가 어디다 두었는지 모르겠다. 나는 그리스도에 대해 아무것도 듣지 못했다!"[18] 그가 옳다. 예수를 설교하지 않은 채, 단지 '이야기 속 도덕률'이나 영원한 원리, 혹은 좋은 충고만 설교한다면, 사람들은 진정으로 하나님의 말씀을 이해하거나, 사랑하거나, 순종하지 못할 것이다. 스펄전의 초청은 들리는 것보다 강하고, 당신이 생각하는 것보다 훨씬 더 단호하다.

그래서 우리에겐 두 가지 과업이 있다. 설교를 통해, 우리는 하나님의 진리의 말씀을 섬기고 사랑해야 하고, 또 한편으로는 우리 앞에 있는 사람들을 섬기고 사랑해야 한다. 매시간 성경 본문을 선명하게 설교하고 매시간 복음을 설교함으로써, 우리는 말씀을 섬긴다. 또한 우리는 문화와 마음을 향해 설교(preach)함으로써 사람들에게 다가가야 한다(reach).

그때 하나님이 해 주셔야 할 일이 있다. 하나님은 "성령의 나타나심과 능력"(고전 2:4)으로 듣는 이들이 말씀을 깨닫도록 해 주신다. 바울에 의하면, 진정한 성령의 능력을 품은 설교는, 설교자가 그리스도를 '만나고 품을 수 있는 살아 있는 실체'로 제시할 때만 가능하다. 이것은 우리가 그리스도 안에서 소유한 영광을 향한 경이를 품고 설교한다는 뜻이다.

또한 꾸밈없는 투명함으로 선포하고, 선포되는 진리 자체가 증거가 되어 마음을 움직이기를 기대한다. 이런 설교에는 재밌게 하거나 무언가를 보여 주려는 불안한 욕망이 아니라, 오히려 담담한 침착함과 권위가 묻어난다. 입을 열어 말할 때, 우리의 사랑과 기쁨과 평화와 지혜가 분명하게 드러나야 한다. 설교자는 투명한 유리처럼, 듣는 이들에게 복음으로 변화된 영혼을 보여 줌으로써, 청중의 마음에 나도 저렇게 되고 싶다는 거룩한 소망을 불러일으켜야 한다. 그 자리에서 하나님의 임재마저 느낄 수 있도록.

어떻게 이런 일이 가능할까? 우리가 그리스도를 설교할 때 이 모든 일이 일어난다. 성경 본문을 진실하게 설교하고, 매시간 복음을 설교하며, 문화를 지혜롭게 다루고, 사람들의 마음에 다가가며, 이 땅에서 성령의 사역에 협력할 때 말이다. 모든 성경 본문에서 우리가 그리스도를 풍성하게 설교할 때 그 일은 현실이 된다.

PREACHING

PART 1

말씀을 섬기는 설교
설교자는 성경 본문의 진리를 향한 책임이 있다

CHAPTER 1

'성경 말씀'을 설교하라

전체 성경의 맥락 안에서 강해 설교를 하라

만일 누가 말하려면 하나님의 말씀을 하는 것같이 하고. – 벧전 4:11
주의 말씀을 열면 빛이 비치어. – 시 119:130

하나님의 말씀과 설교자의 기술

최초의 프로테스탄트 설교학 매뉴얼인 《설교의 기술과 목사의 소명》(*The Art of Prophesying, with the Calling of the Ministry*, 부흥과개혁사 역간)에서 윌리엄 퍼킨스(William Perkins)는 "그 완전성과 내적인 일관성 안에서 하나님의 말씀만을 설교해야 한다"라고 말한다.[1] 이것은 오늘날 많은 이에게 자명한 사실이다. 기독 설교자나 교사는 당연히 성경을 전해야 한다. 그런데 퍼킨스 시대의 문화 속에서는 이것이 자명하지 않았다. 당시 많은 설교자에게 "〔하나님의〕 은혜는 불가항력적인 게 아니었다. 그것은 웅변술로 뒷받침되어야 했다. …… 신자들에겐 성경을 지지해 줄 기적적인 설교의 능력이 필요했다."[2]

당시 영국의 설교는 언어적인 불꽃놀이 기술의 향연이었다. 화려한 언어에 고전에 대한 암시와 인용들, 시적인 이미지, 고도의 수사학으로 겹겹이 포장되었다. 물론 설교자들은 여전히 성경 단락에서 시작했지만, 실제로 본문을 드러내는 데는 거의 시간을 할애하지 않았다. 그들이 보기에 성경은 그 자체로는 불충분해 많은 도움이 필요하다고 여긴 것 같다. 성경의 능력과 권위에 대한 기본적인 확신 자체를 잃어버렸다.

월리엄 퍼킨스와 동료들은 그 시대의 "세련된 웅변술"에 저항감을 드러냈다. 그들은 성경의 주된 목표가 상실되었다고 생각했다. 성경 자체가 말하도록 하여, 성경 자체가 그 능력을 쏟아내도록 하는 목표 말이다. 퍼킨스의 짧은 책 초반부는 상당한 지면을 할애하여, 성경이 하나님의 완전하고, 순수하고, 영원한 지혜이며, 그것이 양심에 확신을 주고 마음을 뚫고 들어간다는 사실을 확립한다.[3]

퍼킨스는 성경의 성격에 관한 전달자의 신념이, 그들이 실제로 성경을 다루는 방식에 큰 영향을 미친다는 사실을 인식했다. 성경의 전달자로서 우리는, 성경이 하나님의 권위와 능력을 지닌다는 것을 정말로 인식하고 있는가? 만일 그렇다면, 우리는 단지 성경을 활용해 우리 자신의 생각을 뒷받침하기보다 성경 자체의 통찰을 드러내는 데 초점을 맞출 것이다.

퍼킨스에 의하면 "말씀 설교는 하나님의 증언이며 그리스도 지식의 천명이지, 인간적인 기술을 드러내는 게 아니다." 그러면서도 그는 덧붙이기를 "그렇다고 해서 이것이 지식과 교육의 부재가 설교 강단의 특징이 될 거라는 걸 의미하지는 않는다. …… 사역자는 개인적으로 일반 인문학이나 철학을 자유롭게 사용할 수 있고, 설교를 준비할 때 지극히 다양한 독서를 활용할 수도 있고 실제로 그렇게 해야 한다." 이런 것들이 회중 앞에 "허세를 부리듯 나열되어서는" 안 되겠지만 말이다.[4]

퍼킨스의 말은, 설교의 목적이 설교자 개인의 실험적 탐구와 철학적 추론, 학문적 연구를 제시하는 게 아니라는 의미다. 하나님이 설교자의 마음에 담아 주셨다고 믿는 어떤 통찰이나 부담을, 기회를 봐서 적당한 성경 본문을 찾아 사람들에게 늘어놓는 것이 되어서도 안 된다. 설교의 목적은 성경을 설교하되 그 자체의 통찰과 방향, 교훈을 가지고 설교하는 것이다. 그 과정에서 우리는 퍼킨스가 말하듯이, 듣는 이들이 성경 저자가 의도한 의미를 이해하도록 돕는 모든 "기술"을 사용할 수 있고, 또한 그렇게 해야 한다. 그런데 이 모든 일은 설교의 첫 번째 위대한 과업에 종속된 가운데 이루어진다. 바로 하나님의 말씀을 설교하고, 듣는 이들로 하여금 말씀 자체의 권위를 느끼도록 하는 것이다.

강해 설교와 주제 설교, 서로 배타적이지 않다

그렇게 하는 최선의 길은 무엇인가?

휴즈 올리펀트 올드(Hughes Oliphant Old)는 설교의 역사에 관해 일곱 권짜리 권위 있는 시리즈를 썼다.[5] 올드는 매 세기의 각 교파, 동방정교회, 가톨릭, 주류 개신교, 복음주의 개신교, 오순절파의 기독교 설교를 고찰하고, 연구 말미에는 사실상 모든 대륙의 교회 설교를 연구한다. 연구의 폭과 그 다양성은 정말 깜짝 놀랄 만한 수준이다. 시리즈의 서론에서 그는 세기를 넘나들며 분류한 다섯 가지 설교의 기본 유형을 명명한다. 강해 설교, 복음전도 설교, 교리교육 설교, 절기 설교, 예언 설교다.

그는 강해 설교를 "매주 정기적으로 모이는 회중 모임을 기반으로 …… 행해지는 성경에 대한 조직적인 설명"이라고 정의한다.[6] 다른 네 유형은 얼핏 서로 상당히 다른 것처럼 보이지만, 하나의 핵심 측면에서는 동일하다. 나머지 네 형태의 설교는 강해와 달리, 반드시 단일 성경 단락을 중심으로 조직되지는 않는다. 이러한 설교의 주된 목표가 하나의 단일 본문 내에서 그 사상들을 드러내는 데 있지 않고, 여러 본문으로부터 하나의 성경적 사상을 전달하는 데 있기 때문이다.

이를 두고 올드는 넓은 접근의 주제 설교(thematic or topical preaching)라고 부른다. 주제 설교는 다음의 다양한 목적 가운데 하나를 견지할 수 있다. 비신자에게 진리를 전달하는 목적(복음전도 설교), 혹은 신자들에게 교회의 고백과 신학 중 특정한 측면을 가르치는 목적(교리교육 설교)일 수 있다. 절기 설교가 듣는 이들로 하여금 성탄절, 부활절이나 오순절과 같은 교회 절기를 기념하며 지키도록 돕는다면, 예언 설교는 역사적으로나 문화적으로 특별한 순간에 관해 이야기한다.

결국 설교에는 기본적인 두 가지 형태가 존재하는 셈이다. 강해 설교와 주제 설교다. 두 유형 모두 여러 세기에 걸쳐 광범위하게 사용되었고, 올드가 주장하듯이 둘 모두 사용되어야 한다. 예를 들어, 사도행전에서 바울은 회당에서는 성경 강해를 했지만, 아레오바고의 광장에서는 성경을 전혀 사용하지 않은 채 주제 연설을 했다. 바울의 요지는 모두 성경에서 나온 진리들이었지만, 제시 방법은 고전 연설에 더 가까웠다. 주장을 제시하고 그들의 기호에 맞추어 논증하는 방식이었다. 바울의 판단에, 성경을 안 믿는 것은 물론이고 성경의 가장 기본적인 전제들에 대해서도 전혀 문외한인 청중을 앞에 두고서 진중하게 성경을 강해하는 것은 적절하지 않았던 것이다. 복음전도의 상황은 주제형 메시지가 더 어울린다.

이외에도 나누고자 하는 기본 메시지가 성경의 메시지지만, 하나의 단락만 가지고는 그 주제에 대해 성경이 말하는 바를 충분히 말할 수 없는 경우가 있다. 예를 들어 대학생들에게 성경이 말하는 삼위일체를 가르치려 한다고 생각해 보자. 하나님은 한 분인 동시에 세 분이라는 교리 말이다. 이 심오한 교리를 충분히 다룰 만한 단일 성경 본문은 사실상 존재하지 않는다. 대신 그 가르침을 뒷받침하는 몇몇 본문들을 언급하고 인용해야 할 것이다. 이와는 대조적으로 강해 설교는 단일 본문이 이끄는 대로 따라가는 것이다. 본문을 설명하는 과정에서, 본문의 의미가 도출되면서 메시지의 요지가 모습을 드러낸다.

여기서 일러두어야 할 게 있는데, 이 두 설교 유형이 서로 배타적이지는 않다는 것과, 절대적으로 순수한 형태는 어느 쪽이든 거의 드물다는 사실이다. 둘은 사실상 범주가 겹치거나 혹은 한 스펙트럼 안에 있는 두 기둥이다. 가장 조밀한 절별 강해에서도 같은 주제를 다루는 성경의 다른 대목을 언급하게 된다. 예를 들어, 본문에 성령이 등장한다면, 성령이 성부와 성자와 동일한 신격임을 설명할 필요가 있을 수 있다. 성령은 '그것'이 아니라 '그분'이시다. 본문에는 성령의 인격성에 관한 직접적인 언급이 없지만, 성경적인 성령론을 짧막하게나마 개괄하지 않으면 그 단락의 메시지가 잘못 이해될 가능성도 있다. 따라서 모든 강해 설교는 부분적으로는 주제 설교다. 한편 주제 설교도 성경에 충실한 설교라면 필시 이런저런 다양한 본문에 대한 '미니강해'로 구성되어야 한다. 다시 말해 주제를 완성하기 위해 도입되는 단락은 그 자체의 문맥 안에서 설명되어야 한다.

강해 설교는 메시지를 성경 본문에 기초해 도출한다. 설교의 요지는 성경 본문 안에 있는 요지들이고, 본문의 주요 사상들을 다룬다. 강해 설교는 본문 해석을 나머지 성경의 교리적인 진리에(조직신학에 민감하게) 조율시킨다. 또한 단락을 성경 전체 내러티브 안에 위치시킴으로써, 어떻게 그리스도가 본문 주제의 궁극적인 성취가 되는지를(성경신학에 민감하게) 보여 준다.

강해 설교가 교회의 대표 식단이 되게 하라

교회사에서 시종일관 두 유형의 설교가 모두 필요했듯이, 오늘날의 설교자와 기독교 교사들도 둘 모두를 합법적인 유형으로 보고 기술적으로 활용할 필요가 있다. 그럼에도 불구하고, 나는 강해 설교가 기독교 공동체를 위한 설교의 주 메뉴가 되어야 한다고 주장한다. 여기에는 최소 여섯 가지 이유가 있다.

우선, 강해 설교는 성경 전체가 진리라는 당신의 확신을 분명하게 표현하고 전달하는 최선의 방편이다. 이 접근은, 성경의 특정한 주제나 우리가 편하게 동의할 수 있는 부분만이 아니라, 성경의 모든 부분을 하나님의 말씀으로 믿는다는 사실을 표상한다. 성경의 권위와 영감에 대한 완전한 확신과 확고한 견지는, 삶을 변화시키는 일관된 성경 교육과 설교 사역에 절대적으로 중요하다. 이 점에 대해 당신이 확고하다면, 각 성경 본문의 의미를 신중하게 이끌어 내고, 설교의 모든 주장을 본문에 기초해 펼치며, 나아가 조직적으로 보다 넓은 성경의 세계로 나아가는 방식, 즉 일관된 강해적 접근이야말로 두고두고 성경에 대한 당신의 확신을 듣는 이들에게 가장 잘 전달할 수 있는 설교법이다.

당신이 성장기 교육으로 물려받은 성경에 대한 일반적인 존중 정도로는 충분하지 않다. 설교자로서나 교사로서 당신은 성경에서 많은 난제를 만날 것이다. 시대정신은 물론 당신의 신념이나 직관과도 대립되는 이야기가 나올 것이다. 이때 성경에 대한 이해와 성경의 영감과 권위에 대한 확신이 깊고 포괄적이지 않으면, 성경을 확신 있게 이해하고 제시하는 일을 도무지 감당할 수 없을 것이다. 확신의 결핍은 공적인 가르침에도 묻어나서 말씀의 칼끝을 무디게 할 것이며, 결국 선포와 경고와 초청 대신 나눔과 사색, 추론 등으로 시간을 채우게 될 것이다.

물론 은혜의 복음을 전하는 설교자가 너무 고압적이고, 불필요하게 독단적이 될 위험도 있다. 신실한 신자들의 의견이 갈릴 수 있는 대목에서도 말이다. 이 문제는 나중에 다루겠다. 여기서 나는 그 반대쪽 실수를 강조하고자 한다. 겸양을 떨거나 유보적인 것은 저돌적이거나 강성인 것보다 하등 나을 게 없다. 균형이 중요하다. 티모시 워드(Timothy Ward)가 말하듯, "〔만일〕설교자가 너무 권세를 부리면 싸움을 초래할 수 있다. 반대로 그가 너무 약하면 무시를 당할 수 있다."[7]

성경에 대한 적절한 확신을 굳게 지키는 한 가지 방법은, 성경이 성경 자체에 대해 무엇이라 말하는지를 살펴보는 것이다. 우선 시편 119편에 대한 철저한 연구와 분석으로 시작하라. 성경의 성격과 우리 삶에서의 역할과 활용에 대해 성경이 말하는 바 전부를 추출하라. 다음으로 성경의 권위에 대한 여러 책과 글이 있는데, 당신의 전달이 열매를 맺기 위해서 필히 신중하게 읽고 숙지해야 할 중요한 내용들이다.[8]

성경이 진리임을 일반적으로 아는 것뿐만 아니라, 성경에서 하나님의 말씀은 그분의 행위와 동일하다는 것을 아는 게 중요하다. 그분이 "빛이 있으라"(창 1:3)라고 말씀하실 때, 빛이 있었다. 하나님이 누군가를 새 이름으로 부르실 때, 그것은 자동적으로 그 사람을 새롭게 만들었다(창 17:5 참조). 성경은 하나님이 말씀하시고 뒤이어 행동으로 나가셨다거나, 이름을 부르시고는 뒤이어 새롭게 만드셨다고 말하지 않고, 하나님의 말씀과 행동은 같은 것이었다고 말한다. 그분의 말씀은 곧 그분의 행동이요, 그분의 신적인 능력이다.[9]

그런데 오늘날 우리는 선지자도 아니고 예수님의 발아래 앉았던 사도들도 아닌데, 어떻게 하나님의 동적인 말씀을 들을 수 있을까? 선지자들의 입에 담긴 하나님의 말씀은(렘 1:9-10 참조), 기록된 지금도 오늘날 우리가 그것을 읽을 때 '여전히' 우리를 향한 하나님의 말씀이다(렘 36:1-32 참조). 워드는 설교자가 이것을 인식하는 게 매우 중요하다고 말한다. "성령을 통해 계속되는 하나님의 역동적인 행동"은 "성경의 언어와 의미에 최우선적으로 연관되어" 있다.[10] 다른 말로, 우리가 성경 언어의 의미를 드러낼 때, 하나님은 우리 삶에 강력하게 역사하신다. 성경은 단지 정보가 아니다. 성경은 살아 있고 활력이 있다(히 4:12 참조). 언어 형태로 된 하나님의 능력이다. 하나님이 우리 이름을 부르시고, 우리를 지으시고, 우리를 재창조하시는 때는 오직 우리가 말씀의 의미를 이해할 때다.

복음 전달자로서 당신이 성경에 관한 이 교리를 알고 또 믿는다면, 그것은 당신의 설교에 엄청난 영향을 미칠 것이다. 만일 당신이 '성령은 어떤 경우, 일반적인 방식으로 성경을 설교하는 데 관여할 수도 있다'는 정도로만 믿는다면, 당신은 자기 경험을 너무 강조함으로써 혹은 권위의 좌소(座所)를 성경 자체보다 교회의 전통과 신앙에 둠으로써 설교의 능력과 권위를 훼손하고 있는지도 모른다. 성경을 현대의 다양한 사회적, 개인적 문제를 처리하는 슬기로운 치료법 모음

집 정도로 사용할 수도 있다. 그런데 당신이 만일 설교가 세상에서 하나님이 역사하시는 주된 통로 가운데 하나임을 믿는다면, 당신은 깊은 신중함과 확신을 품고 성경 본문의 의미를 드러낼 것이고, 하나님의 영이 듣는 이들의 삶 가운데 역사하실 것이라는 확고한 기대감을 품게 될 것이다.[11]

그러므로 하나님의 말씀에 관한 저 유명한 구절, "내 말이 불 같지 아니하냐 바위를 쳐서 부스러뜨리는 방망이 같지 아니하냐"(렘 23:29)라는 구절은 단순한 수사가 아니다. 나는 성경 자체가 내 연설 능력을 훨씬 뛰어넘어 사람들의 영적 무관심과 방어막을 뚫고 들어가는 능력을 품고 있음을 수백 번도 더 목격했다. 몇 차례는 매우 화가 난 사람들과 대화를 나눈 적이 있는데, 그들은 자기 친구 중 하나가 나한테 그들에 대해 미리 말했기 때문에 내가 설교 중에 그들을 지목했다고 확신했다. 그러나 정직하게 맹세할 수 있다. 나는 그들에 대해 전혀 알지 못했다. 능력으로 "그 마음의 숨은 일들"(고전 14:25)을 발가벗겨 놓은 건 성경 자체였다.

우리가 일반적으로 강해 설교를 해야 하는 제일 큰 이유는, 그것이 성경 전체를 하나님의 권위 있고, 살아 있고, 활력 있는 말씀으로 믿는 우리 신념을 촉발시키고 표현하기 때문이다.

강해 설교를 교회의 대표적인 영적 식단으로 만들어야 하는 다른 이유들은 보다 현실적인데, 그렇다 하여 덜 중요한 건 아니다. 우선은 진중한 강해 설교는 듣는 이로 하여금, 권위가 말하는 이의 의견이나 추론이 아니라 성경 본문 자체를 통한 하나님의 계시 안에 있음을 보다 쉽게 인식하게 한다는 것이다. 성경은 가볍게만 언급하고 대부분의 시간은 이야기나 장황한 논증, 혹은 깊은 사색에 할애하는 설교에서는 이것이 불분명하다. 듣는 이가 속으로 '글쎄, 그건 당신 생각이고' 하면서 그 불편한 메시지로부터 쉽게 빠져나가 버릴 수도 있다. 그런데 확고하고 탄탄한 강해는 본문 단락이 의미하는 바를 보여 주기 위해 혼신의 힘을 다한다. 또한 지금 말하는 것이 말하는 이의 관점이나 선입견의 산물이 아니라 권위 있는 본문에서 나왔음을 확실히 해준다.

강해 설교는 당신의 교회 공동체를 향해 하나님이 친히 어젠다 (agenda; 주제, 논제)를 놓으시게 한다. 강해는 설교자에겐 일종의 모험이다. 설교자는 성경의 한 권이나 한 단락의 의도 안으로 몸을 던진다. 그 말씀의 권위에 스스로를 복종시키고, 이끄는 대로 따름으로써 말이다. 물론 성경의 어느 권, 어느 단락을 설교할지는 여전히 설교자가 선택해야 하고, 경험 있는 성경 연구자라면 기본적으로 성경의 어떤 대목에 어떤 내용이 있는지를 이미 안다. 그럼에도 강해 설교는 성도들이 앞으로 몇 주나 몇 달 동안 무엇을 듣게 될지를 설교자가 미리 완전히 결정할 수 없음을 의미한다. 본문을 펼침과 더불어, 누구도 보지 못한 질문과 대답들이 모습을 드러낸다.

우리는 성경을 우리 질문에 대한 답변서로 생각하는 경향이 있는데, 사실 그러하다. 그런데 정말로 우리가 성경 본문으로 하여금 말하게 하면, 우리가 그간 질문조차 올바르게 던지지 않고 있었음을 깨닫게 하신다. 예를 들어, 현대인들은 말씀을 대하면서 '어떻게 하면 내 자존감을 세우고 나 스스로에 대해 더 좋은 느낌을 가질 수 있을까?'라는 질문에 대한 대답을 기대한다. 그런데 죄와 회개에 대한 성경 단락에서 그들은, 인간의 보다 근본적인 문제는 우리 자신에 대한 너무 '높은' 생각임을 발견할 것이다.

우리는 우리 자신의 깊은 자기중심성을 보지 못하고, 스스로 자기 삶을 제어할 수 있는 지혜를 가지고 있다고 과신한다. 그럴 때 양자와 칭의에 관한 단락을 보면서 우리는, '스스로에 대해 더 좋은 느낌을 가질' 방도를 물었을 때 우리가 사실 너무 작은 것을 구하고 있었음을 깨닫게 될 것이다. 그리스도 안에서 우리가 얻은 새로운 정체성과 비교하면 작아도 너무 작다. 결국 하나님의 말씀을 찬찬히 풀어 주는 설교는 우리 생각을 변혁시켜서 우리가 성경에 들이댄 원래의 질문이 매우 부적절했음을 보게 할 것이다.

또 하나의 이유는, 강해 설교는 성경 본문이 설교자의 어젠다를 내려놓도록 한다는 것이다. 이것은 설교자가 자신의 설교를 문화적인 선호에 과도하게 조율시키려는 압박에서 벗어나도록 도와준다. 평소에 잘 다루지 않는 주제들, 성경의 가르침이 현재 문화적 기조와 잘 어울리지 않는다는 이유로 설교 주제로 채택되기 어려울 법한 주제, 예를 들어 성(sexuality)에 관한 주제 같은 것을 당신 앞으로 가져올 수 있다. 강해 설교만이 그런 이슈에 대한 하나님의 뜻을 선포하도록 격려하고, 또한 그런 부담스러운 주제를 공개적으로 거론하고 다룰 수 있도록 힘을 실어 준다.

이렇게 강해는 설교자가 개인적으로 좋아하고 애완동물마냥 편하게 생각하는 주제만 다루려는 경향으로부터 우리를 막아 준다. 흔히 말하길, 최고의 설교자들조차 반복적으로 설교하는 몇몇 설교가 있다고 한다. 성경 단락은 단지 도입 정도로 삼아서 말이다. 여기에 덧붙여지는 말이, 최악의 설교자들은 오직 하나의 설교를 가지고 모든 사람의 인내심에 한계가 올 때까지 반복한다고 한다. 이러한 비판은 우리 설교자들이 생각하는 것보다 어쩌면 진실에 더 가까울 수도 있다. 오직 강해 설교의 실천만이 이러한 함정에서 탈출할 수 있는 기회를 제공할 것이다.

또한 지속적인 강해 설교의 공급은 청중에게 그들 스스로 성경을 어떻게 읽어야 할지, 한 단락을 어떻게 숙고하고 의미를 발굴할 수 있는지를 가르쳐 준다. 강해는 청중이 본문의 세밀한 부분에 보다 주의를 집중하도록 돕고, 나아가 겉보기에 상이한 구절이 성경 전체 이야기에서 왜 그런 의미를 갖는지 이해할 수 있게 돕는다. 청중은 갈수록 요령이 붙고 성경을 더욱 세심하게 읽고 연구하는 성도로 자라 간다.

강해 설교에 의존해야 할 마지막 이유는 지금까지 관찰한 바에 비춰 보면 직관적으로 모순되어 보일 수도 있다. 앞서 살펴보았듯이, 지속적인 강해 설교는 개인적으로 편한 주제로부터 벗어나도록 하고, 보다 넓은 지평의 단락과 주제로 인도한다. 그런데 한편으로 강해 설교는 우리가 성경의 주된 주제 하나를 더욱 선명하게 보도록 인도한다. 살면서 이런 경우의 사람과 대화를 나눈 적이 두 번 있었는데, 그들은 설교자가 되고 나서야 비로소 그리스도를 향한 살아 있는 신앙에 이르렀다고 한다. 자신의 설교를 통해 회심했다는 것이다. 또 내가 아는 한 사역자는 부교역자의 강해를 들으면서 비로소 살아 있는 신앙을 갖게 되었다. 어떻게 된 일일까?

강해 설교에서는 의미가 문맥, 문맥, 문맥 안에서 발견된다. 한 문장의 의미를 이해하기 위해, 우리는 '이것이 단락의 나머지 부분과 어떻게 연결되는 거지?' 하고 물어야 한다. 그 단락의 의미를 이해하기 위해, 우리는 '이것이 권별 성경의 나머지 부분과 어떻게 연결되는 거지?' 하고 물어야 한다. 또한 그 권별 성경의 메시지를 이해하기 위해, 우리는 '이것이 성경 전체의 나머지 부분과 어떻게 연결되는 거지?' 하고 물어야 한다.

이 작업을 매주 하다 보면, 당신은 성경의 주된 이야기 맥을 발견하게 될 것이다. 예수 복음 그 자체 말이다. 예수 복음이야말로 성경의 모든 사건과 내러티브에 대한 해명이요, 모든 개념과 이미지의 완성이기 때문에, 매주 청중은 물론 설교자도 그리스도의 은혜로운 구원을 갈수록 더 선명하게 이해할 것이다. 그러면서도 누구도 지루해하지 않을 것이다. 끝없이 다양하고도 다차원적인 영광 속에서 복음을 바라보기 때문이다. 강해 설교는 그 실체를 사람들의 마음에, 그 어떤 대안보다 강하게 각인시킬 수 있다.

피해야 할 위험들

이처럼 강해는 모든 회중을 위한 설교 식단의 주 메뉴가 되어야 한다. 그럼에도 불구하고, 이 접근에도 위험 요소는 있다.

우선 일부 열광적인 강해자들은 우리 사회의 유동성을 고려하기를 싫어한다. 휴즈 올드의 연구에 의하면, 초기 5세기 동안 교회는 설교에서 렉시오 콘티누아(*lectio continua*) 방식을 사용했다. 권별 성경을 관통하며 줄곧 절별로 강해하는 방식인데, 워낙 방대한 추수의 길인지라 청중이 한 번 지나가는 데 수년이 걸렸다. 시대가 변하면서 특별한 절기와 성일들이 교회 달력에 쌓여 갔고, 결국 중세 교회에서는 렉시오 셀렉타(*lectio selecta*) 방식이 주류를 차지했다. 이는 성경을 관통하는 탄탄한 조직신학적 가르침보다, 다양한 주제에 대한 짤막한 묵상을 실천했다는 말이다.[12]

20세기의 탁월한 설교자인 마틴 로이드 존스(David Martyn Lloyd-Jones), 제임스 M. 보이스(James M. Boice), 존 맥아더(John MacArthur)는 수개월이나 수년에 걸쳐 권별 성경 전체를 한 구절도 남기지 않은 채 조밀하게 다루는 것을 그들 사역의 상징으로 삼았다. 이는 반가운 전통적 강해 설교의 부흥으로 이끌었다.

오늘날 많은 사람은 이것이 강해 설교의 가장 순수한 최선의 형태라고 믿는다. 그런데 고대 시대에는, 심지어 근대에도 대부분의 사람들은 일생을 그들이 자란 곳 부근에서 살았다. 설교자 입장에서는 구성 면에서 거의 변화 없이 동일한 기본 그룹을 향해 수년 동안 설교하게 되리라고 기대할 수 있었다. 그러나 오늘날은 인구 이동이 훨씬 심하고 교회 출석도 훨씬 유동적이다. 렉시오 콘티누아 방식으로는 성경 한 권으로 1년이나 그 이상을 넘기기 십상이다. 한 가족이 당신 교회에 2년 동안 출석한다면, 그들에게 오직 사무엘상만 가르치고 싶을까? 혹은 요한복음에만 집중한 채 구약에는 전혀 시간을 할애하지 않아도 될까? 강해의 강점 가운데 하나는, 앞서 살펴본 대로, 청중에게 성경의 가르침과 주제 전체를 풍성하게 제시할 수 있다는 것이다. 그런데 한 권 전체를 향한 엄격한 연속 접근은, 불가피하게 대부분의 사람들이 사실상 성경의 다양성의 일부만을 접하는 결과를 초래할 것이다.

마틴 로이드 존스도 주일 저녁 모임에서는 이 접근을 사용하지 않았다. 청중 가운데는 비그리스도인도 많았고, 도시 전역에서 그리스도인 친구의 손에 이끌려 온 구도자로 가득했다. 금요일 밤에는 보다 세밀하고 심화된 배움을 원하는 그리스도인들을 위해 로이드 존스는 가장 엄격한, 수년에 걸친 성경 권별 강해를 실천했다.

청중의 신앙 수준 스펙트럼이 넓고 인구 유동이 심한 지역의 설교자라면, 영국 성공회 복음주의자인 존 스토트(John Stott)와 딕 루카스(Dick Lucas)의 길을 따르는 게 좋을 것이다. 그들은 강해 방식으로 설교하는 탁월한 모델들이다. 그들 설교의 개요는 성경 단락의 주된 사상을 그대로 따랐고, 그들은 진중하고 깔끔하면서도 확고한 성경 본문 교사였다. 인구 유동이 매우 역동적인 도심부 회중의 목회자로서 그들은, 상당수 청중은 기껏해야 몇 년 정도만 목회할 수 있는 대상임을 잘 알았다. 이에 그들의 해법은 렉시오 콘티누아 방식의 변형이었다. 긴 권별 성경 전체와 씨름하기보다 그들은 짤막한 권별 성경을 관통하며 연속 단락 강해 시리즈를 설교했다. 간혹 긴 책을 다룰 때는 모든 장을 다루지 않거나, 혹은 그 책 안에서 몇몇 길고 중요한 장들만 절별로 다루었다.[13]

성경의 구약과 신약, 내러티브와 교훈 문학, 예언과 시 등 다양한 부분과 장르를 적정한 시간 안에 전부 다루려고 한다면, 방법은 성경을 맴돌면서 미니 강해 시리즈를 하는 수밖에 없다.[14]

이것이 강해에 헌신할 때 나타나는 유일한 위험은 아니다. 대부분의 주제 설교가 이미지와 예화, 언변과 기술적인 언어, 이야기 활용 등 수사학적 장치에 보다 강조점을 둔다면, 강해 설교자는 바람직하게 단락을 주해하는 것에 보다 큰 에너지를 집중한다. 그러나 설교는 단지 본문 해설이 아니라, 그것을 활용해서 듣는 이들의 마음을 사로잡는 것이다. 본문 해설에는 많은 시간을 투자하면서도 청중의 마음을 움직이는 데는 별 고민도 창조적인 도전도 하지 않는 설교자들을 자주 본다.

실제로 어떤 강해 설교학파는, 성경 연구의 결과물을 담담히 제시하는 것 이상의 무언가를 하지 못하도록 설교자들의 기를 강하게 꺾어 놓는다. 그것을 넘어서는 모든 것은 유희와 쇼맨십으로 치부한다. 프롤로그에서 언급했듯이, 이러한 태도는 아이러니컬하게도, 고린도전서 1장과 2장에서 설교에 '인간적인 지혜'의 사용을 금하라고 한 바울의 경고를 오독한 데서 나온 것이다. 그러나 마음을 움직이기 위한 설득과 예화, 여타 방법을 무시하는 것은 설교의 효력을 훼손한다. 설교를 지루하게 만들고, 설교의 목적 자체에 충실하지 못한 처사이기 때문이다.

이와 관련해, 강해 설교를 너무 과하게 정의하는 데에는 위험이 따른다. 강해 설교의 열렬한 지지자들은(나도 그중 한 사람이다!) 그 질적인 수준을 힘써 지키려 하는데, 좋은 이유에서지만 우려스러운 부분이 없지 않다. 이러한 열망이 사람들로 하여금 강해를 지나치게 협소하게 정의하게끔 만들 수 있다.

어떤 사람은, 강해는 설교 개요나 표제어도 없는 한 절 한 절 연속 주해여야 한다고 주장한다. 물론 그것이 처음 몇 세기 동안 교회의 주된 설교적 접근이었지만, 최근 몇 세기 동안 대부분의 강해 설교자들은 좋은 효과를 위해 설교 개요를 활용하는 쪽으로 옮겨 갔다. 반대로, 오늘날 상당수 설교학 교수들이 그러는 것처럼 절별 주해는 완전히 그릇된 것이라는 쪽으로 마음이 기운다면 우리는 역사상 가장 위대한 설교자 중에 두 사람인 장 칼뱅과 존 크리소스톰(John Chrysostom)이 그 방식을 채택했음을 기억해야 한다.

어느 쪽이든 우리는 너무 엄격하게 강해 설교를 정의하려고 해서는 안 된다. 어떤 강해자는 본문의 거의 매 구절을 풀면서 연속적으로 관통하는가 하면, 어떤 이는 단락의 주요 사상을 추출한 개요를 활용해 단락을 보다 선택적으로 다룬다.

오늘날에는 강해 설교를 "성경 본문의 중심 사상이 설교의 중심 사상"인 설교로 정의하는 것도 한 추세다. 이것의 전제는 모든 성경 본문은 오직 하나의 주된 사상이나 포인트를 갖고 있다는 것이다.[15] 설교자는 이 큰 주제를 중심으로 설교 개요를 작성한다. 본문 내 다른 자료들은 지나치면서 말이다. 확실히 대부분의 경우 말하는 사람이 곁가지들을 무자비하게 쳐내고 메시지를 제시할 때 그 메시지는 더 선명해진다. 그런데 이 원칙이 너무 경직되게 적용될 가능성이 있다.

어떤 성경 단락에서는 하나의 선명한 중심 사상을 분별하기가 쉽지 않다.[16] 특히 내러티브에서 그러하다. 창세기 32장의 야곱이 여호와와 씨름하는 장면에서 단 하나의 중심 주제는 무엇일까? 마태복음 1장에서 예수님의 계보가 예수님의 삶이 시작되는 대목에 포함된 단 하나의 이유는 무엇일까? 열왕기하 13장에서 죽은 사람의 몸이 엘리사 선지자의 뼈에 닿았을 때 다시 살아난 기사가 가진 단 하나의 주제는 무엇일까?

"바울이 전하는 예수를 의지하여" 귀신을 쫓아내려 한 스게와의 일곱 아들의 이야기도 있다(행 19:11-20 참조). 참 재미있는 결과가 나오는데, 축귀를 시도하던 이들을 향해 귀신이 말하기를, "내가 예수도 알고 바울도 알거니와 너희는 누구냐?" 하고는 귀신이 일곱 아들 모두에게 뛰어올라 눌러 버린다. 누가가 사도행전에 이 사건을 기록함으로써 우리에게 전하려고 한 것은 무엇일까? 지금껏 이 단락에 대한 위대한 강해를 여럿 들어 보았는데, 하나같이 본문에 잘 기초하면서도 서로 모순되지 않았다. 그럼에도 불구하고 그것들은 서로 동일하지는 않았다. 이런 내러티브로부터는 다양하고도 합당한 추론이 도출될 수 있으며, 지혜로운 설교자라면 그중에 청중의 상황과 필요에 들어맞는 한둘을 선택할 수 있을 것이다.[17]

성경은 워낙 풍성한 책이다. 수년 동안 한 본문을 연구하거나 설교하고 난 뒤 다시 그 본문으로 돌아오면 이전에 보지 못했던 새로운 의미를 또 볼 수 있는 이유가 바로 여기에 있다. 이전에 했던 설교 기록들을 이제는 버려야 한다는 의미가 아니다! 당신의 새로운 연구와 접근은 그 단락에 대해 이전에 이해했던 것을 더욱 보완하고, 더 예리하게 다듬어 준다. 성경의 풍성함은 그 안에 늘 새로운 발견과 깨달음이 있다는 뜻이다.

앨런 스팁스(Alan M. Stibbs)가 그의 잊혀진 고전 *Expounding God's Word*(하나님의 말씀 해설하기)에서 강해 설교에 대해, 성경 본문의 '사상들'과 '함의들'을 제시하는 것으로 정의하는 이유가 바로 여기에 있다. 웨스트민스터 신앙고백서가 말하는 "합당하고 필연적인 추론"이다.[18] 앨런 스팁스는 강해 설교에 대해 이렇게 말했다.

선택된 단락에 천착해 **그것이 말하거나 제안하는 것만을 배타적으로** 개진하여, 설교를 통해 제시된 사상들과 원리들이 기록된 하나님의 말씀으로부터 분명하게 나와서, 단지 인간 강해자의 의견이 아니라 그 자체로(그 단락에서 나온 사상들과 원리들로-옮긴이주) 탄탄히 뒷받침되는 권위를 확보한 설교다.[19]

이렇게 말했지만, 성경 저자가 하나의 중심 주제를 '분명히' 갖고 있고, 본문에 대한 신중한 연구를 통해 그것이 드러나는 경우도 많다.[20] 강해 설교자들은 본문의 주요 사상들을 반드시 섭렵하여, 지엽적인 세부 정보나 곁가지에 함몰된 나머지 성경 저자의 의도를 잘못 전하는 우를 범치 말아야 한다.[21]

과연 이 시대에도 효과적일까

이 시점에서 자연스레 제기되는 의문이 있다. '권위, 특히 종교적인 권위에 대해 갈수록 반감이 짙어지는 문화 속에서 진중한 성경 강해가 얼마나 효과가 있을까?' 최근 위대한 연합감리교회(United Methodist) 설교자, 프레드 크레독(Fred Craddock)이 작고했다. 《권위 없는 자처럼》(As One Without Authority, 예배와설교아카데미 역간)에서 그는 주류 개신교 설교를 강해적인 방법론으로부터 단호히 이격시켜 놓았다. 그는, 사람들은 자신이 어떻게 살지에 관해 성경과 설교자가 말할 권위를 인정하지 않는다고 판단했다. 그래서 그는 설교를 "열린 결말의 이

야기들"로 구성하여 듣는 이들이 "그들 자신의 결론을 이끌어 내도록" 허용해야 한다고 주장했다.[22]

이것은 19세기 침례교 설교자 찰스 스펄전의 조언과는 첨예한 차이를 보인다. 그의 유명한 말을 보자.

> 내가 보기엔 어떤 시대는 성경을 해설하기보다 성경을 방어하는 데 갑절의 노력을 기울였다. 그런데 성경의 강해와 유포에 우리의 모든 노력을 기울인다면, 성경 스스로 더 잘 방어하는 결과를 낳을 것이다. 저 사자가 여러분 눈에도 보이는지 모르겠지만, 내 눈에는 너무나 또렷하다. 여러 사람들이 그를 공격하고, 우리는 [그를] 방어하려고 한다. …… 양해한다면, 내가 조용히 제안을 하나 하겠다. 그냥 문을 열고 사자를 내보내라. 그러면 스스로 잘 알아서 할 것이다. '와, 다들 가 버렸네!' 사자가 힘 한 번 제대로 쓰기도 전에 사자를 공격했던 이들이 도망칠 것이다. 불신앙에 맞서는 길은 성경을 유포하는 것이다. 성경을 거스르는 모든 반대에 대한 대답은 성경이다.[23]

스펄전은, 성경은 사자와 같아서 그것을 설명하고, 방어하고, 혹은 왜 그것을 믿어야 하는지 증명하기 위해 쓸데없는 말을 너무 많이 해서는 안 된다고 주장한다. 대신 그는 권면하기를, 그저 그것을 설교하라고 했다. 다시 말해 성경을 있는 그대로 가장 선명하고 생생하게 사람들 앞에 노출시키는 데 힘을 쏟으라고 권면한다. 말씀의 특별한 능력과 권위가 자명하게 드러날 것이다. 심지어 가장 반권위주의적인 분위기 속에서도, 가장 회의적인 사람들 가운데서도 말이다. 이것이 진실임을 나는 안다.

CHAPTER 2

매번 복음을 설교하라[1]

복음을 설교하는 건, 그리스도를 설교하는 것이다

누군가의 순종의 동기가 복음에 계시된 하나님의 사랑에 대한 믿음이 아니라
율법에 계시된 하나님의 진노에 대한 두려움 때문이라면,
하나님을 두려워하는 게 하나님의 선함이 아니라 그분의 권세와 공의 때문이라면,
하나님을 자애로운 친구와 아버지가 아니라 응징하는 심판자로 여긴다면,
하나님을 생각할 때 무한한 은혜와 자비보다 소름 끼치는 위세부터 떠오른다면
그는 아직도 율법의 영의 지배하에 있거나 최소한 거기에 매여 있음을 보여 주는 것이다.
– 존 코훈(John Colquhoun)[2]

성경 전체의 메시지

어떤 성경 본문이든, 제대로 이해하고 설명하려면 문맥 안에서 살펴야 하는데, 여기에는 '정경 문맥'이 포함된다. 성경 전체의 메시지 말이다. 여기서 말하는 메시지란 무엇일까? 구약의 조망에서 말하면, '구원은 여호와께 속하였다. 그것도 오직 여호와께만 속했다'라는 것이다(욘 2:9 참조). 우리는 스스로를 구원하기엔 너무 타락했고, 흠이 너무 많아 하나님과의 언약을 유지할 수도 없다. 근본적인 은혜의 개입이 필요한데, 이는 오직 하나님으로부터만 나올 수 있다. 신약에서 우리는 그 구원이 '어떻게' 주님으로부터 나오는지를 발견한다. "내가 너희와 함께 있을 때에 너희에게 말한 바 곧 모세의 율법과 선지자의 글과 시편에 나를 가리켜 기록된 모든 것이 이루어져야 하리라 한 말이 이것이라 하시고 이에 그들의 마음을 열어 성경을 깨닫게 하시고"(눅 24:44-45). 예수님은 제자들에게, 그분이 누구이며 무엇을 하러 오셨는지를 이해하지 못했다면 하나님의 구원도 성경 자체도 이해할 수 없다고 말씀하셨다.[3]

어떤 본문이 전체 정경 문맥 안에서 가지는 의미를 보여 준다는 것은, 곧 그 본문이 전체 성경의 중심 사상인 그리스도와 구원의 복음을 어떻게 가리키고 있는지를 보여 주는 것이다. 성경 본문을 해설할 때, 우리가 스스로를 구원할 수 없고 오직 예수님만이 하실 수 있음을 그 본문이 어떻게 보여 주는지를 풀지 못했다면 아직 우리의 작업이 끝나지 않은 것이다. 이는 우리가 모든 성경 본문에서 그리스도를 설교해야 함을 의미한다. 다시 말해 매번 복음을 설교해야 하고, 일반적인 영감이나 도덕적 가르침으로 만족해서는 안 된다는 것이다. 성경 교육과 설교에서 이 과업을 회피하기란 생각하는 것보다 훨씬 더 어렵다.

복음의 두 적, 율법주의와 반율법주의

복음과 삶의 관계에 대한 고전적인 공식은 이와 같다. 우리는 오직 그리스도를 통해서, 오직 믿음으로 구원받지만, 이 믿음은 계속 그 상태인 채로 머물러 있지 않는다. 진정한 구원은 항상 선행과 변화된 삶으로 귀결된다.

이 복음 공식은 우리의 윤리적 선행과 도덕적인 성품의 역할에 주목한다. 우선 우리가 하나님께 용납되는 데는 이런 것들이 아무런 역할도 하지 않음을 분명히 한다. 로마서 4장 5절은, 하나님이 믿음으로 말미암아 우리를 의롭다 하시고 우리를 용납하실 때 우리는 '아직 경건하지 않았다'고 말한다. 용납하심의 기초는 우리의 도덕적 행위도 아니고 심지어 우리 믿음의 질도 아니었다. 그런 것들은 전혀 고려되지 않았다. 하나님은 그런 것들을 보지 않으신다. 다만 믿음은 우리를 그리스도께 연합시킨다. 그래서 그리스도의 의와 공로가 이제는 법적으로 우리 것이 된다. 하나님은 우리를 '그리스도 안에 있는 자'로 보신다(빌 3:9 참조). 이 구원의 믿음의 결과로 성령은 어김없이 내면의 변혁을 일으키시고, 우리는 감사와 사랑으로 하나님께 순종하기를 원하고 실제로 순종하기 시작한다(약 2:14-19 참조).

프로테스탄트 종교개혁 이래, 성경적인 복음과 그 능력을 놓쳐버리게 만드는 두 가지 상반되는 오해나 오류가 지목되었다. 하나는 '율법주의'(legalism)라고 불리는데, 우리의 선함을 매개로 우리가 하나님께 받을 빚이 있는 것처럼 생각하고는 그분의 축복을 따낼 수 있다고 보는 관점이다. 다른 하나는 '반율법주의'(antinomianism)로, 그분의 말씀과 명령에 순종하지 않고도 하나님과 관계를 맺을 수 있다는 입장이다. 각각 '율법'을 뜻하는 라틴어와 헬라어에서 나온 단어들인데, 복음이 어떻게 기능하는지에 대해 결정적인 측면을 놓치고 있다.

율법주의는 '내 선한 행위로 구원받을 수 있다'라는 의식적인 믿음보다 훨씬 크다. 마음의 태도와 성품이 얽히고설킨 일종의 그물망인데, 우리를 향한 하나님의 사랑이 우리 존재나 행함에 조건 지어져 있다는 사상이다. 내가 무언가를 드려서, 그러니까 윤리적 선함, 고의적인 범죄에 대한 회피, 성경과 교회를 향한 신실함 같은 것들을 드려서 그리스도의 일하심을 도와드리고 나를 향한 하나님의 호의를 이끌어 낼 수 있다는 태도다. 율법주의적 정신은 비판에 대해 너그럽지 못하고, 거칠고, 지나치게 예민하며, 깊은 불안감과 다른 이들을 향한 시기심으로 이끈다. 자신의 "개인 정체성과 자존감이 그리스도와 그분의 무조건적인 은혜에 뿌리박고 기초하는 게 아니라, 자기 행위와 평가와 연계되어 있기 때문이다."[4]

반율법주의 역시 '하나님의 율법을 지키지 않아도 된다'라는 형식적인 믿음 그 이상이다. 그것은 하나님이 내 공로와 상관없이 나를 사랑하시기 때문에, 내가 도덕적으로 살든 비도덕적으로 살든 하나님은 상관하지 않으신다는 사상이다. '하나님은 나를 있는 모습 그대로 용납하시기 때문에, 그분이 원하는 것은 그저 내가 나답게 되는 것이다'라는 태도다. 가끔 이것이, 자유인이 되는 유일한 길은 하나님에 대한 믿음 전부를 내버리는 것이라는 신념으로 전이되기도 한다.

이 두 가지 태도를 다루고 있는 가장 잘 알려진 성경이 바로 로마서다. 로마서 1장 18-32절에서 바울은, 이방인들이 하나님의 율법을 무시한, 즉 반율법적인 연고로 하나님과의 관계가 끊어졌음을 보여 준다. 그런데 로마서 2장 1절부터 3장 20절에서 바울은 율법을 지키고 성경을 믿는 유대인들도 하나님으로부터 소외되어 있다는 주장으로 나아간다. 왜일까? 유대인들은 하나님과의 관계성에 있어서 하나님의 은혜보다 자신들의 율법 준수를 의지하기 때문이다. 다른 말로 그들은 율법주의자들이다. 유대인들은 율법 준수에서 나오는 그들 자신의 의를 추구한다(빌 3:3-6, 9 참조). 겉보기엔 의롭지만 내면적으로는 자칭 의로운 자들로서 구원을 위해 마땅히 의지해야 할 하나님의 은혜를 의지하지 않는 자들이다. 방식만 다를 뿐 둘 모두 하나님의 은혜와 구원을 거부하여, 결국 바울이 신랄하게 평가하는 "의인은 없나니 하나도 없으며 …… 하나님을 찾는 자도 없고"(롬 3:10-11)의 결과를 낳고 있다.

외양적으로 둘은 엄청난 차이를 보인다. 하나는 종교가 없는 것처럼 사는 사람들로서, 대놓고 전통적인 도덕규범을 부정하고 뒤엎어 버리는 부류고, 다른 하나는 지극히 도덕적이고 종교적이며, 성경을 믿는 사람들로서 자신의 윤리적 선함을 매개로 하나님 앞에 서려는 부류다. 그런데 바울은 두 부류 모두 자기 자신의 영적 구원자로 자처한다는 의미에서 내적인 차이는 거의 없다고 말한다.

성경 전달자로서 설교하고 가르칠 때 우리는 언제나 인생을 바라보는 이 두 관점을 염두에 두어야 한다. 신자들이 어떻게 살아야 하는지에 대한 개별 본문의 권면들을 해설할 때, 성경의 나머지 부분과 분리해 다루면 자칫 율법주의의 관점을 지지하는 결과를 낳을 수 있다. 반면 하나님의 은혜로운 구원과 무조건적인 사랑을 묘사하는 단락의 경우는, 문맥에서 따로 떼어 놓으면 값없는 은혜가 삶의 변화로 귀결될 필요가 없다는 인상을 줄 수 있다.

《설교의 기술과 목사의 소명》(*The Art of Prophesying with the Calling of the Ministry*, 부흥과개혁사 역간)에서 윌리엄 퍼킨스는 "설교자들은 율법과 복음의 진정한 관계성을 알 필요가 있다"라고 언급한다.[5] 율법은 우리에게 복음의 필요성을 보여 줄 수 있고, 우리가 믿음으로 하나님의 구원을 품은 후에는 우리를 구원하신 분을 닮아 가는 길을 알게 하고, 그렇게 되도록 도와주며, 자라게 하는 매개가 된다. 우리 설교가 복음의 선포와 연계 없이 단지 사람들에게 도덕적으로 선하게 살 수 있는 길을 일러 주는 것에 그쳐서는 안 된다. 또 구원이 어떻게 우리 삶을 변화시키는지를 보여 주지 않은 채, 단지 값없는 은혜로 구원받을 수 있다는 것만 거듭 반복해서도 안 된다.

퍼킨스의 말은, 우리가 성경의 모든 구절을 두 범주, 우리가 무엇을 해야 할지를 말하는 구절과 우리 공로와 상관없이 구원받음을 말해 주는 구절로 구분할 수 있다는 게 아니다. 그는 두 본문을 예로 드는데, 두 가지 중요한 부분을 모두 담고 있는 본문이다. 바로 요한복음 14장 21절과 23절이다.[6] 여기서 예수님은 제자들에게 "사람이 나를 사랑하면 내 말을 지키리니 내 아버지께서 그를 사랑하실 것이요 우리가 그에게 가서 거처를 그와 함께하리라"(23절) 하고 말씀하신다.

이 본문이 확실히 하는 게 있다. 복음이 하나님의 명령에 대한 순종을 '구원을 쟁취하는 율법주의적 수단'에서 '이미 받은 구원에 대한 사랑의 반응'으로 변혁시킨다는 것이다. 하나님의 율법에 대한 순종은 복음의 은혜에서 흘러나오는 것으로, 스스로 무한 비용을 감당하시고 우리를 구원하신 분을 알고, 닮아 가며, 기뻐하고, 사랑하는 통로가 된다. 요한복음 14장은 단순히 '율법' 단락도 아니고 '율법보다 복음' 단락도 아니다.

단일 단락으로서 율법과 복음의 관계를 요한복음 14장만큼 완벽하게 보여 주는 경우는 극히 드물다. 보통의 경우에 우리가 설교하는 성경 본문들은, 율법을 강조하거나 혹은 복음의 은혜를 강조한다. 따라서 우리는 항상 본문을 전체 성경의 맥락 안에, 다시 말해 복음의 메시지 안에 위치시켜야 한다.

둘 다 처방전은 같다

이를 실천하는 열쇠 가운데 하나는, 율법주의와 반율법주의적 사고방식의 이면에 공히 자리하고 있는 뿌리를 이해하는 것이다. 둘 사이의 커다란 외양적 차이로 인해, 우리는 이 둘이 서로 반대의 자리에 있다고 생각하기 쉽다. 그래서 우리는 부지중에 본능적으로 하나의 문제를 나머지 하나의 투약으로 해결하려 들게 되는데, 그 결과는 치명적이다.

신학자 싱클레어 퍼거슨(Sinclair Ferguson)은 창세기 3장 타락 사건에 나오는 뱀과 첫 번째 인간의 대화를 분석한다. 그는 '이 나무의 실과를 먹지 말라'라는 원래의 명령에 하나님이 그 이유를 밝히지 않았음에 주목한다. 하나님이 그 나무의 열매를 금하신 것은 그것이 특별히 그들에게 해가 되기 때문이 아니었다. 하나님이 설명을 덧붙이지 않으신 것은, 오직 그분 자체로 인해 그분을 사랑하고 신뢰하는 데서 나오는 순종으로 초대하신 것이었기 때문이다. 따라서 이 명령이 추구하는 것은, 단순히 순응적인 행동이 아니라 하나님을 향한 특정한 태도와 관계였다. 뱀이 바로 이 관계를 직접 공격한 것이다.

창세기 3장 1절에서 뱀은 하나님이 동산의 모든 나무의 과실을 금하셨다고 말했지만, 실상 하나님은 그러지 않으셨다. 이어 5절에서 뱀은 하나님에 대한 불순종이 자유를 줄 것이라고 부추겼지만, 이 또한 사실이 아니었다. 그럼에도 불구하고 인간은 뱀을 믿었고, 이 영적인 독, 즉 "뱀의 거짓말"이 우리 안에 깊숙이 침투해 하나님은 "제한적이고, 자기중심적이며, 이기적"[7]이라는 생각과 함께, 그분은 우리의 온 마음과 관심을 쏟을 만큼 믿음직스러운 존재가 아니라는 생각을 심어 놓았다.

뱀은 넌지시 우리가 그분께 전적으로 순종하면 우리가 비참하게 될 것이라고 암시한다. 퍼거슨은 말하길, "이 거짓말은 하나님의 자비와 그분의 진실함 모두에 대한 공격이었다. 그분의 성품도, 말씀도 믿을 수 없는 것이라는 말이었다. 이게 바로 죄인들이 줄곧 믿어 오는, '가짜 아버지는 나를 사랑하지 않으니 믿을 수 없다'라는 거짓말이다."[8] 이 거짓말이 "인류의 혈관 속으로 들어와서" 마음의 기본 사양으로 장착되었고, "인간 심리 깊숙이" 자리를 잡았다.[9] 하나님의 율법을 따르든 그렇지 않든, 인간 영혼의 저 밑바닥에는 우리를 향한 하나님의 선의에 대한 불신이 있다.

이 통찰을 바탕으로 퍼거슨은 주목할 만한 주장을 펼친다. '우리는 하나님의 선함이나 우리 행복을 향한 그분의 헌신을 신뢰할 수 없다'라는 뱀의 거짓말이 율법주의와 반율법주의 양자 모두의 단일한 뿌리라는 것이다. 그들은 "사실상 같은 배에서 나온 이란성 쌍둥이"다.[10]

율법주의는 모든 순종과 행위를 가지고 저 뻑뻑한 하나님의 인색한 손안에서 축복을 빼내야 한다는 믿음에서 발원한다. "율법주의의 뿌리가 되는 핵심은 …… 하나님에 대한 왜곡된 관점이다. …… 하나님은 우리의 기쁨을 빼앗고 파괴할 요량으로 율법을 들이미는 경찰로 전락한다."[11]

반율법주의도 '인색하고 경직된 하나님'이라는 동일한 기초를 전제한다. 그분의 율법은 도무지 우리 유익을 위해 주어진 것으로 볼 수 없다. 양쪽의 경우 모두 하나님의 율법은 우리를 향한 그분의 은혜로운 사랑의 발로가 아니라 어떤 짐이나 비정한 신적 존재를 부드럽게 달래기 위해 필요한 도구로 이해된다. 순종의 기쁨에 관해 두 입장은 동일한 몰이해를 견지한다. 두 입장 모두 순종을 우리에게 축복 내리기를 꺼려하시는 조건적인 사랑의 하나님이 부과한 일종의 짐으로 본다. 둘 사이의 유일한 차이는, 율법주의자는 그 짐을 짓눌린 마음으로 응시한다면, 반율법주의자들은 거절하고 내던져버린다는 것이다. 그렇지만 하나님을 바라보는 관점은 둘이 동일하다. 이제 우리는 다음과 같이 결론지을 수 있다.

율법주의의 뿌리는 하나님을 향한 제한된 마음의 표출이다. 그분을 바라볼 때 …… [그분의] 거룩한 사랑을 …… 흐릿하게 만드는 …… 렌즈를 통해서 본다. 이것은 치명적인 병이다. …… 하나님에 대한 동일한 관점이 …… 반율법주의의 뿌리에도 놓여 있다.[12]

이 부분이 당신의 설교에 영향을 미치는 지점이다. 우리가 율법주의를 단순히 율법을 과도하게 강조한 것 정도로 여긴다면, 그에 대한 해결책은 순종에 대해 덜 이야기하고 용납과 용서를 더 많이 이야기하는 것이라고 생각하게 될 것이다. 또 반율법주의를 단지 도덕과 율법에 대해 지나치게 느슨한 태도 정도로 생각한다면, 그에 대한 치료법은 자비와 용납을 덜 이야기하고 하나님의 의와 그분의 거룩한 명령에 대해 더 많이 이야기하는 것이라고 단정할 것이다. 요컨대, 우리는 하나의 문제를 나머지 하나의 투약으로 치료하려 들 것이다.

그런데 이건 잘못된 생각이다. 둘이 사실은 같은 뿌리에서 나오기 때문이다. 둘은 공히 하나님은 우리를 사랑하시지도, 우리 기쁨을 바라지도 않으신다는 믿음에서 나온다. "율법과 복음 모두가 하나님의 은혜의 발로"임을 보지 못함에서 나오는 것이다.[13] 율법주의자와 반율법주의자 모두에게, 율법에 대한 순종은 단순히 하나님으로부터 무언가를 얻어 내는 길이지, 그분을 닮아 가고, 그분을 알고, 기뻐하고, 그분 자체로 인해 그분을 사랑하는 길이 아니다.

율법주의는 하나님의 은혜를 제대로 붙잡지 못한다. 그래서 우리

인생을 이끄는 안내자요, 우리를 진정으로 우리 자신이 되게 하고 하나님을 기쁘시게 하는 방편인 율법 본연의 기능을 왜곡한다. 대신 부담을 지우는 구원 체계로 전락시켜 버려서 하나님이 이로 하여금 억지로 우리에게 축복하게 만들었다. 율법주의를 파괴할 수 있는 유일한 방도는 '당신은 용납되고 용서받았다'라는 추상적인 원리가 아니라, 하나님의 선함과 예수 그리스도 안에 나타난 그분의 값진 사랑을 새롭게 이해하는 것이다.

반율법주의는 하나님의 사랑의 은혜를 제대로 붙잡지 못한 나머지, 율법을 자유와 인격 성장을 방해하는 걸림돌로만 보고, 우리의 자유와 인격 모두를 자라게 하시는 하나님의 위대한 도구로 인식하지 못한다. 따라서 하나님의 단호한 의와 거룩함의 선포로 반율법주의를 몰아붙이는 것은 폐착이다. 우리 마음에 속살거리는 가혹한 신성이라는 뱀의 거짓말에 기름을 붓는 격이 될 뿐이다.

우리 영혼을 공격하는 이 독성 비진리와 싸우기 위해서는 그분의 삶과 죽음 안에서 하나님의 의로운 율법을 완성하신 예수 그리스도 안에서 하나님의 값비싼 사랑을 높이고 붙잡아야 한다. 퍼거슨은 율법주의와 반율법주의 모두 근본적으로 동일한 처방을 요한다고 결론 짓는다. 하나님 자신과 그분의 영광스럽고, 자유로우며, 값진 은혜의 아름다움에 대한 새로운 조망이 필요하다. 율법주의와 반율법주의 모두 오직 복음으로만 치유된다.

복음은 이〔뱀의〕 거짓말로부터 우리를 구원해 내도록 디자인되었다. 그리스도의 강림과 우리를 위한 그분의 죽으심 안에, 그리고 그 이면에 드러난 것은 우리에게 모든 것을 내어 주시는 아버지의 사랑이다. 먼저 그분의 아들이 우리를 위해 죽으시고, 이어서 그분의 성령이 우리와 함께하신다. …… 율법주의에 대한 진정한 치료책은 오직 하나다. 그것은 반율법주의에 대해 복음이 처방한 약과 동일하다. 예수 그리스도와의 연합을 이해하고 맛보는 것이다. 이것이 하나님의 율법을 향한 새로운 사랑과 순종으로 이끈다.[14]

이 '이란성 쌍둥이' 관계에 대한 이해는, 설교자들에게 실로 거대한 실천적 함의를 지닌다. 우리가 저 바깥세상의 '진짜 문제'는 율법주의라고 생각한다면, 어쩌면 우리는 반율법주의에 한 발 들여놓은 것이고, 만일 우리가 사람들의 '진짜 문제'가 반율법주의라고 생각한다면, 어쩌면 우리는 율법주의에 한 발을 들여놓은 것인지 모른다.

내면에서부터 변화되도록 도와야 한다

복음이 사람들의 마음을 파고들도록 힘있게 설교하기 원한다면, 우리는 단지 용서와 용납의 추상적 개념을 이야기하는 데 그쳐서는 안 된다. 듣는 이들에게 예수님과 그분이 오셔서 우리를 위해 행하신 바를 보여 줘야 한다. 매번 복음을 설교한다는 건 매번, 성경 본문 매 단락에서 그리스도를 설교하는 것이다.

우리가 매번 그리스도를 설교할 때, 비로소 우리는 전체 성경이 어떻게 서로 맞아 들어가는지를 보여 줄 수 있다. 예수님이 엠마오로 가는 길에서 두 제자를 만났을 때, 그들은 메시아가 십자가에 달렸다는 이유로 실의에 빠져 있었다. 이에 주님은 "선지자들이 말한 모든 것을 마음에 더디 믿는 자들이여" 하시고선 "모세와 모든 선지자의 글로 시작하여 모든 성경에 쓴 바 자기에 관한 것을 자세히 설명"(눅 24:25-27)하셨다. 나중에 다락방에서 사도들과 다른 제자들에게도 나타나셔서 같은 것을 설명해 주셨는데, 바로 예수님 자신이 "모세의 율법과 선지자의 글과 시편"(눅 24:44) 이해의 열쇠라는 가르침이었다. 예수님은 제자들의 혼란과, 구약이 예수님과 그분의 구원에 관한 것임을 제대로 보지 못하는 그들의 무능을 질책하셨다.

사도인 성경 저자들은, 익히 알려진 대로 히브리 성경에 대한 해석에서 다분히 '그리스도 중심적'이다. 그들은 가끔 시편을 그리스도의 말로 인용하는데, 말하는 이가 메시아적 인물임이 선명하게 드러나는 '메시아적' 혹은 '군주적' 시들만 그렇게 보는 게 아니다. 예를 들어, 히브리서 10장 5-6절은 시편 40편 6-8절을 "주(그리스도-옮긴이주)께서 세상에 임하실 때" 하신 말씀으로 인용한다.

주께서 내 귀를 통하여 내게 들려주시기를 제사와 예물을 기뻐하지 아니하시며 번제와 속죄제를 요구하지 아니하신지라 그때에 내가 말하기를 내가 왔나이다 나를 가리켜 기록한 것이 두루마리 책에 있나이다 나의 하나님이여 내가 주의 뜻 행하기를 즐기오니.

그런데 시편 40편을 보면, 말하는 이가 예수님이나 어떤 메시아적 인물이라는 뉘앙스를 전혀 발견할 수 없다. 왜 히브리서 기자는 시편 40편이 예수님에 관한 것이라고 단정하는 것일까? 이유인즉, 예수님이 누가복음 24장에서 제자들에게 하신 말씀을 알았기 때문이다. 모든 성경이 사실은 예수님에 관한 것이라는 말씀 말이다. 성경은 결국에는, 예수 그리스도 안에서 절정에 이르는 하나의 단일한 이야기다.

하나님은 세상을 창조하시고, 또한 우리를 창조하셔서 그분과 그분이 만드신 세상을 섬기고 즐기게 하셨다. 그런데 인간이 그분을 섬기는 것에서 돌아서서, 범죄함으로 자신과 창조 세계를 훼손했다. 그럼에도 불구하고 하나님은 그것이 그분의 전적인 권리였는데도 그들을 버리지 않으시고 오히려 그들을 구원하겠다고 약속하셨다. 비록 그들이 죄책과 저주 아래 있고, 마음과 성품이 만성적인 손상 가운데 있었지만 말이다.

이를 위해 먼저 하나님은 세상에서 한 가족을 불러내셔서 그분을 알고 그분을 섬기게 하셨다. 그리고 나서 그 가족을 하나의 나라로 키우셨고, 그들과 결속되는 인격적인 언약 관계로 들어가셨다. 그리고 그들의 삶을 인도할 율법을 그들에게 주셨다. 그것에 순종할 때 임하는 축복의 약속과, 그들의 죄와 허물을 처리할 수 있는 예물과 제사 제도를 주셨다. 그렇지만 인간의 본성이 워낙 망가지고 죄로 가득하여, 이 모든 특권과 수백 년에 걸친 하나님의 인내에도 불구하고 그분의 언약 백성, 즉 율법과 약속과 제사 제도를 받은 자들도 그분으로부터 멀리 떠나 버렸다. 인류에겐 희망이 없어 보였다.

그러자 하나님이 육체가 되셔서 시간과 공간과 역사의 세계 안으로 들어오셨다. 예수님은 완전한 삶을 사셨지만, 십자가로 나아가셔서 죽으셨다. 그분이 죽은 자 가운데서 다시 살아나셨을 때, 그분이 오신 것은 완전한 삶으로 율법을 이루기 위해서 우리에게 드리워진 저주를 짊어지고, 값없는 은혜로 우리에게 약속된 축복을 확보하기 위한 최후의 제사를 드리기 위함이었음이 드러났다. 이제 그분을 믿는 자들은 죄인임에도 불구하고 하나님과 연합된다. 이것이 하나님의 백성을 단일 국가에서, 모든 나라와 문화를 아우르는 국제적이고도 다인종적인 믿는 자들의 교제로 변모시킨다. 이제 우리는 예수님과 이웃을 섬기면서, 그분이 다시 오셔서 죽음과 모든 고통을 몰아내고 창조 세계를 새롭게 하시리라는 희망으로 그분을 기다린다.

이게 도대체 다 뭐란 말인가? 이것은 하나의 이야기다. 예수 안에서 연합되고, 예수 안에서 해결되고 절정을 이루는 내러티브 플롯이다. 제자들은 각 선지자와 제사장과 왕, 기드온에서 다윗에 이르는 각 구원자들을 알고 있었다. 성전과 제사도 알았다. 그런데 이 모든 하부 이야기는 알았지만, 주님이 그들에게 보여 주시기까지 그들은 진짜 말하려는 바로 그 이야기를 보지 못했다. '궁극적인' 선지자, 제사장, 왕, 구원자, 최후의 성막과 제사에 대해서는 알지 못했다. 그들은 성경이 무엇에 관한 이야기인지를 보지 못했다.

찰스 디킨스(Charles Dickens)나 빅토르 위고(Victor Hugo)의 소설에서 한 장만 떼어 내어 읽어 보라. 그 앞에 나오는 이야기도 읽지 말고 뒤에 나오는 것도 읽지 않은 채 말이다. 그 장의 내용을 제대로 이해하고 간파할 수 있을까? 그 장에 대해 배울 수 있다는 건 분명하다. 우리가 읽은 대목에서도 나름 완성도를 가진 내러티브 행동이나 하부 플롯은 나올 수 있다. 그러나 그 앞에서 진행된 내용을 모르기 때문에 많은 부분은 여전히 이해할 수 없다. 이야기의 결말을 보기까지는, 이 장에서 저자가 무얼 하고 있는지 상당 부분은 가려져 있다. 마찬가지로, 성경 본문을 읽고 설교할 때 그 본문이 어떻게 그리스도를 가리키는지를 보여 주지 않을 때도 그러하다. 각 장이 전체 이야기로 어떻게 맞아 들어가는지를 간파하지 않는 한, 그 장을 제대로 이해할 수가 없다.

그래서 매번 그리스도를 설교하는 것은 사람들에게 성경이 어떻게 서로 맞아 들어가는지를 보여 주는 길이다. 이미 살펴본 대로, 설교자에게는 두 가지 책임이 있다. 성경 진리를 향해 가진 책임과, 듣는 이들의 영적인 필요에 대한 책임이다. 매번 그리스도를 설교하는 것은 실로 사람들을 내면으로부터 변화되도록 진정으로 돕는 길이다.

어떤 설교든, 어떻게 살아야 하는지만 일러 주고 그 원리를 복음의 맥락 안에 연계시키지 않는 것은, 자칫 열심히만 하면 스스로 감당할 만큼 충분히 완벽해질 수 있다는 인상을 주게 된다. 에드먼드 클라우니는 우리가 '특정한' 성경 이야기를 들려줄 때 그것을 그리스도에 관한 성경 이야기 안에서 설명하지 않는다면, 우리는 '우리'를 향한 그 말씀의 의미를 사실상 변질시킨 것이라고 지적한다. 그것은 그리스도의 사역에 대한 믿음으로 살라는 초청보다 '더 열심히 하라'라는 도덕적 권면이 되어 버린다. 결국 성경을 읽는 데는 단 두 가지 길이 있다. '근본적으로 나에 관한 것인가, 아니면 근본적으로 예수님에 관한 것인가?' 다른 말로, '근본적으로 내가 해야 할 일에 관한 것인가 아니면 근본적으로 그분이 행하신 일에 관한 것인가?'

어느 수준에서건 순결한 삶을 살고, 그분 앞에 내 의지를 내려놓으며, 가난한 자들을 돕고, 다른 이들을 믿음으로 회심시키는 일 같은 도덕적인 노력을 통해 내가 내 기도에 대한 하나님의 호의를 확보하거나 그분의 축복을 끌어낼 수 있다고 믿는다면, 이 모든 일을 행하는 내 동기는 두려움과 자부심의 혼합물이다. 여기서 두려움은 형벌을 피하려는 욕망과 하나님과 다른 이들을 능가하는 방어책과 조종간을 확보하려는 욕망이다. 그리고 자부심은 내가 충분히 품위와 공로가 있기 때문에 나는 '다른 사람들과 같지 않고' 저 위에 속한다는 의식이다(눅 18:11 참조).

속을 들여다보면 결국 내가 하는 모든 선한 일은 나 자신을 위해 하는 것이다. 하나님을 섬기고 이웃을 섬기는 내 행위들은 하나님과 이웃을 이용해 나 자신의 이미지를 만들고, 다른 사람들로부터 존경과 칭송을 얻어 내며, 마침내 하나님을 움직일 수 있는 조종간을 확보하여 그분에게서 무언가를 받아 내기 위한 수단이 된다. 역설적이고 비참하게도 내 모든 선함이 결국에는 나를 위한 것이고, 이를 통해 나는 죄로 가득한 궁극적인 우상숭배인 자기중심성을 더욱 부추긴 셈이다. 도덕적이고 선한 삶을 향한 내 노력의 한복판에서 말이다.

이 도덕주의적인 삶의 방식은 일종의 요요(yo-yo)의 끝자락에 있는 듯하다. 내 목적을 달성하고 내 기준을 충족시킨다고 느낄 때, 나는 더욱 자기 의에 빠지고, 더 당당하며, 다른 사람들에게는 덜 인내하고, 덜 자비롭게 된다. 내가 어떤 식으로든 실패하는 경우엔 자기혐오에 빠지게 되는데, 내 정체성이 '다른 사람보다 내가 낫다'는 자화상에 기초했기 때문이다.

이러한 요요 도덕주의는 문화의 경계를 넘어선다. 전통적인 문화 안에 살던 사람들은 그들의 정체성과 자기가치를 가족의 기대에 부응하고 가족에게 자긍심을 주는 데서 찾았다. 서구 개인주의 사회 안에 사는 사람들은 그들의 정체성과 자기가치를 자기표현을 통해, 자신의 꿈과 욕망을 발견하고 그것을 채움을 통해 얻으려 한다. 두 문화의 사고방식이 굉장히 다른 것처럼 보이지만, 양쪽 모두 자력 구원 전략에 젖어 있다는 점에서 동일하고, 복음은 양쪽 모두를 도전한다.

요셉이 보디발 아내의 유혹을 물리치는 본문을 설교한다고 생각해 보자. 혹은 잃어버렸던 하나님의 율법을 찾아 모인 백성을 향해 읽어 주는 요시야의 본문이나 용감히 골리앗에 맞서는 다윗의 본문으로 설교할 때, 유혹에서 도망치기, 성경 사랑하기, 위험 가운데 하나님 신뢰하기 등 삶의 교훈을 추출했지만 그걸로 설교를 끝낸다면 어떻게 될까? 인간의 마음에 기본적으로 장착된 자력 구원 의식을 강화할 뿐이다. 듣는 이의 귀에는 의로운 삶을 통해 하나님의 복을 받아 내라고 부추기는 설교로 들릴 것이다. '본문을 대할 때마다 항상' 그리스도의 구원에 선명하게 맞추지 않는다면, 다시 말해 유혹을 물리치고, 율법을 완전하게 성취하며, 궁극적인 거인인 죄와 죽음을 처리함으로써 그분이 어떻게 우리 모두를 위해, 우리를 대신해 우리를 구원했는지를 보여 주지 않는다면, 우리는 그저 그들의 도덕주의를 더욱 공고히 하는 도덕주의자가 되는 것이다.

우리가 너무나 큰 사랑 가운데 있기에 우리가 잘못을 저지를 때에도 좌절할 필요가 없고, 너무나 죄에 젖어 있기에 간혹 옳은 일을 행할 때조차 으쓱할 권리가 없는, 즉 '그리스도 안에서 사랑받는 죄인'이라는 복음을 새겨 주어야 한다. 그래야 듣는 이가 도덕주의의 영적 양극단의 세계로부터 벗어나도록 도울 수 있다.

도덕주의를 거부하는 세속적인 사람들도, 두 가지 이유에서 설교를 통해 도덕주의에 대한 비판을 들을 필요가 있다. 우선은, 기독교가 도덕주의와 동일하지 않다는 것을 보기까지는, 그들은 진정한 기독교에 대해 고려조차 하지 않을 것이다. 둘째, 하나님께 끌리기 시작한 사람들은 누구나 자동적으로 일종의 도덕적 관계를 기대하면서 그분께로 나올 것이다. 18세기 복음주의자 조지 휫필드는 한 설교에서 이를 경고했다. 덜 신학적이고 덜 구식인 언어를 선택할 수도 있겠지만, 우리는 이 사안에 대한 기본적인 이해를 전해야만 한다.

> 한 가련한 영혼이 살짝 눈떴을 때 …… 행위의 언약 아래 태어난 그 불쌍한 피조물은, 다시 행위의 언약으로 바로 날아갑니다. 아담과 이브가 동산의 나무 사이에 몸을 숨기고, 무화과 잎을 엮어 그들의 벗은 몸을 가린 것처럼, 그 가련한 죄인들도 눈뜨자마자 그들의 행위와 성취로 날아갑니다. 하나님으로부터 스스로를 숨기고, 그들 자신의 의로 덕지덕지 자신을 가리려 합니다. 그는 말합니다. "이제 나는 강하고 선하게 될 것이다. 나는 개혁할 것이다. 나는 내가 할 수 있는 모든 걸 다할 것이다. 그러니 예수 그리스도가 분명히 내게 자비를 베풀 것이다." 그런데 말이죠. …… 우리가 한 최선의 행위도 사실은 반짝거리는 죄에 지나지 않습니다. …… 우리가 자기 의에서 벗어나려면 먼저 깊은 확신이 있어야 합니다. 자기 의는 우리 마음에서 **빼내야** 할 마지막 우상입니다. …… 여러분은 이렇게 말할 수 있습니까? "주님, 제가 행한 모든 최선의 행위를 가지고도 저는 여전히 저주 받아야 할 인생입니다." …… 자아로부터 벗어나지 않는다면, 스스로에게 평화를 말

할 수는 있어도, 거기에는 평화가 없습니다. …… 우리는 예수 그리스도의 모든 충분한 의를 믿음으로 굳게 붙들어야 합니다. 그때 비로소 평화를 누리게 될 것입니다.[15]

휫필드가 묘사한 영적으로 하나님과의 관계를 추구하면서도 도덕주의 종교의 보편적인 함정에 빠지는 것을 극복하는 유일한 길은, 성경 매 본문에서 그리스도를 설교하는 것이다. 매번 복음을 설교해야 한다.

늘 가까이 도사리는 함정들

복음을 설교하지 않은 채 본문 설교하기

에세이 과제를 받았는데 제목이 '성경 모든 부분에서 예수님 설교하기'라면, 내심 구약에서 그리스도를 어떻게 찾을 수 있는지를 논하라는 말이라고 생각할 것이다. 그러나 신약도, 심지어 예수님에 관한 복음서 단락도 복음을 설교하지 않은 채 설교할 수도 있다.

몇 해 전 나는 마가복음 5장을 본문으로 두 설교자가 행한 예수님의 축귀 사역에 관한 설교를 읽었다. 예수님의 생애 가운데 한 에피소드를 다루는 본문이니 당연히 두 설교 모두 예수님에 관한 설교였다.

첫 번째 설교는 여러모로 탁월했다. 그 설교는 예수님을 해방자 그리스도로 소개했다. 고통 중에 있던 이 사람은 벌거벗은 상태였다. 사슬에 묶여 있었고, 모든 인간 공동체에서 소외되어 있었으며, 분노 가운데 울부짖고 있었다. 그리스도는 사슬에 묶인 이 사람을 붙들고 는 해방시키신다. 그분은 소외된 이 사람을 붙잡고 다시 인간 공동체 와 조화될 수 있게 하셨다. 그의 분노의 울부짖음을 잠재우고 고요함 으로 그를 채우신다. 이제 이 사람은 온전한 정신이 된다.

이 설교는 근본적으로, 우리가 무슨 문제를 갖고 있든 예수님께 나오면 그분이 우리 삶에 들어오셔서 문제를 바로잡아 주신다는 메시 지였다. '그분은 우리를 고통스럽게 하는 그 무엇도 치유하실 수 있다. 낮은 자존감이 문제라면, 그분은 우리를 그분이 얼마나 사랑하시는지 보여 주실 것이다. 중독 문제가 있다면, 그분은 그 속박에서 우리를 풀어 주실 것이다.' 보다시피 흠잡을 데 없이 옳은 말들이다(여러분이 인 스턴트식의 쉬운 만족이라는 헛된 기대를 품지 않는 한 말이다). 나도 해방하는 분 으로서의 그리스도를 이야기하지 않고는 그 본문을 설교하려 들지 않 을 것이다.

머지않아 두 번째 설교를 읽었는데, 설교 말미에 설교자가 중요 한 질문을 던졌다. 설교자는 이렇게 말했다. "이 사람의 벌거벗음과 사슬과 소외, 그의 발광과 울부짖음은 우리 모두의 초상입니다. 우리 는 죄인이고, 성경은 우리 모두가 영적으로 죄와 우상, '공중의 권세 잡은 자'의 노예가 되었다고 말합니다. 우리는 어둠의 나라에서 빛의 나라로 옮겨 와야 합니다. 우리 모두가 이런 형편에 처해 있습니다."

그의 논증이 더 사무치고 선명하지 않은가. 본문 속 그 사람과 우리는 죄인으로서 같은 상황에 처해 있다. 그때 예수님은 그를 해방시키신다. 여기서 질문 하나를 제기할 수 있다. '예수님이 그를 용서하고 회복시킬 수 있는 이유가 무엇인가?'

설교자는, 예수님이 그 사람을 용서할 수 있는 이유는 주님의 삶의 마지막에 나온다고 말한다. 거기서 우리는 발가벗겨진 예수님을 발견한다. 감옥에 갇힌 예수님, 성문 밖에 소외되어 십자가에 달리신 예수님. "나의 하나님 나의 하나님 어찌하여 나를 버리셨나이까?" 하고 울부짖는 예수님을 만난다. 이것이 대답이다.

예수님이 귀신 들린 자를 고칠 수 있었던 이유는, 그 사람은 비록 죄인이었지만 예수님이 그 사람과 자리를 바꾸셨기 때문이다. 예수님이 우리의 대리자가 되셨다. 예수님이 이 사람의 삶에 들어오셔서 그를 고칠 수 있었던 것은, 예수님이 그를 위해 죽으셨고 죗값을 치르시고 본질상 이 모든 것을 친히 담당하셨기 때문이다. 그분이 발가벗겨짐으로 말미암아 우리는 옷을 걸칠 수 있다. 그분이 가장 깊은 좌절과 고뇌에 던져짐으로 말미암아 우리는 하나님의 사랑과 용서를 알고 내적인 고요함을 누릴 수가 있다.

두 설교문의 차이는 놀라울 정도였다. 둘 모두 예수님에 관한 설교였지만, 오직 한 설교만이 복음을 선명하게 제시했다. 첫 번째 설교는 구원은 그저 우리 상처에 대한 치유이고, 그 치유를 얻는 길은 단지 예수님께 청하여 우리에게 와서 우리 필요를 채워 달라고 구하는 것이라는 인상을 줄 수 있다. 죄와 은혜의 문제가 선명하게 다루어지지 않았다. 십자가가 꼭 있어야 할 필요가 없다. 복음을 아주 선명하게 제시하지 않았다는 말이다. 그런데 두 번째 설교는 그렇게 했다. 귀신 들린 자의 비참함은, 십자가에 달린 예수님께 쏟아진 고통과 고뇌를 생생하게 묘사하는 도구가 되었다. 마가복음의 중심 가르침 가운데 하나는 예수님이 우리의 대리인이라는 것이다. 그분은 자신의 생명을 우리를 위한 대속물로 주셨다(막 10:45 참조).[16] 그 설교는 하나의 개별 에피소드를 책 전체의 위대한 복음 주제의 빛 안에서 읽었다.

이렇게 할 때, 청중을 위한 실천적인 적용으로 나아가는 것은 어렵지 않다. 우리 자신의 삶 속에서 죄의 권세를 깨뜨릴 수 있는 건 오직 그분의 희생적 죽음에 대한 인식뿐이다. 이를 통해 자력 구원을 향한 우리 노력이 잘못되었음이 드러나고, 그것들이 사실상 불필요하게 된다. 그리고 우리가 스스로를 구원하기를 멈출 때, 우리를 지배하고 속박하는 것들이 더는 힘을 쓰지 못한다. 사탄이 우리에게서 힘을 잃게 된다.

신약을 설교하면서도 그리스도와 그분의 구원 사역을 설교하지 않는 게 가능하다. 우리는 흔히 우리 문제가 특정 시편이나 열왕기하에서 예수님을 어떻게 이끌어 내느냐에 있다고 생각한다. 아니다. 문제는 그보다 훨씬 크다. 그리스도를 설교한다는 건 복음을 설교하는 것을 의미한다. 복음을 설교한다는 것은 그리스도와 그분의 구원 사역과 은혜를 설교하는 것을 의미하며, 성경 어느 대목에서든 우리는 이 과업에 실패할 수 있다.

사실상 본문을 설교하지 않은 채 '그리스도' 설교하기

우리가 빠져들 수 있는 또 하나의 실수가 있다. 어떤 본문을 설교할 때 너무 빨리 '그리스도께 나아가는' 바람에, 그 본문의 특정한 메시지에 제대로 민감하지 못하는 것이다. 구약을 설교할 때, 역사적인 실재를 넘어 예수님께로 훌쩍 뛰어가 버린다. 원독자에게 그런 의미는 거의 없었다는 듯이 말이다. 퍼거슨은, 이러한 실수는 "성경신학의 풍성한 굽이굽이에 대해 둔감하고 경직된 설교를 생산할 수 있다"라고 말한다.[17]

결과는 이러하다. 성경 본문 자체에 충분한 시간을 들이지 않았기 때문에, 예수님이 소개되는 방식이 매주 거의 동일하게 들리게 될 것이다. 예수님은 더 이상 특정한 신학적 주제의 해결이나 절정, 구체적인 실천 문제에 대한 진정한 해답이 아니게 될 것이다. 그러나 당신이 원래의 역사적 맥락 안으로 충분히 깊이 들어간다면, 성경에 존재하는 다양한 주제와 장르, 메시지만큼이나 다양한 방식으로 그리스도를 설교할 수 있을 것이다.

예를 들어, 선지서에는 하나님이 왕을 보내셔서 어떻게 완전하고 공평한 정의를 이루시는지 보여 주는 여러 단락이 있다. 이사야 11장 3절에서는 이 왕이 "그의 눈에 보이는 대로 심판하지 아니하며 그의 귀에 들리는 대로 판단하지 아니"할 것이라고 말한다. 그는 잘못된 것을 바로잡고 억눌린 자와 약한 자들에게 정의를 이뤄 줄 것이다. 이사야 11장 1-6절은 이 모든 일을 행할 의로운 "가지"(렘 23:5)에 관한 단락인데, 이 사람은 통상 메시아로 간주된다. 이사야서의 원독자들은 필시 그가 미래의 위대한 한 왕에 대해 이야기한다고 이해했을 것이다.

여기서 몇몇 설교자들은 서둘러 이사야 11장의 묘사가 예수님과 그분의 구원에 맞아 들어가는 모든 길을 보여 주려 할 것이다. 그러나 원래 청중의 귀에 먼저 들린 것은, 사회정의의 중요성과 가난한 자들을 억압하지 않는 것, 너그럽게 사는 것에 대한 강력한 긍정이었다. 너무 빨리 미래로 나아간 나머지, 저자의 (그리고 본래 청중의) 시대에 충분히 머물지 못함으로써, 설교자는 그 단락의 의미를 상당 부분 놓칠 수 있다.

우리는 균형을 유지해야 한다. 본문을 설교하지 않은 채 급하게 그리스도를 설교하는 일이 없도록 주의하고, 반대로 그리스도를 설교하지 않은 채 본문만 설교하지도 말아야 한다.

찰스 스펄전이 어떤 웨일즈 사역자의 이야기를 들려주었는데, 한 젊은 사역자의 설교를 들은 후 그의 설교에 대해 대화를 나누는 이야기였다.

웨일즈 사역자가 그 젊은이에게 말했다.

"오늘 너무 형편없는 설교였네"

"왜 형편없는 설교라고 생각하시는지요?"

"그 안에 그리스도가 없었기 때문이네."

"글쎄요, 성경 본문에 그리스도가 없었습니다. 우리가 늘 그리스도를 설교해야 하는 건 아닙니다. 우리는 본문에 있는 것을 설교해야 하니까요."

설왕설래는 다음과 같이 계속되었다.

"젊은이, 영국의 모든 자그마한 동네에도, 그게 어디 있든 런던으로 통하는 길이 있다는 걸 알고 있는가?" "예, 그럼요" 하고 젊은이가 대답했다. 그러자 깊은 혜안의 노 사역자는 탄식하며 말했다. "성경의 모든 본문도 마찬가지로 성경의 수도로 통하는 길이 있다네. 그게 바로 그리스도일세. 사랑하는 형제여, 자네의 직무는 본문을 대할 때, '그리스도께로 통하는 길이 무엇일까?' 하고 말하고, 곧이어 저 거대한 대도시, 즉 그리스도로 통하는 길을 달리면서 설교하는 것이라네. 그리고 나는 아직 그리스도로 통하는 길을 품고 있지 않은 본문을 만난 적이 없네. 만에 하나 그리스도로 통하는 길을 품고 있지 않은 본문을 발견한다면, 나는 어떡하든 길 하나를 만들 것이네. 담벼락을 넘고 도랑물을 건너서라도 나의 주님께로 나아갈 것이네. 설교란 그 안에 그리스도의 향취가 나지 않으면 아무런 유익도 끼칠 수 없기 때문이지."[18]

이 이야기가 꽤 도움이 된다. 여기서 얻은 지혜를 조금 확장해서 우리 설교에 적용해 보자.

저자의 주요 포인트를 알아내고 거기에 시간을 투자하라. 먼저 우리는 그 동네의 중심 도로를 찾아야 한다. 그 본문의 원래 청중, 즉 그 동네 사람들에게 전달된 주요 요점과 메시지를 확실히 찾아내야 한다는 의미다. 어떤 본문은 간단하게 하나의 단일한 포인트를 갖고 있는가 하면, 조금 더 복잡한 본문들도 있다. 어떤 마을은 널찍한 하나의 중심 도로를 갖고 있는가 하면, 어떤 마을에는 몇 가닥 얼기설기한 간선도로가 있다. 그 길들을 알아내라. 그 길로 돌아다니라. 그 동네를 너무 빨리 떠나지 마라. 본문 안으로 깊이 들어가서, 저자가 듣는 이들에게 전하려 한 의미를 확실하게 파악하라. 그것이 바로 하나님이 말씀하시는 바에 충실할 수 있는 방법이다. 시간이 있다면, 몇몇 곁길도 살펴보라. 흥미로운 가게도 간혹 보일 것이다. 그렇지만 중심 도로에서 너무 멀리 가지는 마라. 그러다가 제 시간에 돌아가지 못할 수도 있으니 말이다.

둘째, 스펄전이 제안하듯이, 모든 중심 도로에는 그 동네에서 수도로 통하는 도로로 연결되는 길이 있다. 중심 도로가 수도로 통하는 길과 어떻게 연결되는지를 찾으라. 물론, 동네에서 나오는 모든 길이 수도로 통하는 건 아니다. 길을 잘못 들었다간, 결국 다른 나라 땅을 거치거나 정식 길이 아닌 밭을 가로 질러 수도로 가야 할 수도 있다. 그건 힘겨운 일이고 필시 불법이기도 하다! 마찬가지로, 본문에서 예수님을 희미하게 연상시키는 모든 것이 예수님께로 통하는 길이라고 생각해서는 안 된다.

성전에 관한 구약 본문이라면, 그땐 마지막 성전인 그리스도를 설교할 수 있을 것이다(요 2장 참조). 이것이 바로 그 본문의 중심 도로가 예수님께로 연결되는 방식이다. 그렇지만 떠오르는 대로 무조건 덤빌 수는 없다. 라합이 창문에 걸어 둔 붉은 줄에서 그리스도의 피가 연상될 수는 있지만(수 2:18 참조), 그렇다고 해서 그게 정말로 그걸 의미하지는 않는다. 온전함을 잃지 않은 채 각 본문의 중심 메시지로부터 그리스도를 설교할 수 있는 '어떤' 길이 있다. 설교가 끝나기 전에, 바로 그 길을 가리키고, 바로 그 길을 여행하라.

CHAPTER 3

모든 성경에서
그리스도를 설교하라[1]

본문에서 예수님을 발견하고 설교하는 6가지 실천법

제자들이 눈을 들고 보매 오직 예수 외에는 아무도 보이지 아니하더라.
- 마 17:8

매번 복음을 설교하는 열쇠는 매번 그리스도를 설교하는 것이고, 그렇게 하는 열쇠는 특정 본문이 전체 정경의 문맥 안으로 어떻게 맞아 들어가는지, 성경의 거대한 내러티브의 흐름 안에 하나의 장으로서 어떻게 참여하는지를 찾아내는 것이다. 다시 말해 하나님이 어떻게 그분의 아들 예수 그리스도 안에 있는 값없는 은혜의 구원으로, 우리를 구원하시고 세상을 새롭게 하시는지를 찾는 것이다.

늘 그리스도를 설교할 수 있는 방법을 알고자 한다면, 우리를 도와줄 좋은 저자와 책들이 많이 나와 있다.[1] 이 책들에서 제시한, 성경 본문에서 예수님을 분별하고 설교할 수 있는 나름의 범주 목록을 소개한다.[2] 워낙 다양한 관점과 실천 방법들이 소개되어 있어서, 이 장에서 다 다룰 수는 없다.[3] 이론가보다는 현장 목회자의 입장에서, 여기 여섯 가지 실천법을 소개한다.

성경의 모든 장르, 모든 부분에서 그리스도를 설교하기

알렉 모티어의 *Look to the Rock*(반석을 바라보라)이나 레이먼드 딜라드(Raymond Dillard)와 트램퍼 롱맨(Tremper Longman)의《최신 구약 개론》(*An Introduction to the Old Testament*, 크리스천다이제스트 역간), 에드먼드 클라우니의《구약에 나타난 그리스도》(*The Unfolding Mystery*, 네비게이토 역간)를 보면, 성경의 각 부분이 어떻게 그 특정한 방식으로 그리스도를 가리키는지에 대한 분별력을 얻을 수 있다.

그리스도는 이스라엘 열조(아브라함, 이삭, 야곱 및 야곱의 열두 아들)의 소망이시다. 그분은 여호와의 천사시다.[4] 출애굽기를 거쳐 신명기로 가면, 그분은 모세의 반석이시다. 그분은 율법의 완성자시다. 의식법과 도덕법 모두에서 그러한데, 그분이 친히 우리를 깨끗하게 하신다는 의미에서 의식법, 그분의 완전하고도 의로운 삶을 통해 하나님의 은총을 얻는다는 점에서 그분은 도덕법의 완성자시다. 그분은 마지막 성전이시다.

이제 모세 이후 이스라엘의 역사로 들어가 보자. 그분은 여호와의 군대 대장이시다(수 5장 참조). 그분은 진정한 이스라엘의 왕이시다. 실로 그분은 진정한 이스라엘이시다. 그분은 이스라엘이 행하고 되었어야 할 모든 일을 성취하셨다. 이제 시편으로 넘어가서 다윗의 노래를 보라. 여기서 예수님은 이스라엘의 찬송하는 자이시다(히 2:12 참조). 이어서 선지서로 가면, 그분은 약속된 왕이시며(사 1-39장 참조), 고통받는 종이시고(사 40-55장 참조), 세상의 치유자시다(사 56-66장 참조). 잠언으로 넘어가서, 그분이 진정한 하나님의 지혜임을 발견하라. 구원받은 자들에게 십자가는 하나님의 지혜다(고전 1:22-25 참조).

구약의 모든 장르와 모든 부분은 그리스도를 향하고 있고, 우리에게 다른 곳과는 구별되는 방식으로 그분이 누구인지를 알려 준다. 예를 들어,《최신 구약 개론》의 저자 가운데 한 사람인 레이먼드 딜라드가 한번은 개인적으로 나한테 말하기를, 사사기에서 역대하까지 역사서에서 지속적으로 제기되는 중심 질문 가운데 하나는 언약의 본질에 관한 것이라고 했다. 언약은 바로 '내가 너희를 내 백성으로 삼고 나는 너희 하나님이 되리라'라는 것이다(출 6:7 참조). 여기에 대한 질문은 이렇다. '백성들의 지속적인 실패 안에서, 다시 말해 언약의 약속에 준하여 살고 하나님을 섬기는 일에 백성들이 지속적으로 넘어지는 것을 고려했을 때, 언약은 조건적인가 아니면 무조건적인가?'

하나님은 조건적이라고 말씀하실까("너희가 언약을 깨뜨렸으니, 나도 너희를 끊어내고, 저주하고, 영원히 내던져 버릴 것이다"), 아니면 그분은 무조건적이라고 말씀하실까("비록 너희가 나를 버렸지만, 나는 결코 너희를 완전히 버리지 않을 것이다. 나는 너희와 함께할 것이다").

레이먼드는 구약을 세밀하게 읽은 사람이라면 누구나, 어떤 때는 하나님이 조건적이라고 말씀하시는 듯하고, 또 어떤 때는 백성들에게 무조건적이라는 믿음을 주시는 듯하다는 사실을 발견하게 될 것이라고 했다. 실로 이 신비는 역사의 드라마를 이끌고 가는 주요 긴장 가운데 하나다. '그분의 백성이 그분을 버렸다고 해서, 그분도 그들을 버리실 것인가?'

단순하게 대답했다간 우리가 알고 있는 하나님에 대한 어떤 부분을 타협하는 결과를 낳게 될 것이다. 그분의 거룩함이 그분의 사랑 앞에 길을 터 주어 그분이 우리 죄를 간과할 것인가, 아니면 그분의 사랑이 그분의 거룩함과 공의에 압도되어 신적 심판의 망치가 떨어질 것인가. 어느 쪽이든 그분 스스로 계시해 온 만큼 진정한 사랑의 하나님도, 또 그만큼 진정한 거룩의 하나님도 아닌 듯하다. 이야기 속에 이 팽팽한 긴장이 보이는가?

이때 예수님이 등장하시고, "나의 하나님 나의 하나님 어찌하여 나를 버리셨나이까?" 하고 울부짖을 때, 우리는 그 답을 발견한다. 하나님과 그분의 백성 사이의 언약은 조건적인가 아니면 무조건적인가? 그렇다, 둘 다 '그렇다'이다. 예수님이 오셔서 조건을 성취하셨고, 그래서 하나님은 우리를 무조건적으로 사랑하실 수 있었다.

우리는 동일한 긴장을 이사야서에서도 발견한다. 이사야서의 맨 첫째 장은 장차 강림하셔서 모든 일을 바로잡으시는 한 왕을 묘사한다. 그런데 책의 마지막 장은, 백성의 죄를 담당하시는 완전하고도 거룩한, 그러면서도 고통받는 종에 관해 이야기한다. 어떻게 이 두 인물 모두가 메시아가 될 수 있을까? 예수님이 오셨을 때, 비로소 우리는 이해한다. 성경 나머지 부분의 여러 느슨해 보이던 실타래와 서로 모순되어 보이는 언설들이 예수님 안에서 하나가 된다.

성경의 모든 주제로 그리스도를 설교하기

성경은 각 부분과 장르를 아우르는 다양한 주제로 가득하다. 특정 본문을 관통하면서도 정경 전체를 가로지르는 다음 주제들 가운데 하나를 발견한다면, 그땐 쉽게 '실타래를 잡아당겨서' 그것이 시작된 지점을 거슬러 올라가볼 수도 있고, 또한 그리스도 안에서 지금과 마지막 날에 성취될 것을 내다볼 수도 있다.

왕국. 우리는 우리의 참된 왕을 따르고 섬기도록 지음받았다. 죄는 이 참된 왕에 대한 반역이었다. 그런데 로마서 1장이 말하기를, 우리는 모두 '무언가'를 예배하고 섬겨야 하는 존재라서, 그 무언가에 대한 사슬을 깨트리지 않는 한 피조된 그 무언가의 노예가 될 것이다. 우리를 이 속박과 노예됨에서 해방시킬 강력한 왕은 누구일까? 오직 이 땅으로 돌아오신 하나님 자신이다. 예수님은 진정한 왕이요, 그분의 죽음과 부활은 우리에게 드리운 죄와 사망을 깨트렸다. 따라서 그분을 섬기는 것이 완전한 자유다.

언약. 우리는 하나님과의 관계를 위해 지음받았다. 우리는 언약 관계, 즉 더 결속력이 있기에 더 친밀하게 된 관계를 위해서 창조되었다. 우리는 그분의 백성이 되도록 지음받았고, 그분은 우리의 하나님이 되신다. 우리가 언약을 지키면, 사랑과 연합과 평화의 축복이 있을 것이다. 만일 우리가 언약을 깨면, 분리와 고독의 저주가 있을 것이다. 어떻게 하나님은 거룩을 유지하시면서도 여전히 그분의 백성에게 신실할 수 있을까? 오직 예수님의 십자가 죽음을 통해서다. 바로 거기서 사랑과 율법이 공히 성취되었고, 바로 거기서 주님은 완전한 종이 되시고 우리를 대신해 그 언약을 완전하고도 온전히 성취하셨다.

집과 추방. 세상은 우리의 집으로 지음받았다. '샬롬'과 충족의 장소인 에덴 말이다. 그러나 우리 죄로 인해 우리 모두는 추방되었다. 우리가 사는 세상은 더 이상 만족스럽지 않다. 누가 우리를 집으로 데려갈까, 누가 우리에게 평화와 충족을 가져다줄까? 오직 그리스도시다. 우리를 위해 추방되시고, 하늘로부터 땅으로 보냄 받으시고, 성문 밖으로 내보내지시고, 모든 사람에게 버림받으시고, 십자가에 달려 죽으신 오직 그분이다. 그분이 이 모든 일을 이루셨기에, 세상은 다시 우리의 집, 공의가 충만히 깃든 새 하늘과 새 땅이 될 것이다(계 21-22장 참조).

하나님의 임재와 예배. 하나님으로부터 끊어진 죄인이 어떻게 생명을 주시는 그분의 임재 앞에 서서 기쁨을 누릴 수 있을까? 우리는 그분과의 교제, 그분의 임재 안에 살도록 계획되었다. 그분은 여전히 거룩하시다. 그런데 어떻게 허물투성이 죄인이 하나님 앞에 나아갈 수 있을까? 하나님 임재로 가는 길을 가로막던 불타는 검이 예수님께로 내리쳐졌고, 그때 비로소 길은 활짝 열렸다(창 3:24; 히 10:19-22 참조).

쉼과 안식일. 우리는 우리 일 기저에 깔린 일, 그러니까 행위와 성취를 통해 정체성을 확보하려는 제 살 깎기식의 일을 하느라 쉼을 누리지 못해 늘 지쳐 있다. 그러나 예수님 안에서 우리는 그런 일로부터 쉼을 누리고, 하나님의 무조건적인 용납을 깨닫는다. 예수님이 하나님께 버림받는 우주적인 공허를 체휼하셨기 때문이다.

공의와 심판. 이 땅에서 우리에겐 공의가 필요하지만, 그게 우리에게 수많은 문제를 일으킨다. 심판이 없다면 이 땅에 무슨 희망이 있겠는가? 그러나 심판이 있다는 것은 우리에게 과연 희망이 맞는가? "여호와여 주께서 죄악을 지켜보실진대 주여 누가 서리이까"(시 130:3). 그런데 여기에 놀라운 일이 있으니, 예수 그리스도께서 온 땅의 심판자가 되신다. 처음 오실 때 그 손에 칼이 아니라, 손바닥에 못을 품고 오신 분이다. 심판을 몰고 오신 분이 아니라, 우리를 위해 심판을 감당하신 분이다. 예수 그리스도는 심판을 '당한' 심판자시다. 그래서 그분을 믿는 모든 자가 담대하게 미래의 심판 날을 맞이할 수 있다. 그날, 우리는 용서받은 자로서, 우리 자신을 끝장내는 일 없이 모든 악을 끝장낼 수 있을 것이다.

의로움과 벌거벗음. 한때 우리는 하나님이나 다른 사람들의 눈앞에 숨길 것이 없었다. 그런데 우리의 원래 의를 잃어버렸을 때, 우리는 몸을 가려 다른 이들의 눈앞에 스스로를 감춰야만 했다(창 2:24-3:24 참조). 이제 우리는 하나님의 은혜로 우리의 수치와 죄책을 덮으면 된다. 예수님이 십자가에서 벌거벗겨지셨기에, 우리는 의의 겉옷을 입을 수 있다(사 61:10 참조).

성경의 모든 주요 인물로 그리스도를 설교하기

성경의 모든 주요 인물과 리더는, 우리를 불러내어 하나님을 위한 백성으로 만들어 가시는 궁극적 리더이신 그리스도를 가리킨다. 성경의 기름 부음 받은 모든 선지자, 제사장, 왕, 사사 등 모든 종류의 구원이나 구출, 구속을 이루는 리더들은 모두 그리스도를 가리키는 표적인데, 그들의 능력에서도 그렇지만 그들의 허물에서도 그러하다. 그들의 허물조차, 하나님은 은혜로 쓰시고 세상의 눈에 보잘것없고 연약한 자들까지 쓰심을 보여 준다. 라합, 룻, 다말, 밧세바 등 하나님이 쓰시는 사회적 혹은 도덕적 아웃사이더들, 특히 약속된 '씨'의 계보에 들어 있는 자들은 주님을 가리킨다(마 1:1-11 참조).

그분은, 하나님이 단지 많은 사람(옷니엘)이나 소수의 사람(기드온)을 통해서만 아니라, 단 한 사람(삼손)을 통해서도 구원하실 수 있음을 보여 준 사사들의 역사의 완성이시다. 예수님은 모든 사사가 가리키는 사사요(그분이야말로 진정으로 공의를 행하시기에), 모든 선지자가 가리키는 선지자요(그분이야말로 진정으로 우리에게 진리를 보여 주시기에), 모든 제사장이 가리키는 제사장이요(그분이야말로 진정으로 우리를 하나님께로 이끄시기에), 왕들의 왕이시다. 장 칼뱅은 "그러므로 예수 그리스도를 하나님의 모든 약속과 선물의 성취로 소개하는 복음을 들을 때는" 이것을 기억하라고 말했다.

〔그리스도〕 그분은 아버지의 사랑하는 아들인 이삭이시다. 희생제물로 드려졌지만, 결코 죽음의 권세에 굴복하지 않은 아들 말이다. 그분은 맡겨진 양들을 극진히 돌보는 깨어 있는 목자인 야곱이시다. 그분은 영광 가운데 처해서도, 지극히 천하고 비굴한 형편에 있던 형제들을 부끄러워하지 않고 맞아 준 착하고 마음 따뜻한 형제인 요셉이시다. 그분은 단번에 영원한 제사를 드린 위대한 제사장인 멜기세덱이시다. 그분은 성령으로 우리의 마음판에 율법을 새기신, 주권적인 율법의 수여자인 모세시다. 그분은 우리를 약속의 땅으로 인도하는 신실한 대장이자 인도자인 여호수아시다. 그분은 친히 모든 반역의 권세를 굴복시키는 고귀한 승리의 왕 다윗이시다. 그분은 평화와 번영 가운데 그의 왕국을 다스리는 장엄한 패권자 솔로몬이시다. 그분은 죽음으로 모든 적을 제압한 힘세고 강한 삼손이시다.[5]

보다 현대적인 목록은 다음과 같다.

동산의 시험을 통과하시고 자신의 순종을 우리에게 전가해 주신 예수님은, 아담보다 더 나은 진정한 아담이시다(고전 15장 참조).

죄 없이 죽임을 당하셨지만, 우리의 정죄가 아니라 우리의 무죄선언을 위해 울부짖는 피를 가지신 예수님은, 아벨보다 더 나은 진정한 아벨이시다(히 12:24 참조).

평안함과 익숙함을 떠나라는 하나님의 부르심에 응답하여, 하나님의 새로운 백성의 창조를 향해 '갈 바를 알지 못하는' 공허 속으로 뛰어드신 예수님은, 아브라함보다 더 나은 진정한 아브라함이시다.

그저 아버지 손에 산에서 바쳐진 게 아니라 우리 모두를 위해 진실로 희생제물이 되신 예수님은, 이삭보다 더 나은 진정한 이삭이시다. 하나님이 아브라함에게 말씀하셨다. "네가 네 아들, 네가 사랑하는 네 독자까지도 내게 아끼지 아니하였으니 내가 이제야 네가 하나님을 사랑하는 줄을 아노라." 이제 우리는 하나님께 이렇게 말할 수 있다. "하나님이 하나님의 아들, 하나님이 사랑하시는 하나님의 외아들까지도 우리에게 아끼지 아니하셨으니 우리가 이제야 하나님이 우리를 사랑하시는 줄 알겠나이다."

하나님과 씨름해 마땅히 우리가 맞아야 할 공의의 주먹을 친히 감당하시고, 우리에게는 그저 일깨우고 연단시키는 은혜의 상처만을 남겨 주신 예수님은, 야곱보다 더 나은 진정한 야곱이시다.

왕의 오른편에서 그를 배신하고 팔아넘긴 자들을 용서하시고 그의 새로운 힘을 사용해 그들을 구원하신 예수님은, 요셉보다 더 나은 진정한 요셉이시다.

백성과 하나님 사이에 서서 간극을 메우시고 새로운 언약을 중재하신 예수님은, 모세보다 더 나은 진정한 모세시다(히 3장 참조).

하나님의 공의의 막대기에 맞으시고 우리에게 사막에서 물을 내어주시는 예수님은, 모세의 반석보다 더 나은 진정한 반석이시다.

진실로 무고한 고통을 당했지만 어리석은 친구들을 위해 변호하고 구원해 내신 예수님은, 욥보다 더 나은 진정한 욥이시다(욥 42장 참조).

승리를 위해 돌 하나 손수 든 적이 없는 백성이었지만, 그분의 승리를 곧 그분 백성의 승리로 만들어 주신 예수님은, 다윗보다 더 나은 진정한 다윗이시다.

단지 이 땅의 궁정을 잃을 수 있는 위험만을 감수한 게 아니라 궁극적인 하늘의 궁정을 잃은, 그분의 목숨을 잃을 수 있는 위험만을 감수한 게 아니라 그분의 백성을 구원하시기 위해 실제로 자기 목숨을 내주신 예수님은, 에스더보다 더 나은 진정한 에스더시다.

자신의 몸이 폭풍 속에 던져짐으로 우리를 건지신 예수님은, 요나보다 더 나은 진정한 요나시다.

위의 많은 예 가운데 하나만 골라 더 깊이 들여다보자. '진정한 요나'이신 예수님. 마가복음 4장 말미에 예수님이 폭풍을 잠잠케 하시고는 꾸짖으시는 장면이 나온다. "너희가 어찌 믿음이 없느냐"(막 4:40). 이 본문은 무심코 도덕적인 방식으로 설교하기 쉽다. 우리는 믿음으로 일해야 하고, 어려움이 닥쳤을 때 하나님을 신뢰해야 한다는 교훈만 이끌어 낼 가능성이 크다. 그런데 그것은 기껏해야 폭풍 가운데 믿음을 가지고 견디는 방법 정도의 뭐뭐 해야 한다는 방법을 제시하는 식의 설교가 될 것이다. 그러나 이것으로는 복음을 아주 선명하게 보여 주지는 못한다.

마가는 마가복음 4장에서 의도적으로 요나 에피소드를 상기시키고 있다.[6] 그는 요나서와 거의 동일한 단어와 문구를 사용한다. 예수님과 요나 모두 배 안에 있었다. 둘 모두 유사한 용어로 묘사된 폭풍 가운데 있었다. 두 배 모두 죽음을 두려워하는 사람들로 가득했다. 두 그룹 모두 잠자고 있는 선지자를 깨웠고, 선지자는 화를 내며 그들을 꾸짖는다. 두 폭풍 모두 기적적으로 고요해졌고 배에 탄 사람들은 무사했다. 두 이야기 모두 배에 탄 사람들이 폭풍이 잠잠해진 후에 이전보다 '더' 두려워했다는 것으로 마무리된다. 매 장면이 똑같다. 오직 하나 눈에 띄는 예외가 있다. 요나는 희생제물이 되어 폭풍이 치는 깊은 바다로 던져졌고, 이내 하나님의 진노가 가라앉고 다른 이들은 구원을 받는다. 그런데 예수님은 그렇지 않다.

이 대목에서 두 이야기는 정말로 다른 것일까? 아니다. 사실은 그렇지 않다. 예수님이 마태복음 12장 41절에서 말씀하시듯 그분은, 우리를 위해 영원한 공의의 궁극적인 깊은 바다로 던져지신, 궁극적인 요나이시다. 마가복음 4장에서 제자들의 말이 얼마나 아이러니한가. "선생님이여 우리가 죽게 된 것을 돌보지 아니하시나이까"(막 4:38). 그들은 생각하기를 그들이 가장 필요한 시간에 그분이 그들 곁에서 쿨쿨 잠만 잘 것이라고 믿었던 것이다. 그런데 실제로는 정반대였다. 겟세마네 동산에서, '그들이' 그분 곁에서 잠만 잘 것이다. 그들은 정말로 그분을 버릴 것이다. 그렇지만 그분은 그들을 끝까지 사랑하신다. 이제 보이는가? 요나는 그 자신의 죄로 인해 배 밖으로 던져졌지만, 예수님은 '우리의' 죄를 위해 궁극적인 폭풍 속으로 던져지신다. 예수님이 폭풍으로부터 제자들을 구원하실 수 있었던 것은, 그분이 궁극적인 폭풍으로 던져지셨기 때문이다.

이제 보라. 그저 자동적으로 하나님을 더욱 신뢰하라는 권면으로 나아가지 않고 본문이 우리에게 예수님의 구원 사역을 어떻게 보여주는지를 파고듦으로써, 우리는 복음의 큰 그림을 확보할 뿐만 아니라, 결국 하나님을 신뢰하라는 더욱 강력하고도 마음을 파고드는 동기를 확보한다. 이제 청중을 향한 실천적인 적용도 가능하게 되는데, 우리의 노력이 아니라 그분의 구원 사역에 기초한 것이다. 이런 식으로 전개된다. "혹시 여러분의 삶에도 폭풍이 닥쳐왔습니까? 기도했지만 하나님이 잠들어 있는 듯 느끼셨나요? 그분은 잠들어 계신 게 아닙니다. 어떻게 알 수 있을까요? 그분은 궁극적인 폭풍을 대면하셨고 우리를 위해, 우리 대신 담당해 주셨습니다. 이로써 우리는 그분이 아무리 작은 폭풍 가운데서라도 우리를 결코 버리지 않으실 것임을 깨달을 수 있습니다. 우리를 위해 그런 일을 해 주신 분을 어찌 신뢰하지 않을 수 있겠습니까?"

마가복음 4장의 폭풍을 대할 때 그분이 완성하신 사역을 가리키는 것으로 보지 않는다면, 대략 잔소리로 달려갈 공산이 크다. "폭풍 가운데서 믿음을 가지세요! 예수님을 믿으세요! 그분이 결코 여러분을 버리지 않으실 겁니다!" 이게 아니라, 우리는 복음 안으로 충분히 깊이 들어가서, 마음을 휘저어 그리스도의 역사에 대한 믿음을 불러일으키고, 사람들에게 그분이 우리를 위해 무슨 일을 행하셨는지를 보여 주어야 한다. 그것이야말로 하나님을 향한 신뢰를 청중에게 제대로 '불어넣는' 일이다. 그렇지 않다면 우리는 그저 듣는 이의 의지에 대고 '믿어야 합니다'라는 텅 빈 말을 되풀이하는 것일 뿐이다.

성경의 모든 주요 이미지에서 그리스도를 설교하기

꼭 사람이 아니라도 비인격적인 사물과 패턴 중에도 그리스도를 가리키는 이미지나 예표가 많이 있다. 이런 상징들 가운데 상당수가 그리스도 안에서 완성되는 은혜의 구원을 생생하게 묘사한다. 광야의 구리 뱀과 내리친 바위로부터 솟아난 생수는 당연히 그리스도를 가리킨다(요한과 바울이 우리에게 그렇다고 알려 주었다). 또한 모든 희생제사와 성전 제도 역시 그분을 가리키고 있다. 우리는 히브리서를 통해 그런 사실을 배운다. 제단으로 나아가는 정결예식부터, 제사와 성전 자체까지 모든 의식 제도는 절대적으로 그분의 정체와 그분이 행하신 일을 드러낸다. 안식일과 희년 율법도 그분을 가리킨다.

그분은 이 모든 것을 이제는 지나간 것으로 만든다. 예수님은 모든 제사가 가리키는 그 제사다(히 10장 참조). 예수님은 성전 제단에 바쳐진 떡이며(요 6장 참조), 성소의 빛이요(요 8장 참조), 성전 그 자체로서(요 2장 참조) 하나님의 임재를 우리에게 중개하신다. 예수님은 음식과 정결에 관한 모든 율법을 완성하신다(행 10, 11장 참조). 예수님은 할례를 완성하신다. 그것은 그분이 어떻게 하나님으로부터 끊어졌는지를 상징적으로 보여 준다. 이제 우리는 그분 안에서 정결하다(골 2:10-11 참조). 예수님은 유월절 어린 양이시다(고전 5:7 참조).

상징으로 불릴 수도 없고, 엄격한 의미에서 신학적인 주제도 아니지만, 그럼에도 예수님을 상기시키고 그분과 연결되는 사상이나 사안도 있다. 예를 하나 들면, 일 혹은 노동이다. 태초에 하나님이 세상을 창조하실 때 그분은 일을 사용하셨다. 창세기 3장은 일의 저주가 힘겨운 고역임을 보여 준다. 예수님이 오셨을 때, 그분은 이렇게 말한다. "나도 일하고 내 아버지도 일하신다"(요 5:17 참조). 그리고 우리는 우리 일이 아니라 예수님의 일을 통해 구원받는다. 이것은 통상, 왕국이나 언약 혹은 추방처럼 통정경적인(intercanonical) 주제로 분류되지 않는다. 다만 반복되는 노동과 일의 이미지에서도 그리스도는 그 이미지의 절정에 해당한다. 언필칭 그분은 궁극적인 일꾼이시다.

다른 예를 하나 더 소개하면, 생명나무를 들 수 있다. 성경은 생명나무로 시작하고 그것으로 끝난다. 창세기와 계시록에서 말이다. 태초에 우리는 생명나무를 잃어버렸다. 우리는 낙원을 상실했다. 종국에 우리는 예수님의 사역을 통해 하나님의 도성 한가운데 우뚝 솟아 있는 생명나무를 되찾는다. 이 나무는 우리 안에 역사하는 썩음과 죽음을 거스르는, 영원한 생명과 생기를 대표한다.

이 나무가 성경에서 오직 한 번 다른 곳에서 등장하는데, 잠언서다. 거기서 생명나무는 지혜 자체다. 지혜의 성장은 하나님을 아는 지식과 우리 자신을 아는 지식, 경건한 성품과 관계의 성장으로 이해된다. 우리는 이것을 영적으로 성장하는 것 또는 성령의 '열매'를 맺는 것이라고 부른다. 잠언은 어떤 의미에서, 이 나무로부터 먹으며 영적 성장을 경험하는 것이 가능하다고 말한다. 그리고 신약은 그 방법을 우리에게 보여 준다. 성령이 믿음으로 우리를 그리스도께 연합시키시고, 그때 비로소 '생명이 우리 안에 역사한다.' 우리 몸 안에 여전히 죽음이 역사하고 있지만 말이다. 이 모든 것이 어떻게 가능할까?

갈라디아서 3장 13절은 예수님이 십자가에 달리셨을 때, 그분이 '나무에 달린 자' 즉 저주받은 자였음을 상기시킨다. 조지 허버트 (George Herbert)는 "희생"(The Sacrifice)이라는 시에서 예수님이 십자가에서 말씀하시는 장면을 묘사할 때 이것을 너무나 생생하게 그린다. "지나가는 모든 자여, 주목하여 보라. 인류가 열매를 훔쳤다. 그래서 이제 내가 나무로 올라가야 한다. 모두를 위한, 오직 나만 제외하고 모두를 위한 생명나무로. 그 누가 이런 고통을 겪었단 말인가?" 예수님이 말씀하시는 게 무엇인가? 예수님이 죽음의 나무를 취하셨기 때문에, 우리가 생명나무를 품을 수 있다는 말이다. 허버트는 더욱 예리하게 말했다. "예수님은 십자가를 우리를 위한 생명나무로 바꾸셨다. 자신에게 무한한 대가를 안기시면서 말이다."

모든 구원 이야기에서 그리스도를 설교하기

우리는 죽음을 통한 생명, 혹은 약함을 통한 승리라는 내러티브 패턴에 주목해야 한다. 하나님이 인류 역사와 우리 삶에서 너무나 자주 사용하시는 방식이다. 예를 들어, 나아만의 이야기에서 권력과 세상적 지위를 가진 모든 사람이 구원에 관해서는 아무것도 모르고 있음에 주목하라. 모든 종과 부하는 지혜를 보여 주는데도 말이다. 이것이 성경의 주된 패턴인 복음의 패턴, 은혜의 사건 혹은 이야기 흐름이다. 설교에서 우리는 이러한 은혜의 사건으로부터 그리스도의 사역으로 나아갈 수 있다. 에스더나 룻을 '그리스도의 예표'로 간주한 사람은 거의 없었다. 그런데 그들도 사랑하는 백성을 구해 내기 위해 모든 걸 잃을 위험을 감수하며 많은 일을 행해야 했는데, 이것이 그리스도께서 어떻게 우리에게 구원을 선물하셨는지를 반영하고 있다.

또 하나 중요한 은혜 사건 패턴은 출애굽과 율법 수여의 '순서'다. 하나님은 먼저 율법을 주시고 나서 그 다음에 백성을 구출하지 않으셨다. 먼저 백성을 구출해 내시고, 그 후에 그들에게 율법을 주셨다. 이렇게 우리는 율법에 '의해'(by) 구원받는 게 아니라, 율법을 '향해'(for) 구원받는다. 율법은 하나님과 우리 사이의 사랑의 관계를 따내는 방편이 아니라, 관계를 규범화하는 방도다. 이 모든 것이 우리 구원의 궁극적인 방법을 가리키는데, 율법에 의한 구원이 아니라 그리스도를 믿음으로 얻는 구원이다.

다른 예를 소개하면, 다윗과 골리앗 이야기를 들 수 있다. 이 내러티브가 우리에게 의미하는 바는 무엇일까? 그리스도를 지향하지 않는다면, 이 이야기는 이런 식으로 설교가 가능하다. '더 큰 놈이 다가올수록 더 격하게 쓰러질 것입니다. 여러분은 그저 주님에 대한 믿음을 품고 여러분의 싸움터로 나가기만 하면 됩니다. 여러분 자신은 사실 그리 크지도 그리 강하지도 않습니다. 그렇지만 하나님이 여러분 편에 서면, 여러분은 거인도 거뜬히 이겨 낼 수 있습니다.'

다윗과 골리앗의 이야기를 근본적으로 내게 주시는 모범으로 읽는다면, 그땐 말 그대로 나에 대한 이야기가 된다. '나' 스스로 내 삶의 거인들과 싸울 믿음과 용기를 창출해야 한다. 그러나 성경을 주님과 그분의 구원에 대한 이야기로 받는다면, 다윗과 골리앗의 본문을 바로 그 빛 가운데 읽는다면, 거기서 많은 진실이 도드라진다. 이 성경 단락이 보여 주는 요지는 이스라엘 백성이 스스로 거인과 맞설 수 '없다'라는 것이다. 그들에겐 대리자가 필요했다. 강한 사람이 아니라 연약한 사람으로 드러나는 대리자 말이다. 그리고 하나님은 그 구원자의 연약함을 도구 삼아 골리앗을 물리치신다. 다윗은 연약함으로 승리하고, 그의 승리는 그의 백성에게 전가된다. 그의 승리 안에서 그들이 승리한다.

어떻게 이 이야기 안에서 예수님을 발견하지 못할 수 있겠는가? 예수님은 궁극적인 거인(죄와 죽음)과 상대하면서, 단지 그분의 생명을 잃을 위험을 감수한 것이 아니라 실제로 그분의 생명을 값으로 치르셨다. 예수님은 그분의 연약함으로 승리하셨고, 이제 그분의 승리가 우리의 승리가 된다. 그분의 승리가 우리에게 전가된다. 예수님이 나를 '위해' 실재하는 거인들과 싸우셨음을 내가 알기까지, 나는 내 삶의 일상적인 거인들(고통, 좌절, 실패, 비난, 역경)과 싸울 용기를 품지 못할 것이다. 하나님이 나를 버리시지 않는다는 깊은 확신 없이, 어떻게 실패의 거인과 싸울 수 있겠는가?

내가 다윗을 단지 하나의 모범으로만 본다면, 이 이야기는 내가 실패의 거인과 싸우는 데 별 도움이 되지 못할 것이다. 그러나 다윗이 예수님을 가리키는 것으로 본다면, 다시 말해 승리를 전가해 주시는 나의 대리자 예수님을 가리키는 것으로 본다면, 나는 실패의 거인 앞에 당당히 맞설 수 있다. 예수님 안에서 나는 이미 하나님의 사랑과 인정을 받았다. 어떤 세상적인 성공도 이와 필적할 수 없다. 나는 더 이상 실패로 인해 두려워하지 않는다. 우리의 진짜 다윗인 예수님 안에서 내가 승리했기 때문이다. 먼저 내가 다윗이 '가리키는' 그분을 믿지 않는다면, 나는 결코 다윗과 같이 될 수 없을 것이다.

우리에게 그리스도를 가리키는 것은 개인들의 이야기만이 아니다. 하나님의 구속적 목표는 한 백성을 구속하고 창조 세계를 새롭게 하는 것이다. 따라서 하나님의 백성이 형성되는 역사의 모든 주요한 사건도 그리스도를 가리킨다.

모든 사람은 예수님을 통해 창조되었다(요 1장 참조). 그래서 이 창조 이야기 자체는 훗날 그리스도 안에 이루어질 새 창조를 가리킨다. 예수님은 광야에서 시험과 시련을 통과하셨다. 그래서 인류의 타락 이야기는 훗날 그리스도의 적극적인 순종과 시련의 성공적인 통과를 가리킨다. 출애굽 이야기는 훗날 예수님이 그분의 죽음으로 그분의 백성을 위해 행하신 진정한 출애굽을 가리킨다(눅 9:31 참조).[7] 그분은 그들을 단지 경제적이고 정치적인 속박이 아니라, 그분의 죽음과 부활을 통해 죄와 죽음의 속박에서 구해 내셨다. 광야의 방황과 바벨론 유수는 훗날 예수님의 '집 없음'과 떠도는 삶, 광야 시험, 그 절정인 희생양으로 성문 밖에 버려지심을 가리킨다. 궁극의 추방을 당하심으로써 그분은 하나님의 의를 완전하게 성취하셨다.

예수님은 문자 그대로 진짜 이스라엘, 그 "씨"(the seed)이시다(갈 3:16-17 참조, NIV). 그분은 언약에 신실하신 유일한 분이시며, 한 명의 남은 자시다. 그분은 언약의 모든 규정을 성취하시고, 모든 믿는 자를 위한 언약의 축복을 획득하신다. 호세아가 이스라엘의 출애굽에 대해 이야기할 때, 그는 "내가 ······ 내 아들을 애굽에서 불러냈거늘"(호 11:1)이라고 표현한다. 호세아는 모든 이스라엘을 "내 아들"이라고 부른다. 그런데 마태는 이 구절이 예수님을 가리키는 것으로 인용한다(마 2:15 참조). 예수님이 진정한 이스라엘이시기 때문이다.

본능을 통해 그리스도를 설교하기

우리는 이렇게 많은 방법을 활용해 성경 모든 부분에서 그리스도를 설교해야 하지만, 너무 경직된 공식은 예측가능성이라는 결과를 낳을 수 있다. 많은 경우, 성경 본문에서 그리스도에 이르는 연결선은 정형화된 방법으로 조직되기보다, 직관으로 가장 잘 감지된다. 싱클레어 퍼거슨은 이렇게 말한다.

〔아마도 가장〕 뛰어난 성경 설교자(그리고 성경 모든 부분에서 그리스도를 설교하는 설교자)들의 탁월성은 본능에서 나온다. 그들의 공식이 무엇인지를 물어보면, 멍한 대답을 얻게 될 것이다. 그들이 사용

하는 원리들은 무의식 가운데 발전된 것이고, 타고난 능력과 은사, 청중과 설교자로서의 경험을 조합해 터득한 것이다. 어떻게 설교를 준비하는지에 대해 시리즈 강의를 해달라고 하면 진땀을 뺄 사람도 있을 것이다. 왜냐고? 그들이 발전시켜 온 것은 본능이기 때문이다. 성경적 설교는 그들의 모국어가 되었다. 그들은 성경신학의 문법을 능숙하게 사용할 수 있다. 지금 언어 체계의 어느 부분을 사용하는지에 대해 깊이 생각하지 않고도 말이다.[8]

내 친구이자 구약학 교수인 트램퍼 롱맨이 한번은 나한테 말하길, 성경을 읽는 것은 마치 영화 〈식스 센스〉를 보는 것과 같다고 했다. 그 영화는 엔딩이 굉장히 놀라운데, 우리가 앞서 본 장면으로 되돌아가 모든 것을 재해석하게 만든다. 두 번째 볼 때는, 영화의 처음과 중간을 볼 때도 마지막 엔딩을 생각하지 '않을' 수 없다. 엔딩이 앞서 지나간 모든 장면에 무시할 수 없는 빛을 드리운다. 마찬가지로, 모든 이야기의 모든 맥락이, 모든 주제의 모든 절정이 그리스도께로 수렴된다는 걸 안다면, 당신은 모든 성경 본문이 궁극적으로 예수님에 관한 것임을 보지 않을 수 없다.

이제, 당신은 무조건 그리스도에 대해 생각하게 된다. 지금 보고 있는 본문이 딱히 메시아 예언이나 그리스도를 전조하는 주요 인물 혹은 통정경적인 주제, 핵심적인 성경 이미지나 비유가 아니더라도 말이다. 이제 당신은 그분을 볼 수밖에 없다.

희미하지만 그런 일이 일어나는 성경 단락을 하나 예로 들겠다. 사사기 마지막 대목인 19-21장에서 우리는 한 겁쟁이 이스라엘 사람의 끔찍한 이야기를 만난다. 그는 첩과 함께 길을 가는 중이었다. 둘이 한 동네에 들어갔을 때 마침 베냐민 지파의 불량배들이 그를 위협했고, 그는 자기 목숨을 부지하려고 그 여인을 그들 마음대로 하도록 내준다. 그러곤 그는 잠자리에 들고, 불량배들은 밤이 새도록 여인을 강간하고 유린한다. 아침이 되어 그 남편이 집 문 앞에서 여인을 발견했을 땐 이미 죽고 난 뒤였다. 그는 분노했고 여인의 시신을 집으로 가져간 뒤, 시신을 조각내서 이스라엘의 각 지파에 한 조각씩 보냈다.

그렇게 그들 마음에 불을 질러 베냐민 지파의 잔학 행위에 대해 전쟁을 하게 만든 것이다. 그 사이 그 남편은 자신의 비겁함에 대해서는 슬쩍 건너뛰어 버린다. 이어진 내전은 피비린내가 진동하는 파멸이었다. 이 얼마나 어둡고 끔찍한 장면인가! 여기서 도대체 어떻게 그리스도를 설교할 수 있을까?

그렇게 할 수 있는 방법이 하나 이상 있다. 이 단락을 책 전체 주제의 문맥 안에 넣어 보라. 사사기 전체의 주제가 무엇일까? 이 질문에 대한 답은, 다른 많은 책에 비해 한결 찾기가 쉬운 것이, 내레이터가 이 사건과 사사기 전체에 대한 해설을 이 문장으로 마무리하기 때문이다. "그때에 이스라엘에 왕이 없으므로 사람이 각기 자기의 소견에 옳은 대로 행하였더라"(삿 21:25). 사회적 무질서와 도덕적인 타락은 선한 통치에 대한 절실한 필요를 부각시켰다. 대다수 성경신학자가 지적하듯이, 사사기 저자는 왕정을 적극 옹호하며, 룻기와 연계하여 다윗 왕을 가리키고 있다. 그러나 우리는 다윗도 어찌할 수 없었던 부패한 인간성에 대한 이야기를 잘 안다. 위대한 다윗이었지만, 그는 백성들의 죄와 반역의 문제를 치유할 수 없었다. 사람의 마음을 진정으로 변화시키기 위해서는 궁극의 왕이 필요하다. 이 본문을 전체 정경 문맥에 맞추면, 특히 통정경적인 왕국이라는 주제에 맞추면, 예수님이 눈에 들어온다. 이것이 이 끔찍한 본문에서 그리스도를 설교하는 방법일까? 그렇다. 그렇지만 이게 유일한 길은 아니다.

아무리 웅덩이가 어두워도, 그 너머 비치는 무언가의 그림자를 어찌 놓치겠는가? 제 한 몸 지키려고 자기 아내를 희생시키는 남자를 보면서 나쁜 남편과 배우자를 살리기 위해 스스로를 희생한 진정한 남편을 어찌 떠올리지 않을 수 있겠는가? 예수님은 우리를 위해, 즉 그분의 아내인 교회를 위해 자신을 내어 주셨다(엡 5:22-33 참조). 여기 결코 우리를 버리지 않는 진정한 남편이 있다. 정말로, 그분은 우리를 온전하게 하시기 위해 자기 자신을 내어 주셨다.[9] 성경에 나오는 모든 결혼은 우리에게 하나님과 그분의 백성의 결혼을, 그리스도와 그분의 교회의 결혼을 가리킨다. 다른 말로, 모든 나쁜 결혼은 우리에게 남편 예수님의 궁극적인 사랑을 생각하고 열망하게 한다는 의미다.

전통적인 기독론 범주에 들지 않는 본문에서 그리스도를 설교하는 또 하나의 예를 소개하겠다. 산상수훈의 팔복 대목을 보라(마 5:1-10 참조). 대다수 학자들이 정확히 간파한 대로, 팔복은 각기 다른 그룹의 사람들(심령이 가난한 사람, 다음엔 애통하는 사람, 다음엔 온유한 사람, 다음엔 의에 주린 사람, 다음엔 긍휼히 여기는 사람)을 묘사하는 게 아니라, 한 그룹의 특징을 열거한 목록이다. 바로 예수님의 제자들이다. 그런데 만일 우리가 우리 심령을 겸손하게 한다면, 만일 우리가 우리 죄에 대해 애통해한다면 그때 비로소 우리는 진정 그분의 제자들이 된다는 식으로 팔복에 대해 설교한다면, 그 설교는 단순 도덕적인 권면으로 전락하기 쉽다. '이렇게 되라. 열심히 노력하라. 그러면 여러분은 예수님의 제자들이 될 것이다.'

그러나 만일 당신에게 우리가 앞서 언급했던 그 본능이 있다면, 필시 당신은 팔복을 바라보면서, 그 설명하는 말과 각 보상을 바라보면서 이것 역시 다름 아닌 예수님을 묘사하고 있음을 깨달을 것이다. 생각이 여기에 미치면, 이제 어떻게 그분의 행위가 우리에게 팔복의 약속을 선물하는지가 눈에 들어온다.

왜 우리가 왕처럼 부요할 수 있을까? '그분'이 영적으로, 철저히 가난해지셨기 때문이다. 왜 우리가 위로를 받을 수 있을까? 오직 그분이 애통하셨기 때문에, 그분이 슬픔을 가누지 못할 만큼 우시고 결국 어둠 가운데 죽으셨기 때문이다. 왜 우리가 땅을 상속하게 될까? 그분이 온유하셨기 때문에, 그분이 털 깎는 자 앞에 양처럼 되셨기 때문이다. 그분이 온전히 발가벗김을 당하셨기 때문이다. 그자들이 그분의 겉옷을 놓고 제비를 뽑을 정도였다.

왜 우리가 채움과 만족을 누릴 수 있을까? 그분이 십자가에서 "내가 목마르다"라고 말씀하셨기 때문이다. 왜 우리가 긍휼을 얻을 수 있을까? 그분이 아무런 긍휼을 받지 못하셨기 때문이다. 빌라도로부터도, 군중들로부터도, 심지어 그분의 아버지로부터도 말이다. 왜 우리가 언젠가 하나님을 볼 수 있을까? 그분이 청결하셨기 때문이다. '청결하다'라는 단어가 무슨 의미인지를 아는가? 그것은 오직 한 마음, 결코 나누어지지 않는 마음, 레이저 빔과 같이 모아진 것을 의미한다. 그런데 왜 우리가 언젠가 하나님을 볼 수 있는 것일까? 예수 그리스도께서 "안색 하나 변하지 않고 부싯돌처럼"(추호의 흔들림 없이 단호하게)[10] 예루살렘으로 올라가셔서 우리를 위해 죽으셨기 때문이다(눅 9:51 참조). 당신과 내가 하나님을 볼 수 있는 것은, 십자가에서 예수님이 그렇게 할 수 없으셨기 때문이다.

예수 그리스도가 '당신을 위해' 심령이 가난해지심을 볼 때, 그것이 당신이 하나님 앞에 심령이 가난해지도록 돕고, 그래서 '나는 주님의 은혜가 필요합니다' 하고 말할 수 있게 한다. 그리고 그 자리에 이르면 당신도 채움을 얻고, 긍휼히 여기게 된다. 화평하게 하는 자가 되고, 기도 안에서 하나님을 발견하며, 하나님을 직접 뵙는 날을 기다리게 된다(요일 3:1-3 참조). 성경의 거의 모든 부분이 그렇지만, 이렇게 팔복은 우리가 생각하는 것보다 훨씬 더 많이 우리에게 예수님을 가리킨다.

PREACHING

PART 2

사람들에게 다가가는 설교

설교자는 청중의 삶을 향한 책임이 있다

CHAPTER 4

몸담고 있는 문화를 향해 그리스도를 설교하라

주위 문화와 공명하면서 저항하라

바울이 이같이 변명하매 베스도가 크게 소리 내어 이르되
바울아 네가 미쳤도다 네 많은 학문이 너를 미치게 한다 하니
바울이 이르되 베스도 각하여 내가 미친 것이 아니요
참되고 온전한 말을 하나이다.
– 행 26:24-25[1]

영적 무관심이 대세가 되다

영국의 문학 이론가이자 비평가인 테리 이글턴(Terry Eagleton)은, "모든 종교를 송두리째 버릴 때가 아니라 더는 종교에 휘둘리지 않을 때 사회는 세속화된다"라고 말했다.[2] 이글턴은 서구 사회들은 모두 그 속도는 달라도 공히 이 방향으로 나아가고 있다고 믿는다. 그가 정의한 바에 따르면, 종교에 대해 격하게 적대적인 무신론자들이 여전히 존재하는 사회는 아직 세속화의 방향으로 그리 멀리 가지 않은 것이다.

오늘날 우리는 종교에 대해 적대감보다 오히려 무관심을 보이는 사람들의 숫자가 점점 늘어나고 있음을 목격한다. 소위 '어느 쪽도 아닌 사람들'이 증가하고 있다. 딱히 무신론자는 아니지만 어떤 특정 종교 단체나 심지어 어떤 종교 전통에도 속하지 않았다고 느끼는 사람들 말이다. 그들은 자신의 문제에 대해 종교적인 해결책을 찾아야 할 필요성을 전혀 느끼지 못한다. 의미나 목적의 기초를 확보하기 위해, 굳건한 도덕적 틀을 얻기 위해, 위대함을 갈망하고 성취하기 위해, 혹은 단순하게 온전하고 행복한 삶을 살기 위해 꼭 신이 있어야 한다고 믿지 않는다.[3]

이것은 새로운 상황이다. 지난 천년 동안 서구 사회에서 사람들이 기독교 연설자에게 귀를 기울이는 '깊은 토대'는 무엇보다 기독교 신앙이었다. 설교와 복음 제시는 이런 기초 위에 세워질 수 있었고, 모종의 존경심을 품고 경청하는 것을 기대할 수 있었다. 그런데 20세기 중반 이래 급기야 이런 상황에 변화가 일기 시작했다. 미국을 포함한 인구 분포의 큰 덩어리가 사상 처음으로 세속적인 인생관을 가지기 시작했고, 수십 년간 이것이 유럽 지식층이 주로 가진 세계관이 되었다.

바울이 로마제국의 엘리트에게 복음을 설교할 때, 그는 자신의 메시지를 "참되고 온전한 말"이라고 표현했지만, 듣는 이들에게는 그가 미친 것처럼 보였다. 오늘날도 우리 그리스도인이 생각하기엔 지극히 참되고 합리적인 말을, 완전히 정신 나간 소리로 받아들이는 사람들이 점차 늘어나고 있다.

변할 것인가, 도전할 것인가

수세기 동안 습관처럼 몸에 밴 탓에, 대다수 기독교 연설가나 설교자는, 듣는 이들이 과거에 가졌던 실재에 대한 근본적인 이해를 여전히 갖고 있을 것이라고 전제한다. 심지어 가장 외향적인 복음주의 교회조차 주로 전통적인 사고방식을 가진 사람들에게 다가가고 있는

데, 소통하는 데 있어 청중이 여전히 역사적인 기독교왕국의 흔적을 지녔을 것이라 기대하기 때문이다. 그렇지만 그런 메시지를 이해하는 사람들은 갈수록 줄어들고, 설득력도 많이 떨어지고 있다. 이렇게 점점 더 세속적인 시대에, 우리는 어떻게 이 책의 1부에서 추구했던 모든 것을 지켜 내면서 기독교 신앙을 전달할 수 있을까?

많은 이가 말하길, 지금 필요한 것은 우리의 전달 방식의 변화라고 지적한다. 기존의 독백식 설교를 포기하고, 모든 참가자가 쌍방향으로 각자의 길을 발견할 수 있는 상호 토의로 나아가야 한다고 말이다. 그런데 이러한 입장의 한 가지 문제점은, 독백식 연설이 아직까지는 여전히 대중적인 방식이라는 점이다. TED 강의 동영상과 그와 비슷한 아류들이 넘쳐나고 있으며, 2008년 미국 성인 네 사람 중 한 사람은 최소한 매주 한 편 이상의 설교 팟캐스트를 청취했다.[4] 설교 형식은 아직 죽지 않았고, 설교의 종말이 임박했다는 많은 예언은 이제 철 지난 것들이 되고 있다.[5]

고전적인 대중 연설 방식을 지지하면서도, 현재 문화적인 흐름이 '내용' 부문에 변화를 요구한다고 주장하는 이들도 있다. 앤디 스탠리(Andy Stanley)는, 성경 강해 설교는 우리 사회가 성경 진리의 중요성에 동의했던 시절에 힘을 발휘했던 것으로, 지금은 더는 통하지 않는다고 믿는다. 전통적인 설교에서 하듯이 성경에서 시작해 실천적인 적용으로 마무리하는 흐름 대신, 현재 인간의 필요나 현시대의 질문에서 시작하고 그 다음에 성경으로 들어가 응답이나 해결책을 찾아야 한다는 것이다. 스탠리는 이렇게 묻는다. "당신은 어느 정도까지 나아갈 준비가 되어 있는가? 청중의 마음과 연결해 줄 전달체계를 창출하기 위해서 말이다. …… 어떤 스타일을 포기할 용의가 있는가? 혹은 다른 시대에, 지금은 더 이상 존재하지 않는 문화를 위해 고안된 어떤 접근법이나 체계를 포기할 용의가 있는가?"[6]

반대 입장으로는 20세기로 전환하는 시기에 스코틀랜드 회중교회 사역자이자 신학자였던 P. T. 포사이스(Forsyth)를 지목할 수 있다. 그는 역사적으로 교회가 가장 영향력이 있었을 때는, "교회는 세상을 이끌지 않았고, 그렇다고 동조하지도 않았으며, 다만 세상에 맞섰다"라고 주장한다.[7] 포사이스는 "기독교 설교자는 헬라 연설가의 계승자가 아니라, 히브리 예언자의 계승자다"라고 말한다. "사람들을 일으켜 무언가를 하도록 설득하는 것과 …… 그들로 하여금 어떤 분을 신뢰하도록 권면하고 그분을 위해 스스로를 내려놓게 하는 것은 전혀 별개의 일이다. …… 연사는 사람들이 〔행동하도록〕 그들 마음을 흔들지만, 설교자는 그들을 구원으로 초대한다."[8]

이 고대의 논쟁은 늘 우리를 따라다닐 것이다. 기독교 설교자나 교사들은 문화에 맞춰 변화해야 하는가 아니면 그것에 도전해야 하는가?

맞서기 위해 적응하기

성경 강해가 모든 사람이 그리스도인이었던 시대에만 발전했다는 건 사실이 아니다. 휴즈 올드는 강해 설교가 처음 다섯 세기 동안 교회의 규범이었음을 보여 준다. 당시 사회는 비기독교적이었을 뿐만 아니라, 자주 적대적으로 반기독교적이었다. 당시 설교자들은 당대의 문제에서 시작하고 그것을 다루기 위해 성경으로 들어가는 식으로 설교하지 않았다. 그런 방식이 당시 우세하던 수사학적인 지혜를 따르는 것이었음에도 말이다. 따라서 강해 설교가 오직 친기독교적인 사회의 전유물이라고 결론짓는 것은 오류다.[9]

또한 성경 강해가 인간의 필요에 강한 초점을 둘 수 없다고 생각하는 것도 오류다. 성경 본문은 거의 모두 그러한 실존적인 주제를 직간접적으로 다룬다. 우리의 질문에서 시작하고 다음 단계로 그 답을 찾아 성경을 살피는 방식에는, 우리가 올바른 질문을 묻고 있다는, 혹은 우리의 필요를 적절히 이해하고 있다는 전제가 깔려 있다. 그러나 우리에겐 우리 문제에 대한 성경의 처방뿐만 아니라, 그에 대한 성경의 진단까지 필요하다. 우리는 우리가 전혀 모르는 질병을 갖고 있을 수도 있다. 성경에서 시작하지 않는다면, 우리는 피상적인 결론에 도달하게 될 가능성이 농후하다. 온 지면에 우리 자신의 전제와 선입견에 맞는 것으로만 가득 쌓은 채 말이다.

성경 강해와 삶의 변화라는 목표를 서로 대치시킬 필요는 없다.

'문화에 적응하기'와 '문화에 대항하기'라는 두 입장도 겉보기마냥 서로 배타적이지는 않다. P. T. 포사이스는, 설교는 세상을 "반향"(echo)하는 게 아니라 그것에 "대항"해야 한다고 말한다.[10] 혹시 우리가 설교는 곧 장광설이라는 고정관념에 빠질세라, 포사이스가 그의 강연 "설교자와 그 시대"에서 즉각 미묘한 차이를 덧붙이고 있다. 그는 복음서 기자 요한이 이교 용어인 '로고스'(logos)를 어떤 식으로 차용하는지를 관찰한다. 로고스는 당시 사회에서 철학적이고도 문화적인 무게감을 가진 단어였다. 헬라 철학자들은 로고스가 물질세계 배후에 있는 우주적인 질서라고 믿었다. 사도 요한은 이 단어를 사용해 예수 그리스도가 우주의 배후에 있는 능력과 의미라고 선언한다. 이것은 대담한 수사학적인 몸짓이었는데, 기존의 문화적인 개념에 새로운 의미를 채우면서도 예전 함의를 매개 삼아 사람들에게 복음을 제시했다.[11]

차라리 요한이 헬라 문화의 범주로부터 거리를 두고, 간단히 '예수님은 하나님의 아들이다' 하고 말하는 게 더 낫지 않았을까? 이에 대한 답은, 헬라 용어를 사용함으로써 복음서 기자는 그들의 가장 깊은 염원을 건드릴 수 있었다는 것이다. 요한은 그들의 문화적 소망에 관해 '예'이면서도 '아니요'고, 또한 '예'라고 말한다("Yes, but no, but yes").

'예'라 함은, 그리스도인들이 역사는 임의적이지 않고 세상은 무의미하지 않으며, 이 모든 것의 배후에 하나의 로고스, 즉 목적과 질서가 있다는 데 동의한다는 것이다. 또한 우리가 그 질서에 순응하면, 잘 살 수 있다는 점에서도 '예'다. 그러나 그것은 결코 '그것'이 아니기에, 철학적인 추론으로 발견할 수 있는 무언가가 아니라는 점에서는 '아니요'다. '그것'이 아니라 '그분'(Him)이시다. 예수 그리스도는 육신으로 오신 창조주 하나님이시다. 마지막으로 삶의 궁극의 의미를 찾는 게 가능하다는 점에서 '예'다. 우리가 열정적으로 찾는 것이 저기 있다. 그리고 우리를 창조하시고 우주를 다스리시는 그분과 화해 관계로 들어갈 때 우리 욕망이 충족될 수 있을 것이다.

사도 요한은 이교 철학자들에게 그들은 완전히 틀렸으며 지금까지 그들이 믿어 온 것 대신 성경을 믿어야 한다고 말하지 않았다. 대신 그들에게 첫째, 우주에 관한 그들의 직관이 일정 부분(우주는 임의적이거나 자기주도적이 아니라, 언젠가 밝혀져야 할 초자연적인 원리에 의해 목적지향적으로 움직인다는 것) 옳았음을 보여 준다. 그리고 둘째, 요한이 "그러나 '아니요'고, 또한 '예'"라고 말한 대목인데, 그는 이 염원의 배후에 있는 그 실재는 오직 그리스도 안에서만 구현됨을 그들에게 보여 준다.

이것은 궁극적으로 대항하기, 즉 회개하고 믿으라는 초청이다. 초기 기독교 전달자들은 문화의 질문에 대해 단순히 대답하는 식으로만 대응하지는 않았다. 그런 식으로만 대응하다 보면, 자칫 그 질문들이 논제를 구축하고, 중요한 것과 그렇지 않은 것의 경계를 그 질문 자체가 정해버리기 때문이다. 초기 기독교 전달자들은 세속 문화들의 논제가 입안되는 것은 허용하지 않았으나, 문화의 어휘와 개념들은 무시하거나 폄하하지 않았다. 그 문화 속 사람들의 소망과 두려움, 열망을 이해하고 긍정했다. 초기 기독교 전달자들은, 아무리 놀라운 것이라 해도 당시 문화를 친밀하게 이해했고, 문화를 향해 결코 이해할 수 없는 용어로 말하지 않았다. 문화의 질문을 재구성하고, 관심을 재형성하고, 소망을 재조정했다. 포사이스가 말하듯이, 초기 기독교 전달자들은 세상의 문화를 "개종시켰다." 그들은 복음을 그 문화와 연계시킴으로써 그것이 급진적으로 변화되게 했다.

요한은 단지 문화에 대항하지도, 단순히 그것에 적응하지도 않았다. 그는 가능한 한 가장 끈끈하고 사랑스러운 방식으로 당시 문화에 대항하기 위해 그것에 적응했다. 포사이스가 초대 교회를 묘사하듯, "교회가 세상의 사상과 조직, 방법론을 차용했다면, 그것은 다름 아니라 세상으로부터 벗어나 세상을 호령할 사닥다리를 징발한 것이다. 교회는 그 합금(혼합물)을 사용해 …… 그것을 가능케 하고, 또한 그것을 하나의 흐름으로 만들었다."[12]

용기 있게 전해도 아무도 듣지 않을 수 있다

설교에 대한 이러한 이해는 선교학자들이 "상황화"(contextualization) 라고 부르는 것의 한 측면이다.[13] 그것은 우리 주위의 문화와 공명하면서도 저항하는 것을 의미한다. 그것은 사회의 우상을 대적하면서도 한편으론 그 사람들과 그들의 희망과 염원을 존중하는 걸 의미한다. 그것은 복음을 표현함에 있어, 단지 이해할 만한 방식이 아니라 확신을 주는 방식으로 표현하는 것이다.

신약학자 에크하르트 슈나벨(Eckhard Schnabel)은, 바울이 문화에 대항하기 위해 그의 복음 설교를 다분히 의도적으로 청중의 다양한 문화에 조율시켰음을 보여 준다.[14] 각 상황에 맞게 바울은 어휘와 발성뿐만 아니라 감정 표현과 추론 방식, 예화와 연설 형태까지 바꾸고, 무엇보다 흥미로운 것은, 논증 방식에도 변화를 준다. 바울은 단지 그들을 반박하는 게 아니라 그들에게 확신을 주고자 고민하고 애쓴다.[15]

바울이 설득하려고 행하는 몇 가지 일들을 분별할 수 있다. 그는 생소한 게 아니라, 익숙한 어휘와 주제들을 사용한다. 예를 들어, 아테네 연설에서 바울은 하나님을 많은 이방인이 수용할 수 있는 방식으로 묘사한다(행 17:22-23, 24-28 참조).[16] 바울은 청중들이 존경하는 권위자들의 말을 인용한다. 유대인이나 혹은 이방인 중에 "하나님을 두려워하는 자들", 즉 유대교로 개종한 자들에게 말할 때는 당연히 성경을 인용한다. 그러나 아레오바고에서 철학자들에게 연설할 때는 이교도 저자인 아라투스의 말을 인용한다(행 17:28 참조). 바울은 항상 "접촉요소"를 선택한다. 청중의 관심, 소망, 필요에 관한 긍정과 동의점들 말이다.[17] 아테네에서 그는, 참석한 스토아 철학자들이 동의할 수 있는 하나님에 관한 다섯 가지 사상을 성경에서 골라내고, 거기서 논의를 시작한다.[18]

마지막으로, 또한 바울은 슈나벨이 "반대요소"[19]라고 부르는 것들을 골라내는데, 접촉요소에 비해 결코 부수적인 것이 아니다. 바울은 일상적으로 동의점을 반박점(모순점)으로 사용한다. 그가 하나님에 관한 아라투스의 말인 "우리가 그의 소생이라"를 인용할 때, 슈나벨에 의하면, 그것은 "청중의 철학적인 확신에 대한 바울의 적응으로 이해될 수 있다."[20] 그러나 바로 다음 문장에서 바울은 이렇게 강조한다. "이와 같이 하나님의 소생이 되었은즉 하나님을 금이나 은이나 돌에다 사람의 기술과 고안으로 새긴 것들과 같이 여길 것이 아니니라"(행 17:29).[21]

요컨대, 바울은 청중의 올바른 신념을 취하여, 성경의 빛 안에서 그들의 잘못된 믿음을 비판하는 데 사용한다. 그들의 믿음이 그들 자신의 전제의 잣대에도 들어맞지 않음을 보여 준다.[22] 바울은 사랑하면서 동시에 대항하기 위해 적용한다.[23] 사람들의 좋은 충동을 긍정함으로써, 발견되는 통찰들을 승인함으로써, 그들이 이해할 수 있는 개념과 추론 방식을 차용함으로써, 바울은 단지 그들을 물리치는 게 아니라, 그들을 존중한다.[24]

바울은 의도적으로, 지속적으로 상황화한다.[25] 그는 좋은 소식은 전면에 내세우고 나쁜 소식은 뒤로 미루는 식이 아니라, 긍정(confirmation)과 대항(confrontation)을 뒤섞음으로써 듣는 이들이 그들의 마음과 가슴에 호소하는 말씀의 능력을 회피하거나 저항하지 못하도록 했다. 이로써 우리는 문화에 적응할지 아니면 대항할지에 대한 바울의 대답을 발견한다. 답은 '둘 다 조금씩'이나 모종의 얼치기 대답이 아니다. 우리가 문화에 적응하고 상황화하는 것은, 사랑 안에서 진리를 말하면서 동시에 문화에 맞서기 위해서다.

기독교 설교 역사에 탁월한 상황화의 예들이 많다. 교훈적인 예로, 미국 신학자 조나단 에드워즈(Jonathan Edwards)가 있다. 1751년 그는 노스햄튼에서 스톡브리지로 이주했다. 그곳은 매사추세츠 주에 속했지만 개척의 경계 지역이었는데, 거기서 그는 모히칸족과 모호크족 등 아메리카 인디언들에게 설교했다.[26]

스톡브리지 시절의 설교는 불과 몇 편밖에 남아 있지 않은데, 이를 연구한 모든 학자가 분명하게 발견하는 사실이 있다. 에드워즈가 초기 설교와 비교해서 설교 방식을 엄청나게 수정했다는 점이다.[27] 그는 청중에게 맞는 완전히 새로운 이미지와 은유를 사용한다. 에드워즈는 그의 전통적인 설교 개요에 변화를 줬다. 다분히 고전 수사학에 의존했던 방식, 즉 논지를 먼저 밝히고 이어서 그것을 분석하고 방어하는 보다 연역적인 접근에서 탈피해서, 질문에서 시작해 여러 아이디어들을 모아 결론에 도달하는 보다 귀납적인 접근으로 옮겨 갔다. 에드워즈는 분명 그의 청중이 엄청난 억압과 학대에 시달린다는 사실을 고려했다. 그의 메시지는 초기 설교에 비해 훨씬 자주 위로와 위안의 분위기를 풍긴다. 가장 놀라운 것은, 그 이전 어느 때보다 내러티브를 더욱 폭넓게 사용한다는 점이다. 에드워즈는 의도적이면서 기술적으로도 능숙한 복음의 상황화 실천가였다.[28]

그가 상황화에 있어 의도적이고도 기술적이었다는 말에 주목하라. 단지 상황화가 불가피했기 때문에 그렇게 한 게 아니라는 말이다.

우리가 입을 여는 순간, 많은 것(억양, 악센트, 어휘, 예화, 추론 방식, 감정 표현 방식)이 우리로 하여금 어떤 사람에게 문화적으로 더 접근성 있게 만들기도 하고, 사람들이 우리 말을 이해하기 위해 귀를 쫑긋 세우고 더 집중하게 만들기도 한다. 그 누구도 성경 진리를 말함에 있어 문화적 접근성이 없이 제시할 수는 없다.[29]

그러나 상황화는 불가피하지만, 동시에 위험성이 존재한다. 과도한 상황화를 통해 복음의 실제 내용을 타협한다면, 군중은 모을 수 있을지 모르나 아무도 변화되지 않을 것이다. 이것은 사실상 설교자의 직무를 포기한 것과 다름없다. 기껏해야 현재 삶의 방식 안에 사람들을 고착화하는 격이 될 것이다. 반대로, 미흡한 상황화를 통해 우리의 복음 전달이 불필요하게 문화적으로 이질적이고 청중으로부터 멀찍이 떨어져 있다면, 아무도 들으려 하지 않는 상황에 직면할 것이다. 이것은 말할 것도 없이, 우리가 아무리 용기 있게 복음을 전해도, 아무도 복음으로 변화되지 않음을 의미한다.

복음 전달의 이 중요한 측면을 회피할 길은 없다. 바울과 에드워즈는 우리에게 어떻게 그들의 시대와 장소에서 상황화를 실천했는지를 보여 준다. 우리의 문제는, 갈수록 하나님에 대한 믿음과 특히 기독교 신앙에 대해 적대적인 세속화된 시대에 어떻게 기독교 신앙을 전달할 것인가 하는 것이다.

문화를 향해 설교하기, 그리고 문화에 다가가기에 관한 여섯 가지 건강한 실천 원리를 정리해 보자.

- 이해하기 쉽거나 익히 알려진 어휘를 사용하라.
- 권위 있는 사람들의 말을 활용해 논지에 힘을 실으라.
- 의구심과 반대 의견을 잘 이해하고 있음을 보여 주라.
- 기본적인 문화 내러티브에 도전하기 위해, 먼저 긍정하라.
- 복음을 제시할 때 문화의 압점들을 누르라.
- 복음이라는 동기로 초대하라.

이해하기 쉽거나 익히 알려진 어휘를 사용하라

살펴본 대로, 바울과 요한은 청중이 이해하기 쉬운 개념과 주제를 사용하기 위해 주의를 기울였다. 우리 복음주의 교회는 한때 기독교 어휘를 누구도 낯설어하지 않는 사회에서 활동했다. 지금은 이 상황이 빠르게 변화하고 있다. 이 말은 '해석학', '종말론적', '언약', '하나님나라', 혹은 '신학적'과 같은 신학적인 용어를 쓸 때 거듭거듭 설명해 주지 않은 채 사용해서는 안 된다는 것을 의미한다. 만일 그대로 사용하면, 신앙의 문외한이 혼란스러워하는 것은 당연지사고, 기존 그리스도인조차 직관적으로 '신앙에 입문하지 않은 친구한테 이 사람 설교를 듣게 해서는 안 되겠구나' 하고 생각할 것이다. 중요한 용어일수록 정기적으로 설명해 줘야 하고, 우리가 자주 인용하는 이해하기 쉬운 정의를 소개해 줘야 한다.

예를 들어, '언약'은 율법과 사랑의 아름다운 조합이라고 설명할 수 있다. 그것은 단지 법적인 계약이 창출하는 관계 이상으로 친밀하고 사랑스러운 관계이며, 단지 개인적인 애착이 만들어 낼 수 있는 것보다 더 지속적이고 결속력이 있는 관계다. 그것은 법적이기에 더욱 친밀하고 굳건한 사랑의 결속이다. 그것은 쌍방의 자기 유익에 기여할 때만 유지되는 소비자와 판매자 관계와는 정반대의 관계다. 서로를 향해 쌍방이 엄숙하고도 변함없이, 전적으로 자기를 내어 주는 관계다. 이러한 정의는 사랑을 중히 여기는 후기-현대(late-modern) 사람들의 마음에 가닿으면서 동시에 율법, 권위, 헌신을 사랑과 기쁨, 자유의 대척점에 세우기를 거절함으로써 그들의 마음에 강하게 도전한다.

이러한 성경적인 언약의 개념을 문화적으로 이해하기 쉬운 용어로, 일단 어느 정도 분량으로 설명하고 나면, 매번 이 전체를 청중에게 반복할 필요는 없다. 간략하게 '단순 계약보다 친밀한 사랑의 관계, 단순한 관계보다는 더 단단하고 책임 있는 관계' 정도의 설명이면, 전에 포괄적인 설명을 들은 청중에게는 그것을 상기시켜 주고, 동시에 새로 나온 사람들의 관심을 끌기에도 충분할 것이다.

우리는 신학적인 정의를 청중의 언어로 들려줘야 한다. 19세기 스코틀랜드 설교자 로버트 머리 맥체인(Robert Murray M'Cheyne)은 복잡한 이중전가 교리, 즉 우리의 죄는 그분에게로, 그분의 의는 우리에게로 옮겨 오는 것에 대해 이렇게 말했다. "그분은 죽음의 구원자인 동시에 행함의 구원자셨다. 그분은 우리가 당해야 할 고통만을 당하신

게 아니라, 우리가 순종했어야 할 모든 것을 순종하셨다."[30] 칭의에 관한 루터의 금언을 인용하는 것도 좋다. 우리는 "여전히 죄 가운데 있지만 동시에 의롭다고 받아들여진다"(simul justus et peccator). 혹은 이렇게 말할 수도 있다. "그리스도인은 여러분이 감히 생각하는 이상으로 흠이 많고 죄가 많지만, 동시에 여러분이 감히 소망하는 이상으로 사랑받고 받아들여집니다."

복음주의 특유의 상투어와 전문어를 삼가라. 문외한에게는 불필요하게 고루하고, 감상적이고, 즉시 이해되지 않을 수 있다. '미지근한 신앙', '영적 전투', '배역'(backsliding), '열매를 보라', '문을 열라', '주님과 동행하라' 혹은 남용되는 '축복' 등의 용어들은 성경적인 배경을 갖고 있지만, 이제는 진부한 표현일 수 있다. 우리는 때로 지겨울 정도로 상투적인 기도 문구에 익숙해져 있는데, 예를 들어 "지금도 살아 역사하시는 하나님 아버지", "주의 말씀에 이르기를", 혹은 "우리는 그러한 것들로부터 놓임을 받았나이다" 등의 문구를 너무 많이 쓴다. 젊은 세대판 복음주의 용어도 있는데, 예를 들면 "오늘 목사님 말씀은 정말 '나한테 주시는' 말씀이었어"나 "이건 완전 갓싱(God thing; 하나님의 일-옮긴이주)이야" 혹은 예전 사람들이 '축복'이라는 말을 남용했듯이 요사이는 '열심'과 '열정'과 같은 단어가 남용되기도 한다.

내가 지금 개인적으로 싫어하는 단어들을 나열한다고 오해하지 않기를 바란다. 이 사안은 세대간이나 지역적인 기호의 문제가 아니며, 혹은 이런 어휘가 비그리스도인에게 잘 먹힐까 하는 마케팅 차원의 관심을 훨씬 뛰어넘는 중요한 문제다. 이런 언어들은 곧잘 경계표시어로 사용된다. 다시 말해 다른 사람들에게 나는 이 집단에 들어와 있지만 당신들은 아직 아니라는 뉘앙스를 풍길 수 있다. 새로운 사람들은, 우리가 의식적으로 그렇게 하든 안 하든 상관없이, 분명히 그런 메시지를 받을 것이다. 또한 이러한 내부인 언어는 자주 위선의 단초가 된다. 마음에 사랑과 기쁨을 품지도 않은 채, 영적으로 보이게 하는 지름길로 남용된다.

또 하나 피해야 할 언어군이 있는데, '우리-그들'(we-them)의 언어다. 믿지 않는 자들에 대해 경멸조로 말하거나, 다른 종교와 교파, 우리의 신앙과 입장이 다른 사람들을 희화화하거나 업신여기는 말투 말이다. 다시 말하건대, 이것은 보다 호소력 있는 메시지를 위한 기술적 장치의 문제가 아니다. 이것은 복음의 진실성과 증언에 관한 문제다. 교회의 다른 지류에 속한 자들에게 너그러이 말함으로써, 당신이 그리스도의 몸의 한 지체임을 보여 주라. 또한 당신이 거주하는 넓은 인간 공동체의 일원임을 보이라. 기도하거나 말할 때 이웃들과 도시, 지역의 관심과 필요에 대해 언급하라. 단지 기독교 공동체에만 제한시키지 마라. 종종 가난한 자들과 낮은 자들, 당신이 속한 다양한 공동체의 지도자들과 더불어 소외된 자들에 대해서도 말하라. 그리스도인들이 하늘의 시민일 뿐만 아니라, 이 땅의 평범한 일원임을 볼 수 있게 하라.[31]

권위 있는 사람들의 말을 활용해 논지에 힘을 실으라

설교를 듣는 대상이 성경에 대해 강한 의구심을 품은 사람들이라면, 청중이 신뢰하는 근거 자료를 동원해 성경 본문에서 얻은 가르침을 강화할 필요가 있다. 익히 알려진 대로 바울도 사도행전 17장 28절에서 그렇게 했다. 이교 철학자 청중을 위해 그는 이교도 저자인 아라투스의 말을 인용한다. 만일 그렇게 하지 않았다면, 그 청중은 성경에 대해 아무런 권위도 인정하지 않았을 것이다.

성경에다 무언가를 보충한다는 생각에 대해 거부감을 품는 이들이 많다. '우리는 단지 본문 자체를 설교하고, 성경 자체의 권위가 사람들을 파고들어 확신을 심어 주게 해야 하지 않을까?' 물론 성경은 정말로 하나님 그분으로부터 나오는 고유하고, 신적이며, 살아 있는 능력을 가지고 있어서 마음을 파고드는 설득력이 있다(히 4:12 참조). 다른 사상가의 말을 인용하는 것은, 성경의 가르침을 강화하기 위해 일상의 예화를 사용하는 것과 근본적으로 다르지 않다. 성경의 주장을 사람들에게 단순하게 읽어 주는 설교자는 없다. 모든 교사와 복음 전달자들은 일화, 사례, 이야기, 여타 해설 등을 동원해서 듣는 이들에게 확신을 주고 성경 진리가 마음에 새겨지도록 한다.

제1계명("너는 나 외에는 다른 신들을 네게 두지 말라")이나 에베소서 5장 5절(탐심을 우상숭배라고 부른다), 혹은 우상에 대해 말하는 수백 군데 성경 본문 가운데 하나를 설교한다면, 후기 포스트모던 소설가인 데이비드 포스터 월리스(David Foster Wallace)를 인용할 수 있다. 그는 캐니언 칼리지의 학위수여식 연설에서 탁월한 언변으로 강력하게 주장했다. "모든 사람은 무언가를 예배합니다. 선택의 여지가 있다면, 무엇을 예배할지에 대한 것뿐입니다."[32] 계속해서 그는 이렇게 말한다. "모든 사람은 '삶의 진정한 의미를 찾아야' 하는데, 이를 위해 당신이 무엇을 사용하든, 그것이 돈이든, 아름다움이든, 능력, 지성 등 그 무엇이든 그것이 당신 삶을 이끌고 갈 것입니다. 그것은 근본적으로 일종의 예배이기 때문입니다." 그는 각 형태의 예배가 우리를 연약하게 만들고 탈진하게 할 뿐만 아니라 "우리를 산 채로 잡아먹을" 수 있는 이유들을 열거한다. 우리가 근본적인 성경의 가르침을 지지하는 그의 주장을 펼쳐 놓으면, 가장 세속적인 청중도 고요하게 우리의 다음 말에 귀를 기울일 것이다.

도덕적인 절대 원리(하나님 말씀이 인간의 의견이나 규범을 초월하는 권위를 갖고 있다고 말하는 수백 군데 성경 본문 가운데 하나에 대해)를 가르칠 경우에는, 마틴 루터 킹(Martin Luther King Jr.)의 말을 인용하면 굉장히 효과적일 것이다.[33] "버밍험 감옥으로부터의 편지"(Letter from Birmingham Jail)에서 그는 어거스틴과 토마스 아퀴나스의 말을 인용하면서, 인간의 법은 오직 "영원한 법 …… 하나님의 법 …… 도덕법"에 조율될 때만 정당하다고 주장한다.[34] 킹의 인격적인 모범과 주장은 세속적인 청중을 효과적으로 무장해제 시키고 우리의 논지에 대해 확실히 고려하게끔 만든다.[35]

시편 19편이나 로마서 1장, 혹은 다른 시편을 본문으로 창조 세계가 하나님의 존재와 영광을 선포하고 있음을 설교할 때는, 지휘자 레너드 번스타인(Leonard Bernstein)의 고백을 인용할 수 있다. 그는 위대한 음악과 아름다움 앞에 설 때면 "천국"이나 모든 것 배후에 있는 질서, 혹은 "우리가 신뢰할 수 있는 무언가, 결코 우리를 저버리지 않을 무언가"를 느낀다고 말했다.[36] 인간의 죄와 반역에 대한 단락을 가르친다면(로마서 8장 7절과 같이, 하나님을 향한 우리 마음의 본성적인 적대감을 말하는 단락은 제외하고) 무신론 철학자 토머스 네이글(Thomas Nagel)의 글 가운데 인상적인 단락을 인용하면 좋을 것이다. 그는 솔직하게 고백한다. "내가 꼭 신을 믿지 않는다고 할 수는 없다. 다만 나는 내 신념이 맞기를 바랄 뿐인데, 나는 신이 없기를 바란다! 나는 신이 존재하는 걸 원치 않는다. 난 우주가 그런 상황이기를 원치 않는다. …… 이 우주 권위의 문제는 그리 희귀병은 아니다."[37]

우리가 사탄에 대해 설교한다면, 장담컨대 청중은 따분함에 눈알을 굴리기 시작할 것이다. 그때는 콜롬비아대학의 앤드류 델방코(Andrew Delbanco) 교수의 말을 인용할 수 있다. 그는 *The Death of Satan*(사탄의 죽음)이라는 책에서 "우리의 문화 안에는, 가시적인 악과 그것에 맞서기 위해 필요한 지적인 자산 사이를 갈라놓는 거대한 웅덩이가 입을 벌리고 있다"라고 주장한다.[38] 그는 많은 세속적인 사람이 모든 인간적인 잔인성의 원인을 심리학적인 박탈이나 사회적인 조건으로 돌리고, 그렇게 함으로써 사람들이 저지르는 끔찍한 잘못을 가벼이 여기게 만든다고 주장한다.

델방코는 프랭클린 D. 루스벨트(Franklin D. Roosevelt)의 이야기를 들려준다. 2차 세계대전 홀로코스트 시절 많은 미국 지성인은 희생자들의 "구출에 아무런 우선권"을 주지 않았다. 전쟁 막바지에, 잔혹행위의 증거들이 거부할 수 없을 만큼 확실해졌을 때, 루스벨트 대통령은 키에르케고르를 읽으며, 이 기독교 철학자를 통해 "인간 안에 도대체 무엇이 들어 있기에 …… 이토록 악한 것이 가능한지를 이해"할 수 있었다.[39] 델방코는 세속 자유주의자들은(자신도 그 그룹에 속하는 사람이라고 생각한다) "근본 악"(radical evil)에 대한 개념을 잃어버렸다고 단언한다. 세속적인 청중에게 마귀에 대해 말해야 한다면, 이런 자료들을 사용해서 저들의 비아냥거리는 불신의 기왓장을 벗겨 내야 한다. 그렇지 않으면 이 성경적 가르침이 결코 그들의 마음에 파고들 수 없을 것이다.

원죄에 대해 설교한다면, 영국의 무신론 지성인인 C. E. M. 죠드(Joad)를 인용할 수 있을 것이다. 그는 2차 대전 후에 하나님을 믿게 되었는데, 이렇게 말했다. "우리 좌파들이 항상 실망하는 이유는 원죄 교리를 받아들이지 않기 때문이다. 사람들이 합리성을 거부하는 것 때문에 실망하고, …… 국가와 정치인들의 행동 때문에 실망하고, …… 무엇보다 반복되는 전쟁 때문에 실망하고, ……"[40]

이것이 문화의 심장부를 향해 설교하는 데 있어 핵심적인 부분이다. 이것으로 회의적인 청중을 확실하게 설득한다는 보장은 없지만,

적어도 말을 시작하자마자 주파수를 돌려 버리는 일은 없을 것이다. 종종 이로 인해 사람들이 성경의 지혜를, 궁극적으로는 성경의 권위를 더 존중하게 될 것이다.[41]

의구심과 반대 의견을 잘 이해하고 있음을 보여 주라

기독교 설교자는 비신앙에 대한 비판자가 되어야 한다. 그러나 공감 능력이 부족한 건 결코 미덕이 아니다. 의심파들이 우리가 그들에게 무관심하거나 고압적이거나 그들의 입장을 무시한다는 느낌을 가진 채 멀리 떠나가는가, 아니면 우리가 기독교 신앙을 가지고 그들의 문제를 얼마나 정확하고 공정하게 다루는지를 보면서 놀라고 심지어 충격을 받는가. 그들의 회의적인 입장을 우리가 그들만큼, 심지어 그들보다 더 잘 표현할 수 있다고 그들이 생각하는가?

복음 전달자들은 믿지 않는다는 게 어떤 것인지를 잘 기억하고 (혹은 최소한 이해하고) 있음을 보여 줘야 한다. 그러면서도 충분히 하나님의 존재와 사랑에 대한 믿음에 이를 수 있다는 입장을 굳건히 견지해야 한다. 이를 위해 그러한 의심과 반대를 다룰 때, 일관되게 이해하고 존중하는 태도를 가지고 임해야 한다. 그들의 목소리를 오래도록, 열심히 들어 왔음을 보여 줘야 한다. 속임수는 통하지 않는다. 오직 믿지 않는 사람들을 만나고 시간을 함께 보냄으로써, 기독교를 비

판하는 양질의 자료들을 두루 섭렵함으로써만 가능하다.[42]

우리는 그들의 질문과 관심과 희망에 대해 기꺼이, 충분히 귀를 기울여야 한다. 그래서 우리가 말할 때면, 그들의 입장에 우리가 잘 조율되어 있어서 우리 호소와 주장에 힘이 있음을 그들이 느낄 수 있어야 한다. 베드로전서 3장 15절은 "너희 속에 있는 소망에 관한 이유를 …… 대답"할 수 있어야 한다고 말한다. 이를 두고 신약학자 캐런 좁스(Karen Jobes)는, 베드로가 "신자들은 비신자들의 의문을 그들에게 동감할 수 있는 언어로 다루어 주며 기독교 신앙을 그들에게 들려줄 수 있어야 한다고 말한다"라고 해설한다.[43]

우리의 가르침이나 설교에 이러한 태도를 어떻게 담아낼 수 있을까? 첫 번째 과업은 우리 자신의 전제에 대해 항상 그리고 선명하게 인지하는 것이다. 예를 들어 D를 얘기할 때, 그것이 A, B, C를 믿는 믿음에 기초한다는 걸 안다면, 이것들을 언급하지 않은 채 D를 촉구하지 마라. 그건 마치 이렇게 말하는 것과 같다. "여러분 중에는 '이것'을 믿을 수 없으니 당연히 '저것'도 신빙성이 없다고 생각하는 분도 있을 겁니다. 그렇지만 그냥 받아들이시면 좋겠습니다." 청중에게 우리가 방금 말한 바에 대한 그들의 의문과 문제를 우리가 익히 알고 있으며, 해결책과 해답들을 진중하게 생각해 왔음을 보여 주라.

청중 가운데 의심파들의 마음을 끄는 또 하나의 방법을 우리 메시지의 제일 마지막 부분에 넣을 수 있다. 결론부에서 설교를 적용할 때, 본문의 빛 안에서 어떻게 생각하고 어떻게 살지를 촉구하는 대목에서, 우리는 그들과의 짤막한 대화로 들어갈 수 있다. "여러분이 신자가 아니거나 무얼 믿는지 도무지 확신이 서질 않는다면, 이런 식으로 한 번 생각해 보면 어떨까요?"

사람들 중 어떤 그룹에 대해 직접, 인상적으로 언급함으로써, 사람들에게 우리가 그들의 존재를 알고 있음을 보여 줄 수 있다. 메시지의 한 대지나 소지 가운데 하나를 세속적인 사람들의 의구심과 관심들에 할애할 수도 있다. 설교를 작성할 때, 회의주의자가 특정 본문에 대해 가질 수 있는 반대들을 염두에 두라. 그리고 나서 짬을 내어 찬반 추론을 사용해 그 문제들을 다루라. 예를 들면 이런 식이다. "제가 방금 말한 것이 여러분에게 거슬릴 수 있다는 걸 잘 알고 있습니다. 그러나 조심스럽게 이런 점을 한번 고려해 주시면 좋겠습니다."

물론 구성원 대다수가 회의적이거나 세속적인 상태에서 말하는 게 아니라면, 이런 점들이 우리의 메시지들을 주도하게 해서는 안 된다. 절대 원칙은 아니지만, 이런 "곁가지 변증"(apologetic sidebars)은 한 편의 설교에서 한 번을 초과해서는 안 되며, 또한 모든 설교에 포함시킬 필요는 없다.

이 곁가지 변증에서 어떤 이들이 "격퇴봉"(defeaters)이라고 부른 것들을 다뤄야 한다. 받아들였을 때 사람들로 하여금 '이게 진실이라면, 기독교는 진리일 수 없어' 하고 생각하게 하는 것들 말이다. 일반적인 격퇴봉으로는 '하나님께로 가는 단 하나의 길만 있을 순 없어.' '사람들을 지옥으로 보내는 하나님을 우리는 믿을 수 없어.' '초자연은 이미

과학적으로 거짓으로 판명이 났어.' '성경에는 우리가 더는 수용할 수 없는 불쾌하고 구시대적인 부분들이 많아.' 이런 격퇴봉의 존재를 무시하고 그들이 전혀 그런 생각을 갖고 있지 않은 듯이 설교한다면, 그 자체로 많은 청중은 우리가 말하는 바를 믿지 못할 것으로 치부할 것이다.[44]

다시 말해, 반대 의견을 다루는 기본 방법은 청중의 믿음을 어떤 부분에서는 진지하게 동의해 주는 것이다. 그리고 나서 두 번째 질문, 즉 첫 번째 믿음에 기초해 잘못된 믿음에 의문을 제기한다. 이런 식이다. "여러분이 '이것'을 믿는다면, '저것'은 왜 안 믿는 거죠?" 이것은 청중 자신의 믿음과 성경 사이에 교두보를 확보함으로써, 사람들이 성경이 말하는 다른 것에 대해서도 마음을 열도록 강하게 도전한다.

세속 청중에게 물질세계 이상의 무언가가 있음을 확신시키고자 한다면, 《자연의 지혜》(*Pilgrim at Tinker Creek*, 민음사 역간)에서 애니 딜라드(Annie Dillard)가 관찰한 것을 인용할 수 있다. 우리는 강자가 약자를 지배하는 게 지극히 자연스러운 자연 세계의 일부지만, 이것을 인간의 행동 패턴으로 받아들이는 것은 직관적으로 거부한다. "내 어머니인 이 세상이 괴물이거나, 아니면 내가 미친놈이다."[45] 그러나 자연 위에 어떤 기준, 다시 말해 초자연적인 기준이 없다면, 우리가 무슨 근거로 자연 세계를 '비'정상 혹은 '비'자연적이라고 판단할 수 있겠는가? 인간의 권리에 대한 우리의 신념이 단지 환상이라고 생각하지 않는다면, 강자에 의한 약자의 집단학살이 진정으로, 보편적으로 잘못된 일

이라고 생각한다면(접촉점), 이 세상 너머 어딘가에 도덕적인 절대 기준이 있음을 왜 믿지 않는가?(대항점)

성경의 권위에 대해서 말할 때는, 하나님과 인격적인 사랑의 관계를 맺는 것의 중요성을 말하는 게 한 방편이 될 것이다. 우리는 상호적인 사랑의 관계에는, 양자 모두 능동적인 행위자로서 서로를 긍정할 수도 있고 반박할 수도 있어야 한다는 걸 잘 안다. A라는 사람이 B라는 사람에게 반대 의견을 전혀 피력할 수 없다면, B는 A에게 인격적인 관계가 아니라 권력 관계를 갖고 있는 것이다. 이렇듯 우리가 성경에서 동의되는 부분만 믿으려고 한다면, 우리를 반대할 수도 있는 하나님을 어떻게 모실 수 있단 말인가? 오직 우리 하나님이 때로 우리 속을 뒤집어 놓을 말씀도 하실 수 있을 때, 비로소 우리는 상상의 산물이 아닌 살아 계신 하나님을 모시고 있음을 알게 된다. 이렇게 권위적인 성경(반박점)은 하나님과의 인격적인 사랑의 관계의 적이 아니다(접촉점). 그것은 전제 조건이다.

일부 성경 내용이 불편한 사람들에게도 권위적인 성경에 대해 말할 수 있는 또 하나의 길이 있다. "모든 문화에는 선한 요소와 나쁜 요소들이 있습니다. 그렇지 않나요? 어떤 문화도 완전하거나 모든 진리를 담고 있지는 않죠. 여기에 동의하시나요?" 어떤 문명도 모든 진리를 담고 있지 않다는 이 후기-현대의 신념이 접촉점이 된다. 이제 다음과 같이 하면 접촉점의 기초 위에 반박점이 구축될 수 있다. "논의를 위해, 성경이 어떤 인간 문명이나 저자 무리의 산물이 아니라, 하나님의 계시라고 상상해 봅시다. 만일 그게 사실이라면, 그게 누구든 모든 사람의 문화적 감수성을 '어느 부분에서건' 거스르게 될 겁니다. 여러분이 누구든, 여러분은 여러분의 신념을 구성하는 하나의 불완전한 문화에 거주합니다. 만일 성경이 하나님으로부터 온 권위적인 계시라면, 어느 부분에선가 여러분에게 굉장히 불편할 수밖에 없을 겁니다. 이로 보건대, '성경의 이 대목은 나한테 거슬려' 하고 말하는 것은 성경에 대한 논박이 될 수 없어요. 너무나 자연스러운 반응일 뿐입니다."

기독교 철학자 미로슬라브 볼프(Miroslav Volf)는, 《배제와 포용》(Exclusion & Embrace, IVP 역간)에서, 심판의 하나님에 대한 믿음은(반박점) 비폭력을 위한 핵심 자산(접촉점)이라고 주장한다. 1990년대 민족의 인종청소를 경험한 한 사람의 크로아티아인으로서 볼프는 "비폭력은 신적인 보복에 대한 믿음을 '요청한다'"라고 제언한다. 폭력의 희생자들이 만일 하나님은 없다고 믿는다면, 즉 이 땅에 궁극적인 정의를 실현할 하나님은 없다고 믿는다면, 그들은 복수의 무기를 드는 게 정의롭다고, 혹은 최소한 보상이 따를 것이라고 느낄 수밖에 없다. 그래서 볼프는 "우리 스스로의 폭력 의지를 금하는" 유일한 길은, 그럴 권리는 오직 하나님께만 있으며, 그분이 언젠가 모든 값을 치르실 것을 굳게 믿는 것이라고 주장한다.[46]

우리 설교에 이렇게 흥미롭고, 간명하면서도, 마음을 후벼 파는 순간이 있다면, 세속 청중에게는 돌아오라는 격려가 될 것이고, 그리스도인들에게는 그들의 세속적인 친구들을 우리 앞에 데려오게 하는 동기부여가 될 것이다. 더불어 신자에게 그들 자신의 의구심을 어떻게 다룰 수 있으며, 또한 신앙에 관한 친구들의 질문에 어떻게 답해야 할지에 대한 미니 강좌를 제공하는 셈이 될 것이다.

기본적인 문화 내러티브에 도전하기 위해, 먼저 긍정하라

우리의 설교는 기독교에 대한 통상적인, 직접적인 반대들을 꼭 다뤄야 한다. 그러나 이런 것들을 다루는 것보다 더 근본적인 것은 우리 시대의 근본적인 문화 내러티브들을 끌어들이는 것이다. 말로 뱉은 반대들과 달리, 사람들은 이러한 기본적인 주제들을 거의 의식하지 못한다. 문화 내러티브란 '모두가 아는' 것들, 너무나 자명한 전제들이어서, 그걸 품고 있는 사람들에게는 거의 보이지도 않고 의문의 여지도 없는 것들이다. 그것들은 보통 슬로건이나 풍자적인 상투어들로 표현되는데, 대체로 논쟁에 종지부를 찍을 때 사용된다. 논의할 여지가 없는 것으로 생각되는 말들이다. 많은 예 가운데 둘만 소개하면, '모든 사람은 자기 나름의 의견을 가질 권리가 있다' 혹은 '너 자신이 되어야 한다' 등이다.

이러한 내러티브들은 사실 기독교 전달자에겐 기회다. 세상 사람들을 포함해서 대부분의 사람이 그들의 믿음에 대해 성찰해 보거나 그 타당성을 확인해 보지 않았기 때문이다. 그 슬로건 배후에 도사리고 있는 기본 믿음을 끄집어내어 말로 표현해 놓고 보면, 이게 딱히 불가피한 건 아니라는 사실이 바로 눈에 들어올 것이다. 그런데 이것들을 불러내어 성경의 위대한 주제들, 가르침들과 대조해 보지 않으면, 그 문화 안에 사는 신자와 비신자들 모두 공히 무의식적으로 그것의 영향권 아래 살 것이다. 이에 우리는 세속 문화의 내러티브들을 평가하면서 동시에 도전하는 방식으로, 그에 상응하는 성경 주제와 교리와 진리들을 제시하는 법을 배워야 한다.

이런 접근을 두고 '공감적 고발'(sympathetic accusation)이라고 부를 수 있을 것이다. 많은 문화적 주제가, 특히 서구에서는 성경의 가르침에 기원을 두고 있기 때문이다. 설령 그 가르침들이 반기독교적인 신념들과의 연혼을 통해 너무 왜곡되어, 그 추종자들을 진리로부터 멀리, 가끔은 너무 멀리 떼어내었다 하더라도 마찬가지다.

캐나다 철학자 찰스 테일러(Charles Taylor)가 말하듯이, 우리는 "이러한 실천들을 그들에게 동기를 부여하는 그들 자신의 이상적 관점에서 비판할" 필요가 있다. 각 내러티브는 부분적으로 무언가 선한 것을 열망하는데, 우리는 이것을 진심으로 존중해야 한다. 사람들은 자유롭기를 원하는데 그건 옳은 일이다. 그들은 정의를 원하고, 또 진정으로 개방되고 다원화된 사회를 원한다. 그러나 우리는 그들에게 오직 그리스도 안에서만 이 모든 열망이 바르게 성취될 수 있음을 보여 주어야 한다. 테일러는 결론짓기를, "문화를 송두리째 묵살하거나, 혹은 있는 그대로를 지지하는 대신" 우리는 그 구성원들에게 "그들이 따르고 있는 것이 정말 무엇인지를" 보여 줘야 한다. "이것이 바로 …… 설득 작업이다."[47]

어떻게 이를 수행할 수 있을까? 오늘날 서구 세속 문화 안에서 어떻게 이것을 수행할 수 있는지에 대해서는 다음 장에 몇 가지 예를 소개하겠다. 짤막하게 맛보기로 제시하면, 우리는 먼저 그 내러티브들을 청중들이 눈으로 그려 볼 수 있도록 잘 묘사해야 한다. 이어서 성경을 사용해 그 내러티브에 대해 우리가 긍정하고 존중할 수 있는 점들을 지목해야 한다. 그다음, 그 문화가 존경하는 목소리를 활용해 이런저런 방법으로 그 내러티브에 도전해야 한다. 세계의 나머지 대다수와 다른 문화들은 이러한 믿음을 자명한 것으로 보지 않음을 보여 줘야 한다. '모든 사람이 이것을 믿는다'라는 듯 행동하는 것은 인종적인(자기중심적인-옮긴이주) 생각일 뿐이다. 또한 우리는 그 내러티브가 너무 단순하고, 실제 삶이 가진 복잡성을 충분히 풀이하지 못하며, 급기야 소위 종교라 불리는 것들만큼이나 큰 믿음의 도약이나 그 이상의 도약이 필요하다는 것을 보여 주어야 한다.

복음을 제시할 때 문화의 압점들을 누르라

문화 내러티브나 신념을 단지 긍정하고 이어서 도전하는 것만으로는 충분하지 않다. '예, 그러나 아니요'는 3막으로 구성된 적극적인 상황화 작업의 처음 두 막에 불과하다. 우리 설교에서 이 과정을 완성하려면, 그 특정 내러티브의 바로 그 지점에서 어떻게 기독교가 훨씬 더 강력한 자산을 제공하는지를 보여 줘야 한다. 기독교는 그 열망과 이슈를 단지 설명할 뿐만 아니라, 진정한 의미에서 성취하고 다루고 있음을 보여야 한다. 어떤 문화적 이야기든 오직 그리스도 안에서만 행복한 결말이 된다. 오직 그분만이 성경 본문을 완성하고 사람의 마음을 깊숙하게 만지는, 궁극적인 '그러나 아니요'를 공급하신다. 지혜를 구하는 자들에게 그리스도는 진정한 하나님의 지혜다. 능력을 구하는 자들에게 그분은 진정한 하나님의 능력이다.

복음은 많은 것을 제안한다. 용서, 공동체, 의미, 만족, 정체성, 자유, 희망, 소명 등 너무나 많다. 기독교 전달자는 이 위대한 제안을 어떻게 정리하고 표현할지, 그래서 그 문화의 '압점들'(pressure points)에 어떻게 정면으로 적용할지를 고심해야 한다. 기독교나 하나님을 믿지 않는 자들에게는, 말하자면 아픈 데가 있다. 꽉 끼는 신발을 신었을 때 발이 아파 오듯이, 그들의 세계관에서 아픔을 느끼는 데가 있다. 세상에 대해 그들이 믿는다고 공언하지만, 정작 그들의 직관이나 경험에 부합하지 않는 지점이 있는 것이다.[48] 설교자는 이 아픈 데를 파악하고, 질문과 제안과 예화와 예들을 동원해 그곳을 눌러야 한다. 그래서 그들이 느끼는 긴장을 더 뼈아프게, 그들이 느끼는 부조리를 더 혼란스럽게 만들어야 한다.

예를 들어 용서에 관해 설교할 때, 자기주장과 자존감을 촉진시키는 우리의 현대 문화가 용서를 특히 어렵게 만든다고 주장하는 사회학자들의 글을 언급하라. 그리고 나서 우리가 용서하기 위해, 또 용서받기 위해 필요한 감사와 겸손을 복음이 우리에게 준다는 사실을 보이라.[49] 공동체에 관해 설교할 때는, 우리 시대의 개인주의적 성향이 공동체적 결속과 사회적인 삶을 약화시킴을 보여 주는 연구를 인용하라. 그리고 복음이 어떻게 우리에게 공동체를 위한 탁월한 자원을 제공하는지를 보여 주라.[50] 그 외에도 만족, 자유, 희망과 소명 같은 다른 성경적 주제에 관해서도 유사한 패턴을 실천할 수 있다.

복음이라는 동기로 초대하라

이 모든 것 다음에 한 가지 의문이 피어오를 수 있다. '우리가 어떻게 문화 내러티브들과 세속 사상으로 사람들을 사로잡기 위한 모든 노력을 기울이면서도, 여전히 성경 본문을 설교하고 신실한 성도들을 세워 갈 수 있을까? 믿지 않는 자들에게 너무 과한 주의를 기울이는 게 아닐까?'

답은 이중적이다. 우리 시대 신실한 신자들이 현대적인 내러티브에 의해 깊이 영향 받지 않았다고 생각하는 것은 착각이다. 우리는 확실히 그 영향권 아래에 있다. 이 내러티브의 베일을 벗기고 일상적인 말씀 설교의 과정에서 그것들과 소통할 때, 비로소 그들로 하여금 어떤 부분에서 그들이 성경보다 사회에 더 크게 영향 받을 수 있는지를 직시하도록 도울 수 있다. 또한 설교자는 성도들이 자기 믿음을 다른 이들에게 나눌 수 있는 중요한 방법을 전수한다. 이것이 신자를 세우는 중요한 방편이다.

믿는 자와 그렇지 않은 자, 심지어 문화 내부의 하위그룹에게까지 동시에 영향력을 미치는 열쇠는, 설교에서 마음의 수준까지 내려가서 복음이라는 동기로 초대하는 것이다. 삶에 관한 복음의 만능성과 확실성을 이해하지 못한다면, 그리스도인과 비그리스도인을 동시에 감동시키는 것은 불가능하다.

복음은 사람들을 개종시키는 방편일 뿐만 아니라, 그리스도인이 문제를 해결하고 성장하는 방편이기도 하다. 그런데 아직도 복음을 향한 전형적인 접근은, 그것을 기독교 교리의 ABC, 구원받는 데 필요한 최소 진리, 입학시험, 입구로 보는 것이다. 그 후에는 다른 (혹은 진보된) 성경 원리의 적용을 통해 그리스도인의 삶의 진보를 이루는 것이라고 이해한다. 만일 이게 사실이라면, 그땐 우리는 복음전도와 영적 성장 모두를 동시에 실천할 수가 없다. 그러나 복음은 우리가 구원받는 방편일 뿐만 아니라 모든 문제에 대한 해결책이요, 그리스도인 삶의 모든 단계의 진보를 이루는 방편이다.

여기 내가 사역에서 경험한 실례가 있다. 우리 교회의 많은 성도는 아시아계인데, 그들은 부모의 기대에 부응하고 그것을 성취해야 한다는 상당한 압박을 느낀다. 그들은 종종 그들의 부모를 실망시키고 있다는 부담을 느낀다. 그러나 우리 교회의 다른 많은 젊은 백인 성도들은 훨씬 개인주의적인 문화에서 성장했다. 그래서 다양한 방식으로 부모를 향한 분노와 쓰라린 아픔으로 힘들어한다. 그들은 부모가 그들을 억누르고 실망시켰다고 느낀다.

이렇게 폭넓은 삶의 동기의 지평을 한 편의 설교에서 어떻게 다 다룰 수 있을까? 우리가 잃어버릴 수 없는 오직 하나의 부모 사랑을 상기시킴으로써 가능하다. 우리가 반드시 견지해야 할 오직 하나의 부모 사랑은 다름 아닌 궁극적인 우리의 하늘 아버지 안에서 발견된다는 사실을 상기시킴으로써 말이다. 그분은 예수 그리스도의 구원 사역으로 우리를 보호하셨다. 그분은 하나님의 아들이셨지만, 내처짐과 상실에 던져짐으로써, 우리를 하나님의 가족으로 들어오게 하셨다. 그분이 우리를 위해 이러한 일을 행하셨음을 깨달을 때, 아버지의 사랑이 우리에게 가장 소중한 실재가 된다.

이렇게 되면 설령 우리가 부모님의 사랑을 얻지 못한 연고로 아파한다고 해도, 그분들을 용서할 여유가 생긴다. 그분들의 냉랭함조차 우리를 가난하게 할 수 없다. 우리는 이미 풍성한 부모 사랑을 누리고 있기 때문이다. 한편 부모님의 기대에 부응하지 못했다고 느끼는 사람도 평안할 수 있다. 아버지의 인정을 이미 받았고, 중요한 건 오직 그분의 인정이기 때문이다.

설교자가 그리스도인의 문제를 오롯이 복음으로 해결할 때(그들을 더 열심히 하라고 촉구하는 게 아니라, 그리스도의 구원에 대한 더 깊은 믿음을 가리킴으로써) 비로소 신자들은 세워지고 비신자들은 복음을 듣게 된다. 이모든 것이 동시에 이루어진다. 이 원리는 모든 주제에 적용된다. 성도들을 돈과 관련해 후해지는 삶으로 초대하고자 한다면, 우리는 그들에게 예수님을 가리킴으로써 그들의 두려움과 굳은 마음을 만져야 한다. 예수님은 가장 부요한 분이시지만 우리의 부요함을 위해 친히 가난의 밑바닥까지 내려가셨다(고후 8:9 참조). 성도들이 응답 없는 기도에도 잘 인내하도록 돕고자 한다면, '주님을 의지하라'라고 말할 뿐만 아니라(이것은 오직 그리스도인에게만 유익이 되고, 비그리스도인에게는 낯선 말이다) 겟세마네 동산에서 온 마음을 다해 기도했지만 거절당하신 한 분을 보게 하라. 거절에도 불구하고 그분이 온전히 아버지를 신뢰하셨기 때문에, 우리가 구원받을 수 있었다.

우리가 매주 복음으로 그리스도인의 문제를 해결한다면, 세속적인 사람들은 매번 조금씩 다른 방식으로 복음을 듣게 될 것이다. 또한 이로써 복음에 대한 보다 깊은 이해가 생길 뿐 아니라, 그리스도에 대한 믿음이 실제로 어떻게 기능하고 삶의 변화를 일으키는지를 볼 것이다. 이걸 보는 게 핵심이다. 이로써 그들은 피상적이 아니라 실질적으로 복음화된다. 동시에 이미 믿는 그리스도인도 굳건하게 세워진다.

CHAPTER 5

시대정신에 대한
바른 이해가 필요하다

후기-현대의 저변을 흐르는 문화 내러티브 검증하기

어떤 순간에도 결코 낡지 않는 유일한 설교는, 영원에 대한 설교다.
오직 성경에서만 우리 앞에 문을 여는 영원 말이다.
거룩한 사랑의 영원함, 은혜와 구원의 영원함, 지울 수 없는 우리 죄를 위한
영원한 구원의 은혜, 그리고 변치 않는 구원의 도덕 ······
〔설교자여〕삶의 문제를 거침없이 들추어내라.
······ 그리고 그리스도가 남기신 궁극의 답으로 대답하라.
······ 그분이야말로 사람들이 간절히 찾고 있는 해답이다.
- P. T. 포사이스[1]

예수 그리스도의 복음을 현대 문화에 어떻게 전달할 수 있을까? 이 질문을 제기한 수많은 저자 가운데 한 사람이 P. T. 포사이스다. 그의 고전 *Positive Preaching and the Modern Mind*(긍정적 설교와 현대 정신)는 1907년에 출판되었는데, 놀랍게도 지금까지 그 비범함을 유지한다. 포사이스는 현대성(modernity)의 핵심 주제를 이렇게 규정했다. 현대인은 '우리가 우리 자신의 권위다'라고 믿는다. 이것은 "[현대 정신]의 대중적인 표현으로써, 설교자가 두고두고 씨름해야 할 상대다."[2] 현대성의 핵심 내러티브 하나를 규명하고, 안으로부터 그것을 해체할 길을 설계했다는 의미에서, 포사이스는 선구자요 개척자였다.

포사이스가 선견지명이 있었지만, 책이 나온 지 한 세기도 지나지 않아서 상황이 변했다.[3] 많은 이가 이 현상을 "포스트모던적 전환"이라고 부른다. 모던(modern; 현대-옮긴이주) 시대에는 이성과 과학에 대한 확신이 있었다면, 포스트모던(post-modern; 탈현대-옮긴이주) 시대의 특징은 합리적이고 통제 가능한 질서의 성취나 어떤 확실성에 도달할 수 있다는 믿음을 상실한 것이다. 이른바 경험과 개방성으로의 전환이 일어났다. 그런데 이런 평가가 틀린 것은 아니지만, 한 가지 간과하는 게 있는데, 지나간 시대와의 불연속성의 이면에 더 강력한 연속성이 있다는 사실이다.

현대성의 근본은, 포사이스가 관찰한 대로 자아 바깥에 있는 모든 권위에 대한 전복이다. 현대(혹은 근대-옮긴이주) 초기, 즉 17세기에서 19세기까지 우리는 진리에 도달하려면 모든 전통과 종교적 신념을 내려놓고 오직 이성만을 사용해야 한다고 배웠다. 이것은 유례없는 개인주의로 전향한 것이었다. 개인주의는, 각 사람은 자기 안에 고대의 지혜나 신적인 계시의 도움 없이도 진리를 발견할 수 있는 능력을 이미 갖고 있다는 사상이다. 초기에는 우리가 따라야 할 절대적인 도덕과 자연법이 있다는 생각이 여전히 남아 있었지만, 지금은 우리 개인의 능력과 철저한 감찰로 그러한 것을 스스로 발견할 수 있다는 가르침이 대세가 되었다.

2차 대전 이래, 우리는 문화적으로 갈수록 개인 자아의 중요성과 능력이 강화되는 시대로 진입하고 있다. 심지어 우리는 우리가 도덕적인 실재와 진리를 '발견'할 능력만이 아니라 사실상 그것을 '창조'할 능력도 갖고 있다고 생각한다. 저 유명한 가족계획연맹 대 케이시 소송(Planned Parenthood v. Casey; 낙태에 관한 소송-옮긴이주)에 대한 미연방대법원의 판결이 이 원리를 잘 담고 있다. 대법원 판결문에 이런 문장이 있다. "자유의 핵심부에는 한 권리가 있는데, 존재에 대해, 의미에 대해, 우주에 대해, 인생의 신비에 대해 우리 각자의 개념을 정의할 수 있는 권리다."[4]

"우리가 무조건 순응해야 할 …… 외부의 우주적 질서"는 없으며,

진리는 "개인의 의지에 따라 구축"될 수 있다고 우리는 믿는다.[5] 언제까지나 "우리의 영혼을 실재(reality)에 순응"시켜야 한다는 고대 세계의 이해를 떠나서, 우리는 "실재를 우리의 〔영혼의〕 소망에 종속시키는" 시대로 진입했다.[6] 우리 시대의 상황은 현대성의 역전이라기보다 오히려 가장 깊은 현대성의 강화다.[7] 따라서 포스트모던(post-modern; 탈현대) 시대라고 말하기보다 오히려 후기-현대(late-modern)라고 이야기하는 게 좋을 것이다.

현대 초기에는 종교를 여전히 좋은 것으로, 혹은 최소한 괜찮은 것으로 봤다. 사회는 구성원 사이에 공유되는 도덕적인 규범 위에 세워져야 하고, 사람들은 그 규범에 복종해야 한다는 일반적인 이해가 여전히 존재했다. 종교는 사람들이 그러한 도덕적인 규범에 맞추어 살도록 돕는 것 가운데 하나로 받아들여졌다. 그런데 점차 상황이 변했다.

콜롬비아대학의 인문학 교수인 마크 릴라(Mark Lilla)는 요한복음 3장에서 예수님이 니고데모에게 "거듭나야" 한다고 말한 것에 대해서 주님의 의도를 다음과 같이 정리한다. "니고데모에게 말한 의미는, 자신의 불충분성을 인식해야 한다는 것이다. 그래서 겉보기에 행복한 자율적인 삶에 등을 돌리고, 자신이 더 큰 무언가에 의존적인 존재임을 이해하는 인간으로 다시 태어나야 한다는 의미로 보인다. …… 이것은 우리의 자유에 대한 급진적인 도전으로 보이는데, 실로 그러하다."[8] 여기서 릴라는 자율성(autonomy)을 전제하는데, 후기-현대성은 바로 이 자율성에 희망을 둔다. 자율성 앞에서 종교는 가히 궁극의 적이다. 이게 바로 오늘날 많은 사람이 종교적인 믿음을 미칠 정도로 지긋지긋하게 생각하는 이유다.

이러한 후기-현대 정신을 향해 우리는 어떻게 설교해야 할까? 문화를 향한 설교의 열쇠는, 앞서 말했듯이 그 문화의 저변을 흐르는 내러티브를 규명하는 것이다. 이제 그 작업으로 들어가 보자.

보이지는 않지만, 우리를 지배하고 있는 것들

후기-현대 정신은 스스로를 다음과 같이 소개한다. '우리는 눈에 보이는 세계를 설명하기 위해 하나님이 반드시 필요하지 않다는 걸 깨달았다. 대신 과학이 그 역할을 감당한다. 도덕적인 사람이 되기 위해, 더 나은 세계를 사랑하고 그 세계를 위해 일하는 데, 혹은 삶의 의미와 성취를 얻는 데 하나님이 꼭 필요하진 않다. 우리에게 필요한 건 우리가 보기에 옳다고 생각하는 대로 자유롭게 사는 것, 더 나은 세상과 더 정의로운 세상을 만들기 위해 함께 일하는 것이다. 종교는 이 모든 일에 방해가 된다. 그것은 우리가 원하는 대로 살려는 자유를 제한하고, 우리가 함께 일하지 못하도록 우리를 분리시킨다.'

철학자 찰스 테일러는 이를 두고 세속주의의 "뺄셈 이야기"(subtraction story)라고 부른다. 과학과 객관적 이성이 현대인의 이상 속에서 하나님을 쏙 빼 버리고, 세속주의만 남겨 놓았다는 뜻이다. '그것은 믿음이나 신념의 필요 없이, 객관적으로 작동한다. 또한 가치 판단과 편협성과 편견으로부터 우리를 자유하게 한다. 평등과 인간 권리, 인류의 향상을 위한 도덕적 기초를 제공한다. 그리고 개인의 의미와 자유, 마음의 평화를 향유하는 삶을 약속한다. 모든 것은 오직 인간 자원에 기초한다.' 그러나 테일러는 이를 전혀 수용하지 않는다. *A Secular Age*(세속주의 시대)에서 그는 세속적인 사람들(종교인이 아닌 일반인-옮긴이주)이 더 객관적이지 않다고 주장한다. 세속적인 사람들은 대신 사물의 본성에 대한 새로운 대안 신념망(신념의 그물망-옮긴이주)을 구축했다. 그런데 그 신념들이라는 게 사실은 모두에게 자명하지도 않고, 종교적인 신념에 비해 경험적으로 더 신빙성이 있지도 않다. 더욱이 결코 가볍지 않은 내적인 문제와 여러 반론의 여지를 품은 채, 엄청난 믿음의 비약을 요구한다.[9]

하나님(혹은 신-옮긴이주)을 믿지 않는 것은 결코 자연스러운 게 아니다. 마크 릴라에 의하면, 대다수 인간에게 초자연적인 것과 사후 세계와 초월, 하나님에 대한 관심은 지극히 "자연스러운 표출이다. 학습이 필요한 건 오히려 그런 것에 대한 무관심이다."[10] 우리 인간성 자체에 대한 후기-현대의 관점을 숙고해 보라. 많은 세속적인 사람은, 인간은 영혼이 없는 화학물 복합체라는 생각을 품고 있다. 사랑은 그저 하나의 화학 반응으로써, 인간이 자기 유전자를 물려주는 수단에 불과하다. 사람이 죽는다는 건 그저 존재하기를 멈추는 것이다. 내가 사랑하는 사람이라 하더라도 마찬가지다. 우리가 마음으로 선택한 느낌 외에, 옳거나 틀린 것은 없다. 우주는 그저 차갑고 거대한 메커니즘이고, 과학은 그 거대한 시계가 어떻게 작동하는지를 해명하는 방편이다. "이성은 (그때) 황홀한 성취감이나 공동체의 포근함을 제공하거나, 애통하는 자들의 눈물을 닦아 줄 수 없다."[11]

그런데 이러한 우주관은 사랑과 목적, 인간의 본성에 대한 우리의 직관과 많은 부분 모순된다. 예를 들어, 인간은 비인격적인 우주의 산물이라고 믿으면서도, 우리는 인간의 권리에 헌신한다. 테일러를 비롯한 많은 사람은, 인류가 이렇게 자신의 직관에 반하는 삶의 방식에 적응할 수 있는 길을 구축하려면 여러 세대가 흘러야 할 것이라고 말한다.[12]

역사 속 다양한 세계관의 경연장에서 후기-현대성이 가진 고유한 측면이 바로 여기에 있다. 비세속적인 문화는 그들의 믿음을 공개적으로 드러내고, 그 구성원은 그들의 확신에 모종의 신앙적인 성격이 있음을 솔직하게 인정한다. 그런데 많은 후기-현대의 세속적인 사람은 자기들이 행하는 믿음의 비약을 직시하지도, 인정하지도 않는다. 미셸 푸코(Michel Foucault)의 용어를 빌리면, 그들의 행위는 "비사유들"(unthoughts), 즉 믿음인데, 겉으로 보기엔 믿음이 아니라 논의의 여지가 없는 자명한 상식으로 보이는 믿음들이다.[13] 이러한 비사유들은 격언이나 슬로건 형태로 통용되는데, 모든 논쟁에 종지부를 찍는 난공불락의 공리(truism)로 진술되지만, 딱히 증명된 바는 없다.[14] 그 한 예로, 테일러는 1950년대 시카고에 대한 앨런 에른홀트(Alan Ehrenhalt)의 연구를 인용한다.

> 우리 대다수 미국인들은 몇 가지 단순한 명제를 믿는데, 너무나 명백하고 자명해서 숫제 말할 필요도 없다고 생각하는 명제들이다. 예를 들면, 선택은 인생에 참 좋은 것이다. 권위는 그 자체로 미심쩍다. 누구도 다른 사람에게 이렇게 생각하라 혹은 저렇게 행동하라고 말할 권리가 없다. 죄는 개인적이지 않다. …… 인간은 그들이 살고 있는 사회에 속한 존재들이다. …… 이러한 생각들은 그 힘이 매우 강력하다. 하나같이 모두 진리의 반지를 끼고 있다.[15]

이러한 생각은 실로 우리 문화 깊숙이 공명하고 있다. 그런데 테일러는, 이것 가운데 무엇이든 찬찬히 성찰해 보면, "이런 명제를 …… 보편적인 진리로 받아들이는 것은 부조리한 일"이라고 결론지을 수밖에 없는 이유를 보여 준다. 이유인즉, "살만한 사회를 만들기 위해서는 어떤 선택들은 불가피하게 제한되어야 하고, 어떤 권위들은 존중받아야 하고, 어떤 개인적인 책임이 전제되어야 한다."[16]

세속적인 사람에게 설교하기 위해서, 우리는 세속주의의 자기이해에 저항해야 한다. 세속주의는 단지 신앙의 부재가 아니다. 그리스도인 중에는 섣불리 이런 생각을 수용하고, 자신이 가진 증거와 합리적인 진실성을 보여 줌으로써 그들에게 다가가려고 시도하는 사람들이 있다. 그런데 테일러를 비롯한 많은 사람은 그런 식으로 무턱대고 덤비지 말라고 조언한다. 세속주의도 하나의 신념의 그물망으로써, 그것도 검증을 거쳐야 하기 때문이다. 지금 우리가 하려는 게 바로 그 작업이다.

작업 과정에서 우리가 염두에 두어야 할 게 있는데, 바로 앞 장 말미에 다루었던 것이다. 내가 지금 기독교 정신과 후기-현대 정신이 서로 다른 듯이 말하고 있는데, 물론 다르다. 그러나 우리가 인정해야 할 것이 있다. 후기-현대를 사는 모든 그리스도인도 알게 모르게 다음 내러티브의 영향권 아래 있다는 사실이다. 이게 반드시 나쁜 것이라고는 할 수 없다. 앞으로 살펴보겠지만, 그 내러티브들은 어느 정도 기독교 사상에 기초하고 있다. 그래서 부분적으로는 옳다.

여하튼 서구 사회의 기독교 신자들은 대체로 이러한 내러티브에 매우 깊숙이 영향을 받았는데, 그 이유를 우리는 잘 안다. 이유인즉, 그것들이 너무나 설득력이 있고, 자명하게 느껴져서, '그것을 품은 자들에게는 그것도 일종의 믿음이라는 사실이 눈에 보이지 않기' 때문이다. 일단 우리는 '그것이 눈에 보이게 만들고자' 한다. 그래서 비신자들 안에 있는 그 믿음을 분석하고 도전할 뿐만 아니라, 신자로서 우리가 그것에 너무 영향을 받지 않도록 도우려 한다.

후기-현대 시대 문화 내러티브 읽기

그렇다면 후기-현대 정신의 저변을 흐르는 문화 내러티브나 '비사유들'에는 무엇이 있을까? 여기 다섯 가지 구별된 내러티브, 즉 인간의 합리성과 역사와 사회와 도덕, 정체성에 대한 특정한 신념과 이야기들을 소개하겠다. 우선 이것이 어디서 나왔는지를 알아보자.

테일러는 그의 책의 한 챕터인 "비인격적인 질서"(The Impersonal Order)에서, 이 다섯 가지 후기-현대의 문화 내러티브들은 원래 기독교에서, 또 기독교와 고대의 전통적인 이교(paganism)와의 상호작용에서 나왔음을 보여 준다.[17] 물질세계와 역사, 인간 본성에 대한 헬라 철학자의 가르침에 대해, 기독교 교사들은 성경과 기독교 교리에 기초해서 새로운 대답을 내놓는 것으로 반응했다. 기독교와 이교의 차이는, 테일러가 말하는 다섯 가지 "축"을 따라 병행적으로 나타난다.

기독교가 나타나기 전	기독교가 서구에 당도한 후
몸과 물질세계는 사상의 영역에 비해 덜 중요하고 덜 실재적이다.	몸과 물질세계는 선하다. 이것을 개선하는 것은 중요하다. 과학은 가능하다.
역사는 순환적이며, 아무런 방향이 없다.	역사는 진보한다.
개인은 중요하지 않다. 오직 씨족과 부족이 중요하다.	모든 개인은 중요하고, 존엄하며, 우리의 도움과 존경을 받을 자격이 있다.
인간의 선택은 중요하지 않다. 우리는 운명 지어진 존재다.	인간의 선택은 중요하며, 우리는 우리 행동에 대한 책임이 있다.
감정과 느낌은 탐구의 대상이 아니라, 오직 극복의 대상이다.	감정과 느낌은 선하고 중요하다. 우리는 그것들을 이해하고 다스려야 한다.

이러한 변화의 근본 이유는, 많은 학자에 따르면 기독교 이전에는 사실상 모든 문화가 근본적으로 비인격적인 우주관을 갖고 있었기 때문이다. 헬라인들은 우주의 배후에 있는 로고스가 합리적이고, 비인격적인 원리라고 믿었다. 동양 문화에서는 모든 개인의 인격은 일시적인 환상이라고 믿었다. 이에 반해 기독교는 확연히 대조적으로 우주를 삼위 하나님의 사랑 가득한 창조적인 행위로 봤다. 하나님은 사람을, 그분과의 인격적인 관계를 위해 영원히 존재할 자아로 만드셨다. 위의 모든 기독교 사상은, 만물의 목적은 인격적인 하나님과의 '교제'라는 사상의 자연스러운 표출이었다.[18]

이 사상의 모든 항목, 즉 물질의 선함과 역사의 진보와 개인의 존엄과 선택의 중요성과 감정의 가치는 비인격적인 우주관에서는 전혀 말이 되지 않는 것들이기에, 당연히 한 번도 나타난 적이 없다. 현대의 세속적 휴머니즘에 대한 니체의 위대한 비판은, 이 대목에서 제기되는 한 가지 역설을 공격하는데, 내용은 이러하다. 여기 소개된 (근본적으로 기독교적인) 도덕적 이상은 하나같이 비인격적인 우주에서는 합리적으로 도출될 수 없음에도 불구하고, 후기-현대 정신은 그것을 상속하고, 또 강화하고 절대화하고는, 모든 초월적인 기초로부터 그것을 완전히 이격시켜 놓았다. 말하자면, 기독교 사상의 열매로 도덕적 가치의 매트릭스를 창출해 놓고는, 이내 그 뿌리를 완전히 제거해 버린 것이다. 그래서 이제 이 모든 사상은 철저히 비인격적인 우주의 면전에서 견지되어야 한다. 심지어 고대 사회가 믿었던 것보다 더 비인격적인 우주의 면전이라고 할 수 있는데, 지금은 우주에 관해 그 어떤 초자연적인 측면도, 영적인 측면도 인정하지 않기 때문이다.[19]

이 다섯 가지 이슈에 관한 후기-현대의 관점이, 후기-현대의 기초적인 문화 내러티브, 즉 '비사유들'을 구성한다.

합리성 내러티브

헬라 철학자들은 물질세계(몸을 포함해서)를 종속적이고 별로 중요하지 않으며 비실재적인 것으로 봤지만, 기독교는 물질세계를 하나님의 선한 창조로서 비록 의존적이지만 그 자체의 객관적인 실체를 가진 것으로 보았다. 많은 사람이 인정하는 대로, 합리적이고 인격적인 존재에 의해 세계가 창조되었다는 이 기독교 세계관은 현대 과학 발전의 중요한 토대가 되었다.[20]

그런데 후기-현대 정신은 이러한 기독교 세계관을 차용하는 과정에서, 그것을 증폭시켜서 이른바 자연 세계만이 '유일한' 실재라고 말하는 지경까지 나가 버린다. 후기-현대 정신은 모든 일에는 물리적인 원인이 있어서 설명 가능하다고 믿는다. 심지어 사랑과 도덕적인 감정도 뇌의 화학적인 작용으로 보고, 그들에게는 물질적 번영이야말로 실재하는 유일한 번영이다. 이러한 입장은 오늘날의 강력한 소비 문화와 기술 문화의 기초가 되었다. 우리의 모든 문제는 충분한 시간과 돈과 노력이 투자되면, 기술적인 해법 앞에 다 사라질 것이라고 믿는다.

유토피아 내러티브가 우리 문화에서는 여전히 강력하다. 객관적이고, 공정한 인간 이성이 우리를 고통스럽게 하는 모든 문제를 해결할 수 있다고 믿는다. 심리학과 의약품이 우리의 감정 문제를 다스리고, 물리적인 문제를 극복하도록 도울 것이다. 여기에 소위 영적인 자산은 필요치 않다. 사회학은 정의로운 사회를 창출하도록 도울 것이다. 여기에 하나님이 주신 소위 신적인 덕목은 필요치 않다. 기술은 배고픔과 노화와 가난과 환경 재앙에 대한 해결책을 내놓을 것이다. 남녀노소 모두, 종교를 갖고 있을 때 못지않게 종교 없이도 충분히 (설령 더 나은 삶은 아니라 해도) 건강하고 올바르게 살 수 있다. 따라서 종교는 개인적인 차원에 머물러야 한다.

역사 내러티브

고대인은 역사가 순환적이고 무한하다고 봤지만, 그리스도인은 역사를 하나님의 통제 아래 있는 것으로 이해했다. 하나님이 역사를 운행하시는데, 목적을 가지고 빛과 어둠을 지나 위대하고도 철회하지 않는 절정을 향해 움직여 가신다고 이해했다.

그런데 후기-현대주의는 이러한 역사의 진보 개념을 수용하면서도, 이를 신적인 통제의 개념에서 완전히 떨어트려 놓았다. 역사를 각 단계마다 자율적인 진보를 이루는 것으로 이해한다. 따라서 오늘날 우리는 역사를 평가할 때 C. S. 루이스(Lewis)가 말하는 "연대기적 우월의식"(chronological snobbery), 즉 "오래된 것은 그 자체로 신빙성이 떨어진다는 전제"에 의해 판단한다.[21] 많은 정부 관료는 지나간 여러 조처나 관점을 "21세기에는 설 자리가 없는" 것으로 폐기 선언한다. 마치 역사의 각 장은 당연지사 그 이전 장보다 낫다는 듯이 말이다. 무엇이든 새로운 게 자동적으로 더 낫다는 식이다.

사회 내러티브

고대인들은 개인을 부족이나 씨족보다 덜 중요한 존재로 봤으며, 모든 종족과 계급과 지위에 있는 개인이 단지 인간이라는 이유로 도움과 존중을 받을 자격이 있다는 생각을 품지 못했다. 이에 비해 기독교는 각 사람은 하나님의 형상대로 창조되었기 때문에, 불가침의 존엄성을 가진다고 생각했다.

그런데 서구 세속주의는 이 생각을 훨씬 뛰어넘어, 점차적이고 급진적으로 개인주의화되었다. 이 내러티브 아래서는, 한 사회의 최고 목적은 어떤 그룹의 이해를 증진하거나 어떤 특정한 가치 혹은 미덕을 촉진하는 게 아니라, 모든 개인이 각자 선택한 대로 방해 받지 않고 자유롭게 살도록 보장하는 것이다. 다른 사람의 자유를 침해하지 않는 한, 그 어떤 공동체적 관계성에도 휘둘리지 않고 말이다. 선택 행위가 하나의 성스러운 가치가 되었고, 차별은 유일한 도덕적 악이 되었다.

도덕/정의 내러티브

고대인은 우리가 본질적으로 운명 지어진 존재라고 믿었다. 우주의 배후에 있는 질서는 누구도 거스를 수 없는 것이었다. 우리가 할 수 있는 것이라곤 냉정하고도 용감하게 그것에 순복하기를 배우거나, 아니면 계란으로 바위를 치는 수밖에 없었다. 외디푸스는 자기 아버지를 죽이고 어머니와 결혼할 운명이었다. 이 얄궂은 운명을 거스르기 위해 무진 애를 썼지만, 결국 그렇게 되고 말았다. 이와 대조적으로 기독교는 우주를 비인격적인 질서가 아니라 인격적인 하나님이 만드신 것으로 본다. 그분은 우리 인간을 책임 있는 도덕적 행위자로 창조하시고는, 우리가 어떻게 행동하는지에 지대한 관심을 쏟으신다.

후기-현대 세속주의는 여러모로 강력하게 도덕적이다. 그것은 사회정의와 보편적인 자애, 인간의 권리에 대해 그 어떤 문명보다 더욱 헌신되어 있다. 그러나 이 목표를 추구함에 있어 하나님의 도덕 규범을 따르지는 않는다. 대신 인간 스스로 규범을 결정한다. 인간의 도덕적 이상은 우주의 어떤 절대 원칙에 기초하지 않는다는 말이다. 대신 우리 자신의 선택에 의해 결정된다. 우디 알렌(Woody Allen)의 영화 〈브로드웨이를 쏴라〉에서 한 예술가 역을 맡은 롭 라이너(Rob Reiner)가 어느 장면에선가 이렇게 말한다. "죄책감이란 건 비겁한 부르주아들의 헛소리야. 예술가는 그 자신의 도덕적인 우주를 창조하는 법이지." 이것이 테일러가 말하는 소위 "도덕적 자가승인"(morally self-authorizing) 내러티브를 잘 요약한다.[22]

정체성 내러티브

고대 문화는 (그리고 오늘날에도 어떤 문화들은) 개인의 감정과 자기이익은 가족과 부족에 대한 의무를 위해 다소간 억압되어야 한다고 믿었다. 이러한 문화 안에서 우리의 자기가치는, 공동체의 안녕을 위해 우리 욕구를 절제했을 때, 공동체가 우리에게 부여하는 존경으로부터 나왔다. 그런데 기독교는 감정과 직관에 상당한 가치를 부여함으로써, 개인에 대한 가족과 사회의 절대적인 통제권을 인정하지 않았다. 우리의 느낌은 (억압의 대상이 아니라-옮긴이주) 진중한 성찰의 대상이며, 우리의 최고의 사랑과 충성은 하나님을 향해야 한다고 가르쳤다.

서구 세속주의는 이러한 고대의 접근법을 뒤집어 버렸다. 우리의 정체성은 우리 외부가 아니라(사회 안에서의 우리 의무나 역할 안에서가 아니라) 오직 우리 내부, 우리 욕망과 꿈 안에서 발견된다고 믿는다. 이러한 관점에서 우리의 자기가치는 우리가 욕망을 표현하고 성취하는 과정에서 우리 스스로에게 부여하는 존엄성에서 나온다. 공동체가 무어라 말하든 아랑곳하지 않고 말이다. 우리는 사회적인 기대와 상관없이 '우리 자신이 되어야' 한다. 우리 사회의 근간에 자리한 영웅 내러티브는, 스스로 떨쳐 일어나 사회의 반대를 무릅쓰고 진정한 자기를 찾아가는 개인의 이야기다.

이 다섯 가지 내러티브는 기실 자명한 진리로 받아들여진다. 주로 간명한 슬로건 형태로 표현되는데, 너무나 자명하기에 아무런 논증도 필요 없고 그저 외치기만 하면 된다. '종교적인 입장은 사적인 영역에 두라.' '다른 사람을 해치지 않는 한, 나는 내가 원하는 대로 행동할 자유가 있다.' '도대체 누가 감히 다른 사람에게 무엇이 옳고 무엇이 그른지를 말할 권리가 있단 말인가?' '다른 사람 말에 신경 쓰지 말고 너 자신이 되라.' '역사의 잘못된 쪽에 서지 않기를 바란다.'

우리 문화의 저변을 흐르는 이러한 근본적인 내러티브들을, 기독교 설교자와 교사들은 어떻게 다루어야 할까? 진실성과 겸손과 사랑의 원리는, 우리로 하여금 그 상당 부분을 진정 감사함으로 긍정할 것을 요구한다. 그것의 기원이 명실상부 기독교 안에 있기 때문이다. 그러나 동시에 우리는 그것들의 위험성과 결함을 보여 줘야 한다. 내용인즉, 그것들이 만물의 조성자에 대한 믿음의 부재 상태에서, 어떻게 많은 선한 것을 (부당하게-옮긴이주) 절대화하고 본질적으로 신격화했는지를 보여야 한다. 우리는 이들 내러티브가 실패하는 지점에서 복음의 유익을 제시해야 한다.

'주권적 자아'에 대한 기독교적 답변

많은 이가 주장하기를, 후기-현대 내러티브의 가장 근본적인 토대는 정체성 내러티브라고 말한다. 내용인즉, 우리는 우리의 가장 깊은 욕망과 열망을 발견하고, 이런저런 제한과 반대에도 불구하고 그것을 실현하기 위해 최선을 다해야 한다는 것이다. 사회학자 로버트 벨라(Robert Bellah)는 이 내러티브를 일컬어 "표현하는 개인주의"(expressive individualism)라고 불렀는데,[23] 나는 "주권적 자아"(sovereign self)라고 부르고 싶다.

우리는 먼저, 현대 사회에서 개인을 강조한 것이 몰고 온 위대한 선(the great good)을 인정해야 한다. 과거에는 무수한 사람이 경직된 위계질서 안에서 자기에게 주어진 사회적 지위에 갇혀 있었다. 많은 이가 사회적 사다리의 저 낮은 계단에 영원히 머물러야 했는데, 다른 이유 없이 단지 그게 그들의 의무요, 그들의 자리로 보였기 때문이다.[24] 내 할아버지는 1880년 이탈리아에서 태어나셨다. 어려서부터 듣는 소리가, 할아버지가 택할 수 있는 길은 사제가 되거나, 군대에 들어가

거나, 혹은 가업을 잇는 것뿐이라는 소리였다. 그런데 할아버지는 그 중 어떤 길에도 자신의 삶을 바치고 싶지 않으셨다고 한다. 결국 할아버지는 미국으로 이민을 오셨고, 엘리스 섬(Ellis Island; 뉴욕 가까이 있던 섬으로 이민자들이 수속을 밟던 곳—옮긴이주)을 거쳐서 보다 개인주의적인 사회로 들어오셨다. 미국에서 할아버지는 자신의 개인적인 염원에 맞는 삶을 영위할 수 있었다.

기독교는 항상 마음의 중요성, 특히 사랑의 중요성을 강조해 왔다. 어거스틴의 《고백록》(Confessions)은 인간 사상사에 일어난 일대 혁명을 대변한다. 그것은 내면의 동기와 욕망에 대한 철저한 성찰이었다. 고대의 고전적인 사상가들과 달리, 그리스도인들은 감정을 무시하거나 단순히 억압할 게 아니라, 오히려 성찰하고 하나님께로 되돌려드려야 할 것으로 간주했다. 감정과 자아에 대한 현대적 이해들은 상당 부분 이러한 기독교적 뿌리에서 자라났다.[25]

그런데 새로운 후기-현대 내러티브는 우리 자신의 열정에 대한 이해와 제어를 넘어 그것을 옥좌에 앉히는 데까지 나아간다. 디즈니 영화 〈겨울왕국〉의 "렛잇고"(Let It Go) 노랫말에서 그 본질이 포착된다. 이제는 가족과 사회가 원하는 '착한 소녀'로 살지 않기로 결단한 주인공이 바로 이 노래를 부른다. 지금까지 속으로 억누르던 것을 '떨쳐 버리고' 이제는 표현할 것이다.[26] 그녀에겐 "옳은 것도 그른 것도, 규범도 없다."

이것이 벨라가 말하는 소위 표현하는 개인주의의 좋은 예다. 정체성은, 전통 사회에서처럼 우리의 개인적인 욕망을 가족과 사람들을 위한 선으로 승화시킬 때 실현되는 무언가가 아니다. 오히려 사회를 거슬러 우리의 개인적인 욕망을 주장할 때, 그때 비로소 우리는 우리 자신이 된다. 다른 사람이 무어라 말하든 아랑곳하지 않고 우리의 느낌을 표현하고 우리 꿈을 성취함으로써 말이다.

그런데 삶의 철학으로서 주권적 자아는 여러 심각한 문제를 안고 있다. 우선, 그것은 우리가 무얼 원하는지를 우리가 알고 있다고 섣불리 전제한다. 다시 말해 우리 내면의 욕구가 일관성 있고 조화롭다고 전제한다. 그 전제 위에 현대 정신은 우리의 가장 깊은 욕망을 찾아내어 성취하라고 속삭이지만, 정작 우리 욕망들은 때로 서로 충돌을 일으킨다. 화려한 활동에 대한 욕망이 때로 특정한 관계성에 대한 욕망과 충돌한다. 또한 우리의 느낌은 지속적으로 변화한다. 느낌에 기초한 정체성은 불안정하고 일관되지 않다.[27]

더 심각한 문제는, 외부의 목소리에 귀를 기울이지 않은 채 오직 우리 자신을 표현한다는 토대 위에 선 정체성은 사실상 하나의 환상이라는 점이다. 주권적 자아에 대한 대중적인 주창자로는, 1976년에 *Passages*(단락들)를 출판한 게일 쉬이(Gail Sheehy)를 꼽을 수 있다. 그녀는 우리가 오직 우리 내면을 들여다보고, 그 어떤 "외부적인 가치평가와 승인"에도 휘둘리지 않고 우리 자신을 표현할 수 있을 때 비로소 우리 자신이 될 수 있다고 주장한다.[28] 그런데 이것은 사실상 불가능하다.

AD 800년 영국의 앵글로색슨족 전사를 상상해 보라. 그의 내면에는 두 가지 강력한 충동과 느낌이 있다. 하나는 공격성이다. 그를 무시하는 사람을 만나면, 그는 주먹을 날리고 심지어 죽이고 싶어 한다. 수치와 명예(shame-and-honor)의 문화 안에서 전사의 윤리를 품고 사는 사람이기에, 당연히 그런 느낌을 가질 것이다. 그러면서 스스로에게 말한다. '이게 바로 나란 사람이야! 난 그걸 표현할 거야.' 한편 그의 마음에 일어나는 또 다른 느낌이 있는데, 동성애적 끌림이다. 그것을 향해서는 이렇게 말할 것이다. '이건 내가 아니야. 이런 충동이 일어나면 난 제어하고 억누를 거야.'

이제 현재로 돌아와서 오늘날 맨해튼을 거닐고 있는 젊은이를 생각해 보라. 그 역시 동일한 두 개의 내적인 충동을 느낀다. 둘의 강도도 동일하고, 둘 다 제어하기가 어렵다. 이 사람 경우는 어떻게 반응할까? 공격성에 대해서는 이렇게 생각할 것이다. '난 그런 사람이 되고 싶지 않아.' 그러고는 분노 조절 프로그램 등의 치료로 벗어나려고 할 것이다. 한편 성적인 욕망에 대해서는, '이게 바로 나야' 하고 결론지을 것이다.

이 상상 실험이 우리에게 보여 주는 게 뭘까? 우선 우리가 정체성을 얻을 때 단지 안으로부터 얻는 게 아니라는 사실이다. 해석의 여지가 있는 도덕의 틀 위에 우리의 다양한 충동과 감정을 놓은 다음 체로 거르듯 걸러 내는 격이다. 이 틀이 우리로 하여금 어떤 감정이 '나'이기에 그것을 표현해야 하는지, 어떤 것은 내가 아니기에 표현해서는 안 되는지를 결정하도록 돕는다. 이렇게 해석적인 신념의 틀이 우리의 정체성을 빚어 나간다. 우리의 타고난 감정, 혹은 있는 그대로의 감정 표현이 결정하는 게 아니라는 말이다. 내적인 저항이 있지만, 우리 내면이 우리를 인도하기엔 불충분하다는 것을 우리는 본능적으로 안다. 우리에겐 내면에서 충돌을 일으키는 갖가지 충동들을 가지런하게 정리하도록 도와줄, 외부로부터 오는 기준이나 규범이 필요하다.

앵글로색슨족 전사와 현대 맨해튼을 거닐던 젊은이는 각각 어디에서 그들의 틀을 얻었을까? 다름 아닌 그들의 문화, 공동체, 영웅들의 이야기에서다. 그들은 단순히 '그들 자신이 되기로 선택'하는 게 아니다. 그들은 그들의 느낌을 걸러서, 어떤 것은 버리고 어떤 것은 취한다. 그들은 그들의 문화가 그래야 한다고 가르치는 대로 자기 모습을 갖추어 가기로 선택한다. 결국 독립적으로 오직 우리 자신의 내면적인 느낌에 기초한 정체성을 가지는 건 사실상 불가능하다.

현실을 말하건대, 우리는 우리 정체성을 초과하는 존엄을 우리 자신에게 부여할 수 없다. 사실상 이 둘은 함께 간다. "인정에 대한 요구"(The Need for Recognition)라는 챕터에서 찰스 테일러는 게일 쉬이의 책과 그녀의 조언을 인용하는데, 내용인즉 우리는 다른 사람의 생각을 신경 쓰지 말고, 의미의 척도를 우리 자신에게 위임해야 한다는 것이다.[29] 그러나 테일러는 이건 불가능하다고 주장한다.[30] 자기인정으로는 의미를 확보할 수 없다는 것이다. 인정은 필연적으로 상당 부분 타인으로부터 나온다. 우리는 우리 자신에게 어떤 이름을 부여하거나, 스스로 자신을 축복할 수 없다. 스스로에게 '내가 아는 모든 사람이 날 괴물이라고 생각해도 난 상관없어. 난 나 자신을 사랑하고, 오직 이게 중요한 거야' 하고 말할 순 없다는 말이다. 건강한 정신의 소유자라면, 이런 식으로 자기가치를 확인할 수는 없다.

외부로부터 누군가 우리가 정말 귀한 사람이라고 말해 줄 필요가 있다. 그리고 그렇게 말해 주는 사람이 귀한 사람일수록, 그 인정은 우리의 정체성 형성에 더 큰 영향력을 행사한다. 그런데 만일 우리가 자화자찬식으로 스스로의 가치를 확인하고 인정받고자 한다면, 우리는 끝없는 착각의 소용돌이에 갇혀서 급기야 나르시시즘 내지는 자기혐오에 빠지고 말 것이다.

외부의 긍정과 인정에 대한 강력한 필요성은 후기-현대의 자아에 엄청난 압력을 가한다. 근자에 인간의 이러한 본성을 부정하는 목소리가 있다 해도 상황은 변함이 없다. 전통적인 사회에서는, 좋은 아들, 좋은 딸, 좋은 남편, 좋은 아내, 좋은 아버지, 좋은 어머니가 되는 것으로, 우리는 사회가 요구하는 모든 걸 수행하는 셈이었다. 그 일이 조금은 갑갑하고 아득해 보였지만, 인정의 문턱이 불가능할 정도로 높지는 않았다.

그런데 현대적인 정체성 개념은 우리에게 허허벌판에서 스스로 자아를 창조하라고 등 떠민다. 우리 스스로 꿈, 그것도 아주 생생한 꿈을 규정하고, 그것을 성취하라고 말이다. 그게 안 되면 실패자라고 느낄 것이다. 이러한 전망은 우리 사회 구석구석에 흩어져 있는 사람들의 마음을 더욱 쪼그라들게 만든다. 돈과 외모, 권력과 성공, 교양과 로맨틱한 사랑과 같은 것들이 단지 좋은 게 아니라 정체성 형성을 위한 필수 요소로 간주되기 때문이다.[31]

바로 이 대목에서 기독교의 가르침은 상당한 해방으로 인식될 수 있다. 성경적 개념에서 보면, 우리는 사회적으로 상호의존적이면서도 가치 있는 존재들이다. 우리는 삼위 하나님의 형상, 즉 '이마고 데이'(*Imago Dei*)로 지음받았기 때문이다. 이는 우리의 가치가 '내재적'(inherent; 인간이라는 사실 자체에서 나온다)인 동시에 '의존적'(contingent; 우리가 하나님께 의존적임을 상기시킨다)이라는 뜻이다. 우리의 정체성은 얻어내는 게 아니라 주어지는 것이다.

나아가 이러한 복음의 정체성은, 그리스도의 사역으로 세례를 받아 더욱 위대한 모습으로 변모한다. 우리의 정체성은 우리의 사회적인 역할 수행으로 획득되는 것도 아니고, 종교적이나 도덕적인 기준의 완수나, 혹은 우리의 성공과 지위 획득을 통해 얻는 것도 아니다. 그것은 하나의 궁극적인 인정으로서, 예수 그리스도 안에서 우리를 향한 하나님의 승인에서 온다. 그것은 "그분 안에서 발견되니, 내가 이룬 업적은 내 행함과 노력에서 난 것이 아니요 오직 그리스도를 믿음으로 말미암은 것이다. 곧 믿음에 기초해 하나님께로부터 난 의다"(빌 3:9, 나의 풀이).

성경에는 정체성에 대한 기독교적 접근을 설교할 수 있는 본문과 주제들이 많이 있다.

가장 기본적인 방법은 그리스도의 구원이 주는 세 가지 핵심적인 유익의 함의들을 끄집어내는 것이다. 그 세 가지는, 법적으로 의롭다고 선포하는 칭의, 하나님의 가족으로의 입양, 그리스도와의 연합, 즉 '그분 안에' 거함이다. 이 위대한 신학적 주제들은 각각 우리가 획득한 게 아니라 거저 받은 우리 정체성에 대해 묵직한 함의를 지닌다. 각각은 우리의 정체성에 관한 후기-현대의 염원을, 한편으로는 도전하면서도 한편으로는 완성한다.

예를 들어, 그리스도인은 아주 낮은 자존감으로 내려감으로써 진정 높은 자존감으로 올라간다. 오직 우리가 회개하고, 이전에 상상했던 것보다 우리가 훨씬 더 악한 존재라는 걸 인정할 때만, 우리는 칭의와 입양(혹은 양자-옮긴이주)과 그리스도와의 연합에 이를 수 있다. 또한 이를 통해 우리가 기대한 것 이상으로 더 사랑받고 더 받아들여지는 존재가 된다. 기독교적인 정체성은 우리 안에 심오한 겸손을 창출하면서도, 동시에 우리에게 무한 사랑과 고귀한 존재감을 부여한다. 이렇게 기독교적인 정체성은 정체성에 관한 현대적인 욕구를 비판하면서 동시에 완성한다.

이외에도 이 내러티브와 연관된 또 다른 성경 주제들이 있다. 하나님은 우리에게 그분의 가족이라는 이름을 주신다(사 43:7; 대하 7:14; 마 28:19 참조). 정체성의 문제는 '나는 누구인가?'가 아니라 '나는 누구의 것인가?'다. 정체성은 항상 우리 외부의 누군가의 인정과 승인에서 나오기 때문에, 그 원천이 되는 누군가 혹은 무언가가 우리 마음의 소유권을 가진다. 우리는 그들이나 그것들에게 소속된다. 우리는 무언가를 성취할 때만 그들의 승인을 받을 것이고, 우리의 자기가치 인식은 우리가 어떻게 행하는지에 따라 격하게 요동칠 것이다. 그렇게 우리는 노예가 된다.

우리가 노예 신분에서 풀려나게 되는 건, 오직 하나님이 우리 이름을 부르셔서 우리가 그분을 섬길 때다. 그분은 우리의 성취가 아니라 예수님의 성취에 기초해 우리에게 사랑을 베푸신다. 그분이 우리 이름을 부를 때, 그렇게 우리가 그분의 것이 될 때, 마침내 우리는 그분의 자녀라는 정체성 안에서 안식을 누릴 수 있다.

현대인들의 관심사인 고유한 정체성은, 성경에서도 언급된다. 성경은 하나님이 우리에게 우리 자신만의 개인적인 이름을 주셨다고 가르친다(사 62:2; 계 2:17 참조). 이는 우리의 고유한 삶 속에서 확인되는데, 그분은 우리를 그분을 위한 삶으로 부르시되 각각 구별된 일로 부르셨다(엡 2:10 참조). 우리만 할 수 있는 어떤 행동이 있고, 우리만 붙잡아 줄 수 있는 손이 있고, 우리만 치유할 수 있는 상처가 있다. 그분이 우리를 고유한 인격으로 빚어 가시기 때문이다. 더욱이, 옛 사람을 벗어버리고 새사람을 입음에 관한 모든 성경의 가르침이 현대인들의 마음에도 공명하는 걸 볼 수 있는데, 다른 문화에서는 통용되지 않을 수도 있는 방식으로 공명한다(엡 4:22-24 참조).

우리 시대의 지극히 단순화된 문화 내러티브는, 우리의 가장 깊은 욕망을 말 그대로 표현해야 한다고 속삭인다. 실로 우리는 우리 마음 깊숙이 무언가가 걸림돌처럼 자리하고 있어서, 진정 우리가 되어야 할 참된 자아가 되는 것을 가로막고 있다고 생각한다. 성화의 과정, 그리스도를 닮아 가는 성장의 과정은 하나님이 우리를 창조하신 의도대로 우리의 참된 자아를 이루어 가는 과정이기도 하다.

'절대적인 부정적 자유'에 대한 기독교적 답변

후기-현대 문화가 견지하는 사회 내러티브 안에 성경적으로 우리가 긍정할 수 있는 게 있을까? 상당히 많다. 테일러가 주장하듯이, 우리가 교회 멤버십이나 사회 계급, 카스트 안에서의 의무 수행을 통해 우주적인 질서를 표방함으로써가 아니라 오직 믿음으로 구원받는다는 프로테스탄트 근본 교리는, 각 사람이 의식적이며 의도적으로 믿기로 선택해야 함을 의미했다. 이렇듯 서구에서 개인의 자유와 개인적 선택의 중요성(문화적으로나 부족적으로 정의된 헌신에 반대되는)이 자라난데는 프로테스탄트 신학의 기여가 크다.[32]

그런데 후기-현대 사회는 이 내러티브를 더욱 강화함으로써, 한때 혁명적으로 받아들여졌던 성경의 자유 개념마저 넘어서 버린다. 한계 없는 선택의 자유는 이제 거의 성스러운 것이 되었다. (철학자들은 이것을 속박으로부터의 자유라는 의미에서 "부정적 자유"라고 부르는데, 이는 "긍정적 자유", 즉 어떤 선한 목적을 추구하기 위한 자유와 대조된다.) 절대적으로 부정적인 자유가 도덕적 선의 중심이 되어, "관용될 수 없는 〔유일한〕 죄는 무관용"이라는 원리가 통용되기에 이르렀다.[33] 그런데 이것은 철학적이며 실천적으로 많은 문제를 야기한다.

우선, 이 내러티브는 개인의 선택을 성역화함으로써 공동체를 잠식하고 사회를 파편화한다. 테일러가 인용한 "살만한 사회를 얻기 위해서는 어떤 선택들은 불가피하게 제한되어야 하고, 어떤 권위들은 존중 받아야 하고, 어떤 개인적인 책임이 전제되어야 한다"라는 문구를 기억하라.[34] 사회학자들은 젊은층 사이에 갈수록 퍼져 나가는 시민의 정치적인 이탈을 보도해 왔다.[35] 사람들이 후기-현대의 주권적 자아에 더 몰두할수록, 젊은이들이 절대적인 부정적 자유에 더 헌신할수록, 각 개인이 보다 큰 정치적 통일체의 일원으로서 거기에 충성해야 한다는 생각은 희석된다.

이 자유 내러티브의 또 다른 문제는 소위 말하는 '위해의 원리'(harm principle)의 실행불가성이다. 이 원리에 관해 테일러는 '누구도 나의 선을 위해 내게 간섭할 권리는 없으며, 오직 다른 사람에게 해를 끼치지 못하도록 금지할 권리만 있다'라고 정리한다.[36] 위해의 원리는 선택의 자유를 급기야 자가수정의 절대 원리(self-correcting absolute)로 만드는 듯하다. 이 관점에서는, 사회는 어떤 도덕적인 원리도 내놓을 필요가 없다. 말하자면 가치중립적일 수 있다. 모든 사람은, 다른 누군가의 자유를 침해하지 않는 한, 각자가 원하는 대로 자유롭게 살 수 있다. 그런데 이 이론에 아킬레스건이 있으니, 우리가 무엇이 '해로운'

것인지를 안다는 전제, 혹은 옳고 그름에 대한 깊은 성찰 없이 그런 것들이 규정될 수 있다는 전제가 그것이다.

어떤 사람은, 어떤 남성이 자기 집에서 개인적으로 포르노 동영상을 보는 것은 누구에게도 해를 끼치지 않는다고 말한다. 그런데 또 어떤 사람은 이를 반대하여, 포르노는 다른 사람을 향한 그의 말과 행동에 영향을 미칠 것이고, 특히 여성들을 향해 그럴 것이라고 주장한다. 이렇듯 위해에 대한 사뭇 다른 결론의 이면에는, 개인이 공동체와 관계를 맺어 가는 방식에 대한 옳고 그름의 판단 차이가 놓여 있다. 다른 말로, 무엇이 타인에게 해를 끼치는지에 대한 판단은 인간 본성과 행복, 옳고 그름 등에 대한 특정한 관점에 뿌리를 두고 있다. 그리고 이 모든 것은 신념의 차원이다. 따라서 사람들에게 해를 끼치는 자유는 제한되어야 한다고 우리 모두가 동의한다고 해도, 무엇이 해로운 것인지에 대한 동의가 이루어지지 않았다면, 그 원리는 사실상 무용지물이다.

자유 내러티브는 또한 삶의 의미 추구를 약화시킨다. 하버드대학의 과학자 스티븐 제이 굴드(Stephen Jay Gould)에게 한번은 이런 질문이 던져졌다. '삶의 의미는 무엇인가?' 그는 대답하기를 "우리가 지금 이 자리에 있는 것은, 저 옛날 이상한 물고기들이 몸에 달고 있던 특이한 지느러미가 변모해 다리가 되는 바람에 육지 생활이 가능해졌기 때문이다. …… '보다 고차원적인' 대답을 기대할 수 있겠지만, 그런 대답은 존재하지 않는다. 이러한 설명이, 비록 피상적으로 문제가 많아 보이지만, 궁극적으로는 우리를 해방시킨다. …… 이 질문에 대한 대답은 우리 스스로 구축해야 한다."[37]

만일 신이 없다면, 우리가 여기에 던져진 아무런 목적이 없다면, 삶의 의미의 '발견'이란 있을 수 없다. 우리가 존재하는 목적 따위는 없다. 그것을 위해 우리가 지음을 받았고, 우리가 그것에 충성해야 할 그런 목적은 애초에 존재하지 않는다는 말이다. 굴드는, 이 목적의 부재는 우리에게 무엇이 의미 있는 일인지를 결정할 자유를 부여한다고 말한다. 집을 짓거나 그림을 그리거나 혹은 가정을 부양하는 게 우리에게 목적을 준다고 생각할 수 있다. 우리 스스로 선택한 의미들이다.

그러나 철학자 토머스 네이글은, 그런 식으로 창조된 의미들은 발견된 의미들보다 원리적으로 덜 '합리적'(rational)이라고 말한다. 만일 무언가를 해내는 것도 우리고, 그 일이 중요하다고 느끼는 것도 우리라면, 네이글은 주장하기를, 그때의 의미는 오직 우리한테만 해당한다고 할 수 있다. 만일 하나님이 계시지 않는다면, 우리가 "지금부터 수천 년간 읽히게 될 위대한 문학"을 쓴다고 해도 "결국 태양계는 차갑게 식거나 우주는 훅 하고 허물어져 날아가 버릴 것이고, 우리의 모든 노력은 흔적마저 사라질 것이다. …… 우주 전체의 차원에서 생각한다면 …… 애초에 우리가 존재하지 않았다 하더라도 별 상관이 없을 것이다."[38]

다른 말로 만일 하나님도 안 계시고, 이 물질세계 너머에 아무도 존재하지 않는다면, 그땐 우리가 선하게 살았든 잔인한 살인자로 살았든 궁극적인 차이는 전혀 없을 것이다. 아무도 그 무엇도 기억해 줄 존재는 없을 것이다. 이는 우리 삶이 의미 있으려면, 우리 스스로 우리 우주관의 함의들을 '의도적으로 무시해야' 한다는 뜻이다. 이건 결코 합리적인 삶의 방식이 아니다. 그런데 신앙인들의 경우는 그들의 우주관의 함의를 '더 많이' 생각할수록 더 큰 삶의 의미를 확보할 수 있다. 그들의 입장에서 옳은 행동은 문자 그대로 영원한 의미를 지닌다.

이와 관련해 또 한 사람의 무신론자 뤽 페리(Luc Ferry)는, 이렇게 창조된 의미들은 덜 합리적일 뿐만 아니라 더 이기적이라고 주장한다. 예를 들어, 우리는 가난한 사람의 의료적인 필요를 위해 우리 생명을 내어 줄 수도 있다. 세속적인 틀에서는 이런 행동이 의미를 가지는 이유가 무엇일까? 자유 내러티브의 토대 위에서 내놓을 수 있는 대답은, 우리가 그렇게 하는 건 그렇게 해야 할 의무가 있기 때문이 아니라, 단지 이 행동이 우리에게 의미가 있다고 스스로 선택했기 때문이다. 페리는, 이것은 사실상 우리가 아픈 사람들을 돕는 것은 '우리를' 위함이지, 결코 그들을 위함이 아니라는 의미라고 주장한다. 우리가 그렇게 행하는 것은, 그것이 우리를 가치 있고 의미 있는 존재로 느끼게 만들기 때문이다.[39] 보다시피 스스로 창조한 의미들은 끔찍할 만큼 오직 자신만을 위해 살아가는 삶으로 이끈다.

이 내러티브가 궁극적으로 작동할 수 없는 마지막 이유는, 자유에 대한 현대 사상 자체가 환상이기 때문이다. 현대의 자유 개념은 그 어떤 속박도 허용하지 않는, 절대적인 부정적 자유라는 사실을 기억하라. 내 욕망과 선택, 행동에 대한 한계나 울타리를 낮게 가져갈수록, 나는 더 자유하게 보일 것이다. 그러나 이것은 자유에 내포된 복잡한 차원과 구체적이고도 공동체적인 삶의 현실을 제대로 반영하지 못하고 있다.

예를 들어, 60대 남성에게 매일 기름진 음식을 먹고 싶은 충동이 일어날 수 있다. 그런데 그 욕구를 향해 그가 자유를 실천한다면, 그의 여생은 어떤 식으로든 쇠약해지고 말 것이다. 건강과 장수라는 더 큰 자유를 위해 좋아하는 음식 먹기라는 작은 자유를 내려놓기로 선택하는 게 바람직하다. 위대한 음악가가 되는 자유, 즉 자신의 음악으로 사람들에게 감동을 주고 그것으로 가족을 부양할 수 있는 능력을 원하는 사람이 있다면, 스스로 다른 일을 할 자유를 포기하고 수년 동안 하루 여덟 시간씩 연습에 매진해야 한다. 자유는 단순히 제한의 부재가 아니며, 오히려 올바른 제한, 나를 해방시키는 제한들을 찾아내는 것으로 구성된다. 다시 말해, 우리는 전략적인 자유를 쟁취하기 위해, 전술적인 자유의 상실을 능동적으로 수용해야 한다. 성장은 오직 더 높고 큰 자유를 얻기 위해 더 낮고 작은 자유를 상실할 때 이루어진다. 따라서 절대적인 부정적 자유란 애초에 존재하지 않는다.

자유 내러티브가 작동하지 않는다는 궁극적인 증거는, 바로 사랑이다. 상대방을 섬기기 위해 자신의 자유를 희생하지 않는다면, 그 어떤 사랑의 관계도 자라날 수 없다. 이 제한들이 상호적으로 받아들여질 때, 다름 아닌 그 제한이 우리를 사랑이 빚어내는 마음과 정신의 다양한 해방으로 인도할 것이다. 대다수 사람들은 참된 사랑을 받고 전할 때, 가장 자기답다고 느낀다고 말한다. 그런데 이를 위해서는 자기 결정의 자유를 어느 정도 포기하는 게 요구된다.

지금까지 살펴본 대로, 후기-현대의 자유 내러티브는 인간 공동체 일반의 기초를 무너뜨린다. 특히 결혼을 부식시킨다. 자유 내러티브와 정체성 내러티브의 제어를 동시에 받는 후기-현대인이 원하는 배우자는, '나를 있는 그대로 받아 줄' 배우자다. 즉 내가 변하기를 요구하지도 않고 나 자신의 근본적인 욕구와 유익, 꿈 등 그 무엇도 희생하기를 요구하지 않는 배우자다. 그런데 이런 결혼은 사실상 허구다. 그런 건 존재하지 않는다.[40]

이것이 설교에서 자유 내러티브를 다룰 수 있는 좋은 접근이 된다. 인간적인 차원에서 봐도, 자유와 선택에 대한 후기-현대의 자기 몰두 아래서는 사랑이 제대로 자라지도, 심지어 생존하지도 못한다는 사실을 보여 줄 수 있다. 고린도전서 13장과 골로새서 3장 등의 본문에서 사랑의 관계성을 설교할 때 이러한 가르침이 도출될 것이다. 인간적인 차원에서도 그러하다면, 하나님과의 관계성에서는 더욱 그러하다. 결혼에 대해 우리는 '새로운 자유를 얻기 위해 우리의 자유를 버리는 것'이라고 말한다. 마찬가지로 우리 자신을 우리의 진정한 사랑인 하나님께 드린다면, 우리는 생각 이상으로 더욱 자유롭게 될 것이라고 말할 수 있다. 두려움과 불안정과 수치로부터 우리는 자유하게 될 것이다. 자유롭게 다른 사람을 용서하고 사랑하고, 이전에 할 수 없었던 방식으로 자유롭게 고난을 마주할 수 있을 것이다.

또한 '하나님나라'라는 주제 자체가 자유에 대한 후기-현대의 욕구를 직접 도전하면서도 동시에 충족시킬 수 있는데, 제대로 충분히 설교될 때 그러하다. 일상 속에서 우리는 엄격한 규율이, 다른 소중한 자유의 쟁취로 인도한다는 사실을 자주 목격한다. 예를 들어, 운동과 다이어트와 같은 자유의 '상실'이 그러하다. 또한 직장인들이 탁월한 CEO의 리더십에 순종할 때, 혹은 팀원이 탁월한 코치의 리더십에 순종할 때, 모든 팀원이 자신의 능력을 발견하고 함께 발전한다. 정당한 규칙과 뛰어난 리더에 대한 순종은, 우리에게 온갖 풍성한 자유를 가져온다. 이 진실을 직시한다면, 우리 영혼의 진정한 왕을 향해 우리가 얼마나 더 자유롭게 순종할 수 있겠는가? 성경은, 하나님이 이 땅을 심판하기 위해 다시 오실 때, 창조된 질서도 썩음으로부터 해방된다고 가르친다(시 96:11-13; 롬 8:20-23 참조).

이 모든 것이 합하여, 그분을 아는 것이 우리를 '자유하게' 한다는 예수님의 유명한 선포를 지지한다(요 8:31-36 참조). 의미를 풀면 이렇다. "최고의 속박은 …… 우리를 지으신 하나님에 대한 반역이다. 독재자는 가이사가 아니라 수치스러운 자기중심성, 창조주에 대한 예배를 버리고 피조물을 향해 경배하는 악하고 노예적인 헌신이다."[41] 같은 주제를 다루는 본문으로는 죄로부터의 자유를 다루는 로마서 6-8장, 갈라디아서 4-5장 등이 있다. 자유가 어떻게 율법에 대한 순종으로부터 나오는지를 다룬 야고보서 1-2장에서도 동일한 가르침을 발견한다. 율법에 대한 순종이 우리를 자유하게 한다는 구약의 주장을 소개할 수도 있다. 율법에 순종하기로 우리가 자유롭게 선택할 때(시 119:32 참조), 그것이 우리를 자유하게 한다(시 119:45 참조).[42]

'자가승인적 도덕'에 대한 기독교적 답변

세속적인 사람들을 향해 "상대주의자"라고 부르면 발끈하는데, 지나친 감정 반응이 오히려 그게 사실임을 드러낸다. 과거와 비교하면, 우리는 "지금 엄청나게 도덕적인 문화에 살고" 있다. "기근과 홍수, 지진과 전염병과 전쟁이 일으키는 고통과 죽음이 …… 광범위한 동정과 실천적인 연대성을 불러일으키는" 문화다.[43] 그것도 과거 혹은 세계 다른 지역에서는 익히 알려지지 않은 방법으로 말이다. 과거와 오늘날 세계 많은 지역에서는, 인간 생명이 때로 값싼 것으로 여겨지고, 개인은 하찮은 존재였다. 그런데 감사하게도, 서구 세속 사회는 그와는 사뭇 다른 분위기다. 그리스도인은 이런 상황에 감사해야 한다.

여기서 후기-현대인에게 던져지는 질문이 하나 있다. '우리가 왜 세계를 개혁하고 모든 사람의 권리를 존중해야 하는가?' 현대 세계관은 도덕적 기초를 우리 바깥에서 찾지 않는다. 예를 들어 하나님의 의지나 숙명론, 또는 도덕적 이상과 같은 보편적 영역에서 찾지 않는다. 바로 이 지점에서 후기-현대 정신은 역사상 모든 종교나 다른 문화와 구별된다. 이전 세계관과 구별하기 위해, 세속적인 사람들은 흔히 '도덕'보다는 '정의'에 헌신되어 있다고 말한다. 우리 스스로 "의미의 입법자"[44]가 됨으로써, 정의와 도덕에 관한 세속적 이상이 자가승인적(self-authorizing)이 된다는 말이다.[45] 그런데 바로 이것이 후기-현대성의 토대를 이루는 내러티브 가운데 가장 골치 아픈 대목이다. 후기-현대주의는 그 이상들을 떠받칠 도덕적인 자산이나 토대를 갖고 있지 않다. 이것은 세 가지 차원에서 심각한 난제로 인도한다.

첫째는 도덕적인 '동기' 문제다. 우리가 '왜' 가난한 자를 염려하고 정의를 행해야 하는가? 그리스도인들이 가난과 불평등, 고통을 경감시키려는 동기는 '아가페', 즉 우리가 하나님으로부터 받아서 다른 이들에게 나누는 급진적 사랑이다. 기독교적 자애의 도덕적인 토대가 바로 거기에 있다. 그런데 세속적인 자애의 동기는 무엇일까?

뤽 페리는 말하기를, 한 가지 일반적인 동기는 "인색한 사회와 비교할 때 피어오르는 우리 안의 만족과 우월감"이다.[46] 다른 말로, 우리는 우리 자신의 도덕적인 자부심의 근거를, 우리가 추구하는 가치를 결정함에 있어 다른 사람들에 비해 더 자유하다는 사실에서 찾는다. 그런데 이것은 지극히 이기적이고 취약한 동기일 뿐만 아니라, 또한 우리의 박애를 "쉬 변하는 미디어의 관심과 기분 좋게 해 주는 다양한 광고 모드에 취약한" 것으로 만든다.[47] 이렇게 되면 우리가 누군가에게 선을 행하는 건 우리 자신의 가치와 우월감을 돋우기 위함이기 때문에, 사람에 대한 섬김과 봉사에 대해 실망할 때면 우리의 자애는 쉽

게 경멸로 변한다.[48]

이와 대조적으로, 기독교적 '아가페'의 경우는 자애를 촉진하는 동력이 우리를 낮춤에 있다. 우리는 사랑받는 죄인이며, 우리가 다른 사람을 위해 우리를 내어 주는 건 우월감이 아니라 오히려 우리 자신의 부족함에 대한 인식에 기초한다.

자애를 일으키는 또 하나의 세속적 동기는, 온정주의적인 자선이 아니라 불의에 대한 단순 분노다. "우리는 불의에 저항하여 싸운다. …… 응징을 부르는 불의 말이다. 우리는 인종차별, 억압, 성차별 등에 저항하는 불타는 분노에 의해 움직인다."[49] 이렇게 되면 다른 사람을 돕기 위해선 어떤 사람을 악마화할 필요가 있다. 니체의 전통에 서 있는 철학자라면 필시 이런 동기부여의 엔진에 대해 신나게 환호할 것이다. 니체는 현대 사회에서 자애와 사회정의를 위한 행동은 대체로 다른 사람을 향한 미움과 멸시에 힘입었다고 주장했다.[50]

두 번째 문제는 도덕적 '의무'의 문제다. 이 문화 내러티브를 표현하는 슬로건은 다음과 같다. '공공의 선을 위한 일을 비롯해서, 모든 도덕적인 삶을 위해 반드시 하나님이 필요하지는 않다.' 이러한 주장을 담은 최근 출판된 책을 두 권 소개하면, *God Without God: What a Billion Nonreligious People Do Believe*(하나님 없는 하나님: 10억 무종교인들이 믿는 것), *Atheist Mind, Humanist Heart*(무신론자의 정신, 휴머니스트의 마음)이다.[51] 이 책들은, 무신론자들과 세속적인 사람들도 고도로 도덕적일 수 있고, 또 실제로 그러하다고 강력하게 주장한다. 자기 나름의 진실성을 품고, 희생적으로 다른 사람들을 도우며, 사랑과 정의를 실천하는 사람들이 있다는 말이다.

세속적인 사람들이 하나님 없이도 도덕적 행동이 가능하다는 주장은 진실이다. 기독교적 관점에서도, 하나님을 믿지 않는 사람이 이웃을 사랑하고 하나님의 율법이 요구하는 일들을 행하는 것이 가능하다. 이것은 단지 이론적인 진실뿐만 아니라, 매일하는 일상의 경험에도 부합한다. 우리 주변에는 비종교인으로서 매우 너그럽고, 도덕적이며, 사랑이 가득한 사람들이 많이 있다. 세속적인 관점에서도, 도덕적인 태도를 솟구치게 하는 원천이 많이 있다. 진화 생물학의 산물일 수도 있고, 혹은 자신의 문화적 배경의 한 기능일 수도 있고, 구별된 기질과 선택의 산물일 수도 있다.

그런데 도덕적인 태도와 행동은 하나님이 없어도 존재하지만, 도덕적인 '의무'는 어떻게 존재할 수 있을까? 어떤 근거로 '여러분은 X를 행해서는 안 됩니다. 설령 그걸 좋아하더라도 말입니다' 하고 말할 수 있을까? 자가승인의 도덕 안에서는, 내심 X가 틀렸다고 느끼면서도 그것을 억제할 수는 있다. 그런데 예를 들어, 어떤 근거로 지구 반대편 국가의 정부들을 향해 여성에게 동등한 권리를 인정해야 한다고 말할 수 있을까? 특정 이슈에 대해, 우리의 느낌과 내면의 도덕적 직관을 가지고 그들의 판단을 기각할 근거가 무엇이란 말인가? 우리는 모두 내면에 도덕적인 평가 잣대를 갖고 있다. 우리의 잣대가 다른 문화권 사람들과 다를 때는 도대체 어떤 일이 벌어질까? 이웃이나 형제

사이의 잣대가 다를 때는?

도덕적인 느낌에서 도덕적인 의무로 나아가는 유일한 길은, 옳고 그름에 대한 모종의 도덕적인 원천이나 규범에 호소하는 것이다. 문화와 각 개인 바깥에 있으면서, 우리 내면에서 경쟁하는 도덕적 판단을 입증하거나 무효화하거나 수정할 수 있는 규범들 말이다. 우리 문화에 이르기까지 모든 문화는 그런 메커니즘, 즉 사람들이 당연히 살아야 하는 방식으로 살도록 호소하는 방편을 가져 왔다. 우리 문화에 이르기까지 모든 문화는 자아의 바깥에 있는 도덕의 원천에 대해 모종의 의견 일치(consensus)를 확보했기 때문이다. 그런데 후기-현대 시스템에는 그런 게 없다.

바로 이 대목에서 세속주의는 프리드리히 니체의 중심 메시지 앞에 무방비 상태가 된다. 니체는 세상이 파괴와 혼돈, 고통과 착취, 야만성으로 가득하다고 주장했다. 만일 자연 세계가 이 세상에 존재하는 전부라면, 그땐 이생 '위에' 아무것도 존재할 수 없으며, 삶의 어떤 부분은 선하고 올바르고 또 어떤 부분은 나쁘고 틀렸다고 판단할 기준이 존재할 수 없다. 이생보다 더 높은 것은 없기 때문이다. 이생에 대해 심판하고 교정할 수 있는 도덕적 이상이 존재하지 않음을 뜻한다.

니체는 여기서 멈추지 않고, 세속 휴머니즘은 자신의 세속적인 우주관의 함의를 인정하기엔 너무 비겁했다고 주장한다. 만일 우리의 모든 도덕적 신념아 정말로 단지 진화 생물학의 산물이라면, 그땐 어떤 것이 틀렸다는 '느낌'이 든다 해도, 실제로는 정말로 그것들이 틀린 것이라고 할 수 없다. 우리 자신의 부와 권력을 쌓기 위해 가난한 사람들을 쫄쫄 굶기는 것은 잘못이라고 우리가 느낄 수 있지만, 그러나 그게 실제로 잘못이라고 말할 수 있는 길은 없다. 심지어 그게 잘못이라고 느끼지 않는 사람들을 향해서도 그러하다. 터무니없다고 말할 순 있지만(비록 많은 사람이 이의를 제기하겠지만) 그 자체로 내재적으로 틀렸다고 말할 순 없다. 이렇게 우리 자아 바깥에 도덕적인 근원이 없다면, 도덕적 이상 사이에 불가피하게 빚어지는 이러한 갈등을 해결하는 유일한 방법은, 니체에 의하면, 권력(power)을 행사하는 것이다. 말하자면 다른 사람들에게 이렇게 말하는 것이다. '이것이 옳은 것은 다름 아닌 내가 그렇게 말했고, 그런 내게 너를 제압할 수 있는 권력이 있기 때문이다.'

이것은 우리를 현대의 도덕 내러티브의 마지막 심각한 문제로 안내한다. 토론토대학 교수인 마리 루티(Mari Ruti)가 세속적인 도덕 사상 안에 깊숙이 내재한 긴장을 간결하게 표현한다. "나는 가치는 하나님께로부터 주어지는 것이 아니라 사회적으로 구축된다고 믿는다. …… 그렇지만 성 불평등이 인종 불평등보다 하등 나을 것이 있다고는 믿지 않는다. 그것을 불의한 일이 아니라, 그저 문화적 '관습'인 양 포장하려는 거듭된 노력에도 불구하고 말이다."[52] 그녀가 모든 도덕적 가치는 하나님께 기초하는 게 아니라, 인간에 의해 사회적으로 구축된다고 말하는 것에 주목하라. 그런데 그녀는 (서구) 문화의 평등관을 모든 사람이 따라야 한다고 말한다. 그에 대한 이유는 전혀 제시하지 않은 채 말이다. 다만 그렇게 주장할 뿐이다.

이것이 바로 테일러가 말하는 "현대 문화의 …… 유별난 불명확성"이다. 이러한 생각의 기초에는, "도덕적 입장은 이성이나 사물의 성격에 기초하기보다 궁극적으로는 우리가 그것에 끌린다는 이유로 각자 선택한다"라는 관점이 자리하고 있다.[53] 어떤 행동이 잘못된 행동이기에 당장 멈춰야 한다는 입장을 견지할 때, 그것을 정당화하거나 심지어 다른 의견을 가진 누군가와 토론할 방도조차 없다는 말이다. 우리가 할 수 있는 일이라곤 그저 내 목소리를 높여 다른 사람의 소리를 덮어 버리는 것뿐이다.

테일러는 "인권에 대한 자발적인 의견 일치를 위한 조건들"(Conditions of an Unforced Consensus on Human Rights)이라는 논문에서 서구 사회가 품고 있는 이러한 딜레마를 잘 보여 준다. 현대 세속주의는 그 가치들이 기독교에서 나오는 게 아니라 단지 객관적 이성의 산물이라고 믿기 때문에, 다른 사회를 향해 인간의 권리를 받아들이라고 호소하려면 우선 그들이 퇴행적이라는 사실을 납득시켜야 한다. 그래서 힌두교나 이슬람교나 불교나 다른 부족적인 종교를 버리고 세속적이 될 필요가 있다고 말하는 수밖에 없다.

테일러는 말했다. "상호 이해로 가는 길을 가로막는 걸림돌이 하나 있는데, 서구인들에겐 그들의 문화를 많은 문화 가운데 하나로 볼 줄 아는 능력이 결핍되어 있다는 것이다."[54] 서구 세속주의자들은 그들이 가진 평등한 권리관은, 합리적인 사람이라면 누구에게나 자명한 원리라고 단정하지만, 사실 비서구 문화에 속한 사람들은 여기에 동의하지 않는다. 보편적 자애와 보편적 권리라는 세속주의의 이상은 "자명함과는 거리가 멀다."[55] 진짜 세속적인 사람들은 그들의 중심된 도덕적 가치의 근원이 기독교 역사 안에 있음을 인정하지 못하기 때문에, 그게 오히려 그들로 하여금 제국주의적으로 만든다.

설교자가 이 내러티브를 다룰 수 있는 좋은 방법 가운데 하나는, 많은 세속적인 도덕 사상의 출처가 되는 기독교적인 도덕을 드러내 주는 것이다. 예를 들어, 가난한 자와 소외된 자들을 돌봐야 한다는 성경의 강조가 현대 사회에 널리 퍼져 있다. 욥기, 시편, 잠언과 같은 지혜 문학에 나오는 의로운 삶, 남을 위해 손해 보는 삶, 가난한 자들의 권리와 필요를 돌보는 삶에 대한 이야기도 우리 사회에 지속적으로 회자된다.[56] 아모스를 비롯한 선지자들은 하나님이 모든 나라를 향하여 사회정의의 규범에 대해 책임을 물으신다는 사실을 보여 준다(암 1:1-2:3 참조). 창세기 1장과 9장은 모든 인간이 하나님 형상대로 지음받았음을 보여 준다. 시민권 운동의 다양한 수사와 강령이, 다분히 모든 사람은 하나님의 형상대로 지어진 존재라는 성경적인 개념에 기초하고 있다는 사실을 보여 주는 것은 참으로 의미있는 일이다.[57]

모든 매듭마다 핵심적인 사항이 있는데, 이러한 기독교 도덕 사상이 어떻게 하나님의 성품과 그분이 만드신 세상의 성격에서 흘러나오고 거기에 맞아 들어가는지를 보여 주는 것이다. 여기서 우리는 사실상 니체의 작업(!)을 하는 셈이다. 사람들에게 이 모든 사상이 어디서 나왔고, 그것은 오직 하나님에 의해 창조된 인격적인 우주 안에서만 성립된다는 사실을 보여 주는 작업 말이다.

기독교 설교자가 청중에게 보여 줘야 할 또 하나의 중요한 사항이 있는데, 아가페의 경험, 즉 그리스도 안에서 하나님의 조건 없는 사랑의 경험이 필연적으로 우리를 의롭고 자비로운 삶으로 인도한다는 사실이다. 야고보서 2장 14-17절은 믿음으로 말미암아 은혜로 구원받았다면 가난한 자들을 향해 긍휼한 마음을 품지 않을 수 없다고 말한다. 야고보서 1장 9-11절은 부유한 사람들은 복음에 의해 교만에서 벗어나 겸손하게 될 것이고, 가난한 신자들은 복음에 의해 자기비하에서 벗어나 스스로를 긍정하게 될 것이라고 말한다. 복음은 사회적으로, 동기부여의 차원에서 가히 변혁적이다.[58] 세속적인 청중은 이러한 가르침에 놀랄 것이고, 자신이 의를 행하는 동기와 비교할 때 자신의 동기가 더 얄팍하고 부정적이라는 사실을 인식하게 될 것이다.

이 내러티브와 관련된 또 한 가지 중요한 성경적 주제는, 부활에 대한 가르침이다. 그리스도인들은 의를 행하는 더 깊은 동기뿐만 아니라 더 강력한 희망을 품고 있다. 성경은, 우리가 영원히 비물질적인 영역에 사는 게 아니라, 궁극적으로는 이 세계(물질세계-옮긴이주)가 새롭게 될 것이라고 선언한다. 우리는 부활한 몸을 입게 될 것이다. 모든 불의, 고통, 질병, 죽음은 사라질 것이다. 앞서 미로슬라브 볼프의 글에서 언급했듯이, 모든 잘못이 바로잡아질 심판의 날에 대한 믿음은, 폭력과 보복을 삼가고 지금 여기서 평화의 삶을 실천하는 강력한 유인책이 된다. 궁극적으로 정의가 이 땅에 실현되리라는 지식 안에 살기 때문이다.

마지막으로 바로 앞 장에서 언급했듯이, 중간중간 변증에 할애할 기회가 있을 것이다. 그때 우리는 짤막하지만 선명하게 다음 사실을 지적할 수 있다. 정의에 관한 세속적인 해명은 자아 바깥에 그 어떤 도덕적 근원도 가지고 있지 않다는 것, 그래서 만일 하나님이 계시지 않는다면 니체가 옳을 수밖에 없고, 다른 사람들에게 이타적으로 살아야 한다고 말할 아무런 근거가 없다는 것이다.

'세속의 희망인 과학'에 대한 기독교적 답변

역사와 합리성 내러티브는 몇 가지 차원에서 서로 연결되어 있다. 우리 문화에는 여전히 과학과 기술이 우리에게 더 나은 미래를 가져다주리라는 강력한 내러티브가 있다. 실리콘밸리는 이러한 생각의 진원지고, 많은 '예언자적 목소리들'이 노화, 질병, 가난, 불평등을 비롯한 모든 문제가 해결되거나 변혁된 그야말로 장밋빛 미래에 대해 이야기한다.

그런데 한편으로 우리 문화에는 이러한 희망찬 전망에 대한 강력한 반발도 있다. 최근 영화들을 보면, 상당히 많은 영화가 문명이 거의 와해된 반이상향의 미래를 그리고 있다. 기술이 우리의 사생활을 침해하고 우리를 비인간화시키며, 각종 테러와 지금까지 경험하지 못했던 차원의 착취 앞에 우리는 한없이 연약한 존재가 되리라는 비관주의가 널리 퍼져 있다.

이에 대한 기독교의 답변은 이러하다. 역사의 진보에 대한 현대 사상은, 역사와 인간성에 대해 너무 낙관적이었다. 그것은 새로운 것이 항상 더 낫다고 전제하지만, 이는 우리 상식과는 거리가 있다. 역사는 도덕적인 안내자로선 완전 부적합하다. 나치들은 그들이 '역사의 옳은 편'에 서 있다고 확신했으며, 공산주의자들도 마찬가지였다. 20세기 초반 대다수 서구 지식인들은 사회주의나 공산주의야말로 '역사가 나아갈 길'이라고 생각했다. 반면에, 현재는 너무나 많은 이가 지극히 비관적이다. 역사에 관해 '끝없는 진보'라는 전망과는 완전히 결별하고, 오히려 역사는 맥베스의 표현처럼 "바보가 들려준 이야기에 불과해. 시끌벅적한 소리에 분노로 가득한 이야기. 그러면서도 아무런 의미가 없는 이야기지"라는 반대 사상을 품게 되었다.

이렇게 너무 낙관적이거나 너무 비관적인 후기-현대 역사관에 대한 기독교적 답변은 부활을 지목하는 것이다. 기독교는 역사와 인류에 대해서는 다른 어떤 세계관보다 더 비관적이면서, '동시에' 물질세계의 미래에 대해선 다른 어떤 세계관보다 더 낙관적이다. 우리가 꿈꾸는 미래는 부활한 몸과 더불어 새로워진 물질적인 우주다. 물론 부활은 항상 죽음과 파괴 다음에 온다. 그리스도인들이 역사의 매 순간 매 단계가 이전 단계보다 더 나으리라고 믿을 이유는 없다. 그러나 우리는 모든 것이 영광스러운 끝을 향해 결코 좌초되지 않고 나아가고 있음을 믿는다. 따라서 기독교 역사관은 현대의 유토피아주의(utopianism)와 과도한 낙관론을 거절하며, 동시에 디스토피아주의(dystopianism)의 비관론과 권태를 거부한다.

합리성 내러티브에 대해서도 기독교 설교자들은 유사한 방식으로 다뤄야 한다. 모든 것을 과학적으로 설명할 수 있다는 신념, 모든 문제가 과학적으로 해결될 수 있다는 믿음은 안쓰러울 정도로 순진하다. 지난 세월 그러한 유토피아의 꿈은 항상 실망으로 귀결되었다. 기독교 설교자와 교사들이 악의 심연과 복잡성, 그러니까 악("세상"), 내부의 악("육체") 혹은 초자연적 악("악마")을 다룰 때는 반드시 이 문화 내러티브를 다룰 기회로 삼아야 한다. 심리학과 사회학, 기술만으로는 우리 문제를 제대로 처리할 수 없고, 이성만으로는 사물의 의미를 제대로 분별할 수도 없음을 보여 줘야 한다.[59]

지혜는 기독교 설교자들이 이 대목에서 도입해야 할 또 하나의 성경적 주제다. 욥기 28장은 현대 기술의 내러티브를 정면으로 다룰 수 있는 장엄한 시다. 본문은 인간의 채광 기술과 금속 공예 기술을 찬양하면서도 이렇게 문제를 제기한다. "그러나 지혜는 어디서 얻으며 명철이 있는 곳은 어디인고 …… 사람 사는 땅에서는 찾을 수 없구나"(욥 28:12-13). 지식은 지혜와 같은 게 아니다. 지식이 데이터와 사실이라면, 지혜는 선하고 올바른 삶의 길을 아는 것이다. 지혜는 실재(reality)의 본질을 이해하는 것이다. 이는 과학이 결코 줄 수 없다. 성경의 지혜

문학은 기독교 설교자들에게, 과학에 대한 후기-현대적인 믿음을 진중하게 다룰 수 있는 풍성한 주제와 단락들을 제공한다.

세상 철학은 오고 가나, 말씀은 영원하다

후기-현대 세속주의의 저변을 흐르는 문화 내러티브들과의 '한 판 겨루기'라는 아이디어는, 얼핏 두렵게 들릴 수 있다. 이 시대의 지혜를 공급하는 그리스도인들을 '역사의 어긋난 길'에 서 있는 자로 멸시하는 그들은 끝없이 자신만만해 보인다. 이때 기독교 설교자와 교사들은 당황하거나 겁먹어서는 안 된다. 우리는 지금 어떤 사람들과 전쟁을 치르는 게 아니라, 어떤 신념 체계와 갈라서고 있다는 것을 마음에 새기라. 현대인들은 후기-현대 정신의 범인이 아니라 오히려 그 희생자들이다. 이러한 빛 안에서 보면, 기독교 복음은 전투라기보다 감옥 탈출이다.

바울은 이렇게 소리친다. "지혜 있는 자가 어디 있느냐 선비가 어디 있느냐 이 세대에 변론가가 어디 있느냐 하나님께서 이 세상의 지혜를 미련하게 하신 것이 아니냐"(고전 1:20). 바울의 시대에는 십자가와 구속은 주류 세계관 안에 전혀 설 자리가 없었다. 사도행전 17장에서 아레오바고의 철학자들은 바울을 조롱하고 멸시했고, 누구 한 사람 그의 메시지를 믿으려 하지 않았다. 그러나 이 질문에 답해 보라.

그 시대의 지혜가 지금은 어디에 있는가? 이미 끝났다. 사라져 버렸다. 더는 그 시대의 세계관을 믿는 사람은 없다. 앞으로도 항상 그럴 것이다. 앞으로도 세상 철학은 오고 또 가고, 일어났다가 사라질 것이다. 그러나 우리가 설교하는 지혜, 하나님의 말씀은 언제까지나 여기 있을 것이다.

CHAPTER 6

마음에 닿게
그리스도를 설교하라

설교의 상황화가 이뤄지면 청중이 변한다

네 보물 있는 그곳에는 네 마음도 있느니라.
– 마 6:21

마음이 무엇을 사랑하는지가 가장 중요하다

성경적으로 설교하고, 문화 내러티브를 향해서 설교하는 것은 설교의 기본이다. 그런데 이것만으로는 충분하지 않다. 비록 진리가 선명하더라도 그것이 듣는 이에게 진짜로 받아들여지지 않는다면, 사람들은 여전히 말씀에 순종하지 못할 것이다. 단지 정확하고 흠잡을 데 없는 설교로는 곤란하다. 설교란 모름지기 듣는 이의 관심과 생각을 사로잡아야 하고, 마음을 파고드는 강렬함이 있어야 한다. 확고한 주장과 직면이 있는 '진리를 위해 용맹스런' 설교임에도 메마르고 따분한 연설에 그친다면, 사람들의 마음에 회개가 일어나지 않을 뿐만 아니라 우리가 선포한 올바른 교리를 애초에 믿지도 않을 것이다. 바라건대 설교는 오순절 날에 선포된 첫 번째 설교처럼, 듣는 이의 '마음을 찔러야' 한다(행 2:37 참조).

현대 독자들은 성경을 읽을 때 '마음'이라는 단어를 만날 때면 거의 매번 오해를 한다. 현대적인 틀로 읽은 나머지, 그게 감정을 의미한다고 결론짓는다. 성경은 자주 마음의 '생각'이나 마음의 '행동'을 이야기하는데, 현대적인 마음 개념과는 많이 다르다. 마음에 관한 고대 헬라인의 이해도 성경의 이해와는 많이 달랐다. '덕'(virtue)은 그들에게 육체를 다스리는 영에 관한 것이었다. 말하자면 이성과 의지를 가리켰는데, 다루기 힘든 육신의 열정을 제압하는 이성과 의지를 일컬었다. 오늘날 우리도 정신(mind)과 느낌(feelings)을 서로 대립적인 것이라고 이해하지만, 고대의 생각과 비교하면 근본적으로 차이가 있다. 우리는 '진정한' 자아는 이성적인 사고가 아니라, 감정이라고 생각한다.

마음에 대한 성경적인 입장을 말하라면, 앞에 말한 것들에는 해당사항이 없다. 성경에서 마음(heart)은 정신(mind)과 의지(will)와 감정(emotions), 이 모든 것이 거하는 좌소다. 창세기 6장 5절은 인류에 대해 "그의 마음으로 생각하는 모든 계획이 항상 악할 뿐"이라고 말한다. 한 주석가는 이렇게 말한다. "레브(Leb; 마음을 뜻하는 히브리어)는 성경 인류학에서 사람의 인격의 중심으로서, 거기서 의지와 생각이 나온다. 그것은 영어 단어가 지칭하는 것처럼 단지 감정의 원천이 아니다."[1]

물론 마음이 감정을 생산한다. 신명기 28장 47절의 기쁨, 사무엘상 1장 8절의 슬픔, 열왕기하 6장 11절의 분노, 요한복음 14장 1절의 염려, 베드로전서 1장 22절의 사랑 등이 그러하다. 그러나 마음은 그 외에도 생각하고(잠 23:7; 단 2:30; 행 8:22 참조), 의도하고, 계획하고, 결단하기도 한다(잠 16:1, 9 참조). 그것은 우리 모든 말의 원천이기도 하다(마 12:33-34; 롬 10:9 참조). 가장 근본적으로는, 마음은 무언가를 신뢰한다(잠 3:5 참조). 성경적으로 마음의 '사랑'은 감정적인 애착보다 훨씬 크다. 마음이 무언가를 가장 사랑한다는 건, 그것을 가장 신뢰하고 그것을 향해 헌신한다는 의미다(잠 23:26 참조).

성경은 '머리'와 '마음' 사이의 이분법을 알지 못한다. 창세기 6장 5절은 마음의 생각과 행동, 느낌이 모두 마음의 "성향"(inclination; 개역 개정에는 "계획"으로 번역-옮긴이주)에서 나온다고 말한다. 마태복음 6장 21절이 이 대목의 열쇠가 된다. "네 보물 있는 그곳에는 네 마음도 있느니라." 한 주석가는 이 구절에 대해, 마음은 "그 사람의 관심과 헌신의 중심"이라고 말한다.[2] 우리가 마음으로 가장 소중하게 여기고 아끼는 그것이 "미세하지만 결코 실패 없이 그 사람의 방향과 가치를 제어한다."[3]

그런 점에서 성경은 하나님이 겉모양을 무시하시고 무엇보다 마음을 보신다고 말한다(삼상 16:7; 고전 4:5; 렘 17:10 참조). 선지자들은 하나님을 향한 마음이 없다면 율법에 대한 순종도 하나님을 향한 찬양도 헛되다고 했다(사 29:13; 렘 12:2 참조). 바로 이런 이유에서 선지자들은, 우리 목표는 단지 율법에 순응하는 게 아니라 마음의 변화라고, "마음에 기록"(렘 31:33)된 율법이 영적인 재탄생으로 이어져야 한다고 선포했다.

그게 무엇이든 그 사람 마음의 신뢰와 사랑을 사로잡는 것이, 그 사람의 느낌과 행동도 제어한다. 마음이 가장 원하는 그것을, 정신은 합리적이라고 생각하고, 감정은 가치 있다고 생각하며, 의지는 가능하다고 판단한다. 따라서 설교에 있어 가장 중요한 것은, 마음을 움직여서 하나님보다 다른 무언가를 더 신뢰하거나 사랑하지 못하도록 막는 것이다. 결국 사랑의 순서가 그 사람을 만든다. 그들이 최고로 사랑하고, 그 다음으로 사랑하고, 덜 사랑하고, 가장 덜 사랑하는 것의 순서 말이다.

우리 모습을 결정함에 있어, 우리가 정신적으로 동의하는 어떤 믿음보다 오히려 이것이 더 근본적이다. 우리의 사랑이야말로 우리가 실제로 무얼 믿고 있는지를 보여 준다. 설령 말로는 다른 걸 믿는다고 해도 모든 게 드러난다. 따라서 사람들이 진정으로 변화된다는 건, 단지 그들의 생각이 변하는 게 아니라, 그들이 가장 사랑하는 것이 변하는 것이다. 그러한 변화가 일어나려면 '반드시' 우리 생각이 변해야 하고, 그 뒤에는 훨씬 큰 변화가 수반된다.

따라서 설교의 목적은 단지 진리를 선명하게 전해서 정신이 충분히 이해할 수 있도록 하는 데 그칠 수 없다. 더 나아가 진리가 마음을 사로잡아 실재가 되도록 해야 한다. 변화는 단지 정신에 새로운 주장을 던짐으로써 일어나는 게 아니라, 듣는 이의 상상력에 새 아름다움을 공급함으로써 일어난다.[4]

'안다고 생각하는 것'과 '진짜 아는 것' 사이의 괴리

조나단 에드워즈의 가장 큰 기여 가운데 하나는 그의 《신앙감정론》(The Religious Affections, 부흥과개혁사 역간; emotion과 affection을 구분한다는 의미에서 감정론보다 정감론이라는 제목이 나올 듯하다-옮긴이주)에서 발견되는 종교 심리학이다. "의지" 대 "감정"이라는 전형적인 서구의 구분(나아가 영혼을 생각, 느낌, 의지 세 부분으로 구분한다)을 수용하는 대신, 에드워즈는 오직 두 가지 영역만을 입안한다. 첫째는 "지성"이다. 사물의 본성을 인지하고 판단하는 우리 능력을 말한다. 두 번째는 "성향"인데, 우리가 인지한 것을 좋아하거나 싫어하거나, 사랑하거나 거절하는 것이다. 에드워즈는 이 성향을 상황에 따라 다르게 부른다. 행동과 관련될 때는 "의지", 지성을 통해 인지한 것의 아름다움을 느낄 때는 "마음"이라고 부른다. 이 영역에서 가장 "격정적이고 감각적인 발현"을 에드워즈는 "정감"(affections)이라고 일컫는다. 성경은 이것들을 "성령의 열매"라고 표현하며, 사랑과 희락, 열심과 감사, 겸손 등이 있다.

물론 이러한 정감도 감정(emotions)으로 가득하지만, 감정과 동일하지는 않다. 정감은 어떤 대상의 아름다움과 탁월함을 감지했을 때 전인으로부터 나오는 성향이다. 우리 마음이 그 대상을 향한 사랑으로 끌릴 때, 그것은 우리로 하여금 그것을 쟁취하고 보호하도록 충동한다. 감정은 다양한 물리적·심리적 자극으로 일어날 수 있지만, 실제 행동에는 아무런 변화를 일으키지 않거나 극히 미미한 변화만을 일으킨 채 덧없이 사라지는 경우도 많다. 이에 반해 정감은 더 항구적이고, 정신의 확신에도 관여하는 동시에 행동과 삶의 변화도 일으킨다.

에드워즈는 지성과 정감 사이에 괴리가 있다는 입장에 거부감을 표한다. 다른 말로, 어떤 사람이 "나는 하나님이 나를 돌보신다는 걸 알아요. 그렇지만 나는 여전히 두려움으로 떨고 있어요" 하고 말한다면, 에드워즈는 이렇게 반응할 것이다. "그건 당신이 아직도 하나님이 당신을 돌보신다는 걸 진정한 의미에서는 '알지' 못한다는 걸 의미합니다. 정말로 안다면, 확신과 희망의 정감이 당신 안에서 일어날 것입니다."[5]

이제 마음과 정감의 개념이 설교자들에게 얼마나 중요한지를 살펴볼 차례다. 에드워즈가 옳다면, '머리'와 '마음' 사이에 궁극적인 괴리는 존재하지 않는다. 예를 들어 우리 청중이 다분히 물질주의적이라면, 그들에게 필요한 메시지는 더 많이 나누라는 권면일 것이라고 섣불리 단정해서는 안 된다. 그것은 단지 그들의 의지에만 작용할 것이다. 그것은 그 주일의 헌금에 조금 변화를 주는 수준의 일시적인 죄책감을 줄 뿐, 장기적인 삶의 양식에는 변화를 일으키지 못할 것이다. 왜냐하면 설교가 그들의 마음에까진 이르지 못했기 때문이다. 자선 행위를 통해 변화된 사람들의 이야기를 들려주기만 해서도 안 된다. 그런 설교는 감정에 직접 작용해, 연민이나 영감을 불러일으키겠지만, (어쩌면) 선한 일을 위해 지갑을 열어야겠다는 지나가는 충동으로 이끌 수도 있겠지만, 다시 말하건대 감정은 조만간 사라지고 장기적인 변화는 나타나지 않을 것이다.[6]

사람들이 물질주의적이고 인색하다면, 그건 그들이 아직도 예수님을 진정으로 이해하지 못했다는 의미다. 부유한 분으로서, 그들을 위해 가난하게 되셨다는 것을 아직 이해하지 못했다는 말이다. 그리스도 안에서 우리가 모든 부요함과 보배를 얻는다는 게 무슨 의미인지를 아직 제대로 이해하지 못한 것이다. 하나의 교리로서는 이 가르침을 받아들였을 수 있지만, 그들 마음의 정감은 여전히 물질적인 것에 얽매인 나머지, 예수님보다 그런 것들이 더 탁월하고 아름답다는 생각에서 헤어나지 못하는 것이다. 예수님의 영적인 부요함에 대한 피상적인 지식은 품고 있지만, 진정한 의미에서는 그 진리를 품지 못한 것이다. 따라서 설교에서 우리는 그들 앞에 그리스도를 다시 드러냄으로써, 그들의 정감 안에 그리스도가 물질적인 것을 대체하도록 해야 한다. 합리적인 주장이나 교리적인 가르침만으로는 그렇게 될 수 없다. 물론 그런 것들을 포함하지만, 그와 함께 우리를 위해 자신의 부요함을 포기하신 그리스도의 '아름다움'을 드러내 주어야 한다.

에드워즈는 모든 사람의 마음의 정감의 뿌리에는 "탁월성"이 있다고 믿었다. 그 자체로 가치를 인정받고 신뢰를 확보하는 탁월성 말이다.[7] 에드워즈는 명목상의 그리스도인을 일컬어, 그리스도가 마음이 '탁월하다'거나 아름답다고 생각하는 무언가를 얻는 데 쓸모 있는 분임을 아는 사람이라고 정의하는 반면, 진정한 그리스도인이란 그분 자체로 아름다운 분임을 아는 사람이라고 정의한다. 이 역학 구도에 관해 에드워즈가 내놓은 가히 최고의 진술이 여기에 있다.

하나님이 인간의 정신으로 가능하도록 하신 선에 관한 이중적인 지식이 있다. 첫째는, 단지 관념적인 것이고 …… 다른 하나는, 마음의 감각을 구성하는 것이다. 마음이 그것을 생각할 때 그 안에서 즐거움과 기쁨을 느끼는 감각 말이다. 전자에서 실행되는 것은 단지 …… 지성이다. 영혼의 '성향'(disposition)과 …… 구별되는 지성 말이다. 그러므로 하나님이 거룩하고 은혜롭다는 '의견'을 가지는 것과, 그 거룩함과 은혜의 사랑스러움과 아름다움에 대한 '감각'을 가지는 것은 엄연히 구분된다. 꿀이 달콤하다는 합리적인 판단을 하는 것과, 그 달콤함에 대한 감각을 가지는 것은 구분된다. 전자를 가지고 있으면서도, 실제로 꿀이 어떤 맛인지는 모를 수 있다. 그러나 애초에 정신 안에 꿀맛에 대한 생각이 없다면, 후자를 가질 수 없다.[8]

오래전 나는 첫 목회지에서 한 10대 소녀를 만났다. 당시 열여섯 살 정도 되는 소녀였는데, 무슨 일인지 삶의 용기를 잃은 채 우울감에 빠져 있었다. 나로선 열심히 용기를 불어넣어 주려고 애를 썼는데, 그러던 와중에 일종의 계시적인 순간을 맞이했다. 하루는 그 아이가 이렇게 말했다. "예, 저는 예수님이 저를 사랑하신다는 걸 알아요. 그분이 저를 구원하셨고, 장차 천국으로 인도하실 것도 알아요. 그렇지만 학교에선 남자 애들이 나한테는 눈길조차 주지 않는 판국에, 그런 게 다 무슨 소용이에요?"

그 소녀는 그리스도인이 되는 데 필요한 이 모든 진리를 '안다'라고 말했다. 그렇지만 학교에서 근사한 남자 아이들의 관심이 그리스도의 사랑보다 자기한테 더 위로가 되고, 더 힘을 주고, 삶의 기쁨과 자기가치에도 더 근본적이었던 것이다. 물론 이건 10대 소녀가 보이는 지극히 정상적인 반응이다. 그럼에도 불구하고 이것은 우리 마음이 어떻게 작동하는지를 보여 주는 일종의 계시적인 사건이다. 에드워즈에게 의견을 말해 보라고 하면, 필시 그 소녀는 단지 예수님이 자기를 사랑한다는 의견을 갖고 있었을 뿐이라고 말할 것이다. 실제로 그 사실을 '알지'는 못했다고 말이다. 소녀의 마음에는 친구들의 사랑은 실제적인 반면, 그리스도의 사랑은 추상적인 개념이었던 것이다. 이것이 바로 소녀의 상상을 사로잡고 있는 실재였다.

에베소서 3장에서 바울은 그의 독자들을 위해서 기도하면서 "믿음으로 말미암아 그리스도께서 너희 마음에 계시게 하시옵고 …… 지식에 넘치는 그리스도의 사랑을 알고 …… 하나님의 모든 충만하신 것으로 …… 충만하게 하시기를"(엡 3:17-19) 간구한다. 지금 바울이 말하는 대상은 그리스도인들이다. 그런데 성경 다른 곳을 살펴보면 바울은, 만일 우리가 그리스도인이라면, 그리스도가 이미 우리 마음에 거하고 있다고, 우리는 이미 하나님의 사랑을 아는 거라고, 또 충만한 삶에 이른 것이라고 말한다.

이 둘이 모순이 아닌 이유가 무엇일까? 그리스도인들에 대한 객관적인 진실이 자동적으로 주관적인 진실은 아니기 때문이다. 이게 바로 바울이, 그들이 성령으로 "속사람", 즉 그들의 마음이 하나님의 사랑을 "붙잡기"까지 튼실해지기를 바란다고 기도하는 이유다(엡 3:18 참조, NIV). 바울이 기도하는 것은 다름 아닌, 우리가 설교 시간마다 목표로 삼는 바로 그것이다. 그리스도인들이 이미 알고 있지만, 실제로는 알지 못하는 많은 게 있다. 부분적으로는 알지만 마음으로 완전히 붙잡지 못한 채, 단지 상상으로만 그것들을 통해 자신들이 안으로부터 완전히 변화되었다고 생각하며 사는 것들 말이다.

정감에 대한 이러한 이해는 에드워즈 자신의 설교에도 깊숙한 영향을 끼쳤다. 한 설교에서 (창세기 19장 14절을 본문으로) 그는 이렇게 주장한다. "사람들이 미래의 형벌에 대한 경고를 더는 심각하게 생각하지 않는 이유는, 그들에겐 그게 실재로 생각되지 않기 때문이다."[9] 이것은 본질적으로 설교가 안고 있는 핵심적인 영적 문제이면서, 동시에 설교가 추구해야 할 중심 목표다. 사람들은 진리에 대한 피상적인 이해는 갖고 있지만, 하나님의 진리가 그들에게 영적으로 실재적이지는 않다. 만일 실재적이었다면, 그들의 정감이 움직였을 것이고 덩달아 그들의 행동도 변화되었을 것이다.

물질주의의 경우에, 사람들에겐 돈의 안정성이 하나님의 사랑과 지혜로운 섭리의 안정성보다 더 실재다. 우리가 마땅히 살아야 할 삶을 살지 못하는 이유는, 우리가 무엇을 행해야 할지를 알지만 단지 실패하기 때문이 아니라, 우리가 안다고 생각하는 것이 진정한 의미에서 우리 마음에 실재로 다가오지 않기 때문이다.

말씀이 제대로 들려지면, 청중은 그 자리에서 변한다

진리가 청중의 마음에 실재가 되게 하려면 어떻게 설교해야 할까? 에드워즈에 의하면, "[인간의] 본성의 편견"을 극복하고 신적인 진리가 실재로 다가오게 할 수 있는 두 가지 길이 있다. "이 둘은 사물에 대한 깨달음의 요소이면서, 사물들이 우리에게 실재로 보이도록 하는 데 필요한 요소기도 하다. (1) 그것의 진실성을 믿는 것 (2) 그것에 대한 감각적인 생각(sensible idea)이나 견해(apprehension)를 가지는 것이다."[10]

첫 번째 항목은 확신에 찬 설득력을 요구한다. 성경적인 마음 개념은 정신과 생각을 포괄한다. 설교는 단지 이야기를 들려주거나 감정을 건드리려고만 해서는 안 된다. 대신 마틴 로이드 존스가 말한 소위 "불타는 논리"(logic on fire)가 되어야 한다. 우리는 열정적으로 논증하고 주장해야 하지만, 이건 단지 첫걸음일 뿐이다. 둘째로, 우리는 설교를 통해 청중이 "감각적인 생각"을 품도록 도와야 한다. 에드워즈의 주된 관심이 바로 여기에 있었다. 이후에 살펴보겠지만, 이것은 추상적인 개념이 청중의 실재적인 감각 경험과 연결되도록 하는 것이다. 그리하여 단지 그들의 지성만이 아니라 그들의 상상을 사로잡아야 한다.

이러한 변화가 설교에 가지는 함의는 자못 크다. 우리가 정말로 우리의 사랑의 산물이라면, 그래서 우리가 가장 사랑하는 그것이 정말로 우리란 존재를 형성해 가는 것이라면, 마음을 향한 설교는 지금 앉은 그 자리에서 바로 사람들을 변화시킬 수 있다. 정보만 던져 주는 설교는 사람들에게 집으로 돌아가서 무얼 해야 할지를 일러 줄 수 있다. 반면 마음을 움직이는 설교는, 다시 말해 내 직업에 대한 사랑과 사람들의 환호나 내 독립을 향한 사랑으로부터 하나님과 그분의 아들을 향한 사랑으로 우리 마음을 움직이는 설교는, 청중들을 바로 그 자리에서 변화시킨다.

로이드 존스는 사람들이 자기 설교를 받아쓰는 것을 늘 좋아하지는 않았다고 한다. 받아쓰기는 강의에 더 어울린다는 생각을 갖고 있었다. 그는 설교자의 책무는 지식이 '살아 움직이도록' 만드는 것이라고 믿었다. 로이드 존스와 에드워즈는 설교가 청중의 마음에 깊은 인상을 남겨야 하고, 그것이 "정보 전달"보다 더 중요하다고 믿었다. 나로선 청중이 설교의 전반부를 받아쓰는 것은 좋다고 생각한다. 그렇지만 설교 끝부분에 가서도 여전히 받아쓰고 있다면, 우리가 그들의 정감을 만지지 못하고 있다는 방증이다.

마음에 닿게 설교하는 훈련

마음에 닿게 설교하기 위해서는 일단 사람들이 실제로 살아가는 문화적인 배경까지 나아가야 한다. 앞서 언급한 소위 설교의 '상황화'

가 이뤄져야 한다. 이에 대해서는 이미 꽤 길게 다루었다. 개인주의적인 우리 서구 문화에서 사람들은, 그들의 마음이 그들 자신의 의식적인 결단의 산물이라는 환상 가운데 산다. 그렇지만 실제로 그들의 내면적인 욕구와 의문들은, 그들이 처한 시간과 공간의 깊은 영향 아래 형성되었다. 그들의 모습은 그들 스스로 결정했다기보다, 오히려 그들의 문화가 그들에게 속삭인 바에 더 큰 영향을 받았다. 좋은 상황화 설교란, 한편으로는 문화 내러티브와 규범들을 긍정하면서 다른 한편으로는 그것들을 도전하는 설교다. 그래서 사람들의 눈에는 보이지 않지만 그럼에도 그들을 조종하는 것들을 그들의 눈으로 볼 수 있도록 도와야 한다. 따라서 상황화는 다분히 해방적이다.

그러나 마음에 닿게 설교하기는 단지 이러한 문화 내러티브들을 언급하는 수준을 넘어선다. 그것은 보다 인격적이고 목회적인 측면들을 포괄하는데, 정감 있게 설교하기, 상상이 되게 설교하기, 놀라게 설교하기, 기억하기 쉽게 설교하기, 그리스도 중심적으로 설교하기, 적용 가능하게 설교하기 등을 포함한다.

정감 있게 하라

마음에 닿게 설교하기를 원한다면, 우리는 '마음으로부터' 설교해야 한다. 성경 본문의 진리가 먼저 우리 자신의 마음에 당도했음이 분명하게 드러나야 한다. 여기에는 꾸밈없는 투명성이 필요하다. 마음을 움직이는 설교자들은 (마음을 조작하는 설교자들과 달리) 의도하지 않아도 자연스레 그들 자신의 정감을 드러낸다. 설교할 때 우리가 선포하는 그 진리 앞에 우리 자신이 겸손해지고, 마음이 상하고, 치유를 받고, 위로를 받고, 또한 그 진리로 인해 우리 자신이 높임을 받았다는 사실이, 가능한 한 모든 방식으로 분명하게 드러나야 한다는 말이다. 다른 말로 그 진리가 우리 삶에 진정한 힘을 발휘하고 있음이 드러나야 한다.

정감 있는 설교가 아닌 길을 말하라면, 세 가지 길을 들 수 있다. 우선은 소위 영혼 없는 설교다. 우리 자신의 마음이 전혀 들어가지 않은 것이다. 그냥 문건을 읽고 있을 뿐이다. 긴장할 수도 있고, 마지못해 할 수도 있는데, 어느 경우든 기쁨과 경이, 사랑의 증표는 보이지 않는다. 두 번째 가능성은 단순 흥분성 설교다. 스스로 흥분하는 것이다. 큰 경기를 앞둔 운동선수마냥, 얼굴에 '의도적으로 의연한 표정'을 입히는 것이다. 감정에는 충분히 사로잡혀 있지만, 설교하는 동기는 그저 무대 위에 선다는 흥분, 혹은 '잘해야지' 하는 욕망이다. 열정적이면서도 초점 있게, 그러면서도 침착하게 설교해서 사람들한테 좋은 평가를 들으려는 욕심으로 하는 설교다. 마지막 세 번째는 의식적인 연기 설교다. 장엄하면서도 신령한 말투와 어조를 사용한다. 의도적으로 즐겁게, 겸손하게 보이려고 들거나, 인위적으로 사랑에 충만한 듯이 보이려고 애를 쓴다. 그런데 아무리 숨기려고 해도 결국에는 진실이 드러나는 법이다. 결국에는 우리가 추구하는 바와 상관없이 역효과만 나게 될 것이다.

사람들은 그 차이를 읽어 낸다. 성경 교사들과 설교자들은 종종 내용 준비와 전달에만 몰두한 나머지 중요한 사실을 놓치는 경우가 있는데, 설교할 때 사람들은 그들이 말하는 것만을 듣는 게 아니라 그들이 어떤 사람인지를 눈여겨보고 있다. 사람들은 이면의 동기를 늘 살핀다. 심지어 자기가 그렇게 하고 있다는 사실도 모른 채 무의식적으로 그렇게 한다. 우리가 스스로를 더 좋게 보이려고 할 때, 예를 들어 실제 하나님을 향한 우리의 경외와 성도들을 향한 사랑 이상으로, 우리가 스스로를 더 좋게나 더 권위 있어 보이려고 할 때, 그들은 당장에 낌새를 알아차린다.[11] 설령 초반에는 우리 연기에 감동받았다 하더라도, 조금만 지나면 무의식적으로 거부감을 드러낸다. 감상적인 광고 앞에 사람들이 눈물을 훔치면서도, 속으로는 냉소하는 것과 같은 이치다.

요컨대 우리가 정감 있는 설교를 하려고 '시도'한다면, 결국 연극이 되고 말 것이다. 우리는 정말로 정감이 '있어야' 한다. 우리 마음이 하나님을 향해, 사람들을 향해 정말로 부드러워야 한다. 어떻게 하면 자연스레 정감 있는 설교가 나올 수 있을까? 내 생각에는 근본적으로 두 가지가 필요하다.

우선, 설교 내용을 잘 숙지하는 것이다. 다음에 이어질 대지를 기억하려고 애쓰지 않아도 될 정도로 말이다. 설교 내용을 완전히 소화하지 못했다면, 도중에 그것을 기억하려고 자꾸 신경을 쓰거나, 그것도 안 되면 설교문을 보면서 그냥 읽어 가는 수밖에 없다. 사람들 앞에 영적인 식탁을 차려 놓고는 정작 우리는 그걸 맛보지도 즐기지도 못하는 셈이다. 기계적인 임무 수행에만 급급하여, 그렇게 할 엄두조차 못 내는 것이다. 설교 내용에 우리 자신이 먼저 확신을 가지고, 그것을 확실히 숙지해야 한다. 그렇지 않으면 마음으로부터 설교하기란 불가능하다. 내 경우에는, 이러한 확신과 숙지 상태가 되려면 준비 시간을 충분히 가지는 것은 물론, 단에 올라가기 전에 메시지 전체를 세 번, 네 번, 혹은 그 이상 머릿속으로 거듭 살펴본다. 설교를 어떻게 준비했는지와는 상관없이, 사람들은 우리가 단에서 말할 내용을 기억해 내려고 애쓰고 있는지, 아니면 그저 담담히 그 말을 하고 있는지를 금방 간파해 낸다.

정감 있는 설교에 필요한 또 한 가지는, 깊고도 풍성한 개인 기도 생활이다. 우리 마음이 정기적으로 찬양과 회개에 깊이 들어가지 않는다면, 우리에게 홀로 하나님의 은혜의 경이 앞에 서는 거룩한 고독의 시간이 없다면, 공적인 자리에서 그런 일이 일어나기를 기대할 수는 없다.[12]

우리가 설교할 때 일어나는 일은, 우리가 기도할 때 일어나는 일들과 거의 같다. 기도할 때 우리는 단지 '저의 죄를 고백합니다' 하고 말하는 것이 아니다. 대신 우리는 비통함을 경험한다. 단지 '주님은 위대하십니다' 하고 말하는 것이 아니라, 기쁨과 경외를 경험한다. '주님, 감사합니다' 하고 말하는 데 그치는 것이 아니라 그분의 사랑과 은혜를 경험한다. 우리 마음이 하나님의 거룩하심과 영광, 그분의 사랑을 감지하는 것이다. 우리의 개인 기도에서 이런 일이 일어나면, 설교에서도 그런 일이 일어날 수 있다. 반대로 우리가 기도할 때 그런 일이 전혀 일어나지 않으면, 우리가 설교할 때도 일어나지 않는다.

상상이 되게 하라

마음을 사로잡는 건 곧 상상력을 사로잡는 것이며, 상상력은 명제보다 이미지에 더 큰 영향을 받는다. 나는 우리가 흔히 말하는 '설교예화'에 관해 이야기하려 한다. 지난 세대 동안 설교자들은 이야기의 중요성을 다시금 붙잡았다. 이야기가 사람들의 관심을 끌고 사람들의 기억 속에 남는다는 건 상식 중 하나다. 그런 점에서 설교자들에게, 그들의 설교에 원하는 만큼 내러티브 장식을 덧붙이라고 조언하는 이들이 많다. 그런데 이것이 왜 그렇게 효과적인지에 대해서는 좀 더 깊이 생각할 필요가 있다. 예화는 일종의 연결고리인데, 추상적인 명제를 감각 세계 안의 어떤 경험의 기억과 연결한다.

여기서 다시 한 번 우리는 조나단 에드워즈에게서 귀한 가르침을 얻을 수 있다. 에드워즈는 설교자에게 드리운 무거운 도전을 잘 알았다. 내용인즉, 명제로 표현된 수많은 기독교 교리를 사람들이 정신적으로는 수용하지만, 그것이 정작 그들의 실제 삶에는 별 영향이 없는 경우가 많다. 왜 그럴까?

에드워즈는, 인간은 육체에 묶인 존재여서 타락으로 인해 영적인 실재들이 우리가 보고, 듣고, 만지고, 냄새를 맡고, 맛을 보는 것들만큼 우리에게 실제적으로 다가오지 않는다고 주장한다. 우리에겐 감각으로 경험할 수 있는 대상들이 더 실제적이다. 기억하기도 쉽고 우리 안에 지속적인 인상을 남긴다. "추상적 관념이 진실"이라는 주장에 일리가 있지만, "이미지〔그들의 감각으로 경험한 것들〕만이 실제적으로 보인다."[13]

대다수 사람들은 그들이 죽으리라는 사실을 잘 알고 있다. 그러나 그들의 유한성이 그들에게 실제적으로 다가오고, 그것이 그들의 일상에 영향을 미치는 때는 오직 본인이 죽음과 마주쳤을 때, 물리적으로 감지되었을 때뿐이다. 에드워즈에게 설교는 "그러한 일깨움으로 연결하는 언어적인 매개를 구축하려는 시도"였다.[14] 설교는 사람들을 깨워서, 그들이 정신적으로는 동의를 표현했지만 마음으로는 아직 붙잡지 않은 실재를 향해 사람들을 이끌어 가는 장이다. 그렇게 하는 방법은, 영적인 진리를 청중이 겪은 생생한 감각 경험의 기억으로 연결하는 것이다. "영적인 것을, 손으로 만질 수 있는 것처럼 가능한 한 구체적인 언어로 재현함으로써" 말이다.[15]

"진노한 하나님의 손 안에 있는 죄인들"(Sinners in the Hands of an Angry God)이라는 설교에서 에드워즈가 "우리의 모든·의는 …… 우리를 들어 올려 지옥으로부터 우리를 구해 내는 데 아무런 소용이 없다"라고 말했을 때, 그는 하나의 추상적인 명제를 말한 것이었다. 그것은 프로테스탄트 기독교의 핵심 교리 가운데 하나로서, 우리는 우리 자신의 선한 행위로 구원받을 수 없다는 명제다. 그런데 그는 여기서 그

치지 않는다. 이 명제를 진술한 뒤 에드워즈는 이렇게 덧붙인다. "가
느다란 거미줄로 떨어지는 바위를 막을 수 있는 가능성보다〔조금도 나
을 것이 없다〕."[16]

지금 그가 하고 있는 게 뭘까? 여기서 우리는 너무도 연약한 거
미줄을 눈으로 보고 손으로 느낀다. 바위가 그 위에 떨어진다면, 바위
가 튕겨 나오기는커녕, 마치 허공인 양 거미줄을 가르고 수직 낙하 하
리란 사실을 우리는 너무나 잘 안다. 이것이 바로 우리 모두가 가지게
되는, 혹은 쉽게 상상할 수 있는 감각 경험이다.

명제와 경험을 함께 설명함으로써 에드워즈는 청중에게, 단지 합
리적인 생각이 아니라 다시금 기억되는 감각적인 인상을 심어 준 것
이다. 명제의 진술만으로도 우리는 고개를 끄덕이며 수긍할 수 있지
만, 바위와 거미줄 이미지는 그 파급력을 한층 키운다. 이렇게 에드
워즈는 담화의 두 차원을 함께 가져간다. 이른바, 논리적인 차원과 경
험적인 차원이다. 우리의 선한 행위는 거미줄과 같고, 우리 죄는 마치
바위와 같다. 이런 이미지를 동원함으로써 우리 상상력을 붙잡으면서
동시에 우리 인식에 빛을 비춘다. 우리로 하여금 새로운 방식으로 교
리를 이해하도록 돕는다. 그래서 하늘로 가는 길을 우리 스스로 확보
하려는 것이 '얼마나 불가능한지'를 우리에게 가시적으로 보여 준다.
그러한 시도가 부질없음이 우리의 뇌리를 붙잡고, 우리 마음에는 그
진리가 더욱 깊숙이 아로새겨진다.

예화의 세계는 우리 경험보다 넓어서, 우리가 직접 겪지 않은 감

각 경험을 구축하는 것도 가능하다. 사무엘하 11장에서 다윗은 밧세바와 불륜을 저지르고, 전투를 빙자해 그녀의 남편인 우리야를 살인교사하고는, 결국 그녀와 결혼한다. 의심할 바 없이 모종의 양심의 가책이 찾아왔지만, 다윗은 이리저리 자기 행동을 스스로에게 합리화한다. 필시 자기 연민을 통해 그리했을 것이다. 그의 과중한 직무와 거기에 요구되는 희생을 감안하면, 이 정도 일탈쯤은 저지를 권리가 있다고 스스로에게 속삭였을 것이다. 다음 장에 선지자 나단이 왕을 찾아오고, 그의 죄에 관해 도전한다. 그런데 여기서 선지자는 처음부터 대놓고 그를 다그치진 않는다. 먼저 한 예화를 가지고 시작하고는, 선포 말미에 가서야 윤리적인 명제를 덧붙인다.

나단은 왕에게 많은 소유를 가진 부자와 오직 어린 양 한 마리를 가진 가난한 사람의 이야기를 들려준다. "가난한 사람은 아무것도 없고 자기가 사서 기르는 작은 암양 새끼 한 마리뿐이라 그 암양 새끼는 그와 그의 자식과 함께 자라며 그가 먹는 것을 먹으며 그의 잔으로 마시며 그의 품에 누우므로 그에게는 딸처럼 되었거늘"(삼하 12:3). 계속이야기가 이어진다. 나단은 그 부자가 잔치를 베풀면서 손님을 대접하기 위해 자신이 가진 풍성한 가축 중에서 음식을 준비하지 않고, 대신 그 가난한 사람의 양을 훔쳐서 그걸 가지고 손님을 대접했다고 설명한다. "이 부자를 어찌 하면 좋을까요?" 하고 나단이 왕에게 묻는다. 이야기를 들은 다윗이 "분노로 불타서"(5절, NIV) 말하기를, "그가 불쌍히 여기지 아니하고 이런 일을 행하였으니" 그 사람은 마땅히 죽어야 한다고 소리친다(삼하 12:5-7, 참조).

다윗의 머리는 합리화로 가득하다. 자기 삶에서 일어나는 불의에 눈을 감고 있었다. 이에 나단은 다윗을 이끌고 (그의 상상을 통해) 어떤 다른 사람의 경험 속으로 들어간다. 거기서 다윗은 불의의 실체를 있는 그대로 직시하고 분노한다. 마침내 나단이 불의에 대한 명제를 꺼내는데, 이때 방금 다윗이 겪은 그 감각 경험과 연결한다. 나단 이야기의 본질은 이러하다. "이 이야기 안에서 말도 안 되는 불의를 목격하셨습니까? 그런데 말이죠, 당신이 저지른 일이 바로 그와 같습니다." 상상의 감각 경험에서 다윗이 품었던 경악은, 이제 그 자신의 행동을 향한다. 그것이 다윗의 마음을 찌르고, 그는 결국 회개에 이른다.

예화가 어떻게 기능하는지를 보여 주는 성경의 또 다른 예를 소개하겠다. 하나님이 가인에게 말씀하셨다. "죄가 문에 엎드려 있느니라 죄가 너를 원하나 너는 죄를 다스릴지니라"(창 4:7). 여기 사용된 히브리어 단어는 한 동물을 지칭하는데, 낮게 꽈리를 틀고 앉아, 혹은 그늘 속에 웅크리고는 언제든 튀어 올라서는 상대를 찢어 죽일 태세를 갖춘 동물이다. 하나님은 단지 '가인아, 죄가 너를 곤경에 빠트릴 것이다'라고 말씀하시지 않는다. 그렇게 되면 그건 하나의 추상적 관념이된다.

죄를 위험한 포식 동물에 비유함으로써, 하나님은 마음을 사로잡으시면서 죄에 관한 상당한 정보도 전달하신다. 단순 명제가 전달할 수 있는 것보다 훨씬 많은 양의 정보다. 하나님은 지금 만일 가인

이 죄를 범한다면, 그의 죄가 결국 그를 삼킬 것이라고 말씀하시는 것이다. 죄는 인간 영혼의 자살 행위다. 또한 이 이미지는 죄가 단지 지나가는 행동이 아니라는 사실을 함의한다. 죄의 행동은 우리 삶에 지속적으로 머무르는 어두운 실체를 만들어 낸다. 죄는 나쁜 습관을 창조한다. 왜곡된 정감을 창조한다. 급기야 우리를 통제하고, 우리는 스스로 제어할 수 없는 지경에 이르게 될 것이다. 결국 우리를 죽이려는 무언가에게 굴복하는 셈인 것이다.

여기서 하나님은 친히 한 예화를 사용하신다. 담화의 두 차원을 함께 사용함으로써, 즉 추상적인 명제와 감각 경험을 연결함으로써, 그 진리가 우리 마음에 실재가 되도록 만들고 마침내 우리 삶 전체에 영향을 미치도록 한다. 하나님은 마치 죄가 언제든 우리에게 튀어 오를 준비가 된 퓨마나 표범 같다고 말씀하신다. 여기서 우리는 탄성을 지를 수밖에 없는데, 그것이 우리의 감정을 사로잡으면서 동시에 우리 정신에 빛을 비추기 때문이다.

좋은 예화의 본질은, 기억된 감각 경험을 불러일으키고 그것을 하나의 원리로 연결하는 데 있다. 청중이 진리를 더 잘 이해하도록 도와줌으로써, 나아가 그들의 마음이 그것을 사랑하도록 더욱 힘차게 이끎으로써 그 진리가 더욱 실재적이게 만들어 준다.

이것이 바로 예화의 목표와 목적이라는 사실을 마음에 새기는 것이 중요하다. 종종 이를 제대로 수행하지 못하는 이야기가 사용되기도 한다. 감정은 휘젓지만, 정신에는 빛을 비추지 못하는 이야기도 있다. 들려주는 이야기가 이 두 가지 과업을 동시에 수행하는 진정한 예화가 되게 하라.

유비(analogy)도 일종의 예화다. 유비는 주로 우리 정신에 진리를 선명하게 드러내는 과업을 수행하는데, 여기에 감각적인 결정타까지 곁들여진다.[17] 예를 들어 이런 표현이 가능하다. "그리스도의 칭의는 법정에 서는 것과 같습니다. 거기서 우리가 지금 막 도무지 지불할 수 없는 벌금형에 처해질 찰나인데, 갑자기 판사가 나서더니 '그가' 개인적으로 그 모든 비용을 지불하겠다고 말합니다."

이 문장들은, 내가 아닌 누군가가 나의 빚을 감당해 줌으로써 확보되는 정의의 개념을 이해하도록 도와준다. 또한 우리를 정죄하는 분이 한편으로는 우리를 구원하는 분임을 보여 준다. 이 모든 것이 우리 정신에 이해의 빛을 비춘다. 그런데 이 표현들이 우리 마음을 사로잡는 이유는, 그런 상황에서 우리가 어떻게 느낄지를 우리 스스로 구축할 수 있도록 만들기 때문이다. 우리가 기억하는 유사한 경험으로부터 말이다. 청중은 칭의 교리에 관한 정보를 얻을 뿐만 아니라, 모든 채무를 탕감 받은 사람이 느끼는 안도와 기쁨도 함께 느낀다.

유비는 확신을 주는 데도 사용될 수 있다. 예를 들어 우리가 이렇게 말했다고 생각해 보자. "누군가 당신 차를 훔쳐서 박살을 내놓았다면, 판사의 입에서 이런 말은 결코 듣고 싶지 않을 겁니다. '그만 용서하고 잊어버립시다.' 대신 당신은 정의를 원할 것입니다(어설픈 용서가 아니라 단호한 정의를 원한다는 말—옮긴이주). 그런데 하나님 입장에서, 우리가 행한 모든 잘못에 대해서 그분이 간과해야 할 이유가 뭐란 말입니까?" 지금 우리가 말하는 것을 정리하면 이와 같다. '당신이 A에 동의한다면, B에 동의하지 못하는 이유가 무엇인가? B가 결국 A에서 나오는데, 도대체 왜?'

조금 다른 종류의 이야기로는, 사례가 있다. 두 사물을 비교하는 유비와 달리, 사례는 지금 우리가 이야기하는 것의 이해를 돕기 위해, 소화하기 쉬운 '얇은 조각'을 제공하는 것이다. 사례는, 우리가 이야기하는 것이 지니는 실제적인 함의를 명확히 하는 데 활용될 수 있다. 만일 우리가 정직을 권면하고 있다면, 진실을 말하지 않는 일반적인 사례들을 열거할 수 있다. 자비를 권면하고 있다면, 특정한 자선 행위와 행동의 사례들을 제시할 수 있다.

사례 이야기가 가지는 위험은, 그것이 단지 감정에만 작용하고, 이해에 빛을 비추지 못할 수 있다는 것이다. 예를 들어, 우리는 한 가난한 가족의 가슴 뭉클한 이야기를 들려줄 수 있다. "한 가난한 가족이 모닥불 가에 옹기종기 둘러앉았습니다. 지금 막 한 움큼 남은 마지막 식량을 먹은 터였습니다. 그때 누군가 들어오는 소리가……." 이야기는 우리의 두려움과 죄책감이나 우리의 편견에 작용할 수 있다.

가장 간단하면서도 자주 간과되는 형태의 예화는 짤막한 그림 언어다. 추상적인 개념을 구체적인 감각 경험으로 연결하는 문구 하나, 혹은 심지어 한 단어다. "이것은 자유를 의미합니다"라는 말 대신, "이것은 자유를 부르는 하나님의 나팔입니다"라고 말할 수 있다. "부활은 우리 죄가 용서받았음을 증명합니다"라는 표현 대신, "부활은 전 역사에 걸쳐 '지불 완료' 도장을 찍었다"라고 말할 수 있다. 그림 언어는 청중의 마음에 그림과 소리, 심지어 냄새와 미각을 불러일으킴으로써, 우리 말에 감각적인 호소를 가득히 채운다. 에드워즈 자신은 그리 많은 이야기를 사용하지 않았다. 그는 주로 그림 언어와 확장된 은유를 많이 활용했다. 하나님을 태양에 견주기도 하고, 그분의 사랑을 펑펑 솟는 샘물이나 타오르는 불로 표현했다.

놀라게 하라

마음에 닿게 설교하고자 한다면, 설교에서 놀라움을 불러일으킬 필요도 있다. 톨킨(Tolkien)은 그의 유명한 에세이 *On Fairy Stories*(꾸며낸 이야기에 관하여)에서, 인간의 마음 안에는 사실주의 소설로는 만족할 수 없는, 사그라지지 않는 깊은 열망이 있다고 주장한다. 동화와 공상과학소설, 그와 유사한 판타지 문학에는 이런 인물들이 등장한다.

- 시간의 한계를 완전히 넘어선 인물
- 죽음에서 벗어난 인물
- 인간이 아닌 존재와 연결된 인물
- 완전한 사랑을 발견하고는 결코 거기서 떠나지 않는 인물
- 결국에는 악을 무찌르고 승리하는 인물

물론 독자들은 판타지 문학이 허구라는 사실을 잘 알고 있다. 그럼에도 불구하고 이야기를 탄탄하게 전개하고 생생한 묘사를 활용하면, 그런 이야기들은 우리에게 독특한 위안과 만족을 준다. 판타지 소설은 매우 대중적인 장르로서, 수십억 독자에게 지속적으로 사랑받는다. 이러한 조건을 갖춘 이야기들이 앞으로도 지속적인 관심을 끌리라는 건 거의 의심의 여지가 없다. 그런데 이유가 뭘까?

한 사람의 그리스도인으로서 톨킨은, 이 이야기들이 깊이 공명되는 이유는 그것이 우리 삶의 기저를 흐르는 실재를 증언하기 때문이라고 분석했다. 설령 지적으로는 하나님이 있다든가 혹은 사후의 삶이 있다는 걸 믿지 않더라도, 마음은 (기독교적 관점에서) 이러한 것들이 다소간 우리 삶의 특징을 대변하고 있음을 감지한다. 원래 그랬고, 지금도 마땅히 그래야 하고, 결국 다시 그렇게 될 특징들 말이다. 사람들이 이런 이야기에 깊이 빠져드는 이유는, 우리에겐 창조/타락/구속/회복이라는 성경의 얼개에 대한 직관이 있기 때문이다. 심지어 우리가 지적으로는 그런 얼개를 거부한다 하더라도, 상상의 측면에서는 이것을 모를 수가 없으며, 이것을 암시하는 이야기 앞에선 우리 마음이 요동치게 된다.

영어 단어 'gospel'(복음)은 중세 영단어인 'Godspell'에서 나왔는데, 이 단어는 두 개의 고대 영단어 'good'(좋은)과 'spell'(이야기)에서 파생되었다. 고대 영어에서 '이야기를 들려주다'는 'spell을 던지다'였다. 이야기는 마음과 상상을 사로잡고 우리에게 깊은 즐거움을 준다. 예수 그리스도의 복음은 'the Goodspell'(바로 그 좋은 이야기)이다. 그것은 모든 즐거움을 주는 이야기, 주문을 거는 이야기, 사랑을 만드는 모든 이야기가 가리키는 '바로 그' 이야기다. '바로 그' 이야기는 모든 열망을 만족시키면서 역사적으로도 '진실'이다.

예수 그리스도가 진실로 죽은 자 가운데서 부활하셨다면, 그분이 진실로 하나님의 아들이고 우리가 그분을 믿는다면, 우리가 가장 절박하게 염원하는 그 모든 것이 실재이며 장차 현실로 나타날 것이다. 우리는 시간과 죽음에서 벗어날 것이다. 우리는 사랑을 알고 결코 떨어지지 않을 것이며, 심지어 우리는 인간이 아닌 다른 존재와도 교제할 것이고, 악이 영원히 격퇴당하는 것을 보게 될 것이다. 판타지 문학, 특히 최고의 완성도를 가진 작품들을 통해, 우리는 우리의 깊은 욕망이 격하게 거절당하는 이 땅의 삶으로부터 일시적이나마 벗어남을 경험할 수 있다. 그런데 복음이 진실이라면(물론 복음은 진실이다) 이 모든 열망은 현실로 성취될 것이다.

기독교 설교자와 교사들은 사람들에게 이 진리의 심오한 복음을 들려줄 수 있어야 한다. 구비마다 이것들을 지목해 주어야 하며, 이 놀라운 과업에 적합한 놀라움의 감각을 품고 있어야 한다. 복음을 믿는다고 해서 무조건 이런 감각을 품는 건 아니다. 사실 우리의 설교에 너무나 자주 묻어나야 할 기쁨의 눈물이 때로 보이지 않는다. 설교할 때 우리는 항상 우리 자신을 개방하여 그 놀라움이 충분히 우리 안에 스며들도록 해야 한다. 그렇게 할 때, 우리도 저 모세처럼 광채 가득한 얼굴로 설교할 수 있다(출 34:29-35; 고후 3:13 참조).

기억하기 쉽게 하라

현대 강해 설교자들 중에는 본문 이해와 설명에 너무 많은 시간을 들인 나머지, 실천적인 적용과 인상적이고 기억하기 쉬운, 친숙한 언어를 사용하는 것에 대해선 거의 생각할 여유를 갖지 못하기도 한다.

기억하기 쉬운 설교를 만드는 한 가지 요소는, 통찰이다. 기억하기 쉬운 연설이 되려면, 청중이 이미 아는 것을 그들이 아는 용어로 들려주기보다, 신선한 통찰이 묻어나는 방식으로 개념을 전달해야 한다. 그 개념에 대해 청중이 어느 정도는 이미 알고 있을 수도 있지만, 그럼에도 새로움과 흥미를 느낄 수 있는 방식으로 전해야 한다. 그렇게 되면 청중에게서 '난 저걸 이런 식으로 말하는 걸 들어 본 적이 없어' 하는 반응이 나오게 될 것이다.

어떻게 하면 그렇게 될 수 있을까? 그 대답은 결국 독서량이다. 어떤 주제나 본문에 대해 책을 두어 권 읽으면 놀라운 통찰은 겨우 한둘 정도 얻을 수 있다. 열두 권 정도 읽으면 훨씬 더 많은 통찰을 얻을 수 있다. 여기에 지름길이란 없다. 통찰 가득한 설교는 깊은 연구, 독서와 탐구의 깊이에서 나온다.

기억하기 쉬운 설교를 만드는 두 번째 요소는 구술성(orality)이다. 많은 설교자가 (적어도 설교와 대화에서) 글을 쓰듯이 말하는 경향이 있다. 그런데 입말로 하는 소통은 문자로 하는 소통과는 다르다. 말

전달에는 너무 많은 생각이 담겨선 안 된다. 말은 더 반복적일 필요가 있는데, 읽을 때처럼 잠시 멈추거나 어떤 단어에 대해 골똘히 생각할 수가 없기 때문이다. 말은 설득력을 확보하기 위해 그리 많은 논증 단계가 필요치 않다. 말을 통해 전달하는 사람들은 보다 쉬운 어휘를 사용해야 한다. 문장 시작부에 "그러나" 혹은 "그리고" 등을 사용하는 것도 효과적이다. 축약형을 사용해도 그렇게 가볍게 들리진 않는다.

문화적으로 적합한 수사학을 활용하는 것도 설교를 기억하기 쉽게 만든다. 설교자는 종종 너무 딱딱한 글말 스타일로 말하거나, 너무 산만한 대화식으로 빠져들기 쉽다. 그런데 어느 쪽도, 기억 면에서 우리 문화에 어울리는 수사학적 장치를 가미한 전달을 따라가지 못한다. 그런 예들이 굉장히 많은데, 그런 것들은 의도적으로 "배워서"(taught) 사용하기보다, (다른 연사들의 말을 듣다가) 수집하고 "낚아채서"(caught) 사용하는 게 좋다.[18]

예를 들어, 음의 유사(assonance; 인접한 두 단어의 모음 혹은 자음이 같은 현상-옮긴이주), 두운법(alliteration; 인접한 문장 혹은 문구의 초성이 같은 현상-옮긴이주), 여타 병행법(parallelism) 등이 포함된다. "He doesn't just talk the talk-he walks the walk"(그는 말만 말하는 게 아니라, 걸음을 걸었다). 이외에도 덜 분명하지만 기억하기 쉽게, 감동적으로 언어를 활용할 수 있는 놀라운 방법들이 많이 있다. 그러나 문화와 세대에 따라 이런 장치에 반응하는 방식이 다르다. 자칫 누군가에게는 너무 현란하거나, 현학적이거나, 경직되거나, 조작의 향취가 강하게 느껴질 수도 있다.

그리스도 중심적으로 하라

이 점에 대해서는 길게 논하지 않겠다. 앞서 이미 도덕적인 권면을 넘어 복음에 기초한 변화로 나아가는 게 중요하다는 것과 단지 성경적인 원리를 설교하는 게 아니라 모든 원리와 내러티브가 가리키는 그 한 분인 그리스도를 설교하는 것의 중요성에 대해서 깊이 논했기 때문이다. 여기선 그저 그리스도를 설교하는 것은 한 성경 본문을 충분히 이해하는 궁극적인 길일뿐만 아니라, 믿는 자들과 믿지 않는 자들에게 동시에 다가가는 최고의 길이고, 우리 설교가 메마른 강의를 넘어 마음을 어루만지는 실재하는 진리의 선포로 나아가는 길임을 강조하려고 한다.

우리는 앞서 우리의 설교가 '예수님께 이르지' 않는 한, 그건 설교라기보다 단지 좋은 강의에 지나지 않다고 말했다. 바로 그 지점에서 설교는 주일학교 공과를 넘어 하나의 설교가 된다. 하나님나라, 언약, 죄의 구속과 같은 성경적 주제들이 오직 그리스도 안에서 절정에 이른다는 것을 우리가 보여 주기 전까지는, 그런 주제들은 근본적으로 하나의 추상적 명제에 불과하기 때문이다.

우리가 예수님을 왕으로 높일 때, 왕인 동시에 언약의 종으로 높일 때, 우리를 위한 구속의 희생양으로 높일 때, 그때 비로소 이 추상 명제들이 변해서 마음을 사로잡는 실재가 된다. 오직 예수님 그분이야말로 정보 전달을 넘어 마음을 사로잡는 자리로 나아가는 궁극적인 길이며, 단순히 정보를 던지는 것에서 모든 사람에게 한 아름다움을 보여 주는 자리로 나아가는 길이다.

설교의 마지막을 '이렇게 살라'라는 문장으로 끝내지 마라. 대신 "우리는 이렇게 살 능력이 없습니다. 그런데 그렇게 사신 분이 계십니다! 그리고 그분을 믿음으로 우리도 이런 삶을 시작할 수 있습니다"로 마무리하라. 이렇게 설교가 청중에 대한 메시지를 넘어 예수님에 대한 메시지로 나아갈 때, 현장 분위기에도 변화가 일어날 것이다. 그들은 학습을 넘어 예배로 나아갈 것이다.

적용 가능하게 하라

마음에 닿게 설교한다는 것은, 적용 가능하게 설교하는 것이다. 이 책의 프롤로그에서 설교자에겐 두 가지 큰 책임이 있다고 말했다. 성경 본문의 진리를 향한 책임, 그리고 청중의 삶을 향한 책임이다. 첫 번째 책임 완수를 위해서는 넓은 의미의 '강해'가 필요하고(이것에 관해서 1부에서 논의했다), 두 번째 책임에는 넓은 의미의 '적용'이 필요하다 (이것에 관해서 2부 초반에 다루었다). 이제 좁은 의미의 적용에 대한 몇 가지 제언을 하는 것으로 2부를 마무리하고 싶다. 이것은 청중이 설교 본문에 기초한 복음의 역동성을 그들의 삶에 적용해서 실천적인 변화를 이루도록 돕는 대목이다.

대화 상대를 다양화하라. 성경을 연구할 때 우리는, 읽으면서 우리 마음에 분명하게 혹은 은근히 떠오르는 질문에 대한 대답을 추출하려는 경향이 있다. 특정한 시간과 장소에 제한된 인간이기 때문에,

우리에겐 '진공의 관점'(view from nowhere)이란 건 존재하지 않는다. 우리에겐 안에서 떠오르는 특정한 의문, 문제, 이슈들이 있고, 성경을 읽으면서 우리가 주로 '듣는' 것은 바로 그런 의문과 문제, 이슈들이다.

따라서 설교에 나타나는 자연스러운 역동성 가운데 하나는, 그 주간에 우리가 가장 많이 귀를 기울인 사람들을 향해 설교하려는 경향이다. 이유가 뭘까? 우리와 가장 깊이 관련된 사람들이 그들의 의문을 우리 생각에 채우고, 우리가 성경을 읽을 때 그것이 우리 자신의 격자 형태의 틀에 더해진다. 그래서 무엇보다 그들에게 말하는 성경 진리를 우선적으로 간파하게 된다. 그리하여 우리 설교는 우리 마음에 가장 깊이 품고 있는 사람들을 겨냥하는 경향이 있다. 그들이야말로 우리 설교에 가장 관심을 보이고, 또 우리 설교에 가장 만족하게 될 사람들이다.

그들은 자신들도 교회로 나오고, 그들과 비슷한 사람들을 데리고 나올 것이다. 그들이 나오기 때문에, 우리는 그들을 더 만나게 되고, 그들에게 더 이야기하게 되고, 그래서 (반의식적으로) 우리의 설교를 그들에게 더 많이 맞추게 된다. 우리가 그들의 말에 더 귀를 기울일수록, 설교는 그들 쪽으로 더 이끌리게 된다. 우리 설교가 더 그들을 겨냥할수록, 그들은 더 교회로 나올 것이다. 이것이 꼬리에 꼬리를 문다.

이 패턴은 악순환이 될 수도 있고, 선순환이 될 수도 있다. 최악의 경우, 복음주의 설교자는 오직 다른 복음주의 설교자들과 작가들의 글만 읽고 묵상한다. 그들이 온라인으로 교제하고, 읽고, 대화하는 상대는 오로지 그들의 입장을 지지하는 사람들이다. 그렇게 되면 그들의 설교가 실제적인 도움을 줄 수 있는 사람은, 오직 그들의 특정한 신학적 혹은 정치적인 취향을 지지하는 학생들, 그런 운동가들, 거기에 헌신한 자들에 국한된다. 가끔 그렇게 오해하는 사람들도 있지만, 이런 패턴에서 탄생한 설교라 해서 항상 너무 학문적이고 적용은 없는 딱딱한 설교는 아니다. 그런데 성경 본문을 적용하기는 하지만, 주로 설교자 자신과 가장 잘 통하는 사람들이 품는 의문에만 적용한다. 일종의 끼리끼리 학자가 되는 격이다.

대다수 설교자들은 오직 그리스도인들의 글만 읽고 그들과만 교제한다. 그게 더 좋을 수 있다. 그런데 그렇게 되면 그들의 설교는 오직 그리스도인에게만 실제로 도움을 주게 된다. 그 메시지를 사랑하고 그 메시지가 자기들을 '먹인다'라고 느끼는 사람들 말이다. 그런데 이럴 경우, 그들은 본능적으로 믿지 않는 친구들을 교회로 데려올 수는 없겠다는 생각을 굳힌다. '우리 옆집에 믿지 않는 이웃도 와서 이걸 들었으면 좋겠어'라는 생각을 하지는 않는다는 말이다.

적실하고 적용 가능한 설교로 안내하는, 추상적이거나 학적인 방법은 존재하지 않는다. 적용은 우리의 대화 상대로부터 자연스럽게 흘러나온다. 우리가 대부분의 시간을 사람이 아니라 책과 보낸다면, 우리는 성경 본문을 우리가 읽는 책의 저자들에게 적용하게 될 것이다(이 무슨 부질없는 짓인가). 우리가 대부분의 시간을 기독교 모임이나 복음주의 문화권에서 보낸다면, 우리 설교는 성경 본문을 복음주의자들의 필요에 적용하게 될 것이다(훨씬 더 유용하지만 아직 불완전하다). 이 한계를 넘어서는 유일한 길은 의도적으로 우리의 관계망을 다양화하는 것이다.

어떻게 할 수 있을까? 우선, 정치적인 스펙트럼을 넘어 독서의 범위를 다양화하라. 예를 들어, 〈뉴요커〉(*New Yorker*; 진보적), 〈네이션〉(*Nation*; 정치적으로 매우 진보적), 〈위클리 스탠다드〉(*Weekly Standard*; 정치적으로 매우 보수적), 〈아틀란틱〉(*Atlantic*; 진보적이지만 중도적), 〈뉴 리퍼블릭〉(*New Republic*; 진보적이지만 중도적)을 읽을 수 있다. 〈뉴욕 타임스〉(*New York Times*)와 함께 〈월스트리트 저널〉(*Wall Street Journal*)도 읽으라. 또한 〈북스 앤 컬쳐〉(*Books and Culture*; 더 보수적), 〈뉴욕 리뷰 오브 북스〉(*New York Review of Books*; 더 진보적)의 리뷰도 읽으라. 책 리뷰를 제공하는 정기 간행물은 사상의 최신 경향을 따라잡도록 도와줄 것이다.

또한 대화 상대를 다양하게 둘 필요가 있다. 목회자들에겐 참 어려운 일이다. 우리는 너무 바쁘고, 대다수 사람들은 우리와 같이 있을 때 본심을 비추지 않는다. 그럼에도 불구하고 스케줄을 매우 신중하게 잡고, 교제권과 이웃과의 관계를 조금 더 넓혀 간다면 영적인 상황과 전통이 다양한 사람들과 시간을 보낼 수 있다.

설교를 준비할 때 떠올리는 사람을 다양화하라. 본문을 읽고 설교를 작성할 때, 아는 사람들의 얼굴을 떠올려 보라. 대신 다양한 사람들을 떠올려야 하는데, 영적인 상황이 다양한 사람들(비신자, 새신자, 연약한 기신자, 굳건한 기신자), 괴롭히는 죄가 다양한 사람들(교만, 정욕, 염

려, 탐욕, 편견, 분노, 강한 자의식, 우울, 두려움, 죄책감), 처한 환경이 다양한 사
람들(외로움, 핍박, 권태, 고뇌, 질병, 실패, 우유부단, 혼란, 물리적 장애, 노화, 환멸,
따분함)을 떠올리라. '특정한 얼굴을 기억하면서', 적용해야 할 성경 진
리를 응시하고는, 이런 질문을 던지라. '이 본문은 이 사람이나 저 사
람에게 어떻게 적용될까?' 그 본문을 가지고 그 사람을 개인적으로 상
담하고 있다고 상상해 보라. 굉장히 힘겨운 작업이 될 수 있지만, 훈
련이 되면 그게 제2의 천성이 될 수 있다(설교자가 그들의 상황을 완전히 체
화할 수 있다─옮긴이주). 이 작업으로 기대할 수 있는 효과는, 우리의 적용
이 구체적이고, 실질적이며, 개인적이 될 수 있다는 것이다. 그것은
또한 우리를 더 나은 목회 상담가로 만들 것이다.

　　더 간단한 형태는 스스로에게 이렇게 묻는 것이다. '이 본문은 마
가복음 4장의 네 가지 밭 비유로 대표되는 네 그룹의 사람들에게 어
떤 의미를 줄까?' 네 그룹은 각각 믿음을 거부하는 회의론자들, 헌신이
얄팍한 명목상의 그리스도인들, 충성심이 나뉘고 우선순위가 때로 뒤
바뀌는 그리스도인들, 마지막으로 성숙하고 헌신된 그리스도인들이
다.[19] 생각을 촉발한다는 의미에서 항목을 더 늘려도 좋다.[20]

　　설교 전체에 적용을 직조하라. 전통적인 청교도 설교는 '교리'로
구성되었다. 성경 본문을 연구해 명제형 교리를 도출하고, 그 후에 그
교리가 실제로 삶에서 가지는 함의들을 이끌어 내는 '적용'을 가미하
는 방식이다. 일반적인 의미에서, 지금도 이 순서가 최선이다. 우선
본문이 의미하는 바를 정리하고, 이어서 그것이 마음에 절실하게 다

가오게 하여, 삶의 변화로 초대하면 된다.

그렇지만 설교자가 이 모델을 너무 경직되게 따르는 것은 금물이다. 적용을 위해 설교의 맨 마지막까지 기다릴 필요는 없다. 적용은 설교 전반에 걸쳐 나올 수 있고, 일반적으로 그래야 한다. 모든 성경적 원리는 다소간 실천적인 언어로 표현되어야 하기 때문이다. 어떤 주제는 설교 도중에 간략하게 다루고 더 이상 다루지 않는 경우도 있는데, 이런 경우에는 짤막한 적용이 반드시 들어가는 게 좋다.

설교가 진행되면서, 우리는 더 직접적이고 구체적인 적용으로 나아가야 한다. 설교가 막바지에 이르면, 적용들을 모아서 다시 정리해 주는 동시에 한층 더 구체적으로 마음에 새겨 주는 게 좋다. 할 수 있는 대로 최대한 생생하고 구체적인 메시지를 선포하라. 물론 특정 개인을 언급해서는 안 된다. 여기 내가 설교한 것에서 한 가지 예를 소개하겠다. 진실성과 정직성에 관한 설교다.

> 정치적인 거짓말 중에 이런 게 있습니다. "정말 가고 싶은데, 그날 선약이 있네요." 별로 가고 싶지 않을 때 하는 말이죠. 정말 엉망인 글을 앞에 두고서는 "당신의 글은 독자들에게 조금 어렵게 느껴질 거 같은데요"라는 식의 소감을 얘기하기도 하고요. 워터게이트 거짓말도 있습니다. '일반 대중들은 이해하지 못할 겁니다.' 비즈니스 거짓말도 있죠. 사적으로 직원들에게 비합리적인 요구를 하면서도, 대놓고 '우리는 평등을 지향한다'라고 말하지 마세

요. 실제로는 평등에 대해 관심조차 없다는 걸 모든 사람이 알게 될테니까요. 회사에서 고객들에게 영업용으로 제공하기 위해 구매한 공연 관람권이 있을 때 함부로 개인적인 친구를 데러가지 마세요. 그 자리는 오직 고객들을 위한 자리라는 걸 뻔히 알면서 그러시면 안 됩니다. 모든 게 잘되고 있다고 함부로 떠벌리지도 마세요. 사실은 그렇지 않다는 걸 직원들이 다 알고 있거든요. 분기마감 직전에 주문을 크게 넣지 마세요. 취소될 걸 뻔히 알면서 단지 분기 도표에 좋은 인상을 남기려고 해서는 안 됩니다.

여하튼 이것을 기억하라. 설교의 마지막 단계에 적용을 위해 많은 시간을 할애할 수 있고, 또 그렇게 해야 한다. 하지만 일반적으로 마지막을 채우는 최고의 길은 '여러분은 이렇게 행해야 합니다'가 아니라 '여기 우리가 하나님을 알 수 있도록 우리를 위해 모든 걸 해 주신 분이 계십니다' 하고 강조하는 것이다. 물론 그분은 예수님이다.[21]

다양성을 활용하라. '직접 질문'을 사용하라. 최고의 설교자들은 청중의 유형에 상관없이 아주 직접적으로 말한다. 우리도 그렇게 할 수 있는데, 청중을 향해 질문을 던지면 된다. 마음의 답변을 요구하는 질문들 말이다. 이렇게 질문하라. "지금 이 자리에 계신 분 중에 지난 한 주간 단지 본인을 좋게 보이려는 의도로 진리를 왜곡하거나 진리의 일부를 빼먹었다는 사실을 '알고' 있는 분이 얼마나 될까요?" 그러고는 잠시 침묵하라. 단지 "많은 사람은 자기 목적을 이루기 위해 진리를 왜곡하거나 반쪽짜리 진리를 말하곤 합니다" 하고 말하는 것보다, 훨씬 직접적이고 주의를 사로잡을 수 있다. 사람을 향해 말하라. 질문을 던지라. 그리고 누군가 실제로 대답을 하는 상황에도 대비하라! 그러나 목적은 사람들에게 속으로, 마음으로 대답할 여유를 주는 것이다. 사실상 대화의 효과를 거두기 위한 것이다.

자기 성찰의 기회를 제공하라. 죄의식을 회피하는 우리 인간의 마음의 능력을 과소평가하지 마라. 모든 사람의 마음에는 오랜 세월을 통해 효과가 입증된 속임수와 변명거리가 몇 다발씩은 있다. 이런 도구를 가지고 우리의 사악함과 직접 대면하는 것을 교묘하게 회피한다. 그러나 우리가 한 주 동안 잘만 준비하면, 설교하기 전 우리가 스스로 이런 것 중 상당수에 대해 죄의식을 품을 수 있다. 설교를 들을 때, 청중의 마음에는 이런 생각들이 스칠 수 있다.

'글쎄요, 말은 쉽죠. 우리 남편하고 안 살아 봐서 하는 소리!'
'다른 사람한테는 진실인지 몰라도, 나한테는 해당 사항 없어요.'
'저 말은 셸리가 들었어야 하는데. 정말 셸리한테 필요한 말인데.'

그래서 청중을 위해 짤막한 시험을 제공하는 게 중요하다.

아마 여러분은 자존심을 내세우는 건 좋지 않고 겸손이 좋은 것이라는 데는 모두 동의하실 겁니다. 그런데 이렇게 생각하시는 분도 있을 거예요. '나한테 자존심 문제는 별로 없어' 하고 말이죠. 글쎄요, 우리 자신을 한번 돌아볼까요. 혹시 너무 소심해서 여러분의 믿음을 다른 사람에게 말하지 못하는 분은 없으세요? 너무 자의식이 강해서 사람들에게 진리를 말하지 못하는 분 말이에요. 이게 자존심이 아니고 뭐겠어요? 남한테 나쁜 인상 주기 싫어하는 두려움, 이것도 일종의 자존심입니다.

다양한 형태의 적용을 균형 있게 활용하라. 적용은 최소한 다음 것들을 포함한다. (1) 경고와 훈계 (2) 격려와 새 힘 주기 (3) 위로와 다독거리기 (4) 설득과 애원, 심지어 부추기기. 대다수 설교자들은 이 가운데 오직 하나만을 취하는 위험한 경향을 가지고 있다. 자기 기질이나 성품에 잘 맞는다는 이유로 말이다. 어떤 사람은 기질적으로 부드럽고 내성적인 반면, 어떤 사람은 생기발랄하며 낙관적이고, 또 어떤 사람은 진지하고 열정적이다. 이러한 기질들이 성경 진리에 대한 우리 적용을 왜곡해, 우리가 항상 한 가지 유형의 적용과 권면에 집착하도록 만들 수 있다. 그런데 이것이 누적되면 우리의 설득력을 반감시킬 수 있다. 사람들은 동일한 톤이나 목소리에 익숙해진다. 실상을 말하건대, 어조가 달콤한 햇살부터 먹구름에 천둥까지 폭넓게 오고 가는 게 훨씬 더 효과적이다! 우리의 기질이 아니라 성경 본문이 우리를 이끌게 하라. 우렁찬 진리는 우렁차게 전달하라. 딱딱한 진리는 딱딱하게, 달콤한 진리는 달콤하게 전달하는 방법을 터득해야 한다.

감정적으로 깨어 있으라. '말랑말랑한'(pliable) 순간을 그냥 지나치지 마라. 설교를 하다 보면 때로 이런 순간이 다가온다. 청중의 관심이 확 모아지고 진리에 대한 공동체적인 경험이 한껏 고양될 때 말이다. '사람들이 자신들의 죄를 깊이 깨닫고 있구나' 하는 감이 올 때가 있다. 이럴 때 한 가지 표지는, 아무도 꿈지락거리지도 않고, 발을 움직이는 소리, 심지어 목을 가다듬는 소리조차 내지 않는다. 청중은 더욱 조용하고 고요해진다. 이 순간이 바로 '말랑말랑한' 순간, 가르치기 좋은 순간이다. 그 순간을 그냥 흘려보내지 마라! 준비해 온 설교 개요나 설교문에 너무 얽매인 나머지, 선포되는 진리를 대놓고 구체적으로 청중의 마음에 새길 수 있는 시간을 놓치지 마라. 잠시 멈춰서 청중의 눈을 응시함으로써, 방금 선포한 메시지를 그들이 충분히 음미하도록 하는 것도 한 방법이다.

강력하면서도 정감 있게 하라. 꼭 기억해야 할 것이 있다. 사람들의 행동과 생각에 관해 매우 구체적으로 다룰 때는, 죄에 대한 직설적인 지적과 더불어 청중을 향한 사랑을 분명하게 보여 줘야 한다. 개인적인 의문을 다룰 때에는 따뜻하면서도 단호해야 한다. 절대로 야단치지 말고, 너무 실망하지도 마라. 누군가 속으로 떠올렸을 법한 질문을 다루면서 이건 말도 안 되는 질문이라고 함부로 조롱하면, 우리 자신에 대해 오만하고 함부로 다가가기 어려운 사람이라는 인상을 줄 수 있다(그리고 그게 사실일 수도 있다).

PREACHING

PART 3

성령을 덧입은 설교
설교자의 삶과 인격에 성령이 오셔야 한다

CHAPTER 7

설교가 '들리게' 하시는 분은 성령이시다

'설교'보다 '설교자로서의 삶'을 더욱 힘써 준비하라

내 말과 내 전도함이 설득력 있는 지혜의 말로 하지 아니하고
다만 성령의 나타나심과 능력으로 하여
너희 믿음이 사람의 지혜에 있지 아니하고 다만 하나님의 능력에 있게 하려 하였노라.
- 고전 2:4-5

익히 말해 왔지만 청중은 우리 인격을 신뢰할 때 우리의 메시지도 신뢰할 것이다. 여기에는 빠져나갈 길이 없다. 사람들은 단지 우리 말과 논증, 삶과 유리된 우리의 호소만 수신하는 게 아니다. 그들은 항상 그 근원을 감지하고, 심지어 평가한다. 우리를 잘 모를 경우, 사람들은 우리가 괜찮은 사람인지, 자신들과 연결고리가 있는지, 혹은 우리가 존경할 만한 사람인지를 판단할 이런저런 증거들을 (보통 무의식적으로) 수집한다.

우리가 행복한 사람인지 아니면 자주 시무룩한 사람인지, 신중한 사람인지 들뜬 사람인지, 친절해 보이는지 아니면 딱딱하고 콧대가 높은지를 세심하게 살핀다. 그들이 찾는 것은 사랑이고, 겸손과 확신이며, 기쁨과 능력이다. 우리 말과 인격 사이의 일치와 진실함을 추적한다. 청중은 우리 말 뒤에 감추어진 모종의 에너지나 그 부재를 능히 감지할 수 있다. 우리 안에 있는 불안함, 인상을 남기려는 욕구, 확신의 부재, 혹은 독선까지도 간파할 수 있다. 결국은 이런 것으로 인해 그들은 마음과 관심을 닫아 버린다.

물론 청중은 우리의 기술과 준비 상태, 품은 성격과 확신에 대해서도 일반적인 반응을 보인다. 설교와 가르침을 포함해 훌륭한 전달과 소통을 하는 데 있어 이런 것들이 결정적인 요소를 구성한다. 그러나 특히 설교 행위라면 설득에 있어 훨씬 더 중심적인 무언가가 있다. 그것은 바로 성령이 우리 안에, 우리를 통해 일하고 계심을 청중이 느낄 수 있어야 한다는 점이다. 우리의 설교 안에 성령의 역사를 어떻게 초청할 수 있을까?

성령이 설교에 임재하실 때

조지 휫필드가 처음 그의 설교를 출판하자는 제의를 받았을 때 그는 일단 동의하면서도 이렇게 덧붙였다고 한다. "천둥과 번개를 지면에 담아낼 수는 없을 텐데요."[1]

프롤로그에서 언급한 오래전 사역자의 이야기를 떠올려 보라. 그 사역자의 말에 의하면, 휫필드는 종종 (기술과 구조 면에서) 그리 썩 좋지 못한 설교문(sermon)을 가지고도 위대한 설교(preaching)를 했다. 이 사람은 휫필드의 연설 능력을 말한 게 아니다. 성령이 어떻게 그의 설교에 임재했는지를 말하고 있다. 골로새서에 이에 대한 내용이 나온다.[2]

> 내가 교회의 일꾼 된 것은 하나님이 너희를 위하여 내게 주신 직분(commission)을 따라 하나님의 말씀을 이루려 함이니라 …… 우리가 그를 전파하여 각 사람을 권하고 모든 지혜로 각 사람을 가

르침은 각 사람을 그리스도 안에서 완전한 자로 세우려 함이니 이를 위하여 나도 내 속에서 능력으로 역사하시는 이의 역사를 따라 힘을 다하여 수고하노라(골 1:25-29).

바울이 말하는 직분은, 이 책에서 우리가 탐구하고 있는 설교의 두 가지 위대한 과업을 한마디로 요약한다. '하나님의 모든 말씀을 설교하기, 사람들의 마음에 닿게 설교하기.' 자신의 설교에 대한 바울의 묘사는 여기서 끝나지 않는다. 그는 설교할 때 자기 안에 역사하여 강력한 내면의 울림을 만들어 내는, 힘차게 휘몰아치는 영적인 능력에 대해 이야기한다. "이를 위하여 나도 내 속에서 능력으로 역사하시는 이의 역사를 따라 힘을 다하여 수고하노라." 바울에게 설교는 한 걸음 물러나서 하는 무덤덤한 행위가 아니다. 그것은 오히려 어떤 창조적인 노력으로 완성하는 역동적인 절정 이상의 무언가다. 그는 설교할 때 '고뇌한다'(agonize)라고 말한다. 바울이 여기서 사용하는 헬라어 '에네르기아'(*energia*)가 몇 구절 뒤에서도 사용되는데, 예수님을 죽은 자 가운데서 살려 내시는 하나님의 능력을 묘사하는 대목에 나온다.[3]

바울의 설교를 들은 사람들은 그가 선포하는 복음의 진리가 이미 바울의 삶에 깊이 역사하고 있다는 사실에 감명을 받았음이 분명하다. 그는 단지 논증하며 청중의 관심을 끈 게 아니라 사람들의 삶이 변화되도록 감동시켰다. "각 사람을 그리스도 안에서 완전한 자로 세우려 함이니."[4] 단지 바울의 말을 통해서가 아니라 말하는 그의 인격을 통해서 사람들을 움직였다.

횟필드와 바울 두 사람이, 설교에서 성령이 그들을 통해 일하시도록 초대한 비결은 무엇일까?

첫째, 그들의 행위였다. 그들은 단지 그리스도에 대해 말만 한 게 아니라 그분을 높였고, 그분의 영광을 드러냈고, 그렇게 하는 중에 그분을 향한 그들 자신의 경이와 기쁨을 발산했다. 앞서 우리는 고린도전서 2장 4절에서 "성령의 나타나심과 능력"(혹은 성령의 능력의 나타나심-옮긴이주)에 관해 살펴봤다. 이를 두고 앤서니 티슬턴(Anthony Thiselton)은 이어지는 단락에서 분명하게 드러나듯이(고전 2:16-3:4 참조), 성령의 역할은 "표면에 나서지 않음", 다시 말해 스스로는 숨기시고 그리스도의 아름다움을 가리키시는 것이라고 정리했다(요 16:12-15 참조).[5] 설교자들이 이렇게 단순히 정보를 던지거나 그들의 학식을 드러내기보다 그리스도를 높이고 사람들에게 그분의 사랑스러움을 드러낸다면 비로소 그들도 성령과 공동전선을 펼치는 것이고, 그들의 메시지에도 그분이 함께하실 것을 기대할 수 있다.

둘째, 그들의 인격이었다. 그들의 영적인 은혜와 성품 말이다. 간혹 말하기를 위대한 설교자들이 그렇게 된 것은 공중 연설이나 설교에 탁월한 은사를 가졌기 때문이라고 하는데 일정 부분 사실이다. 그러나 "성령의 능력의 나타나심"을 위해서 재능과 능력보다 더 중요한 것이 있으니, 바로 사랑과 희락과 오래 참음과 자비와 양선 같은 우리의 영적 '열매'다. 은사가 우리의 행함에 관한 것이라면 영적인(혹은 성

·령의-옮긴이주) 열매나 은혜는 우리 인격에 관한 것이다.

은사와 재능은 설교자가 영적으로 미성숙할 때도 심지어 그의 마음이 하나님으로부터 멀어져 있을 때도 발휘가 가능하다. 예를 들어 우리에게 가르침의 은사가 있다면 교실이라는 상황 자체가 은사를 끄집어내서 우리는 충분히 효과적으로 가르칠 수 있다. 그러나 여기에는 하나님의 강력한 역사는 존재하지 않는다. 조나단 에드워즈는 고린도전서 13장 설교에서 이렇게 말한다.

> 악한 자들 중에도 이〔설교와 사역을 위한〕 은사를 가진 이들이 많습니다. 많은 이가 마지막 날에 이렇게 말할 것입니다. "주여 주여 우리가 주의 이름으로 선지자 노릇 하며 주의 이름으로 귀신을 쫓아내며 주의 이름으로 많은 권능을 행하지 아니하였나이까"(마 7:22). 이렇게 …… 성령의 은사는 있지만 성령의 특별한 구원의 〔역사〕는 없는 사람입니다. …… 그들은 탁월성은 있지만 …… 진실한 은혜와 거룩함 같은 사람의 마음, 성품과는 동떨어져 있습니다. …… 특출한 성령의 은사는 말 그대로 그 사람이 달고 다니는 소중한 보석이나, 마음의 진실한 은혜는 말 그대로 보배로운 마음으로서 …… 그 영혼 자체를 소중한 보석으로 빚어 갑니다. 하나님의 영은 그분이 직접 참여하지 않은 상황에서도 효력을 나타낼 수 있습니다. 하나님의 영이 수면 위에 운행했지만, 그 물에 하나님 자신이 참여한(impart himself) 것은 아닙니다. 그러나 성령이 보

편적인 영향으로 구원의 은혜를 베푸실 때, 그분은 바로 그 영혼에 직접 참여(impart himself)하십니다. …… 그렇습니다. 은혜는 말 그대로 그 영혼에 참여하신 하나님 영의 거룩한 성품입니다.[6]

'은사의 작용'과 '은혜의 작용'을 구별하는 것이나 열매를 분별하는 일은 중요하므로 꼭 해야 한다. 흔히 은사를 영적인 성숙으로 오해하는데, 청중뿐만 아니라 설교자도 오해한다. 사람들이 우리 연설에 열정적으로 집중하는 걸 보면서, 우리는 마치 하나님이 우리 마음을 기뻐하시고, 그분과 우리의 친밀함을 인정하시는 증거를 주신 것처럼 간주하기도 한다. 사실은 전혀 그렇지 않은데 말이다.

오늘을 사는 우리 그리스도인이 역사상 그 어떤 시대보다 이 오해의 위험에 크게 노출되어 있다면, 그건 우리 시대가 소위 '기술의 시대'기 때문이다. 문명화된 사회 중에 이토록 결과와 기술과 은사를 강조하면서, 반면에 이토록 성품과 성찰과 깊이를 소홀히 한 시대는 없었다. 이것이 바로 성공한 많은 사역자가 도덕적인 실패와 일탈에 빠지는 주요 이유다. 그들이 가진 엄청난 은사 때문에 정작 그들의 삶 속에 은혜의 작용이 없다는 사실이 감춰지는 것이다.

이런 역동적인 일은 반대로도 나타날 수 있다. 튼실한 영적 성품, 즉 은혜의 작용이 변변찮은 은사의 빈자리를 채워 주는 것이다. 일반적으로 기독교 사역자는 설교, 목양/상담, 지도라는 세 가지 기본적인 역할 내지 기능을 수행한다. 이 세 영역에 골고루 은사를 받은 사람은 거의 없지만, 그럼에도 불구하고 우리는 이 모두를 수행해야 한다. 능력 있는 장기(long-term) 사역의 관건은, 우리가 가진 기량 안의 '은사가 결핍된 영역'을 어떻게 우리가 가진 품성 안의 강력한 은혜의 작용으로 보완하느냐에 달려 있다.

리더십에 관한 자료들은 우리의 약점, 즉 우리의 은사가 결핍된 영역을 잘 파악하고, 자신의 부족함을 보완할 수 있는 은사를 가진 사람들을 주변에서 찾아서 팀을 꾸리라고 조언한다. 물론 그렇게 할 수만 있다면 분명히 지혜로운 처사일 것이다. 그러나 설령 그렇게 할 수 있다고 해도, 그것만으로는 충분하지 않다. 은사의 부족함을 보완하는 경건이 제대로 구비되지 않는 한, 은사가 결핍된 영역이 우리를 잠식할 것이기 때문이다. 이게 무슨 뜻인가?

예를 들어 대중 연설의 은사가 부족한 사람이 있을 수 있다. 그러나 그 사람이 경건하다면, 그의 지혜와 사랑과 용기가 그를 매력적인 설교자로 만들어 줄 것이다. 목양이나 상담의 은사가 부족할 수 있는데(예를 들어 너무 내성적이거나 수줍어하는 성격), 이 경우도 그 사람이 경건하다면, 그의 지혜와 사랑과 용기가 그에게 사람들을 위로하고 손잡아 이끌 수 있는 능력을 선물해 줄 것이다. 리더십의 은사가 부족한 경우에도(예를 들어 무언가 체계적이지 못하고 성품상 너무 조심스러운 스타일), 그 사람이 경건하다면 그의 지혜와 사랑과 용기로 인해 사람들이 그를 존경하고 따르게 될 것이다.

경건한 성품을 만드는 은혜의 작용이야말로 가장 근본이라고 할 수 있다. 그것이 은사의 모자람을 메울 수 있다. 또한 기독교 사역은 자칫 위선으로 흐를 여지가 크기 때문이다. 교회 사역이나 리더십은 사람들에게 매일 '하나님은 정말로 놀라운 분이십니다!' 하고 말하는 것이다. 삶의 다른 영역에서 이루어지는 과업과는 전연 성격이 다른 일이다. 사역을 통해 우리는 매일 이런저런 방법으로 사람들에게 하나님을 소개하고 그분의 존귀함과 아름다움을 보여 줘야 한다.

그런데 때로 우리가 하는 말에 온 마음과 진실성을 담아낼 수 없는 침체된 상태가 되기도 한다. 이때 우리가 선택할 수 있는 두 가지 길이 있다. 하나는, 우리의 내면을 보다 깊이 성찰하고, 우리 마음을 지속적으로 따뜻하게 데움으로써, 사람들 앞에서 우리가 힘써 실천하는 바를 설교하는 것이다. 다른 길로는, 소위 사역자스러운 분위기를 적당히 걸치는 방법이 있다. 내면과는 전혀 다른 모습을 외면에 장착하는 것이다. 아브라함 카이퍼(Abraham Kuyper)는 바리새주의(영적 위선)가 마치 그림자와 같다고 말했다. 빛 앞에 가장 가까이, 가장 깊이, 가장 예리하게 자리 잡은 어두운 그림자 말이다.

사역 현장에서 나는 사역이 사역자의 영적인 성품을 어느 쪽으로든 증폭시킨다는 사실을 거듭 목격한다. 사역은 그 사역자가 다른 영역에 있었더라면 결코 경험하지 않을 묵직한 변화를 경험하게 한다. 훨씬 나은 그리스도인이 되게 할 수도 있고, 반대로 훨씬 나쁜 그리스도인이 되게 할 수도 있다. 어느 쪽이든 원래 있던 그 자리에 그대로 내버려 두지는 않는다!

성령을 통해 따스함과 힘이 하나가 된다

깊은 경건이나 영적 성숙은 성령의 변혁력 없이 자연적인 인간 안에서는 도무지 연합될 수 없는 특질을 서로 연결시킨다. 이것이 조나단 에드워즈의 위대한 강론 "예수 그리스도의 탁월성"(The Excellency of Jesus Christ)의 주제다.[7] 이 글에서 에드워즈는 "예수 그리스도 안에는 다양한 탁월성 사이에" 놀랍고도 "감탄할 만한 결합"이 존재한다고 주장한다. 그는 예수님이 어떻게 '무한한 위엄과 영광'을 '가장 낮은 겸손, 온유'와 결합하는지, 어떻게 '무한한 정의'를 '한없는 은혜'와 결합하는지, 어떻게 '절대적인 주권과 통치'를 '완전한 복종, 순종'과 결합하는지, 어떻게 '초월적인 자기충족'을 '아버지를 향한 전적인 신뢰와 의존'과 결합하는지를 보여 준다.

에드워즈는, 그분은 하나님의 어린 양이면서 동시에 하나님의 사자라고 선포한다. 하나님의 어린 양이신 그분께로 나아가라. 그러면 그분은 우리를 위해 사자가 되어 우리를 보호할 것이다. 반대로 하나님의 어린 양이신 그분을 거절해 보라. 그러면 그분은 우리를 대적하는 사자가 될 것이다. "그의 아들에게 입맞추라 그렇지 아니하면 진노하심으로 너희가 길에서 망하리니"(시 2:12).

서구 문학과 사상에서 이상적인 영웅이 항상 은혜롭고 친절하면서도 담대하고 강인한 인물로 묘사되는 것은 결코 우연이 아니다. 토머스 맬러리가 쓴 고대 아서 왕의 역사에서, 엑터 경은 랜슬롯에 대해 다음과 같이 말한다. "당신은 집안에서 여인들에 둘러싸여 식사를 할 때면 너무나도 유순한 분이지만, 적들 앞에서는 결코 창을 내려놓지 않는 가장 강인한 기사입니다."[8] 중세 문학 전문가인 C. S. 루이스는 이것을 기사도에 적용된 기독교적인 영웅관의 발로로 이해한다.

> 이러한 이상의 핵심은 인간 본성에 관한 이중적인 기대다. 기사는 피와 철의 사람으로서 짓뭉개진 얼굴과 팔다리가 이리저리 낭자한 육신에 익숙한 사람이지만, 동시에 집안에서는 너무나 얌전하여 마치 시중드는 하녀와 같이 상냥하고, 겸손하며, 있는 듯 없는 듯 고요한 사람이다. 그렇다고 포악함과 유순함 사이에서 타협하거나 중용을 지키는 사람은 아니다. 그는 극도로 포악하면서 동시에 극도로 유순하다. …… 이런 이상이 현대 세계에서도 적실성을 가질까? 몹시 적실하다. …… 중세는 세상의 그 한 희망을 선택하기로 정했다. 그것이 랜슬롯의 양면적인 성품을 결합시키는 천 명의 사람들에 의해 이루어질 수도, 불가능할 수도 있다. …… 여하튼 그것이 가능하지 않다면, 그땐 인간 사회의 지속적인 행복 혹은 존엄에 관한 모든 이야기는 숫제 헛소리에 불과하다.[9]

루이스는 그의 에세이에서 인간의 본성상 이 두 측면이 하나로 합쳐지기란 일반적으로 불가능함을 보여 준다. 그는 오직 성령이 그리스도의 탁월성을 재생산해 낼 때만 이러한 인간 이상이 실현될 수 있음을 깨달았다. 겸손하지만 권능의 사람, 의롭지만 은혜의 사람, 권위 있으면서 동시에 긍휼이 넘치는 사람이라는 이상 말이다.

이 이상이 설교에도 연관이 있을까? 절대적으로 연관이 있다. 그것은 모든 위대한 설교자의 능력의 비밀이다. 사람들은 그들 안에서 사랑, 겸손, 온유함이 능력, 권세, 용기와 절묘하게 조화되는 놀라운 연합을 느낄 수 있었다. 스펄전, 휫필드, 맥체인의 설교와 전기에서 이러한 성품이 드러난다. 그들에게도 아쉬움이 있고, 심지어 약점과 연약함도 있었다. 그렇지만 그들은 자신의 부족함을 감추려 들지 않고 기꺼이 이야기하고, 그들이 섬기는 사람들을 향한 관심과 사랑과 염려까지 있는 그대로 숨김없이 보여 주었다. 그러나 일단 설교단에 올라서면 그들은 치솟아 오르는 권위를 품고 천둥소리를 발했다.

이에 관한 최고의 예는 사도 바울이다. 예를 들어 데살로니가 성도들에게 남긴 그의 강력한 영향력은 다름 아닌 그의 성품에서 흘러나왔다. 데살로니가전서 2장을 읽어 보라. 여기서 바울은 그들 가운데서 행한 사역을 회상하는데, 그에게는 긴급함에서 태동한 강렬함과 용기가 있었다. 바울은 데살로니가 성도들에게 "호소"했고(3절, NIV), "고난과 능욕을 당하였으나 …… 복음을"(2절) 선포했다. 여기서 우리는 그의 선포가 견지하는, 겸손하지만 결코 우쭐하거나 차갑지 않은 장중함과 고귀함을 느낀다. "우리는 너희에게서든지 다른 이에게서든지 사람에게서는 영광을 구하지 아니하였노라"(6절). "너희 아무에게도 폐를 끼치지 아니하려고 밤낮으로 일하면서 너희에게 하나님의 복음을 전하였노라"(9절). 바울에게서 우리는 선포의 정직성과 선명함("너희도 알거니와 우리가 아무 때에도 아첨하는 말이나 탐심의 탈을 쓰지 아니했다", 5절), 애정("우리는 그리스도의 사도로서 마땅히 권위를 주장할 수 있으나 도리어 너희 가운데서 유순한 자가 되어 유모가 자기 자녀를 기름과 같이 하였으니 우리가 이같이 너희를 사모하여 하나님의 복음뿐 아니라 우리의 목숨까지도 너희에게 주기를 기뻐함은 너희가 우리의 사랑하는 자 됨이라", 7-8절)을 목도한다.

설교자가 이와 같은 담대한 사랑을 품을 때, 설교는 능력을 덧입게 될 것이다. 이러한 특질들의 아름다운 기독교적 결합은 숨길 수도, 포장할 수도 없다. 요컨대 좋은 설교자 안에서는 따스함과 힘이 하나로 합쳐진다. 성령의 도움이 없으면 우리 모두는 설교단에서 본성적으로 따뜻함과 온유함 쪽으로 치우치거나, 아니면 강력함과 권위적인 방향으로 흐를 수밖에 없다. 이에 우리는 우리 안에 있는 이 불균형을 직시하고 주님의 거룩한 성품이 충만한 데까지 자랄 수 있도록 그분께 간구해야 한다.

자신의 숨은 마음을 살펴보라

설교를 깊이 들여다보는 하나의 길은 세 가지 '텍스트'(text)라는 틀을 통하는 것이다. 세 가지 텍스트는 성경 본문인 '텍스트'(text), 청중이 처한 정황과 환경인 '콘텍스트'(context), 설교자의 숨은 마음인 '서브텍스트'(subtext)다. 이 책은 대부분의 지면을 텍스트(말씀을 설교하기)와 콘텍스트(마음과 문화를 향해 설교하기)에 할애했다. 이번 장에서 보았듯이, 우리는 은사만으로도 말씀을 제대로 다루고 청중의 마음을 이해하는 설교에 이르는 여정을 감당할 수 있다. 그러나 우리의 영적인 성숙, 즉 설교에서의 성령의 임재를 가늠할 수 있는 핵심 잣대는 우리가 하는 설교의 서브텍스트를 살펴보는 것이다.

서브텍스트는 우리 메시지 저변에 흐르는 메시지다. 그것은 그 메시지가 의도한 진정한(의식적인 혹은 무의식적인) 의미로서, 단어의 표면적인 의미보다 깊다. 예를 들어 "아니요, 저는 괜찮습니다"라는 진술은 '저는 관심 없어요. 당신 원하는 대로 하세요'라는 서브텍스트를 품고 있을 수 있다. 또는 '관심은 있지만 직접 대놓고 말하고 싶지는 않네요'라는 의미일 수도 있다. 설교자의 어조, 얼굴 표정, 자세, 제스처가 청중을 향한 설교의 실질적인 목표에 큰 부분을 차지할 것이고, 선포된 메시지와 상관없이 그 목표가 커뮤니케이션을 장악할 수 있다.[10] 다음에 소개되는 서브텍스트들이 설교에 등장하는 전부는 아니지만, 가장 전형적인 것들이다.

내부 강화의 서브텍스트

첫 번째 서브텍스트는 '우리 정말 대단하지 않아요?'다. 이것은 다분히 의식적이고 정형화된 형태인데, 공동체의 울타리를 강화하고 안전감과 소속감을 증진시키는 데 기여한다. 의식적이라 함은, 이 서브텍스트의 주된 목표가 그룹에 대한 자기강화(self-reinforcement)를 공급한다는 의미다. 내부 강화가 설교의 서브텍스트가 될 때, 실제 전달되는 메시지는 다음과 같다. '서로 뜻이 통하는 우리끼리 이렇게 모인 것은, 서로를 향한, 하나님과 공동체를 향한 우리 헌신의 상징으로서 이 메시지를 공유하기 위함입니다. 우리는 이런 류의 사실들을 믿고 이런 방식으로 살아가는 이런 류의 사람들입니다.'[11] 물론 공동체에 소속감과 정체성을 주는 것은 좋은 목표다. 그러나 그것이 주된 목표, 즉 진짜 서브텍스트가 되면, 삶을 변화시키는 설교의 능력을 훼손하고 말 것이다. 그런 설교는 우리를 그리스도를 닮은 사람이 아니라 우쭐한 인간으로 변화시킨다.

　　정형화된 형태라 함은, 진정한 의미에서의 정보 전달은 요청되지도 제안되지도 않는다는 의미다. 우리 문화에서 정형화된 의사소통의 가장 흔한 예는 '잘 지내시죠?'와 '네, 덕분에'의 주고받기다. 일반적인 경우, 이 대화를 통해서는 진정한 의미의 정보 교환은 이루어지지 않는다. 실제 전달되는 서브텍스트는 '나는 당신에게 친근하고 당신도 내게 친근하다'라는 메시지다. 그런데 똑같은 질문을 병원에서 의사가 환자에게 묻는다면, 그땐 정형화된 의사소통이 아니다. 이 경우는 진짜 정보가 요구되고, 주어진다. 그런데 이 정황을 살피지 않고 일반적인 인사 상황에서 질문을 받은 사람이 자기 몸 상태에 대해 장황하게 늘어놓는다면, 그는 필시 질문자의 의도를 오해한 것이다!

　　많은 교회가 사실상 이러한 내부 강화의 서브텍스트에 경도되어 있고, 그것이 일종의 '문지기'(교인을 걸러내는 것-옮긴이주) 역할을 한다. 이런 교회들은 도전받거나 비난받거나 심지어 확장되기를 원치 않는다. 그 결과 스스로 '진리를 옹호한다'라고 느낄지는 모르나, 모든 관심을 이미 믿는 내부 사람에게 집중한 나머지, 그들을 통해 새로운 사람들이 진리와 대면하거나 심지어 진리와 접촉하는 경우는 거의 없다. 설교와 가르침의 동기와 초점은 오직 울타리 밖에 있는 사람들로부터 내부 사람들을 굳게 세우고 보호하는 데 맞춰져 있다. 이 서브텍스트 안에서 요구되는 주된 기술은 소위 부족 방언(tribal dialect; 교회 내부에서만 통용되는 말들-옮긴이주)을 숙달하는 것이다.

과시의 서브텍스트

두 번째 서브텍스트는 '나 정말 대단하지 않아요?'다. 설교자가 원하는 것은 그저 자신의 기술을 과시하고 교회의 생산성을 촉진하는 것이다. 전달되는 메시지는 이러하다. '내가 위대한 설교자라고 생각하지 않으세요? 또 우리 교회 정말 대단한 교회 아닌가요? 또 오고 싶고, 친구도 데려오고 싶고, 지갑 열어 헌금하고 싶은 교회 아닌가요?'

과시의 목표는 이것이다. '나를 보세요. 내 말을 들으세요. 나란 사람은 당신의 존경을 받기에 충분하지 않나요?' 여기에도 문제가 있으니, 모든 설교자는 청중에게 신뢰를 얻을 필요가 '분명히' 있지만, 그게 주된 목표가 되면 삶을 변화시키는 설교의 능력을 훼손한다. 자의식이 강한 설교자는 청중의 관심을 그리스도가 아닌 자기에게 집중시킨다. 어느 순간 청중은 설교자가 자기에게 별 관심이 없다는 걸 깨닫게 된다. 그의 관심은 메시지를 잘 전달해 사람들의 환심을 사는 데 있기 때문이다.

정보 전달 면에서 보면, 이 서브텍스트는 분명히 실질적인 가르침과 정보 전달에 관심이 있다. 그 목표가 청중이 미처 갖지 못한 정보 덩어리를 전달하는 데 있기 때문이다. 그런데 가르침의 목표란 것이 결국 사람의 마음을 제도로서의 교회, 혹은 조직으로 끌어모으는 것이다.

근본적으로 과시의 서브텍스트는 일종의 '판매 행위'다. 이런 류의 설교는 새로 온 사람과 외부인에게도 큰 관심을 쏟는다. 그러나 근본 동기를 보자면, 간접적이긴 해도 여전히 내부 사람들의 유익(교회 성장)에 초점이 맞춰져 있다. 이 범주의 설교자들은 첫 번째 부류보다, 사람들의 관심을 불러일으키고 그것을 유지하기 위한 더 많은 수사학적 기술을 필요로 한다.

훈련과 가르침의 서브텍스트

세 번째 서브텍스트는 '이 진리 정말 대단하지 않아요?'다. 목표는 듣는 이들의 지식을 키워서 그들이 바람직한 방식으로 살 수 있도록 하는 데 있다. 전달되는 서브텍스트는 '당신이 활용할 수 있는 새 소식'이다. 과시의 서브텍스트처럼 이것도 실질적인 정보 전달을 중시한다. 비록 그 목표는 덜 이기적이지만 말이다.

많은 교회가 이 훈련이나 가르침의 서브텍스트에 헌신한다. 이런 교회의 교인들은 이전에 듣지 못한 새로운 것을 접하기를 좋아한다. 그들은 뜨겁게 고무되기를 원하지만, 그게 중심이라고 생각하지는 않는다. 오히려 그들은 "단단한 음식"(히 5:12, 14)을 공급받기를 원한다. 이러한 커뮤니케이션의 초점은 여전히 철저하게 내부 사람들에게 맞춰져 있다(비그리스도인들은 믿기 전까지는 변화될 수 없기 때문이다). 여기서 요구되는 기술이 있다면, 그건 연구와 전달 능력이다.

예배의 서브텍스트

마지막 서브텍스트는 '그리스도 정말 위대하시지 않아요?'다. 모든 서브텍스트 가운데 가장 복잡하고 완전하며, 가장 많은 기술을 요한다. 정보 전달, 상상력 사로잡기, 심지어 행동의 변화까지 뛰어넘어, 우리 마음이 가장 깊은 애착을 보이는 대상을 변화시킨다는 원대한 목표를 겨냥한다. 메시지는 이러하다. '그리스도가 얼마나 위대한 분인지, 당신이 생각한 것보다 얼마나 더 경이로운 분인지를 보세요! 당신의 모든 문제가 결국 이 진실을 직시하지 못한 데서 온 것임을 깨닫지 못하겠나요?'

나는 모든 교회가 이 예배의 서브텍스트에 헌신해야 한다고 믿는다. 이것이 진정한 '설교'의 심장이다. 초점은 내부인과 외부인 모두에게 모아지고(양자 모두를 지금까지 그들이 예배한 대상을 버리게 하고 오직 그리스도를 향한 예배로 초대하기 때문이다), 근본 동기는 모든 사람을 굳게 세우는

데 있다. 이 서브텍스트는 연구와 수사학적인 능력, 여기에 상황화 능력까지 요구한다.

기술만 가지고는 이 바르고 진실한 서브텍스트를 전달할 길이 없다. 그것은 오직 설교자의 영적인 삶으로부터 나온다. 설교자로서 우리는 '마음으로부터 그리스도를 느끼고' 있는가? 설교하는 바로 그 순간 우리는 그분을 묵상하고 그분께로 침잠하고 있는가? 입을 열어 그분이 찬양받기에 합당하다고 말할 때, 우리는 진심으로 그분을 찬양하고 있는가? 죄에 관해 이야기할 때 우리는 진심으로 낮은 마음인가? 집중하는 청중이라면 누구에게든 그 답이 분명하게 드러날 것이다. 이런 일들이 실제 우리 설교에서 일어나기를 바란다면, 단지 설교 준비만 하는 게 아니라, 매일 기도와 묵상을 통해 정기적으로 그것을 계발하는 수밖에 없다.

요컨대 설교단이 우리를 말씀으로 인도하려는 유혹이 있지만, 정작 우리가 해야 할 일은 말씀이 우리를 설교단으로 인도하게 하는 것이다. 설교를 준비하기보다 설교자로서의 삶을 더욱 힘써 준비하라.

마음으로부터 설교한다는 것

이 책의 절반은 '마음에 닿게 설교하기'라는 주제에 할애되었다. 당신이 꾸준히 마음으로부터 설교하지 않는 한, 그렇게 되기를 바라는 것은 헛된 꿈임을 이제 확실하게 이해했을 것이다. 사람들을 어떤 경험으로 초대하고 싶다면, 먼저 우리 스스로 그것을 경험해야 한다. 성령이 우리 청중의 마음에 어떤 행하실 일이 있다면, 그분은 먼저 우리 안에, 우리를 통해서 그 일을 행하실 것이다. 우리는 투명한 유리 같은 존재가 되어야 한다. 사람들이 우리를 통해 상한 영혼이 복음으로 변화됨을 보고, 그들 안에도 같은 변화가 일어나기를 소망할 수 있어야 한다.

마지막으로 마음으로부터 설교한다는 것이 무엇을 의미하는지에 관한 몇 가지 단상들을 정리하겠다.

> **힘을 다해 설교하라.** 설교자에겐 침착함과 자신감이 있어야 한다. 으스대지 않으면서도 권위가 드러나야 한다. 그러면서도 그 권위를 즐기고 있다는 인상을 주어서는 안 된다. 불안하거나 긴장해서도 안 된다. 준비한 메시지에 대한 확신을 품고 전하되, 환심을 사거나 과시하려고 해서는 안 된다.
>
> **경이를 품고 설교하라.** 설교자의 가슴에는, 설교를 통해 사람들에게 소개하는 그분의 위대함 앞에 놀라움과 경이가 있어야 한다. 구원을 이야기할 때, 설교자가 그 구원을 '맛보고' 있음을 청중이 볼 수 있어야 한다.
>
> **정감을 담아 설교하라.** 설교자에게는 인위적이지 않고 자연스레 묻어나는 투명성이 있어야 한다. 사적인 이야기를 들려준다고 되

는 일이 아니다. 이 투명성은 오직 진리인 복음으로 치유받은 상한 심령으로부터 나온다. 여기서 속임수는 통하지 않는다.

진정성 있게 설교하라. 마음으로부터 설교하기에는 하나의 역설이 있다. 그것은 설교자들이 쓰려고 배워 왔고 청중 또한 기대하는 모든 꾸며진 특유의 투와 감정선을 우회한다는 것이다. 진정성 있는 설교는 언어와 목소리 톤이 단순하고도 꾸밈이 없다.

그리스도를 흠모함으로 설교하라. 예수님을 묘사할 때, 진정한 설교자는 단지 사실이나 추상적인 원리를 되풀이하지 않는다. 온몸을 다해 그분을 생생하게 보여 준다. 많은 청중이 거의 눈앞에서 보듯 그분을 보고 온 맘 다해 그분을 흠모하고 예배하게 된다.

너무 부담스러운가? 나도 그렇다. 그런데 이러한 특성들을 개발하는 중심 열쇠는, 덥석 이런 것들을 갖추려고 시도하지 않는 것이다. 대신 우리의 연약함을 기뻐하고, 오직 그분의 능력이 우리 연약함 안에서 완전하게 되도록 하는 것이다(고후 12:9 참조). 이것은 우리 능력 안에서 우리가 어떤 존재인지를 지속적으로 상기하는 훈련이며, 절박함을 가지고 성령을 의존하도록 이끈다. 그리고 이 절박함과 나란히 따라오는 게 있는데, 설교의 성패는 결코 우리의 유창함이나 지혜, 우리의 능력에 달려 있지 않다는 가슴 벅찬 해방의 지식이다. 그 무엇도 아니다! 우리가 열매 맺은 성공이나 복과 과실이 있다면, 그건 그분으로부터 나왔다.

가슴 먹먹한 자유가 우리에게 임하고, 그때 우리는 스스로를 향해 웃음 지으면서 그분께 이렇게 속삭일 수 있다. "그렇습니다! 이 모든 것이 주님께로부터 나왔습니다!" 어떤 면에선 그날이 바로 우리가 설교자로서, 하나님의 말씀을 가르치는 교사로서 첫발을 내딛는 순간이다.

생명을 전하는 소리로 살자

세례 요한은 유명한 설교자였다. 많은 사람이 그를 찾아와 그의 설교를 들었고, 그는 메시아가 오고 있다고 선포했다. 이는 당시 종교 지도자들에게 매우 부담스러운 상황이었다. 그들은 요한이 스스로를 메시아로 선포할지도 모른다며 근심했다. 혹은 말라기 4장의 엘리야나 신명기 18장의 그 "선지자"로 자처할 수도 있고 말이다. 둘 다 많은 학자가 메시아의 예표라고 생각했던 인물들이다. 이에 유대 지도자들은 조사팀을 파송해서 요한 자신은 스스로를 누구라고 여기는지 알아보려고 했다. 요한복음 1장 19-27절에서 조사팀은 일련의 질문을 요한에게 던진다.

유대인들이 예루살렘에서 제사장들과 레위인들을 요한에게 보내어 네가 누구냐 물을 때에 요한의 증언이 이러하니라 요한이 드러내어 말하고 숨기지 아니하니 드러내어 하는 말이 나는 그리스도 (NIV에는 "메시아"-옮긴이주)가 아니라 한대 또 묻되 그러면 누구냐 네가 엘리야냐 이르되 나는 아니라 또 묻되 네가 그 선지자냐 대답하되 아니라 또 말하되 누구냐 우리를 보낸 이들에게 대답하게 하라 너는 네게 대하여 무엇이라 하느냐 이르되 나는 선지자 이사야의 말과 같이 주의 길을 곧게 하라고 광야에서 외치는 자의 소리로라 하니라 그들은 바리새인들이 보낸 자라 또 물어 이르되 네가 만일 그리스도도 아니요 엘리야도 아니요 그 선지자도 아닐진대 어찌하여 세례를 베푸느냐 요한이 대답하되 나는 물로 세례를 베풀거니와 너희 가운데 너희가 알지 못하는 한 사람이 섰으니 곧 내 뒤에 오시는 그이라 나는 그의 신발끈을 풀기도 감당하지 못하겠노라 하더라.

요한에게서 우리는 겸손과 담대함의 경이로운 조화를 본다. 둘이 한 몸에 동시에 묻어난다. 요한은 자신이 위대한 메시아의 예표인 엘리야가 될 수 있다는 생각을 단호히 거절했다. 심지어 예수님까지 나중에 요한을 일컬어 "오리라 한 엘리야"(마 11:14)라고 지목하셨음에도 불구하고 말이다. 요한은 감히 그런 경외심을 일으키는 존재를 자처할 엄두조차 낼 수 없었다. 도무지 그럴 수 없었다. 그는 메시아의 신발끈을 풀기도 "감당치 못할 자"였다.

세례 요한은 너무나 겸손한 나머지 정작 자기 안에 있는 위대함을 보지 못했다. 예수님과 우리 눈에는 보이는데 말이다. 그런데 요한 안에는 겸손과 함께, 놀라운 담대함과 용기가 있었다. 그는 조사관들 앞에서 조금도 주눅 들지 않았다. 조사관들이 그에게 왜 세례를 주느냐고 물은 이유는, 요한이 행한 세례가 매우 급진적인 행동이었기 때문이다. 세례란 본래 이방인이 유대교로 개종하고자 할 때 베푸는 것이고, 영적으로 부정한 이방인이 이제 하나님의 백성이 된다는 상징이었다. 그런데 요한은 모든 사람에게 세례를 요구했다. 이방인은 물론 메시아를 모시려면 유대인도 세례를 받아야 한다고 주장했다. 사실상 모든 사람이 부정하며 모두가 자격이 없다는 선포였다. 이것은 대외적으로 굉장히 도발적으로 간주될 수 있었다.

그토록 겸손하고 자신의 위대함을 모르는 사람이 어떻게 그렇게 자신만만하고 두려움이 없을 수 있었을까? 여기에 대해 세례 요한은 이사야 40장을 떠올리며 이렇게 대답한다. "나는 '소리'(Voice)다. 나는 그저 소리다. 오시는 분을 가리키는 소리다." 이 대답이 요한이 어떻게 그토록 겸손하면서도 담대할 수 있었는지를 설명해 준다. '나는 아무것도 아니지만, 내가 섬기는 그분은 세상에서 가장 위대하시다.' 그가 자신만만할 수 있었던 이유는 자신을 보지 않고 "세상 죄를 지고 가는 하나님의 어린 양"(요 1:29)을 보았기 때문이다. 예수님의 위대함이 세례 요한 자신을 통해 흘러넘쳤다는 의미인데, 이 대목에서 그는 바울과 호흡을 같이 한다. "우리는 우리를 전파하는 것이 아니라 오직 그리스도 예수의 주 되신 것과 또 예수를 위하여 우리가 너희의 종 된

것을 전파함이라"(고후 4:5).

지금도 요한의 소리를 들을 수 있다. 영화 〈위대한 생애〉에서 내가 참 좋아하는 장면이 있는데, 바로 세례 요한이 헤롯 앞에서 처형장으로 끌려가는 장면이다. 저 멀리 마지막 순간까지 그의 외침이 울려 퍼진다. "회개하라! 회개하라!" 곧이어 어둠 너머에서 쿵 하고 도끼가 그의 목을 치는 소름 끼치는 소리가 들린다.

잠시 후 카메라가 방향을 틀어 왕좌에 고요히 앉아 있는 헤롯을 클로즈업하고, 불현듯 그의 귀에 속삭이는 소리가 들린다. "회개하라!" 요한은 죽었지만 그의 목소리와 그의 영향력, 그의 메시지는 결코 죽일 수 없었음을 우리에게 보여 준다.

우리가 우리 자신이 아니라 그리스도를 선포한다면, 그래서 우리를 통해 하나님의 말씀이 사람들에게 흘러가게 한다면, 우리도 요한처럼 소리가 될 수 있다. 자신이 너무 연약하다고 느끼더라도 상관없다. 아니, 차라리 그게 훨씬 나은 일이다.

팀 켈러의
강해 설교 작성

이 책은 완전한 설교학 교과서와는 거리가 멀다. 읽은 분들은 알겠지만, 대부분의 지면을 특정한 설교가 '왜' 필요한지, 그런 설교는 원리적으로 '어떤 모양'인지에 대한 논의에 할애한 반면, 실제로 '어떻게' 좋은 설교를 준비할지에 대해서는 상대적으로 거의 논하지 못했다. 책을 쓰면서 여러 차례 밝힌 대로, 이것은 하나의 선언문이지 매뉴얼이 아니다.

그러나 보다 실천적인 자료를 나누어야겠다는 충동을 억누를 수가 없다. 그래서 책을 마치기 전 이렇게나마 설교의 첫 번째 위대한 과업인 신실한 말씀 설교를 위한 작은 매뉴얼을 제공하고자 한다. 하나의 성경 본문으로 강해 설교를 작성하고 전달하는 과정을 세밀하게 묘사하는 좋은 책들이 많이 있다.[1] 그 가운데 십여 권, 오래된 책과 새로 나온 책을 아울러 살펴보면 방법론상에서 놀라운 일치를 발견할 수 있다. 최고 수준의 동의를 이루는 것들을 간략하게 정리하면, 건강한 강해 설교를 준비하는 방법에 관해 매우 유용한 핵심 요약판을 확보할 수 있다. 자료마다 요구하는 단계와 절차는 다양하지만, 다음 네 가지 지침은 공통적으로 포함하고 있다.[2]

1. **본문의 '목표'를 분별하라.** 성경 본문이 말하는 모든 내용을 열거한 뒤, 본문의 모든 사상이 합력하여 떠받치는 중심 사상을 찾으면 본문의 목표를 가늠할 수 있다.

2. **설교의 주된 '주제'(테마)를 선택하라.** 본문의 중심 사상을 드러내면서 자신이 섬기는 특정한 청중에 조율된 주제를 선택하라.

3. **설교 주제를 중심으로 '개요'(아웃라인)를 발전시키라.** 본문에 부합하되, 각 대지가 본문에 기초한 통찰을 드러내는 동시에 절정을 향해 나아가는 움직임이 있는 개요를 마련하라.

4. **각 대지에 '살을 입히라.'** 논증과 예화, 예시, 이미지, 관련 본문들, 가장 중요하게는 실질적인 적용을 가지고 대지를 채우라.

본문의 목표 분별하기[3]

우선 성경 저자의 '목표'를 분별해야 한다. 성경 본문의 저자가 원독자에게 기대하는 것, 즉 본문을 통해 독자들이 배우고, 생각하고, 느끼고, 행하기를 기대하는 것이 무엇일까? 이를 알기 위해서는 본문을 깊이 파야 한다. 거듭된 읽기와 분석을 통해 본문을 파고들면서, 본문에 대한 연속 주석(running commentary)을 확보해 가고, 본문이 말하고 암시하는 모든 것을 항목화해야 한다. 본문에 나타난 많은 사상 중 무엇이 중심이고 무엇이 주변인지를 물어야 한다. 다른 말로 다른 사상들이 합력하여 지지하고 설명하는 중심 개념이 무엇인지를 추적해야 한다. 여기 강해 설교에 관한 가장 유용한 책들에서 추출하고, 내 경험을 가미하여 마련한 가장 단순화된 접근법을 소개하겠다.[4]

본문 연구 1라운드. 우리말로 된 성경[5](원문에는 영어 성경-옮긴이주)을 최소한 서너 번 읽으라. 자신만의 본문 연속 주석을 쓰기 시작하고, 인상적인 것이나 의문이 드는 것은 무엇이든 기록하라.[6]

본문 연구 2라운드. 다시 본문을 두세 번 더 읽으라. 이번에는 본문에서 세 가지의 기본적인 범주를 찾으면서 읽으라. 첫 번째, 반복되는 단어, 사상, 문법 형태. 두 번째, "그러므로", "왜냐하면", "이는", "따라서", "만일", "그때"와 같은 접속어. 마지막으로 은유나 이미지들이다. 이런 것들을 기록하면서, 자신만의 주석에다 반복되는 단어와 연결어, 이미지에 관한 질문들을 첨가하라. '저자가 왜 이 말을 사용했을까?' '이 말을 통해 그가 전하고자 하는 게 무엇일까?' '이 말이 여기에 없었다면 단락의 의미에는 어떤 변화가 생겼을까?'

이번 라운드는 특히 접속어의 역할에 유념해야 하는데, 접속어는 본문의 구성 요소(접속어 전후의 절, 문장, 문단)를 드러낼 뿐만 아니라, 그 요소들이 서로 어떤 식으로 연결되고 연계되는지를 확정한다. 예를 들어 무언가의 결과나 귀결을 보여 주는, 원인과 결과의 연결이 있다. 혹은 일반에서 특정으로의 연결도 있는데, 앞서 언급된 무언가를 구체적으로 해명하고 보다 정교하게 다듬어 가는 연결이다. 반대로 본문의 후반부가 앞선 부분들을 요약하거나 원리화하는 연결도 있다.

본문 연구 3라운드. 단락 전체를 다시 읽되, 이번에는 주석을 비롯해, 본문을 원어로 읽을 수 있도록 도와주는 도구들을 사용하면서 읽으라. 성경 연구용 소프트웨어 프로그램이 다양하게 나와 있어서, 이제 원어에 대한 학문적인 훈련을 받지 않은 사람도 최소한 제한된 방식으로는 활용이 가능하다.[7] 나는 이 부분에서 다섯 가지 방법을 쓰려고 노력한다.

1. 중요한 단어의 의미를 결정하라. 그 단어가 여기서는 어떤 의미며 성경 다른 곳에서는 어떤 의미인지를 파악하라.
2. 본문에 혹시 우리말 번역에는 드러나지 않는 반복이 있는지를 면밀하게 살피라. 간혹 반복되는 헬라어나 히브리 단어들이 번역 과정에서 스타일과 다양성의 이유로 다른 단어로 번역되기

도 한다.

3. 주석을 활용하여 본문에서 잘 이해가 되지 않는 의문에 대한 답을 찾으라. 많은 공을 들여 희미하고 어려운 단락을 풀어 주는 좋은 주석들이 많이 있다.

4. 참고 자료의 도움을 받아 본문에 등장하는 이미지들을 세심하게 연구하고, 성경 다른 곳에서는 그것이 어떻게, 어떤 의미로 사용되는지를 찾아보라.[8]

5. 본문에서 성경 다른 부분을 인용하거나 암시하는 부분을 찾으라. 특히 신구약의 경계를 넘나드는 인용을 세심하게 파악하라.[9]

마지막 5번은 당신이 다루려는 성경 본문이 어떻게 그리스도를 가리키는지를 추적하는 부분이다. 이 모든 통찰을 자신만의 연속 주석에 기록하라.

본문 연구 4라운드. 이제 본문의 문맥(context)에 관한 질문을 던지라. 우선, 권별 성경 내의 문맥을 살피라. 예를 들어, 이런 질문을 던지면 된다. '이 단락은 권별 성경의 나머지 부분과 어떻게 조화되는가?' '권별 성경 전체의 메시지는 무엇이며, 특히 이 단락은 메시지에 어떻게 기여하는가?' '이 단락이 여기에 있는 이유는 무엇일까?' '만일 이것이 여기에 없었더라면 권별 성경의 메시지는 어떻게 변화되거나 약화되었을까?'

나아가 본문이(그리고 이 본문이 포함된 권별 성경이) 나머지 성경과 그것의 메시지와 어떻게 조화되는지를 물어야 한다. '나머지 성경에서 제기된 여러 교리 가운데 본문이 다루는 것은 무엇인가?' '본문의 주제들 가운데 정경 전체를 관통하는 것은 무엇인가?' '가장 결정적인 것으로, 본문을 관통하는 주제들은 어떻게 그리스도를 가리키는가, 혹은 그리스도 안에서 완성되는가?' 3라운드의 참고 도구들이 이미 이러한 문맥 질문에 대해 많은 대답을 주었을 것이다. 새롭게 떠오르는 모든 생각을 나만의 주석에 담으라.

마지막으로, 종결적인 질문이 남았다. '본문의 목표'가 무엇인지를 묻는 것이다. 이는 지금까지 발견한 모든 통찰을 한데 묶어 준다. 알렉 모티어는 이렇게 묻는다. "다른 모든 것이 수렴되는 단 하나의 지점이 무엇인가?"[10] 해돈 로빈슨(Haddon Robinson)은 두 항목으로 된 질문을 던진다. "주어부: 본문은 무엇에 대해 이야기하는가? 술어부: 본문은 그것이 이야기하는 것, 즉 주어부에 대해 무엇이라고 말하는가?"[11] 어떤 이는 이런 질문을 제안한다. '저자의 의도 속에 원독자들이 배우고, 느끼고, 행하기를 바라는 중심된 것은 무엇인가?' '단락의 목표나 초점은 무엇인가?' 설교자는 발견을 돕는 이런 질문들 가운데 하나를 선택해 시작점으로 삼아야 한다. 물론 구체적인 질문의 형식은 각자 원하는 대로 다듬어도 좋다.

본문의 '목표 질문'이 어떤 식으로 제기되든, 답은 보통 두 가지 패턴 가운데 하나를 통해서 발견된다. 우선은, 반복과 그것이 서로 관계하는 방식을 통해서다. 단락에서 '용기'나 '두려움'이 네다섯 번 반복해서 언급된다면, 필시 그것이 중심 주제다. 두 번째는, 단락이 장과 권별 성경, 성경 전체와 어떻게 연결되는지를 보여 주는 문맥 질문을 통해서다. 고린도전서 13장 '사랑장'은 주로 결혼식에서 읽히고 설교되지만, 고린도전서 12장과 14장 사이라는 문맥 안에서 보면, 그것은 로맨틱한 사랑에 관한 게 아니라, 알력과 불화로 찢어진 공동체 안에서 어떻게 평화를 창출할지에 관한 말씀이다.

"나는 세상의 빛이라"라고 하신 요한복음 8장의 예수님의 진술을 제대로 이해하려면, 요한복음 7장에서 주님이 이스라엘을 광야 가운데로 인도하시는 하나님의 영광의 구름을 기념하는 초막절에 이 선포를 하셨음을 파악해야 한다. 여기서 예수님은 어떤 일반적인 조명의 능력을 말씀하시는 게 아니다. 그분은 스스로를 인간이 되신 이스라엘의 영광, 모세의 하나님으로 드러내고 계신다.

목표 질문에 대한 답을 한두 문장으로 써 보라. "그 단락에서 신선하게 짜낸 정수"가 되는 답이어야 한다.[12] 우리가 가진 모든 자료에서 엑기스를 뽑아내기 위해, 단락에 제목을 달아 보라. 여러 문단으로 구성된 긴 단락이라면, 각 문단에도 제목을 달아 주라.

설교의 주된 주제 선택하기

이어서 설교를 위한 '중심 주제'를 선택하라. 성경 본문의 중심 사상들을 충분히 드러내면서도, 무엇보다 청중에게 조율된 주제여야 한다. 같은 성경의 가르침이지만, 신자들만 모인 동질 그룹인지 아니면 신자와 비신자들이 섞여 있는 청중인지에 따라 강조점을 달리할 수도 있다. 설교의 상황 면에서도 예배 상황, 수련회 상황, 결혼식 상황 등 다양하다.

심지어 본문의 중심 사상이 선명하다고 해서(항상 그런 것은 아니지만), 반드시 설교 주제가 하나만 존재하는 것은 아니다. 본문의 중심 사상을 신실하게 드러낼 수 있는 설교 주제는 일반적으로 하나가 아니라 여럿이다. 싱클레어 퍼거슨은 이렇게 말한다. "[본문의 중심 사상을 분별하는] 이 객관적인 작업과 동시에 영적인 감수성이 기동한다. …… 설교자는 조직신학자가 아니다. …… 설교자는 목회자다. …… 우리의 설교는 '필요 함몰적'(need-determined)이어서는 안 된다. 대신 '사람 지향적'(people-oriented)이어야 한다."[13] 퍼거슨의 말은, 설교 주제를 결정하기 위해 본문의 주된 사상(우리의 첫 번째 책임)과 함께 청중의 필요와 수용력(우리의 두 번째 책임)도 고려해야 한다는 의미다.

앨런 스팁스도 같은 말을 했다. "유난히 풍성한 단락이 있다. 이런 경우, 본문을 다루는 폭이 굉장히 넓어지는데, 단락 안에 존재하는 여러 강조점에 따라, 혹은 그에 상응해 설교자가 겨냥하는 특정한 목표와 적용에 따라 다양한 접근이 가능하다."[14] 다른 책에서 데이비드 잭맨(David Jackman)은 설교자는 본문의 중심 사상(big idea)과 더불어 '목표 문장'(aim sentence)도 설정해야 한다고 말한다. 그가 말하는 목표 문장은, "당신이 기도 가운데 성령이 설교의 결과로 청중의 삶 속에 이루어 주시기를 바라는 것"을 의미한다.[15] 본문의 중심 사상과 목회적인 목표가 한데 어우러져서 설교 주제를 낳는다.[16]

스팁스는 한 본문을 실례로 들어, 주제를 결정하는 과정을 보여 준다. 요한복음 2장 1-11절, 예수님이 가나 혼인 잔치에서 물로 포도주를 만드시는 본문이다. 본문의 중심 사상은 11절에서 발견된다. 기적은 예수님의 죽음을 가리킴으로써 그분의 영광을 드러낸다. 그분의 죽음은 우리를 정화시키고 우리에게 기쁨의 잔치를 보장하는 죽음이다. 이 짧은 내러티브에도 긴장이 있으니, 예수님이 마리아에게 말씀하시는 대목이다. 포도주가 떨어졌다는 사실을 마리아가 알렸을 때, 주님은 퉁명스러운 듯 아리송한 말로 대답하셨고, 뒤이어 잔치의 기쁨을 회복하는 기적이 따라온다. 예수님은 통상 죄를 씻는 정결 예식에 쓰던 물 항아리를 사용하셔서 기적을 일으키셨는데, 그분이 흘리신 피의 목적을 상징한다. 예수님이 우리의 기쁨을 회복시키기 위해 친히 모든 기쁨을 버리셔야 함을 상징적으로 보여 주신다.

이 기적은 예수님의 정체와 장차 그분이 행하실 일의 영광을 계시한다. 그런데 같은 단락에서 우리는 그분의 영광의 여러 측면을 볼 수 있다. 이에 스팁스는 상황과 설교 대상에 따라, 이 중심 사상을 어떻게 다양한 설교 주제로 선포할 수 있는지를 보여 준다. 스팁스는 먼저 결혼예배 설교의 중심 초점으로 2절을 지목하면서("예수 …… 도 혼례에 청함을 받았더니"), 설교 주제로는 '우리의 결혼에 예수님을 초청해야 한다'를 제안한다. 기도회 상황이라면 주된 초점은 3절이 될 수 있고("예수의 어머니가 예수에게 이르되 저들에게 포도주가 없다 하니"), 설교 주제로는 '기도할 이유와 방법'이 가능하다. 사역자나 교회 리더십 대상의 설교라면 중심 초점을 5절에 맞추어("너희에게 무슨 말씀을 하시든지 그대로 하라"), '그리스도께 쓰임받는 일꾼이 되는 법'이라는 주제로 설교할 수 있다. 신앙의 색깔마저 다양한 청중을 상대하는 주일 오전 설교라면 주된 초점을 10절에 맞출 수 있다. "그대는 지금(마지막)까지 좋은 포도주를 두었도다." 이때 주제는 '예수님이 주시는 기쁨'이 가능하다.

이렇듯 우리의 구원을 위한 주님의 영광스러운 죽음이라는 동일한 중심 사상이, 다양한 방식으로 설교 전면에 제시될 수 있다. 각 설교는 우리의 결혼에 초청되기를 원하시는 예수님, 기도에 응답하시는 예수님, 순종하는 조력자들을 축복하시는 예수님, 혹은 우리가 일생 찾아 헤맨 기쁨을 선물하시는 예수님으로 시작한다. 그런데 어떻게 그것이 가능한가? 다름 아닌 그분의 영광스러운 죽음을 통해서다.[17]

성경학자 알렉 모티어는 요한일서 2장 1-2절을 예로 들어 본문의 중심 사상에서 주제로 나아가는 동일한 과정을 시연한다.

나의 자녀들아 내가 이것을 너희에게 씀은 너희로 죄를 범하지 않게 하려 함이라 만일 누가 죄를 범하여도 아버지 앞에서 우리에게 대언자가 있으니 곧 의로우신 예수 그리스도시라 그는 우리 죄를 위한 화목제물이니 우리만 위할 뿐 아니요 온 세상의 죄를 위하심이라.

모티어는 이 두 절 안에는 예수님에 관해 최소 여섯 가지 진실 또는 사상이 담겨 있다고 말한다. (1절a) 예수님의 목표는, 우리 삶에 죄가 사그라지고 결국 사라지는 것이다. (1절b) 그렇지만 우리가 죄를 범하더라도 예수님은 우리를 버리지 않으실 것이다. (1절c) 예수님은 승천하셔서 아버지 앞에서 우리의 대언자가 되신다. (1절d) 예수님은 의로우시다. (2절a) 예수님은 구속을 통해 우리 죄를 위한 화목제물(헬라어로는 힐라스모스, *hilasmos*)이 되신다. (2절b) 예수님은 죄 용서를 확보하시고는 우리와 세상에 용서받을 수 있는 길을 열어 주신다.

모티어는 본문의 중심 사상, 즉 다른 사상들을 이끄는 중심점은 두 번째, 즉 '예수님은 결코 우리를 버리시지도 포기하지도 않으신다'에 있다고 생각했다. 단락의 초점은 이렇다. 우리는 죄를 지어서는 안 되지만, '만일 누가 죄를 범하여도' 예수님은 여전히 우리의 대언자가 되시고, 아버지는 여전히 우리를 사랑하시고, 우리는 여전히 용서를 받을 것이다. "여섯 진리는 각각 천상의 안전을 내뿜는다. …… 우리가 죄와의 싸움에서 지속적으로 패하더라도 (우리는 확신을 품고) 이 위대한 구원의 상속과 소유를 주장할 수 있다."[18]

모티어는 본문의 중심 사상이 설교 주제로 탈바꿈하기 위해서는 "사역하는 청중에 맞추어 재단되어야" 한다고 주장하는데, 그의 음성 안에 퍼거슨과 스팁스의 목소리가 메아리친다. 그의 주장은 설교할 때 우리의 책임은 하나가 아니라 둘임을 상기시킨다. "첫째는 진리에 대한 것이고, 둘째는 특정한 그룹을 향한 것이다. 어떻게 하면 그들이 진리를 가장 잘 듣게 할 수 있을까? 어떻게 문구를 만들고 조합하면 그들의 구미에 맞아서, 가장 열린 마음으로 듣게 하고 …… 그러면 서도 불필요한 상처를 주지 않을 수 있을까?"[19]

모티어는 이런 측면에서, 가능한 단 하나의 설교 주제란 애초에 없다고 말한다. 본문의 중심 사상이 '우리 구원의 확실성'으로 기술된 다고 해도, 반드시 그게 설교 주제가 되어야 하는 건 아니다. 예를 들어 신학적인 지도가 많이 필요한 청중일 경우, 설교자는 예수님이 우리의 대언자요 승천하심으로 하늘의 중보자가 되신다는 사실에 초점을 맞출 수 있다. 이때 주제는 '주님의 승천의 실체와 의미' 정도가 적당할 터인데, 설교의 강조점은 이에 대한 성경의 가르침과 신자들에게 의미하는 바가 될 것이다.

또는 이런저런 목회적인 이유로, 본문에서 중요한 자리를 차지하고 있는, 하나님의 진노를 없앤다는 의미의 '화목제물'이라는 단어에 초점을 맞출 수도 있다.[20] 이것은 십자가로 인해 주어지는 우리의 죄 사함이 얼마나 철저하고 깊이 있는지에 더욱 관심을 모으게 한다. 이때 주제는 '예수님은 어떻게 우리를 구원하시는가'(화목제물의 의미) 정도가 가능하다. 세 번째 접근은 보다 개인적인 것으로, '반복되는 죄를 처리하는 방법'을 주제로 삼을 수 있다. 각 설교는 공히 우리의 흔들림 없는 안전과 확실성이라는 중심 사상을 도출하고 전달하지만, 듣는 청중이 교리에 얼마나 익숙한지에 따라 혹은 삶에서 그들이 직면한 문제에 따라 설교의 주제는 달라질 수 있다.

앞서 살펴본 대로, 많은 저자는 설교 주제를 결정할 때 본문의 주된 사상과 목회적인 목적을 결합할 것을 제안한다. 그런데 한 본문을 바르게 설교하려면 반드시 전체 성경 문맥 안에서 살피고 그것이 어떻게 그리스도를 가리키는지를 보여 주어야 한다는 점에서, 설교 주제를 선택하기에 앞서 설교자는 다음 세 가지 질문을 고려해 볼 필요가 있다.

- **본문의 주된 사상 질문**: 성경 본문은 무엇에 관해 이야기하고 있으며, 그것에 대해 본문은 무엇이라고 말하고 있는가?
- **목회적 목표 질문**: 이 가르침은 원독자들에게 어떤 실천적인 변화를 만들었을까, 그리고 우리에게는 어떤 변화를 만들어야 할까?
- **그리스도 질문**: 본문은 어떻게 그리스도를 가리키는가, 그리고 그분의 구원은 어떻게 우리가 그 목회적 목표를 좇아 변화되도록 돕는가?

이 질문에 답한 후에, 설교의 중심 주제를 결정하라. 그것은 본문의 주된 사상을 사람 지향적으로 푼 것이 되어야 한다. 설교 주제를 가능하면 능동형인 선언적인 문장으로 표현하는 것이 좋다. 예를 들어, 요한복음 16장 16-23절을 연구하여, 본문의 중심 사상을 '예수님은 그분의 재림에 관한 가르침으로 제자들을 위로하신다'로 결정했다고 생각해 보자. 이때 설교 주제로는 '그리스도인은 그리스도께서 주시는 희망으로, 무슨 상황이든 맞설 수 있다'가 가능하다.

주제를 중심으로 개요 발전시키기

주제를 선택했다면, 그 주제를 중심으로 '개요'(아웃라인)를 발전시키라. 각 대지는 본문 자체의 통찰에서 나와야 하는데, 단락의 의미를 드러내면서도 절정으로 올라가는 내러티브 긴장을 창출하는 개요를 마련하라. 경우에 따라선 법정 변론 형태의 개요도 가능하다. 사실 진술, 주장, 주장에 대한 논증으로 이어진다. 혹은 스토리텔링 형태의 개요도 가능하다. 삶의 균형을 흔들어 놓는 무언가에 대한 진술, 일을 바로잡기 위한 투쟁의 역사, 해결되는 줄거리 묘사로 구성된다.

초기 수세기 동안 많은 강해 설교자는 개요를 따로 발전시키지 않고, 대신 연속 절별 주해를 제공하는 쪽으로 나아갔다. 물론 이 방법에도 어렴풋한 개요는 있었다. 본문을 논리적인 사상 단위로 쪼개고, 서너 절을 하나의 단위로 다루고는, 다음 단위로 넘어가는 식이었다. 그러다가 단락의 마지막 부분에 당도하면, 주요 주제와 교훈을 요약해 주기도 했다. 요컨대 설교의 개요는 그저 단락의 연속된 구조였고, 설교를 다른 식으로 구성하는 가능성에는 거의 관심을 쏟지 않았다. 설교자가 설교 개요를 짜는 관례는 중세에 이르기까지 마련되지 않았다.[21] 장 칼뱅이 크리소스톰과 여타 초기 기독교 설교자들의 연속 주해 방식을 되살리려고 시도했지만, 그와 동시대 프로테스탄트 설교자들의 관심은 헬라와 로마의 수사학 방법론을 회복하여 교회를 위해 활용하는 데 더 기울어져 있었다. 청교도들과 그 후예들은 다분히 스콜라적인, 고전적인 설교 개요를 발전시켰는데, 단일한 명제와 그것에 대한 철저한 분석, 그것에 대한 철저한 변호와 적용으로 구성되었다.[22]

최근 200년에 걸쳐, 설교 개요가 견지해야 할 특성에 대한 모종의 의견 일치가 이루어졌다. 우선은 대지에는 '통일성'(unity)이 있어야 한다. 모든 대지가 중심 주제를 지지해야 한다는 말이다. 또한 '비율'(proportion)이 있어야 하는데, 각 대지가 대체로 동일한 시간과 중요성을 가져야 하며, 사상의 진척과 개진 속도가 너무 느리거나 너무 빨라서는 안 된다는 말이다. 이어서 '순서'(order)가 있어야 한다. 각 대지는 주제에 관련될 뿐만 아니라, 다른 대지 위에도 세워져야 하는데, 앞에서 말한 바를 단순 반복하는 게 아니라 생각을 전진시켜야 한다. 마지막으로 대지에는 '움직임'(movement)이 있어야 한다. 설교 개요는 단지 가지런히 배열된 정보나 어떤 명제에 대한 단순 '논증'이어서는 안 된다. 그것은 사람들에게 어딘가로 이끌리고 있다는 느낌을 줄 수 있어야 한다. 모종의 절정을 향해 한걸음씩 나아가고 결국 하나님과 대면하는 자리로 나아가야 한다. (비내러티브 본문에 기초한 강해 설교라 해도 마찬가지다. 움직임에 대해서는 다음 섹션에서 논하도록 하겠다.)[23]

개요의 각 대지는 주제를 점진적으로 명료화하거나 정당화해야 하고, 이를 통해 설교가 진척됨에 따라 더욱 선명하고, 풍성하며, 설득력 있어야 한다. 이렇게 개요는 단순 배열을 넘어 훈육의 효과를 발휘하게 하는데, 어떻게 살아 내야 할지를 일러 주는 핵심적인 앎의 기술을 실천하도록 한다. 최근에 어디선가 굉장한 설교 예화가 될 인용구나 사례를 발견했을 수도 있는데, 마련된 설교 개요에 어울리지 않는다면, 즉 각 부분이 주제를 섬기는 개요에 맞아 들어가지 않는다면 다른 설교를 위해 따로 분류해 두는 게 좋다.

또한 개요는 강해 설교의 주요 대지들이 본문 자체에서 나왔는지를 확인할 수 있도록 도와준다. 본문 연구를 통해 설교자는 본문에 나타난 흥미로운 사상들을 많이 모으게 된다. 그때 본문의 목적 질문을 통해 그 사상 중에 무엇이 몸통(중심 사상)이고, 무엇이 가지인지를 결정하게 된다. 이 작업을 기초로, 부차적인 사상들을 배열하면 이로써 설교 대지가 구성된다. 대지들은 각각 중심 사상을 설명하거나 구체화한다.

중풍병 환자의 치유를 다루는 마가복음 2장 1-12절이 죄 사함에 관한 본문임을 발견하기란 어렵지 않다. "(죄) 사함"(forgiveness) 혹은 "(죄) 사함을 받은"(forgiven; 혹은 "용서"-옮긴이주)이라는 단어가 네 번 등장하는데(NIV), 단락의 모든 내러티브 긴장은 예수님의 죄를 사하는 권세와 이에 대한 서기관들의 도전으로 모아진다. 그렇지만 본문에는 그 외에도 수많은 일이 있다. 예수님이 처음에는 환자 친구들의 요청을 거절하시는, 다시 말해 물리적인 치유를 베푸시지 않는 모습이 눈에 띈다. 또 하나 눈길을 끄는 핵심은 예수님이 그 사람의 내면 상태를 직관하시는 듯한 모습이다. 죄 사함은 회개를 필요로 하는데, 이 사람은 회개를 입에 담은 적이 없다. 본문의 또 다른 핵심 이슈는 예수님의 질문이다. "중풍병자에게 네 죄 사함을 받았느니라 하는 말과 일어나 네 상을 가지고 걸어가라 하는 말 중에서 어느 것이 쉽겠느냐"(9절). 이것은 생각보다 더 심오한 질문인데, 얼핏 보기에 죄 사함보다 육체적인 치유가 더 어려워 보이지만, 확실한 죄 사함을 위해서는 결국 예수님의 죽음이 요구된다는 점에서 답이 단순하지 않다.

이러한 모든 생각과 항목이 개요에서 대지가 될 수 있다. 설교 주제로는 '진정한 죄 사함의 치유'가 가능하다. 개요는 다음과 같이 구성할 수 있다. (1) 죄 사함의 필요성 (2) 죄 사함의 은혜 (3) 죄 사함의 대가. 1-4절은 죄 사함의 필요성을 보여 준다. 치유에 앞서 죄를 사하셨을 때 예수님은, 하나님과의 바른 관계성을 위한 영적인 필요가 육체의 치유나 다른 그 무엇보다 더 중요함을 암시하신다. 5절은 죄 사함의 은혜를 보여 준다. 예수님은 그 사람이 제대로 표현조차 못한 소망에 대해서도 응답하심으로써, 우리에게 하나님의 죄 사함을 얻기 위해 반드시 이 모든 걸 갖출 필요는 없음을 보여 주신다. 우리는 그저 원하기만 하면 된다. 우리에게 필요한 건 오직 필요다. 사실상 우리에게 필요한 건 아무것도 없다. 난해한 질문인 9절은 우리를 십자가의 그늘로 이끈다. 사람을 육체적으로 치유하기 위해서는 그저 위대한 능력만 있으면 된다. 그러나 우리 죄를 사하기 위해서는 예수님의 막대한 고통과 죽음, 놀라운 사랑이 요구된다. 후자가 우리에게 임할 때, 그때에야 실제로 우리를 죽이는 오직 하나의 질병으로부터 우리가 진정으로 치유받게 될 것이다.

알렉 모티어는 시편 51편을 예로 든다.[24] 그는 시편 51편 본문(NKJV)에서 아홉 개의 중요 단어를 지목한다. "인자(loving kindness), 은혜(mercy), 긍휼(tender mercies), 죄악(transgressions), 지움(blotting out), 죄악(iniquity), 죄(sin), 말갛게 씻음(wash thoroughly), 깨끗이 제함(cleanse)." 단락의 중심 사상은 하나님이 우리 죄를 어떻게 처리하시는가다. 모티어는 각 단어를 연구하여 그것이 성경 다른 곳에서 무엇을 의미하는지를 살핀다. 이를 통해, 그중 셋은 죄가 무엇인지를 정의하고, 셋은 죄 때문에 우리에게 꼭 필요해서 하나님께 반드시 받아야 할 것들을 묘사하고, 또 셋은 그것을 얻기 위해 우리가 하나님께 어떻게 말해야 하는지를 묘사하고 있음을 발견한다.

이때 모티어는 이 모든 단어가 설교에서 기본 대지로 제시될 수 있음을 발견하는데, 그렇지만 어떻게 제시할지는 설교 주제가 결정할 것이다. 그리스도인에게 기도에 관한 주요한 사실을 가르치는 설교가 가능할까? 그럴 경우 설교 주제는 어떻게 우리 죄를 고백할지가 될 것이다. 개요는 다음 구성이 가능하다. (1) 우리는 왜 고백해야 하는가 (2) 우리는 무엇을 고백해야 하는가 (3) 우리는 어떻게 고백해야 하는가. 이 경우에 세 단어 묶음을 각각 하나의 대지로 활용할 수 있다.

혹은, 믿음이 없거나 무엇을 믿는지를 잘 모르는 사람이 많이 포함된 청중을 위한 설교가 될 수도 있다. 이럴 경우 설교 제목으로는 '삶이 무너져 내릴 때' 정도가 가능할 것이다. 개요로는 다음 구성이 가능하다. (1) 내 삶이 무언가 잘못되었다 (2) 왜 잘못되었을까 (3) 어떻게 바로잡을 수 있을까. 이 설교에는 시편 51편이 나오게 된 배경 설명이 상당 부분 포함될 것이다. 다윗이 이스라엘 역사상 최고의 왕이었지만, 그럼에도 그의 마음에 깊은 연약함이 있었고, 혼외정사로 '그의 삶이 무너져 내렸다.' 첫째 대지에서, 우리는 스스로 인정하는 것보다 더 약하고 더 파산한 존재임을 확정할 수 있다. "죄"로 번역된 히브리 단어는 과녁을 빗나갔음을 의미한다. 단지 규칙 위반을 넘어 우리가 아는 바 마땅히 우리가 되어야 할 존재가 되지 못했음을 의미한다.

둘째 대지는 왜 우리가 과녁을 놓쳤는지에 관한 것인데, 두 개의 소지로 구성할 수 있다. 우리의 자기 함몰, 즉 우리 자신에게로 휘어짐('iniquity'은 굽어지거나 휘어진 것을 의미한다). 우리의 자기 의지('transgression'은 완고함과 고집스러움을 의미한다). 이 둘은 세상을 비참한 곳으로 만든다. 세 번째 대지에서 남은 여섯 주요 단어들을 전부 동원할 필요는 없지만, 최소한 "지움"(blot out)으로 번역된 히브리 단어에는 초점을 맞추어야 한다. 이는 일종의 영적·우주적 세제, 죄를 씻되 마지막 한 올까지 말끔히 죄를 씻을 세제가 존재함을 의미하는데(히 9:14 참조), 이로써 우리를 히브리서 9장으로, 그리스도의 사역으로 이끌고 갈 수 있다.

설교의 움직임

설교 개요에는 움직임(movement), 진전(progression), 긴장(tension)이 있어야 한다.[25] 설교 중에는 그저 좋은 생각의 나열에 그치는 경우도 많다. 물론 모든 생각이 성경 본문에서 신실하게 나왔고 설교 주제와도 연관되어 있지만, 순서가 바뀌어도 별 상관이 없는 밋밋한 묶음으로 제시되는 설교도 있다. 이런 경우를 일컬어 사실상 '미니 설교 시리즈'라고 부를 수 있는데, 거의 예외 없이 지루하다. 확신을 갖고 선포되어도 마찬가지다.

설득력 있는 설교라면, 각 대지가 설교 주제를 향해 새로운 기여를 한다. 앞선 대지를 딛고 오르면서, 때로는 앞서 언급된 실마리나 미처 발전되지 못한 생각을 활용해 대지가 구성되기도 하는데, 앞에서 살짝 언급되었다가 나중에 정확한 순간에 본격적으로 모습을 드러낸다. 설교에는 모종의 긴장감이 있어서, 다음에 나올 내용을 듣고

자 하는 열망을 불러일으켜야 하고, 목적지를 향해 여행을 떠나는 느낌을 자아낼 수 있어야 한다. 기술적인 설교자들은 선행하는 대지를 진술할 때, 듣는 이의 마음에 자연스레 이런 질문이 일어나도록 한다. '만일 이것이 사실이라면, 저것과는 모순되지 않을까?' 혹은 '이것이 저것과 어떤 충돌을 일으키지 않을까?' '만일 저것이 성경이 말하는 바라면, 그것에 대해 이런 식으로 반대하는 사람에게는 어떻게 대답하지?' '만일 저것이 우리가 행해야 하는 바라면, 그걸 행할 수 있는 원천은 어디서 얻을 수 있지?' 설교를 진행하면서 듣는 이의 마음에 일어나는 이와 같은 질문에 대답할 기회를 충분히 확보할 수 있다.

유진 로우리(Eugene Lowry)는, 성경 속 이야기를 설교하는 게 아닌 경우에도 설교 대지들은 내러티브의 부분들처럼 느껴져야 한다고 주장한다.[26] 내러티브는 무언가 삶의 균형을 깨트리는 것으로 시작된다. 삶이 나아가야 할 정도에서 엇나가는 것이다. 예를 들어, '빨간 모자를 쓴 아이가 할머니께 맛난 것을 가져왔어요'는 단지 하나의 사실이다. 그런데 '빨간 모자를 쓴 아이가 할머니 댁으로 가는데, 커다란 늑대가 잡아먹으려고 기다리고 있었어요'는 내러티브다.

이야기가 진척되면서, 주인공이 처음의 균형을 회복하기 위해 안간힘을 쓰면서 이야기 흐름이 복잡해진다. 무슨 이야기든 주인공에 해당하는 인물이나 세력이 있어서 균형의 회복을 향해 투쟁하고, 이에 맞서 적대자에 해당하는 인물이나 세력이 회복을 방해하기 위해 투쟁한다. 마지막에 가서 이야기는, 투쟁의 결과로 균형이 회복되어 주인공의 (그리고 청중의) 소망이 객관적인 실재와 재결합하든지 아니면 균형 회복에 실패하든지로 귀결된다. 이렇게 모든 이야기는, 삶이 나아가야 할 길에 관한 전제와, 삶이 그 길로 나아가지 못하도록 방해하는 문제나 세력, 결국 삶이 회복되는 통로로 구성된다.[27]

로우리는 설교의 전반적인 흐름과 움직임은 (반드시 명시적인 제목이나 대지로 구체화되지 않더라도) 이 일반 흐름을 따라야 한다고 믿는다. 먼저, 본문에서 죄가 우리 삶을 제대로 돌아가지 못하게 방해하는 특정 방식을 보여 주는 문제를 제시하라. 브라이언 채플은 이것을 "타락 상태에 초점을 맞추는 것"(the fallen condition focus)이라고 표현했다.[28]

이제 긴장을 조성해야 하는데, 사건의 표면 아래 이면을 살펴 문제가 그렇게 어렵게 지속되는 이유를 찾음으로써 조성할 수 있다. 이 단계에서 결정적인 것은, 개인적이고 사회적인 행동 아래로 들어가서 마음의 동기까지 이르는 것이다.[29] 돈에 관한 이기심을 다룰 경우, 단순 권면은 통하지 않는다. 우리에게 돈은 돈 이상이기 때문이다. 그것은 정체성이요 안전이다. 이 두 번째 움직임에서 항상 반복되어야 할 게 있는데, 우리는 우리 자신을 구원할 자산을 갖고 있지 않다는 복음 메시지다. 상황은 절망적으로 보인다(정말 그렇기 때문이다).

다음으로 예수님이 어떻게, 그분의 구원과 그분을 믿는 믿음이 어떻게 우리 앞에 있는 문제를 해결하는지를 객관적이면서도 주관적으로 보여 주라. 예수님은 우리가 마땅히 살아야 할 인간의 삶을 친히 사신 모범이시다. 그분은 우리를 실패의 결과와 죄책으로부터 구원하기 위해 죽으셨다. 이 모든 것에 더해 그리스도를 믿는 믿음은, 모든 어려움의 근본에 있는 핵심 문제를 완전하게, 항상 해결한다. 예수님 안에서 새로운 안전과 정체성을 얻기까지 우리는 돈에서 자유로울 수 없다. 우리 내면의 필요를 신랑 되신 그리스도의 사랑으로 채우기까지는 우리는 배우자를 바르게 사랑할 수 없다.

설교의 두 번째, 세 번째 움직임은 서로 긴밀하게 연결된다. 타락 상태의 초점을 분석할 때 그 문제를 단지 하나의 행동 문제로 묘사한다면, 그땐 유일한 해법은 더 열심히 하라는 권면이 될 것이다. 마음의 근본 동력과 동기의 수준까지 내려가지 않으면, 그리스도의 사역 안에 있는 복음의 변혁력이 그 문제에 대한 유일하고도 직접적인 해결로 보이지 않을 것이다.

이것이 바로 설교가 두터운 플롯과 작은 소망을 가진 내러티브처럼 움직일 때, 이 지점에서 모든 좋은 이야기에는 반드시 있다는 소위 톨킨이 말하는 '전환'(the turn)을 생산할 수 있는 이유다. 직관에는 반하지만 너무나 만족스러운 역전, 일반적인 기대 뒤집기, 혹은 갑작스러운 해결 국면이 바로 여기에 있다.[30] 바로 이 지점에서 복음과 그리스도의 인격과 사역이 삶의 문제와 조우하고, 그 문제에 대해 오직 그분만이 세상이 결코 줄 수 없는 고유한 해답으로 선포된다. 이것이 바로 예수님이 모든 잘 만들어진 설교의 '영웅'으로 확정되는 방식이다.[31]

설교의 저변을 흐르면서 복음의 향취를 부여하는 또 하나의 움직임 구도가 있는데, 바로 타락/구속/회복이다. 물론 이것이 명시적인 제목이나 설교 개요상의 대지로 제시되는 경우는 거의 또는 결코 없음을 기억하라. 나는 이것을 내 설교의 메타 개요(metaoutline), 즉 내 모든 설교의 기저를 흐르는 복음 패턴으로 간주한다.

도입	**문제가 무엇인가.** 우리 시대의 문화적 맥락: 이것이 우리가 직면한 현실이다.
초기 대지	**성경은 무엇이라고 말하는가.** 원독자의 문화적 맥락: 이것이 우리가 행해야 하는 것이다.
중간 대지	**우리를 막아서는 것은 무엇인가.** 현대 청중의 내면의 맥락: 왜 우리는 그렇게 할 수 없는가.
말미 대지	**예수님은 어떻게 성경 주제를 완성하고 이 핵심 문제를 해결하시는가.** 예수님은 어떻게 그것을 행하셨는가.
적용	**예수님을 믿는 믿음을 통해 우리는 이제 어떻게 살아야 하는가.**

이 패턴의 배후에는 전제가 있다. 우선, 성경이 모든 시대 모든 지역을 막론하고 모든 인간에게 부합하는 핵심 문제를 다룬다는 것이다. 그래서 원독자의 핵심 문제는 있는 그대로 현재 설교자의 청중의 문제와 중첩된다는 것이다. 또한, 성경의 모든 본문에는 우리가 어떻

게 살아야 하는지에 관한 명령과 도덕 규범이 있다. 그 규범은 하나님 혹은 그리스도의 성품에 관한 연구에서 발견될 수 있고, 또는 본문에 등장하는 좋거나 나쁜 인물의 모범 안에, 또는 명시적인 명령과 경고와 권면 안에서 발견된다.

다음 전제는, 이 도덕 명령은 항상 위기를 몰고 온다는 것이다. 성경의 도덕과 실천 명령을 제대로 이해하면, 인간이 그것을 지키기란 불가능하기 때문이다. 설교자가 이걸 제대로 드러내 주지 않으면, 설교는 도덕주의로, 다시 말해 암시적이거나 심지어 명시적으로 우리 도덕적인 노력이 충분히 하나님을 만족시킬 수 있다는 방향으로 흘러가게 된다. 반면에 설교자가 이 위기를 선명하게 드러내 주면, 설교의 과정을 잘 따라온 청중일 경우 이 대목에서 사실상 막다른 골목에 당도한다.

바로 이때 복음을 선포하면, 감추어진 문이 열리고 빛이 들어온다. 예수님은 우리를 대신해 율법의 요구를 완수하심으로써 우리를 모든 저주에서 보호하신다. 여기서 끝이 아니고, 우리를 구원하는 예수님의 율법 완수에 믿음을 둘 때, 그것이 우리의 마음 구조를 변화시킨다. 얼어붙은 마음을 녹이고, 연약해진 마음을 견고하게 한다. 예수님을 믿는 믿음은 우리의 유일한 희망이며 또한 확실한 희망이다.

이제 설교는 어떻게 오직 예수 그리스도만이 그 요구를 완수하셨는지를 보여 줌으로써, 설교의 걸음은 논증과 교훈에서 나와 성큼성큼 예배와 놀라움으로 나아간다. 내러티브 본문이라면, 설교자는 본문 안의 인물이 어떻게 그리스도를 궁극적인 구원자, 고난받는 자, 선지자, 제사장, 왕, 종으로 소개하는지를 보여 줄 수 있다. 교훈적인 본문이라면, 설교자는 어떤 의미에서 그리스도가 도덕 규범의 궁극적인 실현이시며, 또한 그것을 따르는 백성이 되는 유일한 길이 되시는지를 보여 줄 수 있다. 설교의 마지막은 실천적인 내용에 할애할 수 있는데, 그리스도를 믿는 믿음이 우리 삶의 영역에서 구현해 내야 하는 실천적인 길을 소개할 수 있다.

강해 설교 예시

이 기저 패턴을 창세기 22장의 아브라함과 이삭의 이야기에 적용하는 예를 소개하겠다.

1. **우리는 무엇을 행해야 하는가**: 우리는 아브라함이 그랬듯이, 우리 삶의 모든 영역에서 하나님께 우선순위를 드려야 한다.
   (전통적인 설교는 대체로 여기서 끝난다!)
2. **그러나 우리는 행할 수 없다**: 우리는 할 수 없다! 우리는 그렇게 하지도 않을 것이다! 따라서 우리는 저주를 받아 마땅하다.
3. **그러나 행하신 분이 한 분 계신다**: 예수님은 십자가에서 하나님께 우선순위를 드리셨다. 그분의 행위는 하나님을 향한 궁극적이고 완전한 순종의 행위였다. 예수님은 하나님이 친히 "내게 순종하라. 그리하면 내가 너를 정죄하고 너를 저주하리라"

하고 말씀하신 유일한 분이다. 그렇지만 예수님은 순종하셨다. 오직 진리를 위해서, 하나님을 위해서 말이다. 오직 유일한 완전한 순종의 행위였다.

4. **이제야 비로소 우리는 변화할 수 있다:** 예수님이 우리를 위해 아브라함처럼 순종하셨음을 볼 때, 오직 그때 비로소 우리도 아브라함처럼 살기 시작할 수 있다. 이 진리가 우리 마음을 빚어 가도록 하라.

하나님이 이미 나를 용납하셨음을 인식할 때, 오직 그때 비로소 나는 아브라함처럼 살려고 시도라도 할 수 있다. 그렇지 않았다면 나는 아브라함을 닮은 순종의 길을 시작조차 하지 못했을 것이다. 나는 내 실패 앞에 너무나 좌절했다. 그러나 하나님은 내가 순종하기도 전에 이미 내게 당신의 사랑을 베풀어 주셨다. 이걸 알지 못했다면, 나는 시작할 마음도, 계속할 마음도 품지 못했을 것이다.

하나님이 이미 나를 용납하셨음을 인식할 때, 오직 그때 비로소 나는 아브라함처럼 살지 못했던 이유들을 처리할 수 있다. 나는 내 '이삭들'을 그리스도보다 앞에 내세웠다. 내 생각엔 그것들이 그분이 줄 수 있는 것보다 더 큰 안전과 가치를 내게 줄 것처럼 보였기 때문이다. 내가 이미 용납되었음을 기뻐함으로써, 오직 그렇게 함으로써 이삭들은 내게서 힘을 잃을 것이다. 그게 아니면, 나는 단 한걸음도 내디딜 기력조차 없었을 것이다.

하나님이 이미 나를 용납하셨음을 인식할 때, 오직 그때 비로소 나는 정말로 아브라함처럼 살기를 원할 수 있다. 파괴적인 이유가 아니라 올바른 이유로 말이다. 아브라함에 대한 설교를 들으면서, 나도 하나님께 순종할 수 있으니 그분이 내게 행복한 삶과 가족을 주지 않을까 하고 생각할 수 있다. 그런데 만일 이런 식으로 순종한다면, 진정한 의미에서 나는 그분께 순종하는 게 아니다. 그저 하나님의 법을 사용하여 그분을 제어할 뿐, 내가 진정으로 그분을 찬양하는 게 아니다. '나'를 위한 그리스도의 순종을 기뻐하고, 깨닫고, 그 안에 안식하지 않는다면, 나는 결코 올바른 이유로 순종할 수 없을 것이다. 진정으로 순종하지도 못할 것이다.

주제 설교 예시

다른 예로 우리의 문화 속 아름다움과 성적 매력의 힘에 관한 설교 개요를 소개하겠다.

1. **우리는 무엇을 행해야 하는가:** 우리 안에 퍼져 있는 육체의 아름다움의 힘이 파괴되어야 한다. 그것어 우리 사회와 우리의 삶에 몰고 온 파괴적인 영향력을 보라. ⑴ 그것은 여성들이 자신을 바라보는 관점을 왜곡시킨다(자기혐오와 섭식 장애로 이끈다) ⑵ 그것은 노인들의 마음을 움츠러들게 한다 ⑶ 그것은 남성들의 삶도 왜곡시키는데, 피상적인 이유로 참 괜찮은 결혼 상

대를 놓치게 만들고 포르노그래피로 빠져들게 한다. 우리는 무엇을 행해야 할까? 겉표지만으로 책을 판단하지 마라. 피상적인 것에 휘둘리지 마라.

2. **그러나 우리는 행할 수 없다:** 이러한 힘에서 우리가 빠져나올 수 없음을 우리는 잘 알고 있다. 왜냐고? (1) 우리가 육체의 아름다움을 갈망하는 것은, 우리 자신의 수치심과 부족을 가리기 위함이다(창 3장 참조). 당신이 좋게 보일 때 당신 기분이 좋다는 건, 사실상 '당신이 좋게 보일 때 당신이 좋은 존재라고 느껴진다'는 것과 같다. (2) 우리는 우리의 유한성과 죽음을 두려워한다. 진화론자들과 그리스도인은 공히 육체의 아름다움에 대한 욕구는 젊음을 향한 욕구라는 데 동의한다. 따라서 우리는 아무리 노력해도 우리 문제를 극복할 수 없다.

3. **그러나 행하신 분이 한 분 계신다:** 말할 수 없이 아름다우셨지만, 기꺼이 아름다움을 포기하신 분이 한 분 계셨다(빌 2장 참조). 그분은 스스로 흉하게 되심으로 우리에게 아름다움을 선물하셨다(사 53장 참조).

4. **이제야 비로소 우리는 변화할 수 있다:** 그분이 우리를 위해 행하신 바를 직시할 때, 오직 그때 비로소 우리 마음이 녹아내리고, 겉표지로 책을 판단할 수 있다는 신념으로부터 자유하게 된다. 오직 우리가 그분 안에 있을 때, 우리는 수치심과 유한성의 두려움으로부터 자유하게 된다.

각 대지에 살 입히기

마지막으로, 개요의 각 대지에 살을 입혀야 한다. 다양한 논증, 예화, 사례, 이미지, 여타 성경의 지지 본문들, 여기에 실천적인 적용과 수사학적인 장치들을 동원할 수 있다. 사용되는 항목의 숫자와 특성은 앞서 결정한 단락의 목적, 주제, 개요의 구조에 달려 있다.

이제 논의의 초점을 개요나 구조에 살 입히기에 맞추려 한다. 6장에서 우리는 효과적인 적용을 어떻게 '준비'할지에 대해 살펴보았는데, 여기서는 도덕적인 흐름(훨씬 더 자주 쓰이지만)이 아니라 복음 중심의 흐름을 견지하는 적용의 예들을 소개하겠다. 어떻게 하면 본문에 기초해 사람들을 순종으로 초대하되 도덕주의로 흐르지 않게 할 수 있을까? 어떻게 하면 그들의 마음을 변화시켜서, 억지로 규정을 준수하는 게 아니라 기꺼이 순종할 마음을 품게 할 수 있을까?

충성에 대한 설교

창세기 12장(아브라함이 소명을 받는 장)에서 아브라함은 안락한 공간을 떠나 하나님의 부르심에 순종한다. 가족 없이 홀로 떠나야 하고, 그의 고향 문화를 떠나야 함에도 불구하고 말이다. 이렇게 일반적이고 인간적인 안전 자산을 기꺼이 떠날 때, 오직 그때 그는 다른 사람들에게 복이 될 수 있었다. 그런데 예수님은 여기서도 모범이 되시니, 안전으로부터 떠나라는 부르심을 받은 이들의 궁극적인 모범이시다.

그분은 하늘과 그분의 영광을 떠나셨다(빌 2장 참조). 우리를 위해 죽으시기 위해서 말이다. 예수님이 안전을 잃으심으로 우리는 궁극적인 안전을 얻을 수 있었다. 바로 그분의 사랑과 구원이다. 그분이 주시는 궁극의 안전을 가질 때, 우리는 비로소 위험을 무릅쓰고 다른 사람들에게로, 다른 문화로 나아갈 수 있는 능력을 품는다. 오직 이때 비로소 우리는 '사명의' 사람, 제자가 된다.

가난한 이들 돌보기에 대한 설교

하나님이 가난한 자와 얼마나 '동질감을 느끼시는지'를 보면 정말 놀라울 정도다. 잠언 19장 17절은, 우리가 가난한 자에게 친절하면, 그것은 곧 여호와께 친절한 것이라고 말한다. 잠언 14장 31절은 우리가 가난한 자를 모욕하거나 불친절하게 대하면, 그것은 곧 여호와를 모욕하는 것이라고 말한다. 이에 대한 놀라운 예가 마태복음 25장에 나오는데, 여기서 예수님은 우리가 주린 자를 먹이고, 벗은 자를 입히고, 떠도는 자에게 쉴 곳을 제공하면, 그것은 곧 '나를' 먹이고 받아들이는 것이라고 말씀하신다.

이런 단락을 대할 때면 도덕주의로 설교하고픈 유혹이 밀려온다. 도덕주의 설교란 사람들에게 선포하기를 '우리도' 가난한 자들과 동질감을 느끼고 그들을 돌보아야 한다고 말하는 것이다. 그런데 종종 그런 식으로 설교할 때, 무언가 일이 잘못되는 걸 발견한다. 자칫 우리가 둔감한 자긍심으로 가득한 나머지 가난한 자들에게 상처를 줄 수 있다. 혹은 그들이 호의적으로 반응하지 않을 때 우리 스스로 상처를 입기도 한다. 혹은 그들이 제대로 반응하지 않는 것처럼 보일 때 조바심이 일기도 한다. 자긍심은 과하고 사랑은 빈약한 형국이다. 이유인 즉, 예수님에 대한 믿음이 우리 마음을 재구성하는 과정을 거치지 않은 채, 무턱대고 성경의 가르침을 직접 적용하려 들기 때문이다.

물론, 우리는 구약성경에서 하나님이 가난한 자들과 동질감을 느끼심을 발견한다. 그러나 예수님이 이 땅에 오시기 전까지는 우리는 그분이 얼마나 '깊이' 그렇게 하셨는지를 제대로 보지 못한다. 그래서 예수님은 비유로만이 아니라 문자 그대로 가난한 자들 가운데로 오셨다! 그분은 말구유에 담긴 채 가난한 부모의 품에서 태어나셨다. 그분은 말 그대로 떠돌이로 사셨다. "여우도 굴이 있고 공중의 새도 집이 있으되 인자는 머리 둘 곳이 없도다 하시고"(눅 9:58).

그분이 죽었을 때 사람들은 그분의 유일한 소유물이었던 그분의 옷을 두고 제비를 뽑았다. 예수님은 묻히실 때도 빌린 무덤에 묻히셨다. 뿐만 아니라, 그분은 엉터리 재판으로 희생되셨다. 그게 가난한 자들, 소외되고 억압당하는 자들의 길임을 그분은 잘 알고 계셨다. 마지막으로 그분은 발가벗겨진 채, 십자가에 달려 목마름과 부끄러움 속에 죽임을 당하셨다.

그래서 마지막 날에 사람들이 예수님께 "언제 우리가 주님이 목마르고, 헐벗고, 감옥에 갇힌 것을 보았습니까?" 하고 물을 때, 주님은 이렇게 대답하실 수 있다. "십자가에서! 나는 마땅히 풀려나야 할 자로서 십자가에서 저주를 받았다. 바로 그렇기 때문에 저주를 받아 마땅한 너희가 풀려나게 되었다. 이것이 공의의 삶과 가난한 자를 돌보는 삶의 진정한 기초다." 우리가 영적으로 심히 가난할 때 예수님이 우리를 품으셨다는 사실을 직시하자. 그때 비로소 우리는 가난한 자들보다 나 자신이 하등 나을 게 없다는 것을 직시하게 된다. 그것이 우리에게서 거들먹거리는 태도와 조급함을 제거해 준다.

간음과 부부 사랑에 대한 설교

부부를 대상으로 서로를 향한 신실함을 설교할 때 어느 대목에서건 꼭 보여 주어야 할 것이 있다. 그들의 진정한 배우자인 예수님의 사랑을 품지 못하는 한, 그들의 이기적인 마음이 그들로 하여금 서로에게 신실하지 못하게 방해한다는 사실이다.

그분은 막대한 대가를 치르면서까지 우리에게 신실하셨다. 그것이 우리를 감동하게 해서 우리의 배우자에게 신실하게 한다. 또한 우리를 향한 그분의 사랑이 너무나 풍성하기에, 우리 삶의 궁극적인 기초로 배우자의 지지에 꼭 연연하지 않아도 된다. 배우자의 지지가 절대적이라면, 우리는 너무 감정적으로 배우자에게 의존하게 될 것이고, 배우자의 기분 변화나 약점을 제대로 감당하지 못할 것이다. 우리는 그리스도 안에서 필요한 지지를 얻는다. 그래서 다른 곳에 기웃거리지 않아도 되며, 심지어 우리의 배우자가 불완전할 때도 그러하다.

에베소서 5장에서 바울은 부부에게 말하고 있는데, 특히 남편들에게 말하는 듯하다. 많은 남편은 이교 배경에서(우리가 우리 문화로부터 영향을 받듯이) 결혼에 대한 비인간적인 태도를 품고 있었다. 바울 시대에 결혼은 다분히 비즈니스 관계로 간주되었다(결혼은 선택이기도 했지만 의무였다). 바울은 남편들을 설득해 아내들에게 성적으로 신실할 뿐만 아니라, 아내를 아끼고 존중하기를 권했다. 에베소서 5장에서 바울은 사랑이 없는 남편에게 단순히 도덕적인 모범만 제시하는 게 아니라, (다시금) 복음 안에서 우리의 궁극적 배우자이신 예수님의 구원을 보여 준다. 그분은 그분의 신부인 우리를 향해 희생적인 사랑을 보여 주셨다. 그분은 우리가 사랑스럽기 때문에 사랑한 게 아니라, 우리를 사랑스럽게 만들기 위해서 사랑하셨다.

십일조와 관대함에 대한 설교

십일조에 대해 설교한다면, 어느 대목에서건 우리를 위해 무한 대가를 치르시고 단지 십일조가 아니라 그분의 전부를 주신 우리의 궁극적인 수여자(giver) 예수님께로 나아가야 한다. 이로써 우리는 우리의 부를 나눌 수 있는 안전과 기쁨을 얻는다. 진정한 지속적 안전은 오직 그분으로 인한 부요함에 있기 때문이다. 고린도후서 8장과 9장에서 바울은 가난한 자들에게 재물을 나누라고 권면하며, 구체적으로 이렇게 말한다. "나는 여러분들에게 명령하고 싶지 않습니다. 이 나눔이 단순히 내 강요에 못이긴 반응이기를 원치 않습니다." 그는 그들의 '의지'에(예를 들어, "나는 사도이고 이것은 내 앞에서 여러분의 의무입니다!" 하고 말함으로써) 직접 압력을 가하거나, 혹은 '감정'에(가난한 자들이 얼마나 고통받고 있으며 고통받는 자들에 비해 그들이 얼마나 많은 것을 가지고 있는지를 이야기해 줌으로써) 압력을 가하지 않는다.

대신 바울은 생생하게, 잊을 수 없도록 이렇게 말한다. "우리 주 예수 그리스도의 은혜를 너희가 알거니와 부요하신 이로서 너희를 위하여 가난하게 되심은 그의 가난함으로 말미암아 너희를 부요하게 하려 하심이라"(고후 8:9). 그가 "은혜를 너희가 알거니와" 하고 말할 때, 그는 주님의 은혜를 영적으로 상기시키기 위해 강력한 이미지들을 동원하는데, 예수님의 구원을 돈과 재물과 가난의 비유로 표현한다. 복음에 대한 영적인 기억을 동원해 그들을 감동시키는 것이다.

이렇게 윤리와 명령에 관한 본문을 적용할 때, 우리 자신의 공로나 노력이 아니라 예수님의 사역을 중심으로 적용해야 하는 신학적, 수사학적, 실천적 이유가 있다. 신학적인 차원에서, 성화는 오직 우리가 믿음 안에서 자랄 때 이루어진다. 그리스도가 우리를 위해 행하신 일의 실재가, 우상을 필요로 하는 우리 마음에 자유를 주기 때문이다. 모든 죄 가운데 가장 근본인 죄는, 우리 마음이 우상으로 기울어 복음을 믿지 못하는 것이다. 청중의 마음이 예수님께로 모아질 때, 오직 그때 비로소 그 마음이 부드러워지고 재구성된다. 그게 아니면 우리 자신의 노력에 기초해 거룩하게 될 수 있다고 믿게 될 것이다. 신학적인 이유를 말하건대, 그게 아니면 그건 기독교가 아니다.

수사학적인 이유를 말하자면, 도덕주의적인 설교는 따분하다. 모든 가족, 모든 문화, 모든 시대는 나름 좋아하는 동기유발의 연설 형식을 갖고 있다. 일정 부분 그런 형식이 우리의 감정을 흔들고 단기적인 행동으로 이끈다. 그러나 그것들은 너무 진부해서 무시당하기 쉽다. 이 패턴이 나오는 것을 감지하는 순간, 사람들은 귀를 닫아 버린다. 여기에 필연적으로 따라오는 죄책감('좋아, 내가 지금 잘못 살고 있단 말이군')과 절망('지금껏 난 그렇게 살지 못했고, 앞으로도 못할 거야')에서 벗어나고 싶어 하기 때문이다. 일단 한 번 그들이 마음을 닫아 버리면, 그들의 상상력을 다시 회복하기란 참으로 어렵다.

마지막으로 실천적인 이유는, 도덕주의적 적용은 장기적으로는 작동하지 않는다는 것이다. 그것이 마땅한 의무이기에 관대해야 한다고 말하는 설교는 자칫 사람들의 두려움과 거짓된 희망, 인정 욕구를 제대로 다루지 못하고, 기껏해야 억지로 더 내놓으라고 압박할 수 있다. 그래서 한두 번은 더 내놓을 수도 있지만, 실상 더 관대해지는 것은 아니다. 부모나 자녀를 사랑하라고 말하면서도, 그것이 왜 그렇게 어려운지 이면에 숨은 이유들을 제대로 다루어주지 않는 설교는, 우리의 가정을 실제로 변화시킬 수는 없다.

설교가 예수님께 이르지 않는 한, 듣는 이들의 의지를 제대로 강타할 수 없다. 임시변통으로 그들의 두려움과 자긍심을 휘저어서는 일반적인 미덕으로 잠시 몰고 갈 뿐이며, 그 효과도 그리 오래가지 못한다.

주

들어가기에 앞서

1. Peter Adam, *Speaking God's Words: A Practical Theology of Preaching* (Vancouver, British Columbia: Regent College Publishing, 1996), p. 59.

2. Ibid., p. 75.

3. 여기서 나는 대다수 주석가들의 견해를 좇아 '말하기'(speaking)와 '봉사하기'(serving)를 두 가지 특정한 영적 은사가 아니라 두 가지 넓은 범주로 본다. 그 안에는 로마서 12장과 고린도전서 12, 14장에 열거된 특정한 은사들, 즉 말의 은사들(예언, 가르침, 권면, 지혜, 지식)과 행동의 은사들(구제, 자비, 치유, 행정, 다스림)이 포함된다. J. Ramsey Michaels, *1 Peter* (Nashville, TN: Word Publishing, 1988), pp. 250-251을 보라. 《WBC 성경주석 49: 베드로전서》(솔로몬 역간).

4. P. H. Davids, *The First Epistle of Peter* (Grand Rapids, MI: Wm. B. Eerdmans, 1990), p. 161.

5. Ibid.

6. Adam, *Speaking God's Words*, p. 59.

7. E. P. Clowney, *The Message of 1 Peter: The Way of the Cross* (Downers Grove, IL: InterVarsity Press, 1988), pp. 184-185. 《베드로전서 강해: 순례자의 소망과 영광》 (IVP 역간).

8. Adam, *Speaking God's Words*, p. 84.

9. 이 책은 완전한 '설교자 매뉴얼'을 의도하지는 않는다. 다만 회의주의 시대에 성경을 기독교적으로 전달하는 것에 관한 논의의 토대로 기여하기를 기대한다. 또한 말씀 설교하기, 복음 설교하기, 문화를 향해 설교하기, 마음에 닿게 설교하기, 무엇보다 그리스도 설교하기라는 기본 과제에 대한 개설이다. 이 책은 다른 과제보다 특히 문화를 향해 설교하기에 조금 더 지면을 할애할 것이다. 이것이 더 중요하기 때문이 아니라, 오늘날 설교에 관한 책들이 이 주제에 대해서는 거의 다루지 않기 때문이다. 이 책은

설교 과제를 어떻게 실천할지에 관한 구체적인 안내라기보다는 설교에 관한 하나의 선언문이다. 설교자를 위한 실제적인 훈련 자료들은 따로 보충되어야 한다. '시티투 시티'(City to City)에 관련 자료들이 설교자들을 기다리고 있다. redeemercitytocity. com을 참고하라.

프롤로그

1. D. M. Lloyd-Jones, *Preaching and Preachers*, 40th anniversary ed. (Grand Rapids, MI: Zondervan, 2011). 이 증언은 란간의 데이비드 존스(David Jones of Llangan, 1736-1810)에게서 나왔다. 로랜드와 휫필드 두 사람의 설교를 직접 들은 사람으로서 두 사람을 비교해 달라는 요청을 받았는데, 그의 대답은 이러했다. "'설교 행위에 …… 관한 것이라면, 높이 날아오르거나 청중이 하늘로 들려지는 것에 관해서라면 나는 두 사람 사이에 거의 차이를 발견할 수 없었다. 이 사람이 저 사람 같고, 저 사람이 이 사람 같았다. 그럼에도 한 가지 두 사람 사이에 큰 차이가 있었다면, 로랜드에게는 항상 좋은 설교문(sermon)을 기대할 수 있었지만, 휫필드의 경우는 항상 그렇지는 않았다.'" Lloyd-Jones, p. 67-68. 《설교와 설교자》(복있는사람 역간).

2. Scott Manetsch, *Calvin's Company of Pastors* (New York: Oxford University Press, 2013), p. 156에 인용된 글.

3. 이 매뉴얼은 어거스틴의 *On Christian Doctrine* IV권에서 찾을 수 있고, *The Rhetorical Tradition: Readings from Classical Times to the Present*, Patricia Bizzell and Bruce Herzberg, eds. (New York: St. Martin's Press, 1990), pp. 386-422에 전문과 함께 유용한 주석과 분석이 달려 있다. I-III권은 기본적으로 '해석학' 즉 성경을 어떻게 이해할지를 정리한다. 이어서 IV권은 성경에서 얻은 바를 어떻게 전달할지를 설명한다.

4. George A. Kennedy, *Classical Rhetoric and Its Christian and Secular Tradition from Ancient to Modern Times*, 2nd ed. (Chapel Hill, NC: University of North Carolina Press, 1999), p. 1.

5. Ibid., p. 2.

6. John Calvin, *1 Corinthians*, in *Calvin's Commentaries*, electronic ed. (Albany, OR: Ages Software, 1998).

7. Ibid.

8. Ibid.

9. Anthony C. Thiselton, *The First Epistle to the Corinthians: A Commentary on the Greek Text*, The New International Greek Testament Commentary (Grand Rapids, MI: Wm. B. Eerdmans, 2000); Roy E. Ciampa and Brian S. Rosner, *The First Letter to the Corinthians*, Pillar New Testament Commentary (Grand Rapids, MI: Wm. B. Eerdmans, 2010); Gordon D. Fee, *The First Epistle to the Corinthians*, The New International Commentary on the New Testament (Grand Rapids, MI: Wm. B. Eerdmans, 1987)를 보라. 또한 D. A. Carson, "The Cross and Preaching," in *The Cross and Christian Ministry: Leadership Lessons from 1 Corinthians* (Grand Rapids, MI: Baker, 1993), pp. 11-41을 보라.

10. "그렇다. 우리 세계에서도, 마구간은 그 안에 온 세상보다 더 큰 무언가를 가진 공간이었다." C. S. Lewis, *The Last Battle* (London: Geoffrey Bles, 1956), p. 143. 《마지막 전투》(시공주니어 역간).

11. Paul Barnett, *The Second Epistle to the Corinthians* (Grand Rapids, MI: Wm. B. Eerdmans, 1997), pp. 277-283을 보라. 특히 p. 280의 8번 각주를 보라. 바넷(Barnett)은 "우리는 다른 이들을 설득하려고 했다"라는 바울의 진술을, 그의 복음전도 사역에 대한 묘사로 읽는다.

12. Thiselton, pp. 216-223을 보라.

13. Ibid., p. 218.

14. Ibid., p. 222.

15. Carson, *Cross and Christian Ministry*, p. 20.

16. Article XX, "Of the Authority of the Church," in the Thirty-Nine Articles of Religion of the Anglican Church.

17. Alec Motyer, *Preaching? Simple Teaching on Simply Preaching* (Ross-shire, Scotland: Christian Focus, 2013), p. 65.

18. Charles Spurgeon, "Christ Precious to Believers" (sermon no. 242, March 13, 1859), in *The New Park Street Pulpit*, vol. 5 (repr., Pasadena, TX: Pilgrim Publications, 1975), p. 140.

Part 1

CHAPTER 1. '성경 말씀'을 설교하라

1. William Perkins, *The Art of Prophesying with the Calling of the Ministry* (1606년 영어로 처음 출판되었다; 재판은 Edinburgh, Scotland: Banner of Truth, 1996), p. 9. 《설교의 기술과 목사의 소명》(부흥과개혁사 역간).

2. Hughes Oliphant Old, *The Age of Reformation* (Grand Rapids, MI: Wm. B. Eerdmans, 2002), p. 359.

3. Perkins, *Art of Prophesying*, chapters 1과 2, pp. 3-11. 《설교의 기술과 목사의 소명》(부흥과개혁사 역간).

4. Ibid.

5. Hughes Oliphant Old, *The Reading and Preaching of the Scriptures in the Worship of the Christian Church*, vol. 1, *The Biblical Period* (Grand Rapids, MI: Wm. B. Eerdmans, 1998); vol. 2, *The Patristic Age* (Grand Rapids, MI: Wm. B. Eerdmans, 1998); vol. 3, *The Medieval Church* (Grand Rapids, MI: Wm. B. Eerdmans, 1999); vol. 4, *The Age of Reformation* (Grand Rapids, MI: Wm. B. Eerdmans, 2002); vol. 5, *Moderation, Pietism, and Awakening* (Grand Rapids, MI: Wm. B. Eerdmans, 2004); vol. 6, *The Modern Age* (Grand Rapids, MI: Wm. B. Eerdmans, 2007); vol. 7, *Our Own Time* (Grand Rapids, MI: Wm. B. Eerdmans, 2010).

6. Old, *Reading and Preaching of the Scriptures*, vol. 1, *Biblical Period*, p. 9.

7. Timothy Ward, *Words of Life: Scripture as the Living and Active Word of God* (Downers Grove, IL: InterVarsity Press, 2009), p. 157.

8. 성경론(doctrine of Scripture)에 관해 모든 설교자에게 추천하는 세 권의 책이 있는데, J. I. Packer, *"Fundamentalism" and the Word of God* (Grand Rapids, MI: Wm. B. Eerdmans, 1958); Ward, *Words of Life*; Kevin DeYoung, *Taking God at His Word* (Wheaton, IL: Crossway, 2014)이다. 이 세 책은 성경론에 관한 역사상 최고의 강해인 다음 네 책을 탁월하게 요약 추출한다. John Calvin, *Institutes of the Christian Religion*, book 1; B. B. Warfield, *The Inspiration and Authority of the Bible* (Phillipsburg, NJ: Presbyterian and Reformed, 1980); Francis Turretin, *Institutes*

of Elenctic Theology, vol. 1, J. T. Dennison, ed., G. M. Giger, trans. (Phillipsburg, NJ: Presbyterian and Reformed, 1992), Second Topic: "The Holy Scriptures"; and Herman Bavinck, *Reformed Dogmatics*, vol. 1, ed. John Bolt, trans. John Vriend (Grand Rapids, MI: Baker Academic, 2003), part 4: "Revelation." (처음 두 권은 다양한 판으로 출판되어 있다.) 또한 아래 작품들은 성경의 권위를 설교 방법에 직접 연결한다는 점에서 도움이 될 것이다. Peter Adam, *Speaking God's Words: A Practical Theology of Preaching*, part 1, "Three Biblical Foundations for Preaching," and chapter 5, "The Preacher's Bible," pp. 13-56, 87-124; John R. W. Stott, "Theological Foundations for Preaching," in *Between Two Worlds: The Art of Preaching in the Twentieth Century* (Grand Rapids, MI: Wm. B. Eerdmans, 1982), pp. 92-134. 《현대 교회와 설교》(생명의샘 역간); J. I. Packer, "Why Preach?" in *Honoring the Written Word of God: Collected Shorter Writings on the Authority and Interpretation of Scripture* (Vancouver, British Columbia: Regent College, 2008), pp. 247-267. 또한 D. A. Carson, "Recent Developments in the Doctrine of Scripture," in *Collected Writings on Scripture* (Wheaton, IL: Crossway, 2010), pp. 55-110도 참조하라. 꼭 덧붙여야 할 말이 있는데, 성경에 관한 복음주의 교리를 확고하게 붙드는 것은 설교자에게 성경이 하나님의 말씀이라는 확신을 줄 뿐만 아니라, 성경의 신성함에 경도된 나머지 성경이 역사 속에서, 사회문화적인 맥락 안에 실재한 인간에 의해 쓰인 인간의 책이라는 사실을 배제하는 실수로부터 보호해 준다. 패커(Packer)의 글은 특히 역사적 교리(historical doctrine)를 '신적 받아쓰기'(divine dictation)식 이해 혹은 그와 유사한 견해로부터 구분하는 데 탁월하다.

9. 하나님의 말씀은 "세상 안에 하나님의 살아 있는 임재다." Ward, *Words of Life*, p. 25. "하나님의 말씀이 기동한다는 것은 곧 하나님이 친히 행동에 나서셨음을 의미한다. 이런 점에서 (우리는) 하나님은 스스로를 그분의 말씀에 '투신'하셨다(라고 말할 수 있다). 혹은 하나님은 스스로를 그분의 말씀과 '동일시'하심으로써 하나님의 말씀을 향한 행위는 곧 하나님 그분을 향한 행위요 …… 하나님의 …… '말씀 행위는 사실상 그분 자체의 확장이다'라고 말할 수 있다." Ibid., p. 27.

10. Ibid., p. 156.

11. Ibid., p. 158.

12. Hughes Oliphant Old, *Worship That Is Reformed According to Scripture* (Louisville, KY: John Knox, 1984), chapter 5 ("The Ministry of the Word"), pp. 171-172.

13. 딕 루카스(Dick Lucas)의 1980년대 후반과 1990년대 설교 시리즈에는 베드로전·후서를 본문으로 한 11주 설교, 디도서 3장으로 한 5주 설교, 요한일서 1장으로 한 6주 설교, 누가복음 12장으로 한 7주 설교가 포함되어 있다. 주제를 살펴보면 하나님의 속성, 새로운 탄생, 관대함과 재정의 청지기, 교회의 성격 등이 포함되어 있다.

14. 내가 리디머장로교회에서 수년간 설교한 것은 다음과 같다. 일단 내가 확실히 했던 것은, 열두 달마다 성도들이 '전체적인 윤곽을 두루 섭렵하도록' 하는 것이었다. 하나님의 성품에서(주로 가을에 했는데, 대체로 구약 본문이 적합하다) 그리스도의 성육신과 인격(12월), 죄의 성격과 실재(황량한 한겨울에), 그리고 그 해결이 되는 그리스도의 죽음과 사역(늦겨울, 초봄, 그 절정은 부활절에), 마지막으로 우리가 제대로 살도록 도우시는 성령의 능력까지(부활절 후에, 그리고 여름이 시작되어 더워지기까지) 두루두루 말이다. 나는 매년 기독교 복음의 이 '핵심 커리큘럼'을, 모든 주요 주제를 짚어 가며 빠짐없이 다루고 싶었다. 우리 교회에 출석하는 성도 중에는 이러한 설교 주기에 기껏해야 한두 번밖에 참여할 수 없는 사람도 아주 많았다. 그렇지만 1년만 우리 교회를 출석하면, 가을에 새로 온 사람도 성경 전체의 '줄거리', 즉 복음을 모두 접할 수 있다. 가을에 하나님이 누구신지에 관해 배우고, 이상적인 경우라면 겨울 동안에 그리스도에 관한 믿음에 이르게 되고, 이어서 봄과 여름 시즌 설교의 도움을 받아 그리스도인의 삶을 시작할 수 있을 것이다.

　　나는 보통 '짤막한' 시리즈를 실천했는데(4-12주, 경우에 따라서는 반 년에 걸친 시리즈도 있었지만), 권별 성경 하나 혹은 그 가운데 일부로 구성하거나, 혹은 동일 저자 기준으로 시리즈를 구성하기도 했다. 이러한 접근에서 중요한 것은 각 메시지가 철저히 강해적이어야 한다는 것이다. 다른 말로, 설교자가 말하고 싶은 내용을 대충 비슷한 본문을 찾아서 설교하는 게 아니라, 본문을 둘러 파서 성경 저자가 의도한 의미를 끄집어내야 한다. 이렇게 하면, 매년 동일한 "복음 커리큘럼"을 설교하면서도, 늘 새로운 본문을 기초로 작업하고 매년 성경에서 새로운 것을 배울 수 있다. 이런 과정을 통해, 해를 넘겨 당신과 오랫동안 '함께하는' 성도들이 성장을 경험할 것이다. 강해를 하지 않으면, 사실상 성경으로부터 아무런 새로운 것을 배우지 못할 것이다. 나 또한 10년을 주기로 설교를 통해 성경 전체를 다룬다는 목표를 견지해 왔다. 예를 들어, 2년치 설교 계획을 다음과 같이 세울 수 있다.

　　가을: 하나님의 속성(본문은 예언서에서); 사도신경(본문은 요한복음에서)

　　12월: 성탄의 노래들(누가복음의 노래들: 스가랴, 마리아, 천사들)

겨울: 새로운 탄생(본문은 베드로전·후서와 바울 서신에서 신생과 중생을 다루는 대목들); 왜 예수님이 죽으셨을까?(마태의 수난 기사, 26-28장)

봄: 다원주의 세계에서 믿음의 삶 살기(다니엘과 에스더)

여름: 기도하시는 주님(요한복음 17장과 주기도문)

가을: 우리의 분투와 하나님의 은혜(야곱: 창세기 25-32, 48장)

겨울: 예수님이 오셔서 행하신 일은 무엇인가?(복음서에서 예수님의 "아멘" 담화들)

봄: 믿음의 삶(아브라함: 창세기 12-22장)

여름: 예수님과의 논쟁(마가복음 11-12장)

가을/겨울/봄: 하나님 알기(잠언); 요한의 수난 기사; 지혜의 삶(잠언)

15. 설교의 '중심 사상' 운동은 새로운 게 아니다. 19세기 가장 영향력 있는 설교학 저작 가운데 하나인 *On the Preparation and Delivery of Sermons* (1870)에서 존 브로더스 (John A. Broadus)는 모든 설교는 하나의 분명한 주제를 갖고 있어야 한다고 강조한다. "설교의 대지가 둘이든 혹은 열 개든 거기에는 하나의 주된 초점이 있어야 한다. 설교는 특정한 무언가에 관한 것이어야 한다. 이 분명한 주제가 …… 〔설교자를 위한〕 설교 준비의 안내자다. 그것이 설교 구성의 열쇠다. 그것은 또한 설교 자료를 선택하고 배열하는 것을 돕는다. …… 〔그리고〕 그것은 청중에게 그들이 무엇을 들어야 하는지를 말해 준다." John A. Broadus, *On the Preparation and Delivery of Sermons*, 4th ed. (1870; repr., New York: Harper & Row, 1979), p. 38. 로버트 대브니(Robert Dabney)의 *Sacred Rhetoric* 역시 고전 수사학을 기초로, 설교자는 "무엇보다 강론의 중심에 하나의 주된 주제를 품고 있어야 하며, 설교 전반에 걸쳐서 그것에 최고 수준의 관심을 견지해야 한다"라고 주장한다. Robert Dabney, *Sacred Rhetoric; or, a Course of Lectures on Preaching* (Anson Randolph, 1870, or Edinburgh, Scotland: Banner of Truth, 1979, reprinted as *R. L. Dabney on Preaching*), p. 109. 20세기 초의 저명한 설교자 존 헨리 조엣(John Henry Jowett)은 이 개념을 더욱 강력하게 피력했다. "설교의 주제를 짤막하고 함축적이면서도 수정처럼 맑은 한 문장으로 표현할 수 있을 때까지, 우리는 설교할 준비는커녕 설교문을 작성할 준비조차 되지 않은 것이다. …… 나는 이 문장이 구름 없는 달빛처럼 선명하고도 맑게 떠오르기 전까지는 설교를 해서도 안 되고 설교문을 작성해서도 안 된다고 생각한다." J. H. Jowett, *The Preacher: His Life and Work* (Philadelphia: Doran, 1912), p. 133. 세기 중반 설

교에 관한 대표격의 책인, 그레디 데이비스(H. Grady Davis)의 *Design for Preaching* (Minneapolis, MN: Fortress, 1958)도 하나의 "중심 사상"(central thought)을 도출해야 한다고 주장한다. "그것은 다른 사상들을 그 안으로 잡아채는 하나의 사상이다"(p. 20). 보다 최근에는 해돈 로빈슨이 "중심 사상"(big idea)을 복음주의 강해 설교의 심장으로 내세웠다. Haddon Robinson, *Biblical Preaching: The Development and Delivery of Expository Messages*, 2nd ed. (Grand Rapids, MI: Baker, 2001), pp. 33-50. 《강해 설교》(CLC 역간). 그가 말하는 원리는, '효과적인 설교의 심장에는 모든 것을 하나로 묶어 내는 중심 사상이 있어야 한다'는 것이다(p. 35). 로빈슨은 조엣과 여타 저자들을 인용하면서 이 주장을 다시 한 번 못 박는다. "모든 설교는 하나의 주제를 갖고 있어야 하며, 이 주제는 설교가 기초하는 그 성경 단락의 주제여야 한다"(p. 34, 도널드 밀러를 인용함). 다른 말로, 성경은 어느 본문이든 중심 주제를 갖고 있으며, 그 본문에 기초한 설교는 동일한 중심 주제를 품어야 한다. 설교의 '중심 사상'은 그 성경 본문의 '중심 사상'이어야 한다.

16. *The Big Idea of Biblical Preaching*에서 듀에인 리트핀(Duane Litfin)은 이 입장에 대한 몇 가지 도전들을 열거하는데, 신약성경 본문에 기초한 도전이다. Duane Litfin, "New Testament Challenges to Big Idea Preaching," in *The Big Idea of Biblical Preaching: Connecting the Bible to People*, ed. Keith Wilhite and Scott M. Gibson (Grand Rapids, MI: Baker, 1998)을 보라. 우선 첫 번째 도전은, 성경 본문의 주된 사상은 전체 권별 성경의 주된 사상 혹은 목적에 대한 우리 믿음에 의존한다는 것이다. 뚜렷한 예가 더러 존재하는데, 하나만 소개하면, 요한이 요한복음을 기록한 의도는 독자들이 예수님을 믿고 영생을 얻게 하기 위함이라고 밝히는 대목이다(요 20:31 참조). 그러나 항상 그렇지는 않은데, 예를 들어, 사도행전의 그 중심 메시지와 목적은 무엇일까? 혹은 (보다 세밀하게) 사도행전의 마지막 장에 나오는 바울의 공판과 재판들이 각각 품고 있는 그 중심 메시지는 무엇일까? 주석가들 사이에서는, 이것이 비그리스도인들을 위한 변증적인 목적으로 쓰인 것인지, 아니면 핍박 가운데 있는 그리스도인들에게 굳게 서라고 용기를 주기 위해 쓰인 것인지에 대해서조차 의견이 갈린다. 이렇게 저자의 동기와 의도에 관한 결론은 자주 유보적일 수밖에 없다. 이것은 각 장의 중심되고 우선적인 의도를 절대적으로 확신하기란 참 어려운 일임을 의미한다.

두 번째 도전은, 성경의 책들과 장들 가운데 그 자체가 고전 수사학의 흐름을 좇아 기록된 경우, 다시 말해 하나의 중심된 명제를 품고 기록된 경우는 아주 드물다는 사실이다. 주제나 논지 진술이 확연하게 구별되는 경우가 거의 없기 때문에, '바로 그' 주제가 무엇인지를 특정하는 것은 다분히 주관적일 수 있다. 리트핀은 야고보서를 전형적인 예로 제시한다. 야고보서는 유혹과 혀, 세속주의에 대해서 다루는데, 본문은 종종 이것들 사이를 이리저리 왔다갔다한다. 리트핀이 말하듯이, 편지를 쓸 때 우리 대부분은 하나의 주된 사상을 중심으로 편지를 구성하려고 애쓰지는 않는다. 그저 이 말했다 저 말했다 할 뿐이다. 야고보라고 그렇게 못할 이유가 무에 있겠는가? 그도 그렇게 한다! 그리고 성경의 다양한 장르(시, 내러티브, 율법 문서)에서 그런 예들이 많다. 하나의 단일한, 중심 진술로 추출해 내기가 심히 어려운 본문들이 많은데, 그것을 요구하는 장르가 아니기 때문이다. 내러티브와 이야기, 비유가 추구하는 가르침은 그저 의미를 풍성하게 전하는 것일 수도 있다. 하나의 간단한 명제나 하나의 시퀀스로 압축될 가능성을 넘어서 말이다. 더욱이, 서신서 말미에는 여러 권면들이 열거되는 경우도 종종 있다. 각 문장이 서로 다른 큰 주제를 소개한다(히 13:1-7 참조). 마지막으로 잠언의 경우처럼, 이어지는 장들을 하나로 묶어 내는 주제를 찾기란 거의 불가능한 경우도 있다. 거의 모든 문장이 각각 하나의 새로운 '중심 사상'을 제공하는 듯하다.

본문 안에 하나의 '중심 사상'이 있다는 개념은, 따라서 다소 인위적이다. 경우에 따라선 그런 향취가 더욱 강한 단락도 있다. 성경의 풍성함은 종종 그러한 환원을 거부한다. 동일한 본문을 수십 년 사역 중에 두 번 혹은 세 번 설교하게 되는 경우에 누구나 경험하듯이, 그 본문으로 돌아가 귀를 기울일 때면 거의 예외 없이 새로운 사실을 발견하고 새로운 메시지를 듣게 된다. 심지어 가장 중심된 주제나 메시지를 분별했다고 (그리고 그 주제가 '정말' 선명하다고) 생각하는 경우에도, 이것이 하나님의 영감된 말씀이기 때문에, 본문 내 주변적인 진술과 영감을 받은 저자의 설익은 전제들까지도 설교를 위한 풍성한 가르침의 재료가 된다. 설교자는 저자의 주요 가르침뿐만 아니라 부차적인 가르침에도 관심을 기울여야 한다. 그것도 하나님이 주신 말씀이기 때문이다.

요약하자면, 우리는 이른바 "강해 율법주의"(expository legalism), 즉 특정 단락에는 주석적으로 정확한 오직 하나의 설교와 설교 주제가 있다는 전제를 주의해야 한다.

17. 여기서 명확히 해 두어야 할 것이 있는데, 성경 본문이 하나 이상의 주제를 말하고 있어서 항상 하나의 중심 주제를 갖고 있는 건 아니라는 주장은, 성경 본문 자체가 다수의 혹은 불명확한 의미를 갖고 있다고 말하는 건 '아니다.' 나도 그렇고 앨런 스팁스도 그렇고, 여기서 성경 본문에 내재된 의미가 없다거나 언어의 의미는 항상 불명확하다는 포스트모던적인 사상을 입안하는 게 아니다. 현대 철학의 영향을 받은 많은 이들이, 인간 언어에 대한 회의주의를 성경에다 적용하여 "다의성"(한 본문 안에는 여러 의미가 공존하고 있으며, 서로 모순되는 의미를 품은 경우도 있기에, 해석자는 자유롭게 의미를 끄집어낼 수 있다는 입장)을 가르치기도 한다. 이것은 '이것

이 성경이 가르치는 바다'라고 말할 수 없음을 의미한다. 우리 모두는 각자의 방식대로 성경을 해석할 수 있고, 그 와중에 서로 모순되는 해석이 나오기도 하는데, 결국 어느 한 가지를 이것이 올바른 해석이어서 바로 이것이 하나님이 말씀하시는 바라고 말할 근거는 없다는 말이다. 이 입장은 급기야 설교를 단순한 제안, 사색, 혹은 결말이 개방된 이야기로 바꾸어 놓을 것이다(많은 그룹에서 이것이 현실이 되었다). 성경의 선명성(the clarity of the Scripture)에 대한 강력한 변호를 보려면, Mark D. Thompson, *A Clear and Present Word: The Clarity of Scripture* (Downers Grove, IL: IVP Academic, 2006), Benjamin Sargent, *As It Is Written: Interpreting the Bible with Boldness* (London: Latimer Trust, 2011)를 보라. 두 저자 공히, 각 성경 본문은 하나의 의미(성경 저자가 의도한 의미)를 갖고 있으며, 성경에서 그것을 분별하는 것이 가능하며, 심지어 확신을 갖고 이것이라고 말할 수 있을 정도로 충분히 분별할 수 있는 경우도 많다고 주장한다. 그럼에도 불구하고, 우리는 모든 성경 본문이 항상 선명하다는 잘못된 신념, 혹은 성경의 의미를 분별하는 것이 쉽다는 오해에 빠져서는 안 된다. 또한 우리의 시야가 가진 한계를 감안하여, 어느 본문이든 완전하고도 궁극적으로 선명하게 그 본문을 다 이해했다고 단정해서도 안 된다. 성경 해석의 복잡성에 대한 냉정하고 의미 있는 제언으로, Moises Silva, *Has the Church Misread the Bible? The History of Interpretation in the Light of Current Issues* (Grand Rapids, MI: Zondervan, 1987)를 추천한다. 조금 오래되었지만 여전히 유용한 성경 해석가다. 실바(Silva)는 해석자로서 우리가 본문에 접근할 때면 어김없이 한 뭉치의 (무의식적인) "배경" 전제를 품고 들어온다는 사실을 잘 보여 준다. 그것이 우리의 해석에 영향을 미치게 된다. 우리의 느낌과 달리 우리는 결코 객관적이거나 중립적이지 않다. 요컨대 성경의 선명성은 우리의 설교에 확신을 품게 하지만, 해석자의 죄성은 우리로 하여금 비판에 대해 겸손하게 마음을 열게 한다. 실바와 여러 학자들은 또한, 성경 저자가 의도한 의미(센수스 리테랄리스, *the sensus literalis*)가 '바로' 본문의 의미라는 프로테스탄트의 원리와, 신약 저자들의 구약 이해 방식 사이의 긴장을 지목한다. 신약 저자들은 종종, 당사자가 그 의미를 잘 모르는 듯이 보일 때도, 구약 저자들의 진술을 그대로 그리스도를 지칭하는 것으로 해석한다. 성경의 '센수스 리테랄리스'와 그리스도 중심적 해석을 공히 만족시킬 수 있는 방도에 대해 여러 좋은 제언들이 있지만, (너무 방대하여-옮긴이주) 여기서 논의하기는 어렵다. 3장의 미주에 포함된 '그리스도 설교하기'에 관한 읽기 목록을 참조하라.

18. 웨스트민스터 신앙고백(Westminster Confession of Faith) 1장, 6부: "하나님의 자기 영광과 사람의 구원 그리고 믿음과 생활에 필수불가결한 모든 일들에 관한 하나님의

협의 전부는 성경에 명시적으로 기록되어 있거나 합당하고 필연적인 추론을 통해 성경에서 이끌어 낼 수 있다"(대한예수교장로회 고신헌법에 포함된 번역-옮긴이주).

19. Alan M. Stibbs, *Expounding God's Word: Some Principles and Methods* (Chicago: InterVarsity Press, 1960), p. 17. 진한 글씨는 내가 강조한 것.

20. 다른 곳에서 스팁스는 설교에 "통일성이 ...... 부여되어야" 한다고 조언한다. 본문 강해를 "하나의 단일하고 지배적인 주제와의 연관 속에서" 발전시킴으로써 말이다 (ibid., p. 40). 그는 다수의 주제와 문제를 왔다갔다하는, 두서없는 소위 '성경 읽기' 식 해설을 지양한다. 요컨대 그는 절별 주해를 추천하지 않으며, 대신 주된 사상을 구별해 내고 대지들이 그것을 지원하고 발전시키는 방식을 제안한다.

21. 칼뱅과 크리소스톰 같은 설교자들은, 본문의 중심 사상의 얼개를 놓치지 않으면서도 세부적인 것들을 신속하게 다루고 풍성한 통찰을 제공하는 데 탁월한 전문가들이었다. 본문에 따라서는 그 단락의 중심 사상의 일부라고 보기 어려운 다양한 부스러기(작지만 다채롭고 가치 있는 의미-편집자주)들을 품고 있는 경우도 많다. 그것들을 다루어 주지 않으면, 청중의 본문 이해는 빈약해질 수밖에 없다. 예를 들어, 디모데전서 6장 12-16절을 보라.

믿음의 선한 싸움을 싸우라 ...... 만물을 살게 하신 하나님 앞과 본디오 빌라도를 향하여 선한 증언을 하신 그리스도 예수 앞에서 내가 너를 명하노니 우리 주 예수 그리스도께서 나타나실 때까지 흠도 없고 책망 받을 것도 없이 이 명령을 지키라 기약이 이르면 하나님이 그의 나타나심을 보이시리니 하나님은 복되시고 유일하신 주권자이시며 만왕의 왕이시며 만주의 주시요 오직 그에게만 죽지 아니함이 있고 가까이 가지 못할 빛에 거하시고 어떤 사람도 보지 못하였고 또 볼 수 없는 이시니.

이 단락의 주된 요점은 분명히 "믿음의 선한 싸움을 싸우라"(12절)다. 그것이 바로 바울이 14절에서 말하는 "이 명령"이다. 디모데는 이것을 행하라는 말을 들었을 뿐 아니라, 하나님 앞에서 엄중하게 그것을 행하라는 명령을 받았다. '믿음의 선한 싸움을 싸우라'의 의미를 풀이하기 위해 설교자는 디모데전서 앞부분도 살펴봐야 한다. 이것이 마지막 명령이요, 앞서 말한 모든 것의 결론과 요약이기 때문이다. 그런데 이 주제와 더불어 하나님의 속성에 관한 놀라운 사실이 함께 논의되고 있음에 주목하라. 그분은 만물을 살게 하시는 분이요(13절 참조), 그분은 가까이 할 수 없는 빛 안에 살기에 아무도 그분을 볼 수가 없다(16절 참조). 이 말씀도 신적인 권위로 선포된 말씀인데, 설교에서 이 놀라운 진술에 대해서도 무언가 말해야 하지 않을까? 당연히 가능하다. 능숙한 설교자라면 이 대목을 우리가 선한 싸움을 싸워야 할 이유로 소개할 수 있을 것이다. 결국, 바울은 디모데를 향한 이 권면에 이러한 하나님의 속성들을 끌어들인다. 믿음의 선한 싸움에 관해서는 거의 말하지 않은 채, 설교의 방향을 하나님의 속성에 대한 묵상으로 몰고 가는 것은 분명히 잘못된 처사일 것이다. 그러나 반대로 이러한 부차적인 내용으로 설교를 확대해서는 안 된다고 주장하는 것은, 강해에 대한 너무나 경직된 이해일 것이다.

22. Fred Craddock, *As One Without Authority* (Nashville, TN: Abingdon Press, 1971); John Blake, "A Preaching 'Genius' Faces His Toughest Convert," CNN.com, December 14, 2011, www.cnn.com/2011/11/27/us/craddock-profile/. 《권위 없는 자처럼》(예배와설교아카데미 역간).

23. "The Bible: Speech at Annual Meeting of the British and Foreign Bible Society, May 5, 1875," in *Speeches by C. H. Spurgeon at Home and Abroad*, ed. G. H. Pike (London, 1878). 나는 이 인용문이 D. M. Lloyd-Jones, *Authority* (Chicago: InterVarsity Press, 1958), p. 41의 언급 때문에 유명해졌다고 생각한다. "성경의 권위는 변호의 대상이라기보다는 주장의 대상이다. 이 주장은 특히 보수적인 복음주의자의 입장이다. 언젠가 저 위대한 찰스 해돈 스펄전이 이렇게 말했던 것이 생각난다. '사자가 공격 받고 있을 때, 여러분은 사자에 대해 변호할 필요가 없습니다. 여러분이 해야 할 일은 그저 문을 열어 사자가 나가게 하면 됩니다.' 우리는 성경 강해 자체와 설교 자체가 그 진리성과 권위를 세워 간다는 사실을 자주 되뇔 필요가 있다." 프레드 크레독과 찰스 스펄전 사이에 드리운 대조를 두고, 내가 크레독은 성경의 권위를 전혀 인정하지 않았다고 해석하거나, 혹은 크레독이 기여한 소위 "연역적" 혹은 "내러티브" 설교에서 배울 게 전혀 없다고 믿는다는 식으로 해석한다면, 그것은 오해다. 나는 진심으로 크레독이 우리에게 많은 것을 가르쳐 줬다고 믿으며, 또한 강해 설교의 다양한 형태 중에는 (이 장의 나머지 부분에서 지적한 대로) 더러 너무 인지적이고, 이성적이고, 메마르고, 권위주의적인 형태가 있음을 인정한다.

CHAPTER 2. 매번 복음을 설교하라

1. 이번 장은 Timothy Keller, *Center Church: Doing Balanced, Gospel-Centered Ministry*

in Your City (Grand Rapids, MI: Zondervan, 2012), pp. 63-84의 "The Essence of Gospel Renewal" and "The Work of Gospel Renewal"과 연결하여 읽어야 한다. 《팀 켈러의 센터처치》(두란노 역간).

2. John Colquhoun, *A Treatise on the Law and Gospel*, D. Kistler, ed. (Edinburgh, 1859; Soli Deo Gloria, 1999), pp. 143-144.

3. 이 주제에 관한 중요한 저작으로는 다음과 같은 것들이 있다. Peter Adam, "Part 1: Three Biblical Foundations of Preaching," in *Speaking God's Words: A Practical Theology of Preaching* (Vancouver, British Columbia: Regent College Publishing, 2004); E. Clowney, *Preaching and Biblical Theology* (Phillipsburg, NJ: Presbyterian and Reformed, 1973). 《설교와 성경신학》(크리스챤출판사 역간); E. Clowney, "Preaching Christ from All the Scripture," in *The Preacher and Preaching: Reviving the Art in the Twentieth Century*, S. Logan, ed. (Phillipsburg, NJ: Presbyterian and Reformed, 1986); Graeme Goldsworthy, *Preaching the Whole Bible as Christian Scripture* (Grand Rapids, MI: Wm. B. Eerdmans, 2000). 《성경신학적 설교 어떻게 할 것인가》(성서유니온선교회 역간); David Murray, *Jesus on Every Page: 10 Simple Ways to Seek and Find Christ in the Old Testament* (Nashville, TN: Thomas Nelson, 2013). 《구약 속 예수》(생명의말씀사 역간); Sidney Greidanus, *Preaching Christ from the Old Testament* (Grand Rapids, MI: Wm. B. Eerdmans, 1999). 《구약의 그리스도 어떻게 설교할 것인가》(이레서원 역간); Gary Millar and Phil Campbell, "Why Preaching the Gospel Is So Hard (Especially from the Old Testament)," in *Saving Eutychus: How to Preach God's Word and Keep People Awake* (Sydney, Australia: Matthias Media, 2013); Bryan Chapell, *ChristCentered Preaching: Redeeming the Expository Sermon* (Grand Rapids, MI: Baker Academic, 1994). 《그리스도 중심 의 설교》(은성 역간); Sinclair Ferguson, *Preaching Christ from the Old Testament: Developing a ChristCentered Instinct* (London: Proclamation Trust Media, 2000), available at https://docs.google.com/ viewer?url=http%3A%2F%2Fwww.proctrust. org.uk%2Fdls%2Fchrist_paper.pdf; and Iain M. Duguid, *Is Jesus in the Old Testament?* (Phillipsburg, NJ: Presbyterian and Reformed, 2013). 입문자라면 먼저 *The Preacher and Preaching*에 포함된 더귀드(Duguid), 퍼거슨, 클라우니의 논문을 추천한다.

4. Sinclair Ferguson, *The Whole Christ: Legalism, Antinomianism, and Gospel Assurance* (Wheaton, IL: Crossway, forthcoming), p. 81 of manuscript.

5. William Perkins, *The Art of Prophesying*, p. 54. "적용의 기본 원리는 먼저 단락이 율법 진술인지 혹은 복음 진술인지를 파악하는 것이다. …… 율법은 죄라는 질병을 드러 내지만, 그 치료책은 내놓지 못한다. 그러나 복음은 무엇이 필요한지를 우리에게 가 르칠 뿐만 아니라, 또한 그것과 연결된 성령의 능력을 품고 있다."《설교의 기술과 목 사의 소명》(부흥과개혁사 역간). 루터교의 입장에 관해서는 C. F. W. Walther, *Law and Gospel: How to Read and Apply the Bible* (St. Louis, MO: Concordia Publishing, 2010)을 보라.

6. Ibid., p. 55.

7. Ferguson, *The Whole Christ*, p. 42.

8. Ibid, p. 47.

9. Ibid., pp. 51-52.

10. Ibid., p. 52.

11. Ibid., p. 51.

12. Ibid., p. 52.

13. Ibid., p. 55.

14. Ibid., pp. 43, 101.

15. George Whitefield, "The Method of Grace," www.biblebb.com/files/whitefield/gw058.htm.

16. 여기서 열쇠가 되는 헬라어 단어는 '대신'이라는 뜻의 '안티'(*anti*)다. 예수님은 많은 이들을 안티해(대신해) 대속물로 죽으셨다.

17. Ferguson, "Preaching Christ from the Old Testament."

18. Ibid.

CHAPTER 3. 모든 성경에서 그리스도를 설교하라

1. 성경 다양한 부분에서 그리스도를 설교하는 구체적인 방법에 관한 도움을 원하면, 다 음 책들을 보라. D. A. Carson and G. K. Beale, *Commentary on the New Testament Use of the Old Testament* (Grand Rapids, MI: Baker, 2007). '신약의 구약사용 주 석 시리즈'(CLC 역간); Leland Ryken, ed., *Dictionary of Biblical Imagery* (Downers

Grove, IL: IVP-US, 1998). 《성경 이미지 사전》(CLC 역간); Tremper Longman and Raymond B. Dillard, *An Introduction to the Old Testament*, 2nd ed. (Grand Rapids, MI: Zondervan, 2006). 《최신 구약 개론》(크리스천다이제스트 역간); Edmund P. Clowney, *The Unfolding Mystery: Discovering Christ in the Old Testament*, 2nd ed. (Phillipsburg, NJ: Presbyterian and Reformed, 2013), 《구약에 나타난 그리스도》(네비게이토 역간); Edmund P. Clowney, *How Jesus Transforms the Ten Commandments* (Phillipsburg, NJ: Presbyterian and Reformed, 2007). 《예수님은 십계명을 어떻게 해석하셨는가?》(크리스찬출판사 역간); Alec Motyer, *Look to the Rock* (Nottingham, UK: InterVarsity Press, 1996); Christopher J. H. Wright, *Knowing Jesus Through the Old Testament* (Downers Grove, IL: InterVarsity Press, 1995). 《구약의 빛 아래서 그리스도를 아는 지식》(성서유니온선교회 역간); Simon DeGraaf, *Promise and Deliverance* (Grand Rapids, MI: Paideia Press, 1977, 1978, 1979, 1981). 《약속과 구원》(평단문화사 역간). 그리스도 중심적 해석에 확고한 학자들 중 특히 구약 주석가들의 저작을 참조하라. 알렉 모티어, 이안 더귀드, 트램퍼 롱맨, 레이먼드 딜라드 등이 있다. 더하여 D. A. Carson, ed., *New Studies in Biblical Theology* (IVP Academic)에 포함된 모든 책을 참조하라. 또한 시드니 그레이다누스(Sidney Greidanus)의 여러 책들, 특히 *Preaching Christ from the Old Testament: A Contemporary Hermeneutical Method* (Grand Rapids, MI: Wm. B. Eerdmans, 1999). 《구약의 그리스도 어떻게 설교할 것인가》(이레서원 역간), 그리고 그레엄 골즈워디(Graeme Goldsworthy)의 책들, 특히 *Preaching the Whole Bible as Christian Scripture: The Application of Biblical Theology to Expository Preaching* (Grand Rapids, MI: Wm. B. Eerdmans, 2000)을 보라. 《성경신학적 설교 어떻게 할 것인가》(성서유니온선교회 역간).

2. 퍼거슨은 구약에서 그리스도를 설교하는 네 가지 방법을 열거하는데, 장르(율법, 예언, 시)와 구속사의 모든 단계(창조, 타락, 아브라함의 가족, 모세 지도하의 이스라엘, 왕정 시대 이스라엘, 예수님의 사역, 사도들의 사역)를 망라한다. (1) 약속과 성취의 틀에 연결하기 (2) 모형(type)과 원형(antitype)의 틀에 연결하기 (3) 언약과 그리스도의 틀에 연결하기 (4) 구원 참여 대망과 이어지는 실현의 틀에 연결하기. 그레이다누스는 동일한 내용을 훨씬 더 길게 논한다. 그는 다음과 같이 열거한다. (1) 구속사적 진전의 방법 (2) 약속과 성취의 방법 (3) 모형론(예표론)의 방법 (4) 유비의 방법 (5) 종축(longitudinal) 주제의 방법 (6) 신약 참조의 방법 (7) 대조의 방법.

퍼거슨과 그레이다누스와는 대조적으로, 골즈워디는 각 장르와 구속사의 단계 '안에서' 어떻게 그리스도를 설교할지에 집중하는데, (1) 역사적 내러티브 (2) 율법

(3) 예언 (4) 지혜 문학 (5) 시편 (6) 묵시 본문이 어떻게 그리스도를 가리키는지를 논한다. 이어서 그는 (7) 복음서 (8) 사도행전과 서신서를 설교할 때, 어떻게 그리스도의 구원 역사를 확실히 제시할 수 있는지를 보여 준다. 마지막으로 그는 "Preaching Christ from Biblical Theology"(성경신학에서 그리스도 설교하기)라는 제목의 장에서, 장르와 단계를 아울러 통-정경적인(intercanonical) 주제를 잡아내는 방법에 관해 논의한다.

데이비드 머리(David Murray)는 장르 범주와 종축 주제의 범주를 혼합한다. 그는 그리스도를 설교하는 열 가지 방법을 제시한다. (1) 창조에서 (2) 구약 인물에서 (3) 하나님의 등장에서 (4) 하나님의 율법과 명령에서 (5) 이스라엘의 역사에서 (6) 선지서에서 (7) 모형에서 (8) 언약에서 (9) 잠언에서 (10) 성경의 시인에게서.

게리 밀러(Gary Miller)는 아마 가장 창의적인 경우인데, 범주들을 추출하면서도 추상적인 방식이 아니라 보다 실천적인 방식으로 접근한다. 예수님께 이르는 방법으로 그는 다음 목록을 제언한다. (1) 하나의 주제를 끝까지 단계마다 좇아가면서 예수님께 나아가기 (2) 즉시 그리스도 안의 성취로 점프하기 (3) 인간의 문제를 드러내고 예수님을 그 해결로 보여 주기 (4) 신적 속성을 강조하고는, 예수님을 그것의 궁극적인 체화로 보여 주기 (5) 본문에 나타난 신적 구원 행위에 초점을 맞추고 어떻게 이것이 그리스도의 구원 안에서 궁극적인 모습에 이르는지 보여 주기 (6) 신학적인 범주를 설명하고 그것을 그리스도께 연결하기 (7) 죄의 결과를 지목하고 그리스도 안에서 그 유일한 치료책을 발견하기 (8) 인간의 경건과 선함의 측면을 묘사하고 그리스도를 그것의 전형으로 보여 주기 (9) 인간의 염원을 응시하고 그리스도를 그것의 만족으로 지목하기.

브라이언 채플(Bryan Chapell)의 목록은 유용하면서도 가장 간단하다. 다른 저자들은 사실상 그의 범주들을 채우고 있는 형국이다. 본문에 그리스도에 대한 분명한 언급이나 분명한 그리스도의 모형이 없을 경우, 그는 그리스도를 가리키는 화살표를 찾으라고 말한다. (1) (예언서에서처럼) 예언하는 화살표 (2) (율법과 명령에서처럼) 예비하는 화살표 (3) (구원의 핵심 측면들에서처럼) 반영하는 화살표 또는 (4)본문에서 요구되는 삶이 어떻게 오직 그리스도를 믿는 믿음을 통해서만 이루어질 수 있는지를 보여 주는 "결과의" 화살표이다.

그리스도를 설교하는 방법들 중에는, 하나 이상의 범주에 속하는 것들도 있다. 예를 들어, 트램퍼 롱맨이 탐구한 "신적 전사"(divine warrior) 모티프는 예언이면서 (창 3:15 참조), 하나님의 속성이면서(출 15장 참조), 또한 그리스도의 "모형들"인 여러 인물들을 포함한다(예를 들어, 골리앗 앞에 선 다윗). 결국 이런 범주들은 인위적인 것들로서, 우리로 하여금 성경을 보다 깊이 관찰하도록 등 떠미는 도구들이다.

3. 일단 '무엇을' 그리스도께 연결할지, 통정경적인 주제나 주요 인물 혹은 이미지인지, 은혜 이야기 얼개인지 등을 결정했다면, 이제 '어떻게' 이 연결을 시작할지를 결정해야 한다. 여기 몇 가지 방법을 소개하겠다. (아래 소개되는 범주들 가운데 몇은 책에 따라서 '그리스도를 설교하는 방법들'로 명명되었지만, 내가 면밀히 살핀 바로는 적절한 이름이라고 보기 어렵다. 오히려 '어떻게 그리스도께 연결할 것인가'에 관한 방법들로, '무엇을 그리스도께 연결할 것인가'의 범주들과 연계되어 있다.)

1. 계획을 따르라? 게리 밀러는, 종종 어떤 본문은 뒤처지지 않고 착착 성경 주제를 따라 앞으로 나아가지만, 명시적으로는 그리스도를 가리키지 않는다고 믿는다. 이런 경우에는 '전체 계획을 따르는' 것이 적합하다. 조급하지 않게 그 주제가 구속사의 다양한 단계에서 취하는 다양한 형태를 추적하는 것이다. 예를 들어, 야곱이 벧엘의 "사닥다리"에서 하나님을 만났을 때, 그는 그곳이 "하나님의 집", '벧-엘'(Beth-el)이라고 말한다. 이럴 땐 하나님의 임재의 장소, 즉 '성소'의 역사를 추적하는 것이 적합하다. 족장 시대에 하나님의 임재는 일시적으로 임했다. 장막에 거하시다가 다음에는 성전, 마지막엔 예수님 안에 임하셨고, 그분을 통해 그리스도의 몸(the Body of Christ; 교회를 의미-옮긴이주)과 함께하신다. 이것은 다소 시간이 걸리지만, 청중에게 성경의 통일성을 보여 준다. '계획 따르기'는 종종 통정경적인 주제들과 이미지, 상징, 하나님의 속성의 범주와 잘 어울린다.

2. 성취로 점프하라? 한편 밀러는, 본문에 예수님이 직접 언급되는 경우는 이런 단계를 좇아갈 필요 없이 지체 없이 "성취로 점프"할 수 있다고 생각한다. 예를 들어, 사무엘하 7장에서 하나님이 다윗에게 말씀하시길, 다윗이 하나님을 위해 성전을 짓지 못할 것이고 대신 하나님이 다윗의 왕위를 영원히, 끊임없이 세우시리라고 선포하신다. 이것은 우리로 하여금, 성전을 건립하고 다윗의 왕위를 세운 다윗의 아들 솔로몬을 돌아보고, 이어서 결국 궁극적인 성전이시요 진정한 의미에서 다윗의 계보를 영원히 세우신 예수 그리스도께로 점프하도록 초대한다. 여기서 이스라엘의 왕정 역사를 조밀하게 짚어 갈 필요는 없다. 다니엘 7장과 이사야 53장 같은 단락도 유사하다. 언급하는 인물이며 예언하는 모양새가 대놓고 예수님을 가리킨다.

이 두 접근법을 구분한 결과를 말하건대, 설교 준비에서 '그리스도께 나아가기' 단계에 많은 시간과 노력이 필요한 경우가 있는가 하면, 그리스도를 향한 움직임이 단시간에 급작스럽게 이루어져야 할 때도 있다. 이건 주관적인 판단이지만, 여기에 다양성이 있을 수 있다고 보는 것은 좋다. '성취로 점프하기'는 종종 예언, 약속, 구원 이야기, 하나님의 신현(theophanic appearance) 등에 잘 적용된다. 이것들 대부분은, 역사의 매 단계에 반복 등장하는 종축 주제들과는 별 상관이 없다.

3. 내러티브 긴장을 발전시키라? 이야기나 내러티브의 핵심은 줄거리 긴장이다. 전개되는 과정에서 박진감과 관심을 창출하여, 청중으로 하여금 과연 저 긴장이 해결될지 혹은 어떻게 해결될지에 관해 궁금하게 만든다. 설교 초반부에 갈등을 설정하고 결국에 그리스도 안에서 그것을 해결하는 것은 일종의 '내러티브 일관성'(narratively coherent)이다. 이것은 어떤 면에서 그리스도를 모든 설교의 영웅으로 만든다. '긴장'의 종류는 매우 다양할 수 있는데, 그리스도께로 연결하는 것이 무엇인지에 따라 유형을 구분할 수 있다.

- 첫 번째 긴장은 '복잡하게 혹은 불가해하게 행동하시는 하나님'이다. 하나님의 행동은 결국 예수님의 강림 안에서만 이해될 수 있다. 예를 들어, 어떻게 하나님이 우리에게 거룩하면서 동시에 사랑의 하나님 즉, 공의의 하나님이면서 동시에 신실하신 하나님일 수 있는가?(하나님의 속성) 하나님의 언약은 조건적인 약속인가 혹은 무조건적인 약속인가?(통정경적 주제) 두 경우 모두, 오직 그리스도와 십자가만이 긴장을 해결한다.

- 두 번째 긴장은 '성취가 불가능해 보이는 예언, 약속, 축복, 인간의 염원'이다. 예를 들어, 에스겔 34장에서 어떻게 하나님은 친히 당신의 백성의 목자가 되시면서 또한 '다윗'을 보내실 수 있을까? 어떻게 한 사람이 다윗의 후손이면서 동시에 하나님 자신일 수 있을까?(예언) 어떻게 하나님은 악으로부터 선한 것을 만들어 내실 수 있을까?(약속) 다시 한 번, 오직 예수님의 성육신과 부당한 고통만이 이 문제를 해결할 수 있다. 이사야 54-56장의 예언들, 그리고 다른 곳에서 고자와 이방인들이 성전 안과 하나님의 임재 안으로 허락될 것이고, 급기야 하나님의 백성의 일부가 되리라고 말하는 것을 보라. 어떻게 이 일이 가능할까? 히브리서에 쓰인 대로 오직 그리스도의 사역 안에서만 이러한 예언의 광폭 행보를 이해할 수 있다. 우리는 모두 죽음을 두려워한다. 그런데 이사야는 "수의"(개역개정에는 "가리개"로 번역-옮긴이주; 죽음을 의미)가 제거되리라고 말한다(사 25:7 참조). 어떻게? 오직 예수 그리스도의 죽음과 부활을

통해서 죽음이 파괴된다.

- 세 번째 긴장은 '숨이 멎을 만큼 놀랍고 아름다운 명령 혹은 고결한 인물' 제시
에서 나온다. 여기서 우리는 어떻게 살지에 관한 위대한 모범과 명령을 강조
하고는, 그것을 불가능하게 만드는 인간 내면의 움직임을 보여 준다. 이어서
우리는 어떻게 예수님의 사역을 믿는 믿음만이 그 마음을 변화시키고, 또한
그 모범과 같이 되도록 만드는 유일한 길인지를 발견한다(이것은 명령이나 경
건한 모범, 주요 인물의 범주 안에서 작동한다).

- 네 번째 긴장은 '죄에 대한 신적 저주 혹은 결과'에서 나온다. 죄가 초래하는
구체적이고도 파괴적인 결과를 소개하는 본문들이 많다. 또한 이기심이 어떻
게 우리의 관계를 지속적으로 파괴하는지를 보여 주는 본문들도 많다. 여기서
우리는 어떻게 탈출할 수 있을까? 예수님이 친히 그 법적인 결과를 감당하심
으로 가능하다(예수님은 그분이 사랑하는 모든 자에게 거절당하신다). 하나
님 없는 삶이 얼마나 무의미한지를 보여 주는 본문들이 많다(예를 들어, 전도
서: "헛되다!"). 이에 예수님은 십자가에서 친히 "하나님 없는 삶"의 상실감을
체휼하신다. 우리가 받아야 할 저주를 그분이 감당하신다.

- 다섯 번째 긴장은 이 단순한 질문에서 단순하게 나올 수 있다. '그것을 행할,
혹은 그것이 될 능력이나 권리를 우리는 어디서 얻을 수 있을까?' 마땅히 행할
일을 불가능하게 만드는 마음의 동기나 다른 조건들(두려움, 분노, 교만)을 해
결하는 답은, 그리스도가 완성하신 일에 대한 믿음에 있다. 성도의 자유와 기
쁨, 즉 은혜와 믿음을 통한 하나님과의 새로운 관계에서 나오는 자유와 기쁨
은, 죄악으로 이끄는 우리 마음의 동기를 제거한다. 또한 그리스도가 완수하
신 사역을 통해 우리는 그 자유와 기쁨을 향한 '권리'를 가진다. 설령 우리 자
신이 그것에 합당하지 않다고 하더라도 말이다.

그러나 나는 이러한 노골적인 줄거리 '긴장들'이 그리스도를 설교하는 유일한
길이라고 믿지는 않는다. 예를 들어, 상징의 성취(Symbol fulfillment, #4)은
종종 그리스도의 놀라움과 아름다움에 대한 단순 제시로서, 그 자체로 매력이
있다. 혹은 문제 해결에 기초하지 않은, 소위 '보석 가공'(faceting)식 설교 개
요는 줄거리 긴장을 사용하지 않으면서도 절정을 향해 나아갈 수 있는 또 하
나의 설교 기법이다. 예를 들어, 조나단 에드워즈의 설교 "그리스도인의 행복"
을 살펴보자. 그리스도인이 행복한 이유를 소개하는 설교인데, 개요(그가 직
접 만든 개요는 아님)는 다음과 같다. (1) 우리의 나쁜 것들이 좋은 것으로 변
하기 때문에 (2) 우리의 좋은 것들을 우리한테서 빼앗아갈 수 없기 때문에 (3)

우리에게 최고의 것은 아직 오지 않았기 때문에. 이 설교는 단순한 진리를 취하고 설명하는 흐름을 취하는데, 그러면서도 하나의 절정을 향해 세워져 가는 구도다. 그렇지만 여기엔 아무런 '긴장'도 동원되지 않는다.

4. 신약의 구약 사용? 그리스도를 설교하는 또 하나의 길은, 그레이다누스의 유용한 조언을 따른 것인데, 신약에 구약 본문이 인용, 언급, 암시되는 부분을 찾는 것이다. (이 원리는 신약 본문은 물론 구약 본문을 설교할 때도 공히 적용될 수 있는데, 신약 본문을 설교할 때는 본문의 구약적 배경이 드리우는 통정경적인 주제를 찾으면 되고, 구약 본문을 설교할 때는 신약 저자가 그리스도의 빛 안에서 그 구약 단락을 어떻게 이해하는지를 살피면 된다.) 지금 우리는 구속사의 제 단계들을 관통하는 사상의 '실타래를 따라' 그것이 어떻게 그리스도의 구원 역사와 연결되는지를 볼 수 있는 위치에 있다. 이에 대한 매우 유용한 교과서가 있으니, Carson and Beale, *Commentary on the New Testament Use of the Old Testament*다. 그러나 이것은 별도의 범주는 아니다. 예를 들어, 모형 찾기(identifying)나 약속과 성취 발견하기 곁에 따로 놓인 별도의 범주가 아니라는 말이다. 그것은 사실상 모든 범주에 작동한다. 신약에서 구약을 사용할 때는 직접 인용하거나 지극히 분명한 언급을 통하기도 하지만, 다소 사변적이긴 하나 간접적인 암시를 통하기도 한다. 예를 들어, "물과 성령으로 난" 거듭남(new birth)에 관한 예수님의 말씀이 동일한 용어를 사용한 에스겔의 부활(regeneration) 논의를 암시한다고 믿는 주석가들도 있다(겔 36장 참조).

4. 구약에는 최소한 십여 차례, 하나님이 누군가에게 가까이 임재하시기 위해 "주(혹은 여호와-옮긴이주)의 천사"를 보내시는 장면이 나온다. 물론 다른 천사들도 있다. 예를 들어, 신약에서 가브리엘이 마리아에게 수태고지를 전한다. 그러나 가브리엘과 다른 천사들이 말할 때는, 그들은 분명히 "이것은 주의 말씀이다"라고 말한다. 가브리엘은 주님을 대신해 말한 것이다. 그러나 주의 천사가 말할 때는, 그 자신이 주님이시다. 이것은 믿기 어려운 신비인데, 주의 천사는 주님과는 다른 존재인 듯 보이면서 동시에 사실상 주님이시다. 알렉 모티어는 출애굽기 주석에서 다음과 같이 지적한다.

그 천사는 주님이 죄인된 백성들 가운데 임재하실 수 있는 하나님의 자비로운 거처로 계시된다. 주님이 친히 백성들과 함께 거하셨다면 그분의 임재가 그들을 불

살라버릴 수밖에 없다. 그래서 이런 식으로 표현할 수 있겠다. 그 천사는 그분의 완전한 신성의 축소나 조정을 겪진 않지만, 그러면서도 거룩한 하나님이 죄인들과 함께 거하시는 신성의 독특한 존재방식이다. Alec Motyer, *The Message of Exodus: The Days of Our Pilgrimage* (Downers Grove, IL: InterVarsity Press, 2005), p. 51.

구약에서 거듭 확인하는 사실이 여기 있다. 하나님은 자비와 축복 가운데 백성들 가까이 임재하실 때, 그들을 살라 버리거나 파멸시키지 않기 위해, 그분은 주의 천사를 통해 그리하신다. 가장 감동적인 장면 가운데 하나는 창세기의 아브라함과 사라, 하갈의 이야기다. 아브라함과 사라는 부부였지만, 사라는 불임인 채로 늙어 간다. 스스로 아이를 갖지 못하자, 사라는 젊어서 충분히 아기를 낳을 수 있는 이집트 노예 소녀, 하갈을 아브라함에게 선물한다. 아브라함이 그녀와 동침하고, 아들이 태어난다. 그런데 하갈이 아들을 낳았을 때, 모든 것이 어그러진다. 하갈은 오만하고 방자하게 사라를 조롱한다. "늙어 빠진 할망구, 나는 젊고, 나의 태는 생기가 넘치지. 내겐 아들도 있어." 사라는 분노한 채 아브라함에게 가서 이렇게 말한다. "저 여자와 아이를 광야로 보내세요." 이건 말 그대로 쫓아내어 죽게 하라는 의미다. 이에 아브라함은 (마음이 아프고 불안했지만) 그렇게 한다.

그들은 모두 피해자면서 또한 모두 범죄자다. 이 이야기 속에는 선한 사람이 없다. 하갈은 오만불손하게 스스로 불행을 자초한다. 사라는 잔인하게 그녀를 쫓아낸다. 아브라함은 비겁하다. 하갈은 아들과 함께 광야로 나오고, 물이 떨어진다. 아버지에게 버림받고 목마름에 죽어 가는 어린 아들을 보다가, 결국 덤불 그늘에 아이를 눕혀 둔 채 멀찍이 떨어져 아픈 마음을 토로한다. "내 아들이 죽는 모습을 차마 볼 수 없다." 이때 주의 천사가 나타난다. 본문을 읽어 보면, 천사가 말할 때 주님이 말씀하시고, 또한 주님이 말씀하실 때 천사가 말함을 볼 수 있다. 주의 천사가 말했다. "두려워하지 말라 하나님이 저기 있는 아이의 소리를 들으셨나니, 일어나 아이를 일으켜 네 손으로 붙들라 그가 큰 민족을 이루게 하리라"(창 21:17-18).

어떻게 하나님이 이렇게 하실 수 있을까? 하갈, 사라, 아브라함, 그들은 하나님의 축복을 받을 자격이 없다. 그들은 하나님의 임재를 맞기에 합당치 않다. 어떻게 그들의 삶에 하나님의 임재가 축복과 함께 임할 수 있단 말인가? 바로 천사를 통해서다. 설교에서 이 대목에 이를 때면 나는 보통 이렇게 말한다. "지금 그 천사는 우리에게 누군가를 가리키고 있습니다." 모티어는 이렇게 말한다.

성경에는 주님과 동일하면서도 동시에 구별되는 오직 한 분이 계신다. 신성의 완전한 본질과 특권을 포기하거나 신적인 거룩함을 약화시키지 않은 채 친히 죄인들과 함께 거하실 수 있는 한 분. 하나님의 진노를 확정하면서도 동시에 그분이 먼저 내미신 지극한 자비의 최절정의 표현이 되시는 한 분. 이 주의 천사를 이해할 수 있는 유일한 방식은, 예수 그리스도가 성육신하기 전 현신으로 이해하는 것이다. Motyer, *Message of Exodus*, p. 51.

어떻게 하나님이 자격 없는 죄인들에게 가까이 오실 수 있었는지, 이제 우리는 그 이유를 안다. 세월이 흐른 뒤 한 가난한 여인에게 태어난 한 어린 소년이 있었기 때문이다. 거절당함의 삶을 살다가 급기야 아버지에게 생명마저 버림받았다. 그도 목마름으로 죽어 가고 있었고, 그도 울부짖었지만 하나님은 묵묵부답이셨다. 왜 하나님이 응답하지 않으셨는지, 그 이유를 아는가? 하갈과 아브라함과 사라가 받아 마땅한 것은 복이 아니라 버림받음이었지만, 십자가에서 예수 그리스도께서 우리가 당해야 할 버림받음을 친히 당하셨기에, 그래서 우리는 그가 받아야 할 복을 받을 수 있다. 그가 울부짖을 때 아무도 응답하지 않으셨기에, 그래서 우리가 울부짖을 때 비록 응답받을 자격이 없지만 우리에겐 응답이 임할 것이다.

예수님이 바로 그 '주의 천사'이시다. 그래서 하나님이 우리 가까이 오실 수 있다. 하나님이 모세의 삶에 찾아오셨듯이, 우리의 삶에도 오실 수 있다. 그분은 우리 삶에 찾아오셔서 우리 안에 거하시면서, 그분의 능력과 아름다움, 그분의 영광으로 불태우실 수 있다. 이제 우리는 안전하다. 예수 그리스도가 십자가에서 죽으셨기 때문이다.

5. John Calvin, *Calvin: Commentaries*, trans. and ed. Joseph Haroutunian (London: S.C.M. Press, 1958), pp. 68-69.

6. 이 주장에 대한 증거를 원하면, Joel Marcus, *Mark 1-8: New Translation with Introduction and Comments*, Anchor Bible, vol. 27 (New York: Doubleday, 2000), pp. 332-340을 보라. 《앵커바이블 마가복음 I》(CLC 역간).

7. 누가복음 9장 31절에서 "떠남"(NIV에는 "departure"; 개정개역에는 "별세"-편집자주)로 번역되는 헬라어 단어는 '엑소더스'(*exodus*)다.

8. Ferguson, *Preaching Christ from the Old Testament*, p. 4.

9. 결혼은 통정경적인 주제다. 따라서 사사기 19-21장에서 그리스도를 발견하는 것은, 우리의 그리스도 중심적 성경읽기와 잘 들어맞는다.

10. (여기서 팀 켈러는 개역개정에서 "굳게 결심하시고"로 번역한 누가복음 9장 51절 구

절을 다양한 영어 번역본을 오가며 해설한다—옮긴이주). "안색 하나 변하지 않고"(set his face, KJV)는 헬라식 표현이다. 라틴어 벌게이트역과 여타 고대 역본들은 딱딱하고 완고함을 의미하는 "부싯돌처럼"(like a flint)이라는 문구를 덧붙인다. 대부분의 현대 번역들은 "단호하게 나서다"(set out resolutely, NIV)라는 의미로 풀이한다.

Part 2

CHAPTER 4. 몸담고 있는 문화를 향해 그리스도를 설교하라

1. English Standard Version과 New American Standard Version도 같이 보라.

2. Terry Eagleton, *Culture and the Death of God* (New Haven, CT: Yale University Press, 2014), p. 1.

3. Peter Watson, *The Age of Atheists: How We Have Sought to Live Since the Death of God* (New York: Simon & Schuster, 2014); Sam Harris, *Waking Up: A Guide to Spirituality Without Religion* (New York: Simon & Schuster, 2014); Ronald Dworkin, *Religion Without God* (Cambridge, MA: Harvard University Press, 2013). 《신이 사라진 세상》(블루엘리펀트 역간); Alain de Botton, *Religion for Atheists: A NonBeliever's Guide to the Uses of Religion* (New York: Vintage, 2013). 《무신론자를 위한 종교》(청미래 역간). 이 모든 책이 공통적으로 추구하는 것이 있는데, 전통적으로 종교와 하나님에 대한 신앙에서 찾던 내면의 평화, 의미, 성취 공동체, "충만"과 위대함의 느낌이다.

4. Barna Group, "Barna Technology Study: Social Networking, Online Entertainment and Church Podcasts," May 26, 2008, www.barna.org/barna-update/media-watch/36-barna-technology-study-social-networking-online-entertainment-and-church-podcasts#.VELXX_l4o3g.

5. 더그 패짓(Doug Pagitt)의 *Preaching ReImagined: The Role of the Sermon in Communities of Faith* (Grand Rapids, MI: Zondervan, 2005)를 예로 들 수 있는데, 이 책은 논쟁의 막바지 무렵에 쓰였다. 패짓은 설교뿐만 아니라 공중 연설 일반을 비판하는데, 이를 두고 그는 "스피칭"(speaching; 연설의 speaking과 설교의 preaching

을 혼합해 만든 단어-옮긴이주)이라고 부른다. 그의 기본적인 논지는, 설교자가 아니라 공동체가 진리를 결정해야 한다는 것이고, 연설은 한 개인을 부당한 권위의 자리로 격상시킨다는 것이다. 이는 매우 급진적인 주장으로 이해되곤 하는데, 루시 로즈(Lucy Rose)와 존 맥클루어(John McClure)와 같은 주류 교회 설교학자들도 동일한 주장을 펼쳐오고 있다. Lucy Rose, *Sharing the Word: Preaching in the Roundtable Church* (Louisville, KY: John Knox, 1997). 《하나님 말씀과 대화 설교》(CLC 역간). John McClure, *The Roundtable Pulpit* (Nashville, TN: Abingdon, 1995). 덧붙여 레안더 켁(Leander E. Keck)을 보라. 그는 이렇게 말한다. "무언가 전달할 가치가 있는 것을 발견했다면, 설교를 통합으로써 그걸 망치지 마라! 대신 공동체 안에서 주거니 받거니 의견교환을 통해 그것이 드러나게 하라. 음악과 춤, 혹은 드라마 같은 축제 형식으로 공유하라. 설교는 사람들을 횃대에 올라앉은 닭마냥 수동적인 존재로 만든다. 억지로 깨어 있는 그런 존재 말이다." Leander E. Keck, *The Bible in the Pulpit: The Renewal of Biblical Preaching* (Nashville, TN: Abingdon, 1978), p. 40. 주류 집단 안에서 독백식 설교는 한 세대 이상 의구심의 대상이 되어 왔다. 한편, 저명한 주류 설교학 교수인 토마스 롱(Thomas G. Long)은, 대화식 설교나 원탁회의식 설교는 기껏해야 설교의 효력에 대해 우려하던 시절에 교회가 시도한 몇 가지 일시적인 "실험들" 가운데 하나일 뿐이라고 지적한다. (예를 들면 다음과 같은 실험들이다. "멀티미디어 설교, 일인칭 설교, 음악 설교, 대화 설교, 등받이와 팔걸이가 없는 작은 스툴 의자에 앉아서 하는 설교…….") 롱은, 이런 실험들은 보편적인 설교 형식이 될 가능성은 희박하며, 단지 "주기적인 설교의 몰락" 기간에 설교에 대한 혁신적인 생각을 품은 사람들을 잠시 도울 수 있을 뿐이라고 주장한다. Thomas G. Long, *Preaching from Memory to Hope* (Louisville, KY: John Knox Press, 2009), pp. xiv-xv.

보수계에서 나온 의견으로는, 데이비드 노링턴(David C. Norrington)의 *To Preach or Not to Preach*가 이렇게 결론짓는다. "정기적인 설교는 성경적인 기초가 없다. 그것은 신약에서 실천한 것에 적대적이던 이교 방식을 활용하는 것이며, 초기 기독교의 성장에는 아무런 역할을 하지 않은 것으로 보인다." David C. Norrington, *To Preach or Not to Preach* (Milton Keynes, Exeter, UK: Paternoster Press, 1996; repr., Ekklesia Press, 2013), p. 95. 노링턴의 주장에 따르면, 설교는 원리적으로 추상적인 작업 혹은 일반화 작업이다. 설교자가 청중의 현존하는 삶에서 일어나는 모든 일을 알 수 없다는 말이다. 설교는 성경 진리를 스스로 배우고 내면화하는 법을 배우지 못하는 수동적인 신자를 창출한다. 또한 일방향 커뮤니케이션은 설교자 자신도 대체로 그들의 편견에 사로잡힌 채 더 이상 배우지 못하는 결과를 초래한다. 노링턴은 목회자가 일방적으로 매주 성경에 대해 연설하는 것은 그리스도 이후 3세기나 4세기까지는 발전되지 않은 비성경적인 행위라고 믿는다. 그는 설교의 종말을 요청하며, 상호적인 공동 성경 읽기에 이은 그룹 전체의 격려와 조언, 교정을 제안한다(Norrington, *To Preach or Not to Preach*, p. 83). 노링턴에 대한 일반적인 평가를 소개하면, "정기적인 설교"가 "비성경적"이고 심지어 "이교적"이라는 그의 주장을 그는 제대로 증명하지 못했다. 이것은 특히 휴즈 올드의 설교 역사에 관한 역사적 연구에서 잘 드러난다. 올드는 초기 교회의 문서인 '디다케'(*Didache*)에 주목하는데, 그것은 "평신도 설교자와 구별되는, 삶 전체를 사역에 헌신한 전문 설교자 그룹"의 존재를 전제하고 있다. Hughes Oliphant Old, *The Reading and Preaching of the Scriptures in the Worship of the Christian Church*, vol. 1, *The Biblical Period*, p. 256.

6. Andy Stanley and Lane Jones, *Communicating for a Change* (Eugene, OR: Multnomah, 2006), p. 89. 《최고의 설교자를 만드는 설교 코칭》(디모데 역간).

7. P. T. Forsyth, *Positive Preaching and the Modern Mind* (Milton Keynes, Exeter, UK: Paternoster Press Reprint, 1998), p. 73. 예를 들어, 포사이스는 아타나시우스(Athanasius)가 "세상으로부터 올라왔다기보다는 참된 설교자답게 세상으로 내려왔다. ······ 그는 그에게 맞추라고 세상을 향해 압박했다"라고 쓰고 있다. Ibid., p. 74.

8. Ibid., p. 2. 흥미로운 것은, 포사이스가 설교에 대해 강의하고 책을 쓴 동시대에, 해리 에머슨 포스딕(Harry Emerson Fosdick)을 포함한 여러 설교자들은 뉴욕에서 정반대 방향으로 가고 있었다는 것이다. 포스딕은 초기 자유주의 프로테스탄트로서, 설교자들에게 교리 강해가 아니라 심리학에 집중하라고 조언한 사람이다. 그는 이렇게 썼다. "모든 설교는 그 중심에 어떤 문제(생명과 같은 중요한 문제, 혼란스러운 마음, 억눌린 양심, 갈피를 잡지 못하는 삶)에 대한 해결이 있어야 한다. 또한 무슨 설교든 현실적인 문제와 씨름하고, 거기에 작은 빛이라도 던지고, 몇몇 사람에게라도 그 문제를 뚫고 나아갈 수 있는 길을 열어 준다면, 그런 설교는 결코 재미없을 수가 없다." Thomas G. Long, *The Witness of Preaching*, 2nd ed. (Louisville, KY: John Knox Press, 2005), p. 30에 인용된 글. 《증언하는 설교》(CLC 역간). 포스딕이 활용하고 후에는 노먼 빈센트 필(Norman Vincent Peale)과 많은 주류 설교자가 활용한 소위 "집단 상담으로서의 설교"(sermon as counseling session)에 대한 롱의 비판과 그것이 어떻게 힘을 잃게 되었는지에 대한 설명은 pp. 30-37에 나온다. Matthew Bowman, "Harry Emerson Fosdick and Baptism at Riverside," in *The Urban Pulpit: New York City and the Fate of Liberal Evangelicalism* (New York: Oxford University Press, 2014), p. 253도 참조하라.

9. 올드는 이러한 강해 방법이 그 시대의 문화적 흐름을 정면으로 거스르고 있음을 잘 보여 준다. 고전 연설은 대화적이었다. 중요한 현재적 이슈에 관한 논지에서 시작해, 주제를 나누고, 양쪽의 논거를 모두 제시하고 평가한 후에, 그것을 어떻게 해결할지에 관한 주장을 펼치는 방식이었다. 이에 반해 강해 설교는 본문 자체가 설교를 구성하도록 한다. 그것은 본문에서 시작하여 실제 삶으로 나아가지, 그 반대가 아니다. 올드는 알렉산드리아의 클레멘트(Clement of Alexandria, 대략 150-215년)의 설교를 지목한다. 서론에 이어 클레멘트는 성경 단락을 절별로 다루면서, 단어와 문장의 의미를 설명한다. 올드는 이렇게 정리한다. "단언컨대 이 과정은 고전 헬라 연설에서 배운 게 아니다. 헬라인들은 강해 설교와 같은 문학적 모델을 알지 못했다." Old, *Reading and Preaching of the Scriptures*, vol. 1, *Biblical Period*, p. 299.

10. Forsyth, *Positive Preaching and the Modern Mind*, p. 73.

11. Luc Ferry, *A Brief History of Thought: A Philosophical Guide to Living* (New York: Harper, 2011), pp. 60-64.

12. Ibid.

13. 상황화에 대해서는 *Center Church*, pp. 89-134에서 포괄적으로 다루었다. 여기서 소개된 짤막한 논의는 이 포괄적인 논의와 연결해서 읽어야 한다. 《팀 켈러의 센터처치》(두란노 역간).

14. Eckhard J. Schnabel, *Paul the Missionary: Realities, Strategies, and Methods* (Downers Grove, IL: IVP Academic, 2008). 《선교사 바울》(부흥과개혁사 역간). 사도행전 13장 13-43절에서 바울은 성경의 권위를 받아들였던 유대인과 이방인 개종자들(God fearers)에게 말한다. 그러나 사도행전 14장 6-17절에서는 다신론적인 군중을 향해 설교했고, 17장 16-34절에서는 세련된 아테네의 헬라 식자층에게, 사도행전 26장에서는 팔레스타인 로마 식민지의 다인종적인 문화 엘리트들에게 설교했다. 바울의 문화적 적응과 사도행전의 연설에 대한 슈나벨의 분석을 보려면, pp. 155-208, 334-353을 참조하라. "주석가들과 선교학자들은 바울의 연설이 가진 …… 이러한 차원에 대해 종종 '상황화'(contextualization)라는 용어를 쓴다"(p. 174).

15. 그래서 바울은 베스도에게 그의 말은 "미친" 게 아니라 "온전한" 말이라고 이야기했을 때, '소프로쉬네스'(*sophrosynes*)라는 단어를 쓴다. "이 단어는 …… 지적으로 온전한 …… 환상 없이 …… 신중하다는 …… 뉘앙스를 가진다." Gerhard Kittel, Gerhard Friedrich, and Geoffrey W. Bromiley, *Theological Dictionary of the New Testament* (Grand Rapids, MI: Wm. B. Eerdmans, 1985), p. 1150.

16. "바울은 구약과 유대 전통으로부터, 아테네 철학자들이 즉각적으로 이해할 수 있는 모티프를 골라내었는데, 용어상의 암시나 인용도 포함하고 있었다." Ibid., p. 171. 상황화 주창자들이 사도행전 17장에 너무 크게 의존한다고 평하는 이들도 있지만, 바울의 상황화 작업은 사실 사도행전 전반에서 발견된다. 뿐만 아니라 다른 성경에서도 발견된다. 앞서 우리는 요한복음 1장에서 요한이 '로고스'라는 단어를 매우 비중 있게 사용함을 지목했다. 또한 신명기도 고대 제2천년기 히타이트의 종주권 언약 형식으로 정교하게 기록되었다고 볼 수 있다. 승리한 왕과 속국들 사이의 관계 정립을 위해 활용된 것으로, 당시 고대 근동 문화에서는 누가 봐도 바로 알아볼 수 있는 문학 양식이었다. Meredith G. Kline, *The Treaty of the Great King* (Eugene, OR: Wipf and Stock, 2012)을 보라.

17. Schnabel, *Paul the Missionary*, p. 171. 《선교사 바울》(부흥과개혁사 역간).

18. 예를 들어, 바울은 자신의 주장을 펼쳐감에 있어, 인간이 만든 신전과 희생제사에 대해 당시 철학자들이 내놓은 익히 알려진 비판들을 동원한다(행 17:24-25 참조). 또한 하나님을 향한 인간의 탐구를 언급한다(행 17:27-28 참조). Ibid., pp. 171-174.

19. Ibid., p. 171.

20. Ibid., p. 177.

21. 슈나벨이 관찰한 바는 이렇다. "바울은 아라투스의 말을 인용해, 철학자들의 종교적 제의의 다양성과 다원성 수용을 반박하는 근거로 활용한다. 만일 인간이 창조주 하나님에 의해 창조되었다면, 인간이 신의 형상을 만들고 〔그것을〕 숭배하는 것은 터무니없는 짓이다." Ibid., pp. 179-180.

22. Keller, *Center Church*, pp. 124-126. 《팀 켈러의 센터처치》(두란노 역간).

23. 바울은 "이들 지적인 아테네인들에게 익숙해서 타당한 것으로 인정해 온, 그런 확신과 논증, 형식을 활용한다." Schnabel, *Paul the Missionary*, p. 174. 그럼에도 불구하고, 마지막에 가서는 "아테네인들의 종교적 신념과 실천에 대한 바울의 반응은, 궁극적으로 수용이 아니라 저항이었다." Ibid., p. 82. 《선교사 바울》(부흥과개혁사 역간).

24. "청중의 지적, 철학적, 언어적 전통을" 배우고 활용함으로써, 바울은 청중에게 자신이 "그들을 토론 대상으로 매우 진지하게 받아들이고 있음"을 보여 주었다. Ibid., p. 183. 철학자 찰스 테일러도 동의한다. "복음 설교가 단지 설교자의 우월감 표출이 되지 않으려면 …… 듣는 이들의 삶에 가까이 다가가 존중하는 마음으로 집중할 필요가 있다. …… 복음이 가져올 은혜에 선행해서 말이다." Charles Taylor, *A Secular Age* (Cambridge, MA: Harvard University Press, 2007), p. 95.

25. 상황화에 대해 더 탐구하기를 원한다면, 다음 책들을 보라. David F. Wells, "The Nature and Function of Theology," in *The Use of the Bible in Theology: Evangelical Options*, ed. Robert K. Johnston (Louisville, KY: John Knox, 1985); Richard Lints, *The Fabric of Theology: A Prolegomenon to Evangelical Theology* (Grand Rapids, MI: Wm. B. Eerdmans, 1993), pp. 102-105; David K. Clark, "Evangelical Contextualization," in *To Know and Love God: Method for Theology* (Wheaton, IL: Crossway, 2010), pp. 78-90; Bruce Riley Ashford, "The Gospel and Culture," in *Theology and Practice of Mission: God, the Church, and the Nations*, Bruce Ashford, ed. (Nashville, TN: B and H Academic, 2011), pp. 109-127.

네 저자 모두(Wells, Clark, Lints, Ashford) 상황화로 나아가는 세 가지 접근법을 언급한다. (1) 주류/자유주의 입장으로, 모든 사람은 문화에 깊이 뿌리내리고 있기 때문에 "실천"(praxis)과 상황(context)이 성경보다 우선권을 가져야 한다고 본다(Clark, "Evangelical Contextualization," p. 78을 보라). (2) 근본주의 입장으로, 그리스도인들은 문화적 편견에서 자유로워서 진리를 성경에서 바로 뽑아낼 수 있기 때문에, 어떤 상황화 과정도 필요치 않다는 입장이다. (3) 복음주의 접근으로, 모든 사람 안에 있는 문화적 편견과 문화적 번역과 조율에 대한 필요성을 인정하지만, 성경을 문화와 동등한 "대화" 상대가 아니라 문화 위에 규범적인 위치에 두기를 바라는 입장이다. 복음주의자들은 일반적으로 (3)의 틀 안에서 작업하려는 공통점이 있지만, 접근 상의 차이는 존재한다.

데이비드 클라크(David K. Clark)는 웰스(Wells)와 데이비드 헤셀그레이브(David Hesselgrave)의 글을 일컬어, 상황화를 단지 하나의 소통 전달 방법론으로 보는, 일종의 "암호/해독"(code/decode) 모델이라고 비판한다. (헤셀그레이브와 웰스에 공감하며 상황화보다 번역과 전달에 대해 논하는 이들도 있다.) 클라크는, 이 모델은 기독교 설교자가 "그들의 옷을 갈아입히기"(새로운 문화적 형식과 코드 안으로 밀어넣기) 위해 필요한 문화횡단(transcultural)의 핵심 원리를 충분히 분별할 수 있다고 너무 확신한다고 우려한다. 대신 클라크는 "대화 모델"을 제안하는데, 기독교 설교자는 성경이 새로운 문화를 비판하도록 허락할 뿐만 아니라, 새로운 문화가 이전의 성경 독법을 비판할 수 있도록 허락해야 한다는 의미다. 예를 들어 보다 집단적인 (성경 당시의-옮긴이주) 문화를 이해하는 것은, 미국 그리스도인들로 하여금 자신들의 기독교 이해가 너무 개인적이라는 사실, 그들이 성경이 아니라 그들의 문화에 더 큰 영향을 받고 있음을 직시하도록 도울 수 있다. 나아가 클라크는, 이런 이유로 상황화는 단지 어떤 연구조사 과정 이상이어야 한다고 주장한다. 그것은 우리 자신에 대한 성찰은 제외한 채, 혹은 우리 자신이 그 일부가 되는 걸 배제한 채, 그저 어떤 단상에 올라 무언가를 번역하고 재구성하는 그런 작업이 아니다. Ibid., pp. 81-90. 나는 클라크의 말에 상당 부분 동의한다. 그의 의견이 그가 생각하는 만큼 헤셀그레이브와 웰스와 차이가 있는지는 확신할 수 없지만 말이다. 요컨대, 복음주의자들은 실천에서는 갈리지만, 모종의 상황화 과정이 필요하다는 데는 일반적인 동의를 이룬다.

26. 이 대목에서, 나는 예일대학교 조나단에드워즈센터에서 박사 과정 중인 내 아들 마이클 켈러(Michael Keller)에게 빚을 졌다. 아들은 내게 레이첼 휠러(Rachel M. Wheeler)의 미출판 박사논문(27번 미주 참조)과 에드워즈가 스톡브리지 시절에 행한 설교 원고들을 제공해 주었다.

27. 이 설교들을 읽고자 한다면, "To the Mohawks at the Treaty, August 16, 1751", "He That Believeth Shall Be Saved," in *The Sermons of Jonathan Edwards: A Reader*, eds. Wilson Kimnach, Kenneth Minkema, Douglas Sweeney (New Haven, CT: Yale University Press, 1999), pp. 105-120을 보라. 《조나단 에드워즈 대표설교선집》 (부흥과개혁사 역간). 또한 "The Things That Belong to True Religion," "Heaven's Dragnet," "Death and Judgment," "Christ Is to the Heart Like a River to a Tree Planted by It," "God Is Infinitely Strong," "Warring with the Devil," 그리고 "Farewell Sermon to the Indians," in *The Works of Jonathan Edwards: Sermons and Discourses 1743-1758*, vol. 25, ed. Wilson Kimnach (New Haven, CT: Yale University Press, 20.06), pp. 566-716을 보라.

28. 인디언들을 향한 에드워즈의 설교는 더 짧고 간결했다. 그러나 그 단순성이 결코 지나친 단순화는 아니었다. 에드워즈 학자인 윌슨 킴나크(Wilson Kimnach)는 이렇게 쓰고 있다. "비록 짤막하지만, (에드워즈의-옮긴이주) 인디언 설교는 칼뱅주의 신학을 포괄하는 데 있어 놀랍도록 균형 잡혀 있다." Kimnach, *Works of Jonathan Edwards*, vol. 25, p. 42. 그럼에도 불구하고, 신학이 전달되는 방식에는 상당한 변화가 있었다. 인디언들에게 행한 그의 첫 설교, "The Things That Belong to True Religion." Ibid., pp. 566-574에서도 이것이 선명하게 드러난다. 본문인 사도행전 11장 12-13절을 읽은 후 설교를 시작하는데, 여기서 그는 일반적인 본문 주석으로 시작하지 않는다. 다시 말해 절별로 세밀하게 나누어 문법적으로 분석하지 않는다. 대신 그는 이전에 결코 행하지 않았던 방식으로 나아가는데, 장황한 이야기 하나로 시작한다. 첫 번째 비유대인 개종자인 고넬료의 이야기인데, 그의 개종이 구속사의 흐름에 어떻게 맞아 들어가는지를 보여 준다. 이야기는 급진적인 외부인이었던 '이방인 군인'이 그리스도를 향한 믿음에 이르는 이야기다. 유대인들은 이스라엘의 하나님을 알고

있었지만, 다신론자인 이방인의 배경에는 그런 지식이 전혀 없었다. 이 모든 면에서 고넬료는 인디언들을 닮았다.

에드워즈는 복음 전파가 인류 역사의 전부라고 소개한다. 먼저 한 가족에서 한 나라로, 이어서 히브리인들에게서 고넬료와 같은 유럽 이방인들로 이어지는데, 그들은 천천히 개종했다. 그가 속한 영국인들도 미신에 갇혀 우상을 섬겼지만, 우상들을 던져 버리고 그리스도인이 되었다고 말한다. 에드워즈는 이제, 복음은 유럽으로부터 인디언들에게로, 구세계로부터 신세계로 퍼져 나간다고 주장한다. 이 이야기 안에서 에드워즈는 스스로를 인디언과 동일시한다. 그 자신도 한때는 기독교가 '낯설다'라고 느꼈던 사람이라고 말이다. 그러나 무엇보다 인상적인 것은, 그의 설교는 듣는 이들을 위대한 세계 이야기 한 가운데로 이끌고, 그 안에서 하나님이 행하시는 일과 대면하게 한다는 것이다. 에드워즈는 단순히 인디언들을 미신적인 이교도들이라고 비난하지 않는다. 한 백성으로서 그들도 하나님의 계획의 일부임을 보여 주고 있다. 여기서 에드워즈는 놀라운 움직임을 보여 주는데, 복음을 사용해 "우리"와 "그들" 사이의 인종주의적인 구분을 제거해 버린다.

인디언들에게 행한 에드워즈의 나머지 다른 설교들을 보면, 새로운 청중에게 다가가기 위해 그가 설교에 수많은 과감한 변화를 가했음을 엿볼 수 있다. 세밀한 성경 주해에 할애하는 시간도 훨씬 줄었고, 교리와 적용 대목에서 성경적인 증거를 갖다 대는 경우도 훨씬 드물어졌다. Ibid., p. 641. 대신, 성경 교리의 진실성을 강조하기 위해 에드워즈는, "메시지의 진실성에 대한 개인적인 증언 …… 그리고 공유된 경험에의 호소"에 더욱 의존한다. Ibid., p. 641. 바울과 같이 그는, 성경을 모르는 청중과 상대하면서 이런저런 성경 증거에 크게 의존하지 않는다. 물론 그의 가르침은 항상 성경에서 나옴에도 불구하고 말이다.

더불어 에드워즈의 전통적인 설교 개요에도 변화가 일어났다. 이전에는 설교마다 예외 없이 본문(성경 단락의 주석), 교리(본문의 교리적 함의를 추출해 하나의 단일 문장으로 정리하고, 이어서 그 명제의 여러 측면들을 분석함), 적용(듣는 이의 삶을 염두에 둔 교리의 실천적인 용법)이 포함되었다. 그런데, "스톡브리지 인디언 설교의 특징은 …… 소위 '교리'라는 딱지가 붙은 게 전혀 없고, 대신 그저 …… 관찰들만 있다는 것이다." Wilson Kimnach, "Introduction: Edwards the Preacher," in *Sermons by Jonathan Edwards on the Matthean Parables*, vol. 1, Kenneth P. Minkema, Adriaan C. Neele, and Bryan McCarthy, eds. (Eugene, OR: Cascade Books, 2012), p. 10n15. 주제를 부분으로 나누어 장황하게 분석하는 방식에서 탈피하여, 이제 에드워즈의 강조점은 분석에서 종합으로 옮겨 갔다. Kimnach, *Works of Jonathan Edwards*, vol. 25, p.

42. 그의 설교는 이제 간결한 생각들의 꾸러미로 구성된다. Ibid., p. 566.

이들 설교에서 우리는 에드워즈가 내러티브를 더 많이 사용할 뿐 아니라 은유(메타포)도 활용하고 있음을 관찰할 수 있다. "그의 [설교적] 방법론은 본질적인 개념의 과도한 단순화를 시도하거나 상대를 낮춰 보는 관대함으로 인디언들을 품으려 들지 않았으며, 대신 그들에게 맞는 용어와, 더 효과적으로는, 이미지를 선택적으로 활용했다." Ibid., p. 676. 레이첼 휠러는 "스톡브리지에서 그는 은유와 이미지에 더욱 많이 의존했다. 신약의 비유들을 활용해, 에드워즈는 씨 뿌리는 자, 어부, 너무 메말라서 씨를 받지 못하는 땅, 강물의 공급을 받아 결코 마르지 않는 나무, 여행자의 길을 방해하는 엉겅퀴와 가시들에 대해 설교했다"라고 썼다. Rachel M. Wheeler, "Living upon Hope: Mahicans and Missionaries, 1730-1760" (Ph.D. diss., Yale University, 1999), p. 163. 그런데 에드워즈는 단지 더 많은 이미지와 은유를 쓴 것은 아니다. 그는 또한 (질적인 면에서도-옮긴이주) 인디언들이 공감할 수 있다고 믿는 것들을 선택했다.

그의 설교 "악마와의 전쟁"(Warring with the Devil)은 누가복음 11장 21-22절을 본문으로 한 설교다. "강한 자가 완전 무장하여 자기 집을 지킬 때"라는 대목에서 에드워즈는 그 "집"을 강한 전사로 보이는 사탄의 권세하에 놓인, 자아 혹은 영혼으로 묘사한다. 인간의 마음을 향한 불타는 욕망으로 무장한 그에게 우리가 포로가 될 수 있다는 말이다. 여기서 죄는 이렇듯 무장한 적에게 사로잡힌 상태로 형상화된다. 한편 은혜와 구원은 그리스도를 통해 나오는데, 더 강하게 무장하여 우리를 해방시키는 자의 모습으로 나온다. 구속에 관해 신약이 사용하는 몇 가지 은유가 있는데, 그 가운데 하나가 "전장"(battlefield) 은유(히 2:14-15; 골 1:15 참조), 혹은 다른 말로 사탄과 악한 자를 이기는 예수님의 승리 은유다. 에드워즈 설교에 관한 최고 전문가인 윌슨 킴나크에 의하면, 에드워즈는 그 이전에는 "전투" 이미지를 거의 사용하지 않았다고 한다. 심지어 전쟁 중에도 말이다. 그런데 이곳에서 그런 이미지를 사용한 것은, "인디언의 전사 문화가 그에게 수사학적인 기회를 제공했기" 때문이다. Kimnach, *Works of Jonathan Edwards*, vol. 25, p. 676.

에드워즈가 실천한 또 하나의 적응을 언급할 필요가 있다. 에드워즈의 설교와 사역에 가장 친숙한 학자인 레이첼 휠러는 이렇게 썼다. "[이 설교들에서] 그리스도의 끝없는 사랑에 대한 강조는 이 목회자가 사랑과 위로, 위안을 필요로 하는 회중 앞에서 있었다는 향취를 풍긴다." Wheeler, "Living upon Hope," p. 135. 킴나크도 이 변화를 언급한다. 에드워즈의 설교 "하나님은 무한 강력하시다"는 인디언들을 회개와 회심으로 초대하기 위해 의도된 "각성" 설교였다. 그런데 이 설교는 분명히 각성 설교의 범주 안에 들지만, "다소간 부드러운 형태"의 각성 설교였다. Kimnach, *Works of Jonathan Edwards*, vol. 25, p. 642. 에드워즈는 인디언들에게는 유난히 부드러웠다. 이유가 뭘까? 두 가지 이유가 있다. 에드워즈는 영국인 지주들 아래 인디언들이 겪고 있는 불의를 보았다. "에드워즈는 지칠 줄 모르는 인디언 옹호자였다. …… 오랜 세월 이미 굳어져 가고 있던 폐해를 바로잡는 옹호자." Kimnach, Minkema, and Sweeney, *Sermons of Jonathan Edwards*, p. xxxv. 《조나단 에드워즈 대표설교선집》(부흥과개혁사 역간). 인디언들의 고통(알콜 중독, 가난, 질병)이 얼마나 널리 퍼져 있는지를 이 유럽 목회자가 눈으로 봤던 것이다.

킴나크와 휠러는 또한 인디언들의 상황에 대한 에드워즈의 신학적 성찰은, 비그리스도인 인디언이 비그리스도인 영국인에 비해 덜 비난받아야 한다는 결론에 이르렀음을 지적한다. 영국인들은 기독교 진리와 복음에 일생 동안 노출되어 왔기 때문이다. 믿지 않는 인디언들에게 그 정도의 책임을 물을 순 없다는 것이다. 그리스도를 믿지 않는 한 그들은 여전히 잃어버린 상태지만, 복음을 들을 기회가 유럽인들과 동일하지는 않았다. 휠러는 이렇게 쓰고 있다. "비그리스도인 인디언들이 비그리스도인 영국인과 다른 것은, 그들은 이방인으로서 그리스도에 대한 아무런 지식이 없었다. …… 오늘날 이 용어가 가진 함의에도 불구하고, 에드워즈에게 이교국(heathendom)은 두 악 가운데 덜한 쪽이었다. 이교도들을 그들의 무지에 대해 탓할 수는 없지만, 복음과 함께 성장한 〔영국인〕 죄인들은 마땅히 그들보다 더 잘 알기를 기대할 수 있기 때문이다. Wheeler, "Living upon Hope," pp. 178-179.

이 모든 요소의 결과로, 이곳에서의 에드워즈의 설교에는 뉴잉글랜드 다른 지역에서 보였던 동일한 엄격함이 보이지 않는다. 그는 인디언들의 상황을 긍휼히 여겼고, 보다 깊은 위로와 위안을 담아냈다. 간단히 말해서, 그는 "진노한 하나님의 손 안의 죄인들"(Sinners in the Hands of an Angry God)과 같은 강력한 설교는 인디언들에게 적합하지 않다고 생각했다.

조나단 에드워즈는 "상황화"라는 말을 알지는 못했지만, 단언컨대 그는 바울이 행했던 바를 정확하게 실천했다. 누군가 에드워즈에게 왜 그렇게 새로운 문화에 적응했느냐고 묻는다면, 그는 필시 단지 복음을 사람들의 마음에 닿게 하려고 했다고 대답했을 것이다. 단지 그들을 정죄하기를 원치 않았던 것이다. 그는 마음을 움직여 복음의 진리를 보게끔 설교하기를 원했다.

29. 카슨(D. A. Carson)은 이렇게 썼다. "〔비록〕 인간이 표현한 그 어떤 진리도 문화 초월적인 방식으로 표현될 수는 없지만 …… 그렇다고 그렇게 표현된 진리가 문화를 초월하지 못한다는 의미는 아니다." D. A. Carson, "Maintaining Scientific

and Christian Truths in a Postmodern World," *Science & Christian Belief 14*, no. 2 (October 2002): 107-122, www.scienceandchristianbelief.org/articles/carson.php. 또한 D. A. Carson, "The Role of Exegesis in Systematic Theology," in *Doing Theology in Today's World: Essays in Honor of Kenneth S. Kantzer*, John D. Woodbridge and Thomas Edward McComiskey, eds. (Grand Rapids, MI: Zondervan, 1991), pp. 48-56; 그리고 D. A. Carson, "A Sketch of the Factors Determining Current Hermeneutical Debates in Cross-Cultural Contexts," in D. A. Carson, ed., *Biblical Interpretation and the Church: The Problem of Contextualization* (Eugene, OR: Wipf and Stock, 2002), pp. 11-29를 보라. 《성경해석과 교회》(CLC 역간).

30. Robert Murray M'Cheyne, *Sermons of Robert Murray M'Cheyne* (Edinburgh, Scotland: Banner of Truth Trust, 1961), p. 43.

31. 공의와 자비에 대해 어떻게 설교할지에 관한 자료를 더 원하면, Timothy Keller, *Generous Justice: How Grace Makes Us Just* (New York: Dutton, 2010)를 보라. 《팀 켈러의 정의란 무엇인가》(두란노 역간).

32. 데이비드 포스터 월리스의 캐니언칼리지 졸업식 연설, 2005년 5월 21일, http://moreintelligentlife.com/story/david-foster-wallace-in-his-own-words. 출판된 것을 원한다면, Dave Eggers, *The Best Nonrequired Reading 2006*, 1st ed. (New York: Mariner Books, 2006), pp. 355-364를 보라.

33. 거의 정확하게 마틴 루터 킹의 요점을 지목하는 성경 본문을 들라면, 다니엘 6장 22절이다. 여기서 다니엘은 비록 (메데와 페르시아) 나라의 법을 어겼지만, 하나님의 법을 어기지 않았기 때문에, 자신은 아무런 잘못도 범하지 않았다고 말한다.

34. Martin Luther King Jr., "Letter from Birmingham Jail," August 1963, www.uscrossier.org/pullias/wp-content/uploads/2012/06/king.pdf.

35. 여기에 힘을 실어 줄 또 다른 예를 찾으려면, 오든(W. H. Auden)이다. 그는 믿음에서 돌아섰다가 2차 대전 초기에 정확히 마틴 루터 킹이 하나님의 법에 관해 말한 것을 깨달았는데, 킹은 인간의 행동을 판단할 기초로 오직 하나님의 법을 제시했다. 오든은 일찍이 하나님에 대한 믿음을 포기하고는, 우주의 도덕적 질서에 관한 그 어떤 신념보다, 정체성과 가치의 자기창조라는 세속적 사상으로 전향했다. 그리고 나니 이탈리아와 스페인에서 발흥하는 파시즘과 나치를 정죄할 수 있는 그 어떤 근거도 찾을 수가 없었다. 그들도 오든 자신과 동일한 자기표현주의의 바탕에서 행동하고 자기 행동을 정당화했기 때문이다. 오든의 이야기는 나의 글 *Encounters with*

Jesus: Unexpected Answers to Life's Biggest Questions (New York: Dutton, 2013), pp. 13-16에 소개되어 있다. 《예수를 만나다》(베가북스 역간). 또한 Charles Taylor, "The Slide to Subjectivism," in *The Malaise of Modernity* (Ontario, Canada: Anansi Books, 1991), pp. 55-69 참조. 《불안한 현대 사회》(이학사 역간). 테일러는 오든을 언급하진 않지만, 파시즘과 폭력 추구의 뿌리를 추적하면서 그것들이 낭만주의의 자기표현주의에서 나왔다고 묘사한다.

36. "베토벤은 …… 숨을 멎게 할 만큼 올바름의 작품들을 내놓았다. 올바름이라, 그래, 바로 이 말이다! 음악을 들으면서 '이 순간 이 상황에서는 이 음 다음에 나올 수 있는 유일한 음이 바로 이거야' 하는 그런 음들이 이어져 나온다고 느낀다면, 필시 당신은 베토벤을 듣고 있을 가능성이 크다. 멜로디, 푸가, 리듬은 차이코프스키(Chaikovskys)와 힌데미트(Hindemiths)와 라벨(Ravels)에게 맡겨라. 우리의 소년들은 진짜를 갖고 있다. 하늘에서 내려온 것, 마지막에 우리를 이렇게 느끼게 만들 힘을. '세상에는 올바른 무언가가 있구나'라고 말이다. 무언가 전체를 관장하는, 일관되게 그 자체의 법을 따르는 무언가가 있다. 무언가 우리가 신뢰할 수 있는, 결코 우리를 실망시키지 않을 무언가가 있다는 말이다." Leonard Bernstein, *The Joy of Music* (New York: Simon & Schuster, 2004), p. 105. 《레너드 번스타인의 음악의 즐거움》(느낌이있는책 역간).

37. Thomas Nagel, *The Last Word* (New York: Oxford University Press: 1997), p. 130.

38. Andrew Delbanco, *The Death of Satan: How Americans Have Lost the Sense of Evil* (New York: Farrar, Straus, and Giroux, 1995), p. 3.

39. Ibid., pp. 190-192.

40. Stuart Babbage, *The Mark of Cain: Studies in Literature and Theology* (Grand Rapids, MI: Wm. B. Eerdmans, 1966), p. 17에 인용된 글.

41. 늘 염두에 두어야 할 것이 있는데, 이 영역에서 잘못된 동기가 품은 위험성이다. 소위 문화에 대한 언급(영화, 대중 음악, 신문, 웹사이트, 소셜 미디어, 잡지, 책에서 인용한 글을 사용하는 것)은 연사에게 인격적인 신뢰를 더해 주는 방편이 될 수 있다. 우리도 그런 식으로 세련되고, 지적이며, 세상 이치에 밝은 듯이 보이게 할 수 있다. 나아가 세상 물정에 밝고 혹은 단지 친근하고 정상적이라는 이유로, 사람들이 우리를 '그들 가운데 하나'(혹은 그들에게 속한 사람-옮긴이주)로 받아들여 주기를 기대할 수 있다. 그런데 사람들이 정말로 그렇게 반응한다면 (혹은 더 나쁘게는, 우리가 그들에게 원하고 기대하는 것이 그런 것이라면), 그땐 우리는 반드시 우리의 (불순한-옮긴

이주) 동기를 인정하고 변화시켜야 한다. 그게 우리의 동기라면, 우리가 문화적 틀을 수용하는 것은 그저 우리가 한번 주목 받자고 하는 격이 된다. 청중의 마음과 세속 문화의 신념의 민낯을 드러내어 그것에 도전하려는 목적은 전혀 도외시한 채, 자칫 그게 우리의 유일한 목적이 될 수 있다.

42. 좋은 예를 하나 소개하자면, 가톨릭 작가 플래너리 오코너(flannery O'Connor)다. "나는 우리를 포함한 모든 사람에게 중대한 관심사가 아니라면, 그것에 대해 소설만큼 길게 쓸 필요가 없다고 생각한다. 내겐 항상 갈등이 되는 것이 있는데, 우리 시대에 드리운 거룩한 존재(the Holy)를 향한 이끌림과, 그것에 대한 불신 사이의 갈등이다. 믿음이란 항상 어려운 일이지만, 지금 우리 사는 세상에서는 더욱 그러하다. 우리 중에는 매 걸음마다 믿음을 위한 대가를 지불해야 하는 사람들이 있다. 믿음이 없다면 어떻게 될지, 믿음 없는 삶이 궁극적으로 가능할지 불가능할지를 극적으로 보여 줘야 하는 사람들이 있다." James K. A. Smith, *How (Not) to Be Secular* (Grand Rapids, MI: Wm. B. Eerdmans, 2014), pp. 10-11 에 인용된 글.

43. Karen H. Jobes, *1 Peter, Baker Exegetical Commentary on the New Testament* (Grand Rapids, MI: Baker, 2005), p. 231.

44. 문화에 도전하고 저항하는 강해와 예들을 더 보기를 원한다면, Timothy Keller, *Center Church: Doing Balanced, Gospel-Centered Ministry in Your City*, pp. 124-128 을 보라. 《팀 켈러의 센터처치》(두란노 역간). 여기 소개된 예의 일부는《팀 켈러의 센터 처치》의 이 부분과, Timothy Keller, *The Reason for God: Belief in an Age of Skepticism* (New York: Dutton, 2008)에서 가져왔다.

45. 내용을 더 소개하면: "이 [자연] 세계는 우연과 죽음 위를 달리면서, 눈을 가린 채 정처 없이 떠돌다가, 어쩌다 보니 경이로운 우리를 낳았다. 나는 세상에서 나왔고, 아미노산의 바다에서 기어 나왔으며, 이제는 바로 그 바다를 향해 주먹을 휘휘 휘두르며 소리치기를, 부끄럽다! …… 내 어머니인 이 세상이 괴물이거나, 아니면 내가 미친놈이다. …… 세상에는 사마귀처럼 나쁘게 행동하는 사람은 없다. 그런데 잠깐, 그러고 보니 자연에는 옳은 것도 없고 그른 것도 없다. 옳고 그름은 그저 인간의 개념일 뿐이다! 그게 정답이다! 우리는 무도덕적 세계 안에 사는 도덕적인 존재다. …… 그게 아니면 대안을 생각해 보라. …… 옳다가 그르다가 왔다갔다하는 것은 그저 인간의 느낌일 뿐이다. …… 좋아, 그렇다면 잘못된 것은 우리의 감정이다. 우리는 미친놈이고 세상은 반듯하고, 그러니 우리 모두 병원에 가서 뇌수술을 받고 자연적인 상태로 회복하자. …… 뇌수술을 받은 채로 떠나, 작은 개울로 돌아가서는 강둑에 앉아 들쥐나 갈대처럼 평안하게 살아 보자. 일단 당신 먼저." Annie Dillard, *Pilgrim at Tinker*

Creek (New York: Harper Perennial Modern Classics, 2007), pp. 178-179. 《자연의 지혜》(민음사 역간).

46. 볼프의 접촉점은 적들 사이의 비폭력 화해를 향한 우리의 절박한 현대적 욕구다. 그의 반박점(모순점)은 반직관적으로 그 위에 구축된다. 그는 이렇게 결론짓는다. "인간의 비폭력이 '심판하기를 거절하시는 하나님' 개념의 결과라는 논지의 탄생은 오직 한적한 교외의 가정에서만 가능하다." 실상 심판과 보복의 하나님에 대한 믿음이야말로 비폭력의 주요 자원이다! 이 인용은 Miroslav Volf, *Exclusion & Embrace: A Theological Exploration of Identity, Otherness, and Reconciliation* (Nashville, TN: Abingdon, 1996), pp. 303-304에서 가져왔다. 《배제와 포용》(IVP 역간).

C. S. 루이스는 진노와 심판의 하나님 이해에 회의적인 사람들을 향해 매우 다른 논증을 펼친다. 《고통의 문제》(*The Problem of Pain*, 홍성사 역간)의 한 단락에서 루이스는, 우리가 누군가를 사랑할 때, 무엇이든 그 사람을 해치거나 상처를 주는 것이 있다면 분노하게 된다고 주장한다. 딸을 사랑하는 아버지가, 스스로 삶을 파멸시키는 딸의 모습을 보면서 분노하는 것은, 딸을 향한 아버지의 위대한 사랑에도 불구하고가 아니라, 오히려 그 사랑 때문이다. 세속적인 사람과의 접촉점은 대체로 '사랑의 하나님'이라는 개념이 주는 위로에서 시작된다. 루이스는 여기서 그치지 않고, 접촉에서 반박으로 나아간다. "만일 당신이 사랑의 하나님을 믿는다면, 당신은 '필연적으로' 죄를 향해 진노하시는 하나님을 믿어야 할 것이다." (이 예는 《팀 켈러의 센터처치》 p. 126에서 인용함.)

47. Taylor, *The Malaise of Modernity*, p. 72. 《불안한 현대 사회》(이학사 역간).

48. Taylor, *A Secular Age*, pp. 103-109, 594-617.

49. Donald B. Kraybill, et al., *Amish Grace: How Forgiveness Transcended Tragedy* (San Francisco: Jossey-Bass, 2007)를 보라. 《아미시 그레이스》(뉴스앤조이 역간).

50. Robert Bellah, et al., *Habits of the Heart: Individualism and Commitment in American Life, with New Preface* (Berkeley: University of California Press, 2007). 《미국인의 사고와 관습》(나남 역간).

CHAPTER 5. 시대정신에 대한 바른 이해가 필요하다

1. P. T. Forsyth, *Positive Preaching and the Modern Mind* (Exeter, UK: Paternoster Press, repr. 1998), pp. 20-21.

2. Ibid., p. 30. 포사이스는 현대 정신을 향해 설교하는 법에 대해 매우 유용한 조언을 내놓는다. 그는 말하길; 현대인들은 단지 죄, 압박, 힘의 적용을 통해, 자기들의 삶 위의 권위를 하나님께 양도하는 데 결코 동의하지 않을 것이다. 만일 그들이 항복한다면, 그건 오직 그들의 마음이 확신 가운데 녹아내릴 때다. 어떻게 이런 일이 가능할까? "(하나님)은 그냥 타자(an other)가 아니라, (인격적 관계가 있는-편집자주) 나의 타자(my other)"임을 우리가 그들에게 보여 주어야 한다. 우리는 그분을 알고 그분을 섬기도록 창조되었다는 의미에서 말이다. 따라서 그분의 힘은 우리의 본성과 필요에 어울리는 "알맞은 능력"다. "그분의 권위가 가진 집단성(homonomy; 자신이 더 큰 집단의 부분임을 인식하고 그렇게 존재함으로써 삶의 의미가 부여되는 것-편집자주) …… (그들) 영혼(들)과 그것의 연대성"을 사람들이 볼 수 있어야 한다. 또, 우리는 만일 하나님이 우리의 권위의 자리에 계시지 않는다면 다른 무언가가 그 자리를 차지하리란 걸 그들에게 증명해 줘야 한다. "만일 우리 안에서 우리 위에 있는 아무것도 찾지 못한다면, 우리는 필시 우리를 둘러싼 것들에게 굴복하게 된다." 포사이스는 누가 봐도 분명한 어거스틴의 가르침을 언급한다. 만일 우리가 하나님을 우리 삶의 의미로 인정하지 않는다면, "우리를 속박하는 권세를 외부에 주게 되는 결과를 초래할 것이다." 그것들이 우리의 "지배자들"이 될 것이다. 만일 우리가 직업이나 가족 혹은 정치를 위해 산다면, 그것들이 우리를 제어할 것이다. 그것 없이는 살 수 없는 존재가 될 것이다. 우리는 그것들을 얻기 위해 힘에 넘치게 일할 것이고, 그것들을 얻지 못하게 가로막는 무언가를 만나면, 우리는 주체할 수 없이 두려워하고 괴로워할 것이다. Ibid., pp. 29-30.

3. P. T. 포사이스의 모든 글은 읽을 만한 가치가 있지만, 내가 믿기로 그의 성경론과 신적 계시 교리가 그의 기대와 달리 "현대 정신"에 저항하는 힘을 약화시켰다. 한편으로 그는 이렇게 말한다. "이상적인 사역은 성경통치(Bibliocracy)여야 한다." Ibid., p. 46. 그는 현대 정신을 향한 우리의 사역에서 "우리는 본문에 달라붙을 뿐 아니라" 또한 "강해 설교"를 제공해야 한다고 주장한다. "어느 정도 길이가 되는, 한 단락에 대한 설명 말이다. 대중은 머지않아 주제 설교 일변도에 피로를 느낄 것이다. 말하자면 그 주간에 일어난 사건이 지면을 채우는 신문과 같은 설교 말이다." Ibid., p. 5. 현대적인 이슈를 의제로 삼고는, 그것을 성경으로 가져오는 이들을 그는 비판한다. 성경의 가치를 우리의 관심사를 다루는 데 도움이 되는 딱 그만큼으로 보는 입장이라고 생각하기 때문이다. 이에 포사이스는, 현대 정신을 향한 설교라면 성경을 충분히, 기술적으로 가르침으로써, 성경을 대할 때 "영생을 위한 그 하나의 매뉴얼, 삶 전체가 어두워질 때도 여전히 빛나는 그 한 페이지, 나이가 들수록 그 부요함을 너무 늦

게 깨닫고 사랑한 것이 갈수록 한스러운 그 한 책"으로 보도록 해야 한다고 주장한다. Ibid., p. 24. 그런데 이렇게 강력한 호소를 해놓고는 한편으로 또 이렇게 쓴다. "나는 축자영감설(verbal inspiration)을 믿지 않는다. 나는 원칙적으로 비평가들과 함께한 다." 그러면서, 놀랍게도 이렇게 덧붙인다. "그러나 진정한 사역자라면, 성경의 단어 와 구절 안에 가득히 배어 있는 신령한 선(good)과 솜씨를 깨달아, 축자영감을 믿지 않을 수 없는 모종의 고뇌를 겪어야 한다." Ibid., p. 24. 그의 의도를 가늠컨대, 현대 역사 비평은 성경이 하나님의 완전하고 무오한 계시라고 믿는 걸 불가능하게 만들지 만, 그럼에도 설교자는 그것이 사실인 듯 설교해야 한다고 말하는 듯하다. 그러나 내 가 믿기로는 이 모순은 결국 설교자에게 그만한 해를 끼칠 것이다. 포사이스의 생각 에 대한 균형 잡힌 요약과 평가, 비평을 원하면, Samuel J. Mikolaski, "P. T. Forsyth," in *Creative Minds in Contemporary Theology*, ed. Philip E. Hughes, 2nd ed. (Grand Rapids, MI: Wm. B. Eerdmans, 1969), pp. 307-340을 보라.

4. *Planned Parenthood v. Casey*, 505 U.S. 833, 851 (1992).

5. Charles Mathewes and Joshua Yates, "The 'Drive to Reform' and Its Discontents," in Carlos D. Colorado and Justin D. Klassen, *Aspiring to Fullness in a Secular Age: Essays on Religion and Theology in the Work of Charles Taylor* (Notre Dame, IN: University of Notre Dame Press, 2014), pp. 156, 159.

6. C. S. Lewis, *The Abolition of Man* (London: Fount Paperbacks, 1978), p. 46. 《인간 폐지》(홍성사 역간).

7. 단 하나의 예가 있는데, 찰스 테일러다. 그의 저작이 이 장 나머지 상당 부분의 기초 가 되었다. 그는 "포스트모던"이란 단어를 "유행"(trendy)으로 칭하면서, 극단적인, 그래서 일시적일 수밖에 없는 현대 개인주의의 불안정한 강화라고 그 뜻을 규정한 다. Charles Taylor, *A Secular Age*, pp. 716-717을 보라. 이 장 나머지의 배후에 테 일러의 세 책이 있는데, 다음과 같다. *Sources of the Self: The Making of the Modern Identity* (Cambridge, UK: Cambridge University Press, 1989); *A Secular Age*; and *The Malaise of Modernity*.

8. Mark Lilla, "Getting Religion," *New York Times Magazine*, September 18, 2005.

9. 세속주의의 "뺄셈 이야기" 담론에 대한 테일러의 반박이 책 전체에 스며 있다. 테일러 는 *A Secular Age*, p. 22에서 뺄셈 이야기의 개념을 소개한다. 그는 그것을 "잃어버리 거나 버림받은 인간, 혹은 어떤 초기 한계 지평, 환상, 지식의 한계로부터 스스로를 해방시킨 인간"으로 요약한다. 과학의 발흥은 하나님 설명(God-explanations)을 불

안정하게(예를 들어, 진화론) 혹은 불필요하고 한물간(예를 들어, 기도보다 의학 기술을 활용한 질병 치료) 것으로 만드는 듯하다. 과학이 하나님에 대한 미신과 초자연성을 제거했을 때, (다들 생각하듯이) 거기에 무엇이 남게 되는지를 우리는 목격했다. 인생의 가치와 동등성, 사회를 추론하고 다스리는 자아의 권세 등이다. 테리 이글턴은 마르크시스트 관점에서, 사람들이 과학적 사실에 눈떴을 때 세속주의가 일어났다는 주장을 거부하는 테일러의 의견에 동조한다.

10. Mark Lilla, "The Hidden Lesson of Montaigne," in *New York Review of Books 58*, no. 5 (March 24, 2011). James K. A. Smith, *How (Not) to Be Secular*, p. 1에 인용된 글.

11. Terry Eagleton, *Culture and the Death of God*, pp. 33-34.

12. 다음 책들도 참조하라. Alasdair MacIntyre, *After Virtue: A Study in Moral Theory*, 3rd ed. (Notre Dame, IN: Notre Dame, 2007). 《덕의 상실》(문예출판사 역간); Alasdair MacIntyre, *Whose Justice? Which Rationality?* (Notre Dame, IN: Notre Dame, 1989); 보다 최근 저작으로는 Thomas Pfau, *Minding the Modern: Human Agency, Intellectual Traditions, and Responsible Knowledge* (Notre Dame, IN: Notre Dame, 2013). 테리 이글턴 역시 세속주의는 아무런 구축의 역사도 없이, 그건 단지 "사실들"이라는 입장을 거부한다. Eagleton, *Culture and the Death of God*, chapter 1, "The Limits of Enlightenment," pp. 1-44를 보라.

13. 이 용어에 관해서는 Taylor, *A Secular Age*, p. 427을 보라.

14. 한 예로 "열 가지 비계명"(Ten Non-Commandments)을 들 수 있는데, 세속적인 사람들이 삶을 구축하는 토대로 삼을 이상을 개진하기를 원했던 두 무신론 저자가 엮은 것이다. Lex Bayer and John Figdor, *Atheist Mind, Humanist Heart* (New York: Rowman and Littlefield Publishers, 2014)에서; Daniel Burke, "Behold Atheists' New Ten Commandments," CNN.com, December 20, 2014, www.cnn.com/2014/12/19/living/atheist-10-commandments/index.html?hpt=hp_t4에 열거되어 있음. 그중에 절반 이상은, 역설적이게도, 기독교를 포함해 세계의 위대한 종교들에서 나온 도덕 원리들이다. "네 모든 행동의 결과를 유념하고 네가 그것에 대해 책임을 져야 한다는 것을 인식하라. …… 다른 사람을 대할 때, 그들이 너를 대하기를 원하는 대로 그들이 그런 대우를 받기를 원한다고 합리적으로 기대할 수 있는 방식으로 그들을 대하라. 그들의 관점에 대해 생각하라. …… 우리는 미래 세대까지 포함해서 다른 사람을 고려할 책임이 있다. …… 세상을 네가 받은 것보다 더 나은 모습으

로 물려주라." "Appendix: Illustrations of the Tao," in C. S. Lewis, *Abolition of Man*, pp. 49-59를 보라. 《인간 폐지》(홍성사 역간). 무신론 철학자 존 그레이(John Gray) 는 최근에 이 처방은 오직 하나님이 계실 때만 의미가 있다고 주장했다. "이 가치들의 원천은 과학이 아니다. 사실상, 전 시대에 걸쳐 가장 널리 읽히는 무신론 사상가가 주장한 대로, 이 본질적인 자유의 가치는 그 기원을 유일신론에 두고 있다." John Gray, "What Scares the New Atheists," *Guardian*, March 3, 2015, www.theguardian.com/world/2015/mar/03/what-scares-the-new-atheists. 다른 "비계명들"은 보다 직접적으로 후기-현대성의 기저를 이루는 문화 내러티브에서 나오는데, 이 장 후반부에서 다룬다. 예를 들어 '모든 사람에겐 자기 몸을 제어할 권리가 있다,' '좋은 사람이 되기 위해 혹은 풍성하고 의미 있는 삶을 살기 위해 하나님이 필요하지는 않다,' '오직 하나의 올바른 삶의 방식이란 존재하지 않는다.'

15. Alan Ehrenhalt, *The Lost City: The Forgotten Virtues of Community in America* (New York: Basic Books, 1995), p. 2, Taylor, *A Secular Age*, p. 475에 인용된 글.

16. Taylor, *A Secular Age*, p. 475.

17. Ibid., pp. 275-280.

18. Ibid., p. 278.

19. "The Immanent Frame", "Cross Pressures" in Taylor, *A Secular Age*, pp. 539-617을 보라. 니체의 비평에 대한 요약을 원하면, Gray, "What Scares the New Atheists"를 보라.

20. Alvin Plantinga, "Deep Concord: Christian Theism and the Deep Roots of Science," in *Where the Conflict Really Lies* (New York: Oxford University Press, 2011), pp. 265-306; C. John Sommerville, "Science Gets Strange," in *The Decline of the Secular University* (New York: Oxford University Press, 2006), pp. 75-84를 보라. 또한 Diogenes Allen, *Christian Belief in a Postmodern World* (Louisville, KY: John Knox, 1989)를 보라.

21. C. S. Lewis, *A Surprised by Joy: The Shape of My Early Life* (New York: Harcourt and Brace, 1955), pp. 207-208. 《예기치 못한 기쁨》(홍성사 역간).

22. Taylor, *A Secular Age*, pp. 582-598.

23. Robert N. Bellah, et al., *Habits of the Heart: Individualism and Commitment in American Life*, 2nd ed. (Oakland, CA: University of California Press, 2007). 《미국인의 사고와 관습》(나남 역간).

24. 이 위계질서는 원래 우주 질서에 대한 성찰을 기초로 정당화되었다. 테일러는 이렇게 쓰고 있다. "현대적인 자유는 그러한 질서에 대한 거부에서 유래했다." Taylor, *The Malaise of Modernity*, p. 3. 《불안한 현대 사회》(이학사 역간).

25. 예를 들어, Krister Stendahl, "The Apostle Paul and the Introspective Conscience of the West," Harvard Theological Review 56, no. 3 (July 1963): 205를 보라.

26. 로버트 로페즈(Robert Lopez)와 크리스틴 앤더슨 로페즈(Kristen Anderson-Lopez) 부부가 만든 "렛 잇 고"(Let It Go)는 디즈니 영화 〈겨울왕국〉을 통해 전 세계에 알려졌고, 2013년 아카데미 주제가상도 받았다. 〈겨울왕국〉 엘사의 노랫말을 신성로마제국 앞에 선 마르틴 루터의 말과 비교하는 것은 흥미롭기도 하면서 역설적이다. 둘 다 "내가 여기 서 있다"(Here I stand)라고 말한다. 그런데 루터의 말은, 그가 하나님의 말씀과 그 규범에 묶여 있기 때문에 다른 모든 권위와 두려움으로부터 자유하다는 의미였다. 반면 엘사는 현대 문화를 대변하는데, 그녀는 오직 아무런 경계선(boundaries)이 없을 때에만 자유할 수 있다고 말한다.

27. "[세속주의]의 결정적인 측면은 이 모든 대답이 사실은 허약하거나 불확실한 느낌이라는 것이다. 우리가 선택한 길이 더는 강제력이 없고, 혹은 우리 자신에게도 다른 사람에게도 그것을 정당화할 수 없다고 느껴지는 어떤 한 순간이 찾아온다." *Taylor, A Secular Age*, p. 308.

28. Gail Sheehy, *Passages: Predictable Crises of Adult Life* (New York: Bantam Books, 1976), pp. 364, 513, Taylor, *Malaise of Modernity*, p. 44에 인용된 글. 《불안한 현대 사회》(이학사 역간).

29. Taylor, *The Malaise of Modernity*, p. 44.

30. Ibid., p. 47.

31. Alain de Botton, *Status Anxiety*를 보라. 《불안》(은행나무 역간). 이것이 알랭 드 보통의 요점이다. 무신론 철학자로서, 그는 현대적인 정체성은 경쟁을 통한 성취의 강조와 함께, 전통적인 정체성보다 훨씬 더 큰 염려를 창출한다고 주장한다.

32. Taylor, *A Secular Age*, pp. 67-73. 우선, 오직 믿음에 의한 칭의는 오래된 성/속 구분, 즉 세상 속 일상은 세속적이며 오염되었고, 오직 교회 안의 일만이 거룩하고 고상하다는 사상을 변화시켰다. 프로테스탄트 개혁자들은 중세 교회의 이중 구조가 미신과 우상숭배와 영적 엘리트주의로 이끌었을 뿐만 아니라, 또한 일상적인 인간의 삶(일, 농사, 식사, 가족 세우기)에 대한 폄하로 이끌었다고 믿었다. 중세는 이것들은 "낮은" 것들로서, "높은" 영적 추구로부터 마음을 흩어 놓는다는 생각을 갖고 있었다. 테일

러의 관찰에 의하면, 이 엘리트주의와 일상적인 삶과 일에 대한 폄하는, 죄와 은혜에 대한 성경적 이해보다는 헬라적인 몸/마음 이원론의 영향이었다. 프로테스탄트 개혁자들은 물질적인 쾌락의 박탈이 근본적으로 구원 획득에 도움이 된다는 믿음으로부터 사람들을 자유하게 했다. 루터와 칼뱅은 성/속 구분을 허물어 버렸다. 테일러는 이를 두고, "성스러운 것이 갑자기 넓어졌다. 구원받은 자를 위해, 하나님은 모든 곳에서, 일상의 삶, 우리 일, 결혼 등 모든 곳에서 우리를 거룩하게 하신다"라고 표현했다. Ibid., p. 79. 둘째, 믿음에 의한 칭의는 개인의 행동에 대한 새로운 강조를 의미했다. 이제 단순히 우리가 태어난 교회의 일원이 되는 것, 혹은 단지 최소한의 의무만을 다하는 것으로는 충분하지 않다. 우리는 회개하고 믿어야 하며, 그것은 오직 개인적으로, 개인 행동자로서 이루어질 수 있다. 가톨릭 교회는 가시적인 교회에 가입하는 것을 통해 구원이 임한다는 견해를 갖고 있었다. 말하자면 직접적인 개인 행동을 통해서가 아니라, 말 그대로 공동체의 일원이 됨으로써, 유아로서 세례를 받아 교회에 포함됨으로써 구원을 받았다는 말이다. 그런데 오직 믿음에 의한 구원은, 가시적인 교회의 구성원이 되기 이전에 구원이 임함을 의미한다. 그것은 지극히 "개인지향적"(individuating)이었다. 이것은 또한 우리가 그룹, 계급, 가족, 공동체를 통해, 혹은 내가 속한 계급의 좋은 구성원이 됨을 통해 하나님과 연결된다는 사상을 약화시켰다. 테일러는 교회가 아니라 성경을 유일한 권위로 만드는 것은, 또한 예전의 사회성을 약화시켰다고 덧붙인다. 그것은 개인이 교회 없이도 직접 성경과 하나님께로 나아갈 수 있다는 믿음으로 이끌었다.

33. Taylor, *A Secular Age*, p. 484.

34. Ibid.

35. Smith, *Lost in Transition: The Dark Side of Emerging Adulthood* (New York: Oxford University Press, 2011), chapter 5, pp. 195-225.

36. Taylor, *A Secular Age*, p. 484.

37. David Friend and the editors of *Life, The Meaning of Life: Reflections in Words and Pictures on Why We Are Here* (New York: Little, Brown, 1991), p. 33.

38. Thomas Nagel, *What Does It All Mean? A Very Short Introduction to Philosophy* (New York: Oxford University Press, 1987), p. 95-96. 《이 모든 것은 무엇을 의미하는가》 (궁리 역간).

39. 페리의 주장은 Taylor, *A Secular Age*, p. 308에 인용된 글이다.

40. Timothy Keller and Kathy Keller, *The Meaning of Marriage: Facing the Complexities*

of Commitment with the Wisdom of God (New York: Riverhead, 2013), pp. 1-46을 보라. 《팀 켈러, 결혼을 말하다》(두란노 역간). 여기서 우리는 자유와 정체성의 문화 내 러티브가 관계성의 실재에 잘 들어맞지 않는 이유, 혹은 결혼에 대한 우리 열망을 제 대로 충족시키지 못하는 이유에 대해 좀 더 세밀하게 탐구한다.

41. D. A. Carson, *The Gospel According to John, Pillar New Testament Commentary* (Grand Rapids, MI: Wm. B. Eerdmans, 1991), p. 350.

42. 이 주제를 어떻게 설교할지에 관해서는, "Christianity Is a Straitjacket" in Keller, *Reason for God*, pp. 35-50을 보라.

43. Taylor, *A Secular Age*, p. 371.

44. Ibid., p. 581. "한때 인간은 그들의 규범, 선, 궁극적 가치에 대한 기준을 그들 바깥 의 권위로부터 취했다. 하나님, 신들, 존재의 본성, 혹은 우주로부터 말이다. 그러나 이후 그들은 이 높은 권위들이 자신들이 만든 허구임을 보게 되었다. 그래서 그들 스 스로 그들의 규범과 가치를 그들 자신의 권위로 세워야 함을 깨닫게 되었다. …… 그 들은 이제 자기 삶의 궁극적 가치를 스스로 세운다." Ibid., p. 580.

45. Ibid., p. 588.

46. Charles Taylor, "A Catholic Modernity?" in *Dilemmas and Connections: Selected Essays* (Cambridge, MA: Belknap Press, 2014), p. 182.

47. Ibid.

48. "인간의 약점이라는 현실 앞에서, 자선활동에도 …… 갈수록 경멸과 미움, 공격성이 낄 수가 있다. 활동이 중단되거나 더 나쁘게는, 활동은 계속되지만 새로운 감정이 끼 어들 수 있는데, 갈수록 더 강제적이고 비인간적이 될 수 있다. 사회주의 독재의 역사 에는 이런 비극적인 전환으로 가득하다. …… 고아원에서 …… 원주민 학교들까지, 수많은 '돕는' 기관이 [그러했듯이]." Ibid., p. 183.

49. Ibid., p. 184.

50. Ibid., p. 185.

51. Greg Epstein, *Good Without God: What a Billion Nonreligious People Do Believe* (New York: William Morrow, 2010); Lex Bayer and John Figdor, *Atheist Mind, Humanist Heart: Rewriting the Ten Commandments for the Twenty First Century* (New York: Rowman & Littlefield, 2014).

52. Mari Ruti, *The Call of Character: Living a Life Worth Living* (New York: Columbia

University Press, 2014), p. 36.

53. Taylor, *The Malaise of Modernity*, p. 18. 《불안한 현대 사회》(이학사 역간).

54. Taylor, "Conditions of an Unforced Consensus on Human Rights," *Dilemmas and Connections*, p. 123.

55. Ibid.

56. Timothy Keller, *Generous Justice: How God's Grace Makes Us Just* (New York: Riverhead, 2012)를 보라. 《팀 켈러의 정의란 무엇인가》(두란노 역간). 세속적인 친구들, 다시 말해 사회정의의 중요성에는 동의하면서도, 그들의 확신의 뿌리를 그들 바깥의 도덕적인 원천에 두기를 거부하는 세속적인 친구들에게 어떻게 말할지에 관해서는, 특히 7장, "Doing Justice in the Public Square"를 참조하라.

57. Richard W. Wills, *Martin Luther King, Jr., and the Image of God* (New York: Oxford University Press, 2011)을 보라.

58. 이 주제에 대해서는 *Generous Justice*에서 길게 다루었다. 《팀 켈러의 정의란 무엇인가》(두란노 역간).

59. Alasdair MacIntyre, *After Virtue*, 3rd ed. (Notre Dame, IN: Notre Dame, 2007)도 이 대목에서 도움이 될 수 있다. 《덕의 상실》(문예출판사 역간). 매킨타이어의 유명한 주장에 의하면, 과학은 우리가 어떻게 살아야 하는지를 결정할 수 없는데, 이유인 즉 우리의 존재 목적(우리가 무엇을 위해 여기에 있는지)을 알기까지는 인간으로서 이 행동이 옳은지 나쁜지를 우리가 분별할 수 없기 때문이다. 과학은 그런 것을 분별할 수 없고, 경험적 이성은 사회가 제대로 기능하기 위한 길, 혹은 정의가 구현되기 위한 최선의 길을 우리가 파악하는 데 아무런 도움이 되지 못한다.

CHAPTER 6. 마음에 닿게 그리스도를 설교하라

1. Gordon Wenham, *Genesis 1-15*, vol. 1, Word Biblical Commentary (Waco, TX: Word Books, 1987), p. 144. 《WBC 성경주석 1: 창세기 상》(솔로몬 역간).

2. Donald Hagner, *Matthew 1-13*, vol. 33A, Word Biblical Commentary (Nashville, TN: Thomas Nelson, 1993), p. 158. 《WBC 성경주석 33: 마태복음 상》(솔로몬 역간).

3. D. A. Carson, *The Expositor's Bible Commentary: Matthew, Chapters 1-12* (Grand Rapids, MI: Zondervan, 1995), p. 177.

4. 이 주장을 펼치는 최근 책으로는 James K. A. Smith의 다음 두 권이 있다. *Desiring the Kingdom: Worship, Worldview, and Cultural Formation* (Grand Rapids, MI: Baker Academic, 2009); *Imagining the Kingdom: How Worship Works* (Grand Rapids, MI: Baker Academic, 2013). 스미스(Smith)는 어거스틴 사상에 기초해, 우리라는 존재를 만드는 것은 우리가 사랑하는 것의 순서이고, 따라서 우리를 변화시키려면 우리의 생각이 아니라 우리가 사랑하는 것을 변화시켜야 한다고 주장한다. 사역에 대한 지나친 합리주의적인 접근, 다시 말해 정보 전달과 올바른 교리와 믿음의 전수에 집중하는 사역 방식에 대한 스미스의 비판은 옳다. 그는 우리가 변하기 위해서는 우리 생각보다 우리가 예배하는 것, 즉 우리가 사랑하고 우리의 상상력을 가득 채우고 있는 것들이 변해야 한다고 대안을 제시한다. 그래서 그는 예전과 예배 형식에 훨씬 많은 관심을 기울이고, 설교에는 거의 관심을 쏟지 않는다. 나는 마음을 새롭게 하는 사역의 상당 부분을 설교가 감당할 수 있다고 믿는다. 그렇지만 스미스가 잘 지적하듯이, 복음주의권의 책들 중에는 마음을 향해 설교하기를 다루는 책이, 성경 본문을 어떻게 주해하고 설명할지에 관한 책과 비교해서 많이 부족하다. 몇 가지 예외를 소개하면, Sinclair Ferguson, "Preaching to the Heart," in *Feed My Sheep: A Passionate Plea for Preaching* (Grand Rapids, MI: Soli Deo Gloria, 2002), pp. 190-217; Samuel T. Logan, "The Phenomenology of Preaching," in *The Preacher and Preaching* (Phillipsburg, NJ: Presbyterian and Reformed, 1986), pp. 129-160.《개혁주의 설교와 설교자》(솔로몬 역간); Josh Moody and Robin Weekes, *Burning Hearts: Preaching to the Affections* (Ross-shire, Scotland: Christian Focus, 2014) 등이 있다. 덧붙이고 싶은 말이 있는데, "마음에 닿게 설교하기"는 지극히 성경적일 뿐만 아니라, 또한 선조의 종교가 쇠락하고 있는 세속적인 우리 시대에 적응하기 위한 중요한 방편이기도 하다. 누군가 교회에 나온다면, 그건 나와야 하기 때문이 아니다. 사회체나 공동체에 소속되기 위한 필수 절차이기 때문도 아니다. 그들 스스로 그렇게 하기로 선택했기 때문이다.

5. 에드워즈의 정감에 대한 간결하면서도 읽기 쉬운 설명이 나오는 두 곳을 소개하면, "Editors' Introduction," in John E. Smith, Harry S. Stout, Kenneth P. Minkema, *A Jonathan Edwards Reader* (New Haven, CT: Yale, 1995); 샘 로건(Sam Logan)의 설교와 정감에 대한 논문, "The Phenomenology of Preaching" in *The Preacher and Preaching: Reviving the Art in the Twentieth Century*, Samuel T. Logan, ed. (Phillipsburg, NJ: Presbyterian and Reformed, 1986)이다. 본문의 요약은 *Edwards Reader*, pp. xix-xx의 내용을 거의 그대로 가져온 것이다.

6. 익히 예상 가능하지만, 에드워즈는 설교에 대한 신학적 성찰에서 이렇게 말한다. "설교가 생산하는 주된 유익은, 전달된 메시지를 나중에 기억함을 통해서가 아니라, 바로 그 시간 청중의 마음에 새기는 인상(impression)을 통해서다. 설교 내용에 대한 사후 기억이 유익할 때가 많지만, 대부분의 경우에 그 기억조차 사실은 바로 그 시간 설교자의 말이 청중의 마음에 새겨 놓은 인상을 통해서 일어난다. 또한 그 기억이 그 인상을 새롭게 하고 강화할 때, 그때 비로소 그 기억이 유익을 끼친다." Jonathan Edwards, "Some Thoughts Concerning the Present Revival of Religion in New England," in *The Great Awakening*, ed. C. C. Goen, vol. 1., *Works of Jonathan Edwards* (New Haven, CT: Yale, 1972), p. 397.

7. Jonathan Edwards, "A Divine and Supernatural Light," in *Jonathan Edwards Reader*, pp. 111-114; Jonathan Edwards, "The Mind," in *Jonathan Edwards Reader*, pp. 22-28을 보라.

8. Edwards, "Divine and Supernatural Light," p. 112.

9. Wilson H. Kimnach, "Jonathan Edwards's Pursuit of Reality," in *Jonathan Edwards and the American Experience*, ed. Nathan O. Hatch and Harry S. Stout (New York: Oxford University Press, 1988), p. 105.

10. Ibid.

11. 서브텍스트와 "정감 있게 설교하기"에 관한 다른 자료를 원하면, 7장을 보라.

12. Timothy Keller, *Prayer: Experiencing Awe and Intimacy with God* (New York: Dutton, 2014)을 보라. 《팀 켈러의 기도》(두란노 역간).

13. Wilson H. Kimnach, Kenneth P. Minkema, and Douglas A. Sweeney, "Editors' Introduction," in *The Sermons of Jonathan Edwards: A Reader* (New Haven, CT: Yale University Press, 1999), p. xxi.

14. Ibid., p. xviii.

15. Ibid., p. xix.

16. Kimnach, Minkema, and Sweeney, *The Sermons of Jonathan Edwards*, p. 56. 《조나단 에드워즈 대표설교선집》(부흥과개혁사 역간).

17. Thomas G. Long, *The Witness of Preaching*, 2nd ed. (Louisville, KY: John Knox, 2005), p. 295. 《증언하는 설교》(CLC 역간).

18. Robert A. Harris, "A Handbook of Rhetorical Devices," VirtualSalt.com, January

19, 2013, www.virtualsalt.com/rhetoric.htm을 보라.

19. 중요한 안전 원칙: 만일 당신이 설교 중에 언급하려고 하는 사람이, 실제로 청중석에 앉아 지금 준비하는 설교를 듣는 경우라면, 그가 누군지 눈치 챌 정도로 상세히 소개하지 않도록 주의하라. 설교단을 사용해 공개적으로 한 개인을 꾸짖는다는 인상을 줄 수 있다. 그건 비성경적인 일이다!(마태복음 5장과 18장은, 누군가를 나무랄 일이 있으면 사적으로 찾아가라고 말한다) 설교 메시지는 모름지기 많은 사람에게 적용되어야지, 단 한 사람을 대상으로 그렇게 해서는 안 된다. 사람들의 생각을 자극해서 구체적인 적용을 이끌어 낼 수도 있지만, 청중으로 하여금 당신이 염두에 두고 있는 사람이 누군지를 찾아내는 정답 맞추기 게임을 하도록 부추겨서는 안 된다.

20. 추가적으로 설교를 통해 다가갈 수 있는 여러 사람 유형을 소개하겠다. 성경 본문은 이 사람들 중에 누구에게 말하고 있는가?

- 의식적인 불신자: 자신이 그리스도인이 아니라는 걸 인식하고 있다.

    — 비도덕적인 이교도: 노골적으로 비도덕적/불법적인 삶을 살고 있다.
    — 지적인 이교도: 신앙이란 건 타당하지도 합리적이지도 않다고 주장한다.
    — 모방적인 이교도: 시류를 좇아 회의적이지만, 그렇게 깊지는 않다.
    — 진중한 사색자: 진지하고, 나름 깊이 생각한 반대 이유를 갖고 있다.
    — 종교적인 비그리스도인: 심각하게 잘못된 교리를 가진 교단, 사교, 혹은 종교조직에 소속되어 있다.

- 교회에 다니지 않는 명목상의 그리스도인: 기본적인 기독교 교리에 대한 믿음을 갖고 있지만, 교회와의 연결은 희박하거나 전혀 없다.

- 교회에 다니는 명목상의 그리스도인: 교회에 다니지만 거듭나지는 않았다.

    — 반(半)활동적인 도덕주의자: 매우 도덕적이지만 그의 종교에는 확신이 없고, 모든 것이 의무의 문제다.
    — 활동적이며, 자기 의를 믿는 사람: 매우 헌신적으로 교회에 참여하는데,

선한 행위에 기초한 구원의 확신을 품고 있다.

- 깨어 있는 사람: 마음에 요동이 있고 자신의 죄를 확신하지만 아직 복음의 평화는 누리지 못한다.

    - 호기심을 품은 사람: 마음이 요동하는 것은 주로 지적인 차원이고, 질문으로 가득한 채 공부에 부지런함을 보인다.
    - 거짓 평화에 가책을 느끼는 사람: 복음에 대한 이해 없이, 그저 예배에 참석하고, 기도하고, 혹은 다른 무언가를 행함으로써 이제 하나님과 올바른 관계에 있다는 평을 듣는다.
    - 위로가 없어 불안한 사람: 죄를 깊이 인식하지만 은혜의 복음을 받아들이지도, 이해하지도 못하고 있다.

- 배교자: 한때는 교회 활동에 적극적이었지만 이제는 믿음을 버렸고 후회도 없다.

- 새신자: 최근에 회심했다.

    - 의심하는 사람: 자신의 새로운 믿음에 대해 두려움과 주저가 많다.
    - 열심인 사람: 기쁨과 확신으로 신앙생활을 시작하고 있으며, 배우고 섬기려는 열정이 있다.
    - 열정이 과한 사람: 다소간 조금 교만하고 다른 사람에 대해 판단하려는 경향이 있으며, 자신의 능력에 대해 과신한다.

- 성숙한 사람/성장하고 있는 사람: 아래에 열거된 거의 모든 조건을 몸소 겪지만, 목회적인 돌봄에 신속하게 반응하기 때문에 혹은 스스로 어떻게 대처할지를 알기 때문에 그것들을 잘 헤쳐 나간다.

- 고난당하는 사람: 영적인 힘을 약화시키는 삶의 짐이나 문제와 더불어 산다. (일반적으로 스스로 문제를 자초하지 않은 경우를 일컬어 고난당하는 자라고 부른다.)

― 육체적으로 고난당하는 사람: 몸의 쇠약을 경험한다.

― 아픈 사람

― 연로한 사람

― 장애를 가진 사람

― 죽어 가는 사람

― 상실의 아픔을 가진 사람: 사랑하는 사람을 잃었거나 혹은 다른 큰 상실을 경험했다(예를 들어, 화재로 집을 잃어버린 경우).

― 외로운 사람

― 핍박당하는 사람/학대당하는 사람

― 가난한 사람/경제적인 문제로 어려운 사람

― 유기(Desertion): 하나님의 손에 의해 영적으로 메마른 상태에 있다. 은혜의 방편을 사용하지만, 그분의 임재를 느끼는 감각이 손상되었다.

• 유혹에 처한 사람: 죄 혹은 죄들과 씨름하고 있다. 죄가 여전히 매력적이고 강력하다.

― 유혹이 엄습한 사람: 생각과 욕구의 광범위한 영역에서 유혹을 받고 있다.

― 사로잡힌 사람: 죄의 행동이 중독 상태가 되었다.

• 미성숙한 사람: 영적으로 아기와 같아서, 자라야 하는데 그러질 못하고 있다.

― 훈련받지 못한 사람: 게을러서 은혜의 방편과 사역의 은사를 제대로 사용하지 못하고 있다.

― 자만에 빠진 사람: 교만이 그의 성장을 가로막고, 자아도취 상태로 다른 많은 그리스도인들을 향해 냉소적이고 비난조가 되었다.

― 균형을 잃은 사람: 신앙의 지적인 측면, 감정적인 측면, 혹은 의지적인 측면에 과하게 경도되어 있다.

— 특이한 교리에 헌신된 사람: 왜곡된 가르침에 빠져 영적 성장이 방해받고 있다.

• 우울한 사람: 부정적인 느낌을 경험할 뿐 아니라, 그리스도인의 의무를 회피하고 불순종하고 있다. 새신자, 유혹에 처한 사람, 고통당하는 사람, 혹은 미성숙한 사람이 적절한 돌봄을 받지 못하면, 필시 영적으로 우울 상태가 될 수 있다. 이런 조건들 외에도, 다음 문제들이 우울 상태로 이끌 수 있다.

— 염려하는 사람: 제대로 처리되지 않은 걱정이나 두려움으로 인해 우울에 빠졌다.

— 지친 사람: 과도한 사역으로 인해 무기력하거나 메말라 있다.

— 분노하는 사람: 상처 혹은 제어되지 않은 분노를 제대로 처리하지 못해서 우울에 빠졌다.

— 내성적인 사람: 실패와 감정에 사로잡혀서, 확신이 없다.

— 자책하는 사람: 상처입은 양심을 가졌고, 회개에는 이르지 못했다.

• 배역하려는 사람: 우울을 넘어 하나님과, 또 교회와 교제를 끊으려 한다.

— 연한 경우: 여전히 자기 죄를 확신하고 회개로 부르시는 것에 민감하다.

— 굳은 경우: 냉소적이고 경멸적이 되어서, 돌아오기 어려운 경우다.

21. 복음 논리(gospel-logic)에 대해 더 많이 알고 싶다면, 이 책에 실린 "팀 켈러의 강해 설교 작성" 부분을 보라. '여기 우리가 행해야 할 것이 있다.' '여기 우리가 그것을 행할 수 없는 이유가 있다.' '여기 우리를 위해 그것을 행하신 한 분이 있다.' 그리고 마지막으로 '여기 그분에 대한 믿음이 어떻게 우리도 그것을 행할 수 있게 만드는지를 보라.' 이 논리를 따른다는 것은, 설교 이곳저곳에 실천적인 적용을 포함시킨다는 것을 의미한다.

Part 3

CHAPTER 7. 설교가 '들리게' 하시는 분은 성령이시다

1. D. M. Lloyd-Jones, *Preaching and Preachers*, 40th anniversary ed. (Grand Rapids, MI: Zondervan, 2011), p. 68. 《설교와 설교자》(복있는사람 역간).

2. 골로새서에 대해서는 Peter T. O'Brien, *Colossians-Philemon*, vol. 44, Word Biblical Commentary (Waco, TX: Word Books, 1982); Douglas J. Moo, *The Letters to the Colossians and to Philemon*, Pillar New Testament Commentary (Grand Rapids, MI: Wm. B. Eerdmans, 2008); Andrew T. Lincoln, "The Letter to the Colossians: Introduction, Commentary, and Reflections," in *The New Interpreter's Bible*, vol. 11 (Nashville, TN: Abingdon Press, 2000), pp. 553-669를 보라. 고린도전서 1장 20절-2장 5절의 병행에 관해서는, Anthony C. Thiselton, *The First Epistle to the Corinthians: A Commentary on the Greek Text*, The New International Greek Testament Commentary (Grand Rapids, MI: Wm. B. Eerdmans, 2000); Roy E. Ciampa and Brian S. Rosner, *The First Letter to the Corinthians*, Pillar New Testament Commentary (Grand Rapids, MI: Wm. B. Eerdmans, 2010); Gordon D. Fee, *The First Epistle to the Corinthians*, The New International Commentary on the New Testament (Grand Rapids, MI: Wm. B. Eerdmans, 1987)를 보라.

3. Lincoln, "Letter to the Colossians," p. 616.

4. Moo, *The Letters to the Colossians*, p. 161.

5. Thiselton, *The First Epistle to the Corinthians*, p. 222.

6. Jonathan Edwards, "Sermon 2: Love More Excellent Than Extraordinary Gifts of the Spirit," in *Charity and Its Fruits*, Kyle Strobel, ed. (Wheaton, IL: Crossway, 2012), pp. 62, 66-67. 《고린도전서 13장: 사랑》(청교도신앙사 역간).

7. Jonathan Edwards, "The Excellency of Jesus Christ," in *The Sermons of Jonathan Edwards: A Reader*, Kimnach, Minkema, Sweeney, eds., pp. 161-196. 《조나단 에드워즈 대표설교선집》(부흥과개혁사 역간).

8. Sir Thomas Malory, *Le Morte d'Arthur* (1485), Book XXI, chapter xiii. 《아서 왕의 죽음》(나남 역간).

9. C. S. Lewis, "The Necessity of Chivalry," in *Present Concerns* (London: Fount, 1986), p. 13.

10. 데렉 토마스(Derek Thomas)가 자신의 에세이에 소개한 서브텍스트 목록(비록 그는 그렇게 부르지 않지만)을 보라. "Expository Preaching" in *Feed My Sheep: A Passionate Plea for Preaching* (Grand Rapids, MI: Soli Deo Publications, 2002), pp. 80-83. 아주 재밌게 묘사되어 있는데, 여기서 내가 이야기하고 있는 바와 상당 부분 겹친다.

11. Charles Kraft, *Communication Theory for Christian Witness* (Nashville, TN: Abingdon, 1983), p. 78. 《기독교 커뮤니케이션론》(CLC 역간).

팀 켈러의 강해 설교 작성

1. 강해 설교에 관한 좋은 책들을 몇 가지 소개하면 다음과 같다. 연대순으로 정리했다. William Perkins, *The Art of Prophesying*; Alan M. Stibbs, *Understanding God's Word* (Chicago: InterVarsity Press, 1950), *Obeying God's Word* (Chicago: InterVarsity Press, 1955), *Expounding God's Word* (Chicago: InterVarsity Press, 1960) (간결한 이 세 책은 서로 어우러져 강해 설교에 관한 하나의 과정을 구성한다); D. M. Lloyd-Jones, *Preaching and Preachers* (1971; 40th anniv. ed., Grand Rapids, MI: Zondervan, 2011). 《설교와 설교자》(복있는사람 역간); Haddon Robinson, *Biblical Preaching* (Grand Rapids, MI: Baker, 1980). 《강해 설교》(CLC 역간); John R. W. Stott, *Between Two Worlds: The Challenge of Preaching Today* (Grand Rapids, MI: Wm. B. Eerdmans, 1982). 《현대교회와 설교》(생명의샘 역간); J. I. Packer, "Why Preach?" Samuel T. Logan, "The Phenomenology of Preaching," Edmund P. Clowney, "Preaching Christ from All of Scripture," Sinclair Ferguson, "Exegesis," Glen C. Knecht, "Sermons Structure and Flow," and John F. Bettler, "Application," all in *The Preacher and Preaching: Reviving the Art in the Twentieth Century*, Samuel T. Logan, ed (Phillipsburg, NJ: P+R Publishing, 2011); Bryan Chapell, *Christ-Centered Preaching: Redeeming the Expository Sermon* (Grand Rapids, MI: Baker Academic, 1994). 《그리스도 중심의 설교》(은성 역간); Peter Adam, *Speaking God's Words: A Practical Theology of Preaching*; William Philip and Dick Lucas, *The Unashamed Workman: Instructions on Biblical Preaching*, Preaching Workshops on Video Series 1 (London: Proclamation Trust, 2001); William Philip, ed., *The Practical Preacher:*

Practical Wisdom for the Pastor-Teacher (Ross-shire, Scotland: Christian Focus, 2002); David Murray, *How Sermons Work* (Welwyn Garden City, UK: Evangelical Press, 2011); Mark Dever and Greg Gilbert, *Preach: Theology Meets Practice* (Nashville, TN: Broadman and Holman, 2012); Gary Millar and Phil Campbell, *Saving Eutychus: How to Preach God's Word and Keep People Awake* (Sydney, Australia: Matthias Media, 2013); Alec Motyer, *Preaching? Simple Teaching on Simply Preaching* (Fearn, Tain, Ross-shire, UK: Christian Focus, 2013); David Helm, *Expositional Preaching: How We Speak God's Word Today* (Wheaton, IL: Crossway, 2014). 《강해 설교》(부흥과개혁사 역간).

2. 이 네 단계는 다음 책들을 참고로 종합했다. Motyer, *Preaching?*; Helm, *Expositional Preaching*; Robinson, *Biblical Preaching*. 《강해 설교》(CLC 역간); Chapell, *Christ-Centered Preaching*. 《그리스도 중심의 설교》(은성 역간); Millar and Campbell, *Saving Eutychus*; Stott, *Between Two Worlds*. 《현대교회와 설교》(생명의샘 역간); Logan, *Preacher and Preaching*; Stibbs, *Expounding God's Word* ; Dever and Gilbert, *Preach*; Thomas G. Long, *The Witness of Preaching*, 2nd ed. 《증언하는 설교》(CLC 역간). 개별 책들 사이에는 상당한 차이가 있다. 어떤 책은 설교의 "논지 진술"(thesis statement)을 작성하라고 제언하지만, 그렇지 않은 책도 있다. 대부분은 더 많은 단계를 갖고 있으며, 모든 책은 더 분명한 지침을 담고 있다. 그러나 이 기본적인 네 지침은 예외 없이 모든 저자가 이 모양 저 모양으로 제시하고 있으며, 순서도 대략 이 순서를 따른다.

3. 나는 여기서 설교를 위한 본문 선택에 대해 논하지는 않겠다(지금 미주에 포함된 것이 전부다). "설교 본문" 혹은 "설교 대목"은 성경에서 선택되어 읽히고 설교되는 부분을 말한다. 만일 주변의 다른 절들을 계속해서 끌어들이지 않을 경우 제대로 설명되지 않는 본문이라면, 그 설교 본문은 너무 짧은 것이다. 그럴 때는 주변의 다른 구절들도 설교 본문의 일부로 간주해 읽어야 한다. 설교 본문이 너무 길 때도 있는데, (1) 말 그대로 다루어야 할 부분이 너무 많은 경우 (2) 여러 개의 "중심 사상들"이 있는 경우다. 이때 하나의 중심 사상을 선택하는 것이, 몇 절을 읽고 다룰지를 결정하는 데 도움을 준다. 용서에 관한 설교라면, 용서 논의를 뒷받침할 수 있는 구절들을 선택하되, 다른 이슈들이 용서의 주제를 잠식할 정도로 멀리 가서는 안 된다. 본문을 어떻게 선택할지에 관한 괜찮은 개관을 원한다면, David Murray, "Selection: What Is a Text" and "Variation: Varying the Sermons," in *How Sermons Work*, pp. 21-33, 59-69를 보라. 머리가 추천하는 설교 본문은, (성경 전체를 관통하는) 완결된 사상들과 주요 진리를

담고 있고, 또한 (한 설교에서 충분히 다룰 수 있을 만큼) 짤막하고, (그것을 설명하기 위해 성경 전체를 뒤져야 할 필요가 없을 정도로 충분히) 선명하며, (회중을 수개월 동안 하나의 책, 하나의 장르, 혹은 하나의 이슈에 가두지 않도록) 다양하고, 영적으로 적합한(상황에 적합하고 사람들의 필요와 역량에 적합한) 본문들이다(pp. 31-32).

4. 설교 준비의 이 단계에 관해서는 나는 특히 Sinclair Ferguson, "Exegesis," in Logan, *Preacher and Preaching*을 추천한다. 《개혁주의 설교와 설교자》(솔로몬 역간).

5. 역량이 되면, 직접 헬라어 혹은 히브리어 본문을 번역해 연구하라. 우리말 성경이 제대로 옮기지 못하고 그대로 남겨진 헬라어나 히브리어 용어들을 신속하게 볼 수 있다. 그러나 이게 가능한 경우에도, 우리말 번역도 충분히 연구해야 한다.

6. 어떤 사람은 컴퓨터에 자기만의 본문 연속 주석을 써 간다. 전체 성경 본문을 자르고 붙이면서, 나만의 주석은 각 구절 아래 구별된 색깔로, 이를테면 붉은 색으로 기록한다. 또 어떤 사람은 노트 반쪽에다 본문을 손글씨로 기록하고는(손으로 쓰면 타이핑할 때와는 또 다른 방식으로 배우고 기억하는 데 도움이 된다), 지면의 남은 부분에다 나란히 주석을 기입한다.

7. 아마 가장 좋은 온라인 참조 도구는 www.BibleStudyTools.com이다. 구입용으로 최고의 도구는 Logos Bible Software와 BibleWorks다.

8. 이 대목에서 견줄 데 없는 자료가 있다면, Leland Ryken, et al., *Dictionary of Biblical Imagery* (Downers Grove, IL: InterVarsity Press, 1998)다. 이 책을 펼치는 사람들은, 그리스도를 가리키는 이미지가 이렇게나 많다는 사실에 놀라게 될 것이다. 《성경 이미지 사전》(CLC 역간).

9. 이에 대한 최고의 자료는 G. K. Beale and D. A. Carson, eds., *Commentary on the New Testament Use of the Old Testament* (Grand Rapids, MI: Baker Academic, 2007)다. 이 책은 독특하다. 신약의 각 책마다 한 학자의 논문이 실려 있는데, 신약 저자의 구약 인용을 샅샅이 다룰 뿐 아니라, 또한 직접 인용이나 옮겨 오기가 아니라 해도 구약에 대한 간접적인 암시까지 전부 다룬다. 이 책은 양 방향으로 모두 사용될 수 있다. 신약 본문을 설교할 경우라면, 구약 배경을 살펴보는 데 도움이 될 것이고, 구약 본문을 설교하는 경우라면, 책 말미에 실린 성경 색인을 참조해서 이것을 인용하는 신약 저자들을 찾을 수 있다. 성경 전체에 걸쳐 있으며, 필연적으로 그것이 그리스도와 그분의 구원 안에서 성취와 절정을 맞이하는, 통정경적인 주제를 분별하는 데 정말로 탁월한 도구다. '신약의 구약사용 주석 시리즈' (CLC 역간).

10. Motyer, *Preaching?*, pp. 61-62.

11. Robinson, *Biblical Preaching*, pp. 31-50. 《강해 설교》(CLC 역간).

12. Millar and Campbell, *Saving Eutychus*, p. 64.

13. Ferguson, "Exegesis," in S. Logan, *Preacher and Preaching*, p. 197. 《개혁주의 설교와 설교자》(솔로몬 역간).

14. Stibbs, *Expounding God's Word*. 스팁스는 이렇게 쓴다. "강해 설교자가 되려고 하는 사람이라면 …… 반드시 …… (그가 염두에 두고 있는 목회 상황을 위해) 그가 작업하고 있는 단락에서 하나님으로부터 주어지는 주된 요점 혹은 명백한 메시지가 무엇인지를 힘을 다해 찾아야 한다. 유난히 풍성한 단락이 있다. 이런 경우, 본문을 다루는 폭이 굉장히 넓어지는데, 단락 안에 존재하는 여러 강조점에 따라, 혹은 그에 상응해 설교자가 겨냥하는 특정한 목표와 적용에 따라 다양한 접근이 가능하다. 중요한 것은, 설교자가 특정 목회 상황을 향해 하나의 분명한 주제나 강조점을 결정해야 하고, 이어서 그가 본문에서 작업한 결과로 얻은 많은 자료와 사상 중에서 오직 명백하게 그 주제와 관련된 것만 사용해야 한다는 것이다. 연속 본문 주석과는 달리, 설교에서는 선택된 주제와 무관한 사항들은 가차 없이 생략해야 하는데, 이는 간결성과 일관성〔을 얻기 위함〕과 동시에, 설교자가 의도하는 목적과 궁극적인 적용〔을 향해〕 의미 있는 개진과 진행을 이루어 내기 위함이기도 하다." pp. 40-41.

15. David Jackman, "From Text to Sermon," in *The Practical Preacher: Practical Wisdom for the PastorTeacher*, William Philip, ed., p. 66.

16. 잭맨과 동일한 조언(모든 설교는 본문이 말하는 것, 청중의 필요와 역량 모두에서 정보를 얻어야 한다)을 하는 사람들이 다수 있다. 19세기 신학자 로버트 대브니(Robert Dabney)는 말하길, "수사학적인 통일성은 이 두 가지를 요구한다. 우선 첫째, 연사가 한 가지 주요 담화 주제를 갖고 있어야 한다. 담화 내내 여기에 최고의 관심을 집중시켜야 한다. 그러나 이것으로는 충분하지 않다. 둘째, 그는 듣는 이의 영혼에 새길 하나의 분명한 인상(impression)을 마음에 품고 있어야 한다. 설교의 모든 요소가 작심하고 밀어붙이는 하나의 인상이다. …… 연설은 …… 듣는 이에게 '이렇게 행하라'고 말하는 것으로 마무리된다. 연설의 종착지는 결단에 있고, 연설의 목표는 이해를 거쳐 영혼의 동기로 파고드는 것이다. 이렇듯 담화의 통일성은 단지 지배적인 주제의 단일성만이 아니라, 실천적인 인상의 단일성까지 요구한다. 전자를 확보하기 위해서는, 논의 전체가 하나의 단일 명제로 축약되는지를 확인하라. 후자를 확보하기 위해서는, 설교자는 설교 준비 전 과정에 걸쳐서 듣는 이에게 혹은 듣는 이의

지에 일어나기를 의도하는 하나의 실천적인 효과를 자기 면전에 지속적으로 세워 두어야 한다." Robert Dabney, "Cardinal Requisites of the Sermon," in *Sacred Rhetoric; or, a Course of Lectures on Preaching*, p. 109. 재판의 제목은 *Evangelical Eloquence: A Course of Lectures on Preaching*이다. 훨씬 최근에, 신학적인 스펙트럼의 반대편에서, 토마스 롱은 설교자가 본문의 '초점'과 '기능' 모두를 찾아야 한다고 말했다. 이것은 대브니의 '주제'(subject)와 '실천적인 인상'(practical impression) 개념과 거의 유사하다. Long, *Witness of Preaching*, pp. 99-116. 《증언하는 설교》(CLC 역간).

17. 나는 스팁스의 자료를 이렇게 다듬고 종합해 보았다.

결혼예배에서: 스팁스는 특히 요한복음 2장 2절에 초점을 맞출 것이다. 예수님이 결혼식에 초대되셨다. 주된 요지 혹은 토픽: 예수님을 우리의 결혼생활에 초청해야 한다. 개요: (1) 예수님의 참여가 만든 차이-그분은 "흥을 깨지" 않았다. (2) 가정 혹은 결혼생활의 문제를 어떻게 다루어야 할까. 마리아가 한 대로 하라. 그들을 예수님께 데려오라. 그분의 말씀으로 그분이 지시하는 것을 행하라. (3) 그러나 그분은 포도주보다 더 큰 기쁨을 가리키셨다. 그분이 친히 우리와 결혼하셔서 신랑의 사랑을 우리에게 보여 주신다. (4) 우리는 마리아가 행한 대로 그분을 신뢰해야 한다. (5) 이 결혼이 온 세상 앞에서 예수님의 영광을 드러내는 표적이 되었듯이, 우리 결혼도 다른 사람들에게 예수님을 가리키는 예수 증언이 될 수 있다.

기도 모임에서: 스팁스는 3절에 초점을 맞출 것이다. 마리아가 필요를 가지고 ("저들에게 포도주가 없습니다") 예수님께 나아온다. 주된 요지 혹은 토픽: 기도의 중요성. 개요: (1) 여러분의 필요를 가지고 예수님께 나아오라. 또한 친구들의 필요를 가지고도 예수님께 나오라. (2) 그분의 능력을 인정하고, 우리는 할 수 없지만 그분은 할 수 있다고 기대하라. 또한 마리아가 그랬듯이(5절에서), 그분의 지혜를 인정하고, 설령 그분의 때와 행동이 이해하기 어려울 때에도 그분을 신뢰하라. (3) 예수님은 기도를 거절당하셨다. "이 잔을 내게서 지나가게 하옵소서." 예수님은 우리 죄악에도 불구하고 우리의 기도에 응답하실 수 있다. 그분이 십자가에서 죽으셨기 때문이다. 포도주는 그분의 피를 가리킨다. (4) 이제 그분의 말씀에 순종할 준비를 하라.

사역자들을 위한 설교에서: 스팁스는 5절에 초점을 맞출 것이다: "너희에게 무슨 말씀을 하시든지 그대로 하라." 주된 요지 혹은 토픽: 그리스도의 일에 필요한 사람이 되기 위해 요구되는 게 무엇인지를 보여 주는 것. 개요: (1) 마리아와 종들은 예수님이 신랑과 신부를 도울 기적을 베푸시는 데 쓰임받았다. (2) 요구사항들: 다른 사람의 필요에 관심을 기울이라. 믿음의 기도로 그리스도께 나아가라. 그분이 요구하는 것은 그것이 설령 우리의 지혜에 맞지 않더라도 무엇이든 행하겠다는 각오다. 하나님을 의지하며 믿음의 모험을 감행하는 각오. (3) 결과: 주님의 능력이 드러난다. 우리는 그분의 동역자가 된다. 우리는 종종 예수님이 행하신 일 때문에 칭송을 듣는다("연회장"이 신랑을 칭찬한다). (4) 이것은 예수님의 구원을 상징하는 그림이다. 우리는 그분이 행한 일로 인해 인정을 받는다. 그분의 의로우심이 우리에게 전가된다. 이것이 우리의 궁극적인 힘이다.

지역 회중을 향한 설교에서(비그리스도인들도 함께 있는 경우): 스팁스는 11절에 집중할 것이다. 우리는 이 본문에서 예수님의 놀라운 인격을 봐야 한다. 이 사건은 그분의 사역의 '서막'이었고, 따라서 짤막하지만 그분이 누구신지에 대해 완성도 있는 목격의 장이 된다. 주된 요점 혹은 토픽: 포도주가 증언하는 진리들. 개요: (1) 옛 포도주. 우리가 삶의 기쁨을 위해 의지하는 것은 무엇이든 궁극적으로는 떨어지게 될 것이다. 우리가 위대한 삶을 살기 위해 아무리 열심히 살아도, 예기치 않은 무언가가 들어와서 우리 삶을 파괴한다. 우리의 노력만으로는 결코 충분하지 않다. (2) 새 포도주는 우리에게 그리스도의 인격을 말해 준다. 그분은 창조 질서 위에 선 권세를 가지고 있는데, 그분은 이 땅에 오신 창조주시기 때문이다. 그분은 만물을 새롭게 하실 수 있다. (3) 새 포도주는 우리에게 그리스도의 사역을 말해 준다. (3a) 그분은 우리에게 심판이 아니라 축복을 가져오신다. 애굽에 대한 하나님의 심판과 대조하라(출 7:17-21 참조). 거기서 하나님은 물을 피로 바꾸셔서 사람들이 마시지 못하게 하셨다. 지금 예수님은 물을 포도주로 바꾸셔서 필요한 음료를 채워 주신다. (3b) 그분은 자신의 죽음을 통해서 이 기쁨(포도주)을 선물하신다. (4절에서, 항상 그렇듯이 "때"는 요한복음에서 그분의 죽음의 때를 가리킨다.) 정결 예식을 위한 물 항아리가 놓여 있었는데, 그렇게 그분의 피가 우리를 씻으시고 우리 죄를 용서하신다. (3c) 예수님이 우리에게 축복의 잔을 주시기 전에, 그분은 먼저 신적 진노의 잔을 받으셔야 할 것이다. (4) 예수님의 낯선 말씀은, 이 잔치와 이 기쁨 한가운데 앉아서도 다가오는 자신의 고통을 예견하고 계셨음을 보여 준다. 우리가 예수님을 믿는다면, 이제 우리도 세상 고통의 한가운데 앉아서도, 다가오는 우리의 기쁨을 고대할 수 있다. 우리는 결국 그분과 함께 위대한 어린 양의 혼인 잔치에 참여하게 될 것이다.

18. Motyer, *Preaching?*, pp. 64-65.

19. Ibid.

20. New International Version은 '힐라스모스'(화목제물; propitiation)를 "구속하는 희생 제물"(atoning sacrifice)로 번역한다. 그런데 이것은 하나님의 진노의 전환을 가리키는, 이 결정적인 성경 단어의 의미를 가려 버린다.

21. 초기 기독교 설교는 그리스와 로마의 수사학 전통보다는, 매주 토라의 할당 분량을 읽고 주해하는 랍비식 방식에 더 큰 영향을 받았다. 그리스와 로마 수사학에서는 하나의 명제를 선포하고, 분할하고, 변호하는 식으로 진행되었다.

그런데 중세 시대에 이르러서 설교자들은 자료를 분할하고 정리해 고전 수사학의 디스포시치오(*dispositio*; 보다 형식적인 자료 배열)를 반영하는 개요를 작성하기 시작했다. 요사이 사람들은 지금 너무나 당연시 되는 것을 처음 소개한 것이 중세 수사들, 특히 12세기 도미니크회 수사들과 프란체스코회 수사들이었다는 것을 알면 굉장히 놀랄 것이다. 휴즈 올드에 의하면, "설교 수도사들이 설교 개요의 중요성을 발견하기 시작했다." Hughes Oliphant Old, *The Reading and Preaching of the Scriptures in the Worship of the Christian Church: Vol. 3, The Medieval Church*, p. xvii.

이렇게 된 데는 복합적인 이유가 있었다. 첫째는 많은 수도사가 예배 장소를 넘어 공개적인 장소에서도 설교하면서, 듣는 이들의 주의를 사로잡기 위한 방법을 강구했다는 점이다. 또한, 중세 신학은 고도로 조직적인 형태로 발전되었는데, 주제(locus) 혹은 토픽 아래 많은 소지, 구분, 대조구 등으로 세분화되는 방식이었다. 그럼 점에서, 주제를 선포하고 하부 요소로 분할해 하나씩 펼쳐 가는 방식의 설교 개요는, 스콜라적인 신학 방법론의 자연스러운 귀결이면서, 태생적으로 고전 학문과 수사학에 빚을 지고 있다. 어느 경우든, 올드가 말하듯이, "그 어떤 형식도 삼대지 설교 개요보다 더 중세적인 것은 없다." Ibid.

22. 그리스와 로마의 고전 웅변술은 가장 효과적인 구어 연설법을 찾고자 하는 탐구의 발로였다. 효과적인 웅변이 되기 위한 한 가지 결정적인 요소는 (종종 "다섯 규범" 가운데 하나로 불리는 것으로) 디스포시치오 즉 "배열"이었다. 이것은 연설의 구조나 조직과 관련된 것이다. (키케로와 퀸틸리안이 공히 주창하는) 일치된 주장은, 연설은 다음의 구분이 있어야 한다는 것이다.

엑소르디움(Exordium). 서론. 목표는 주의를 사로잡고 주제에 대한 관심을 불러일으켜서 듣는 이들이 경청하도록 동기 부여하는 것이다.

나라치오(Narratio). 전달할 주제의 핵심 제시. 하나의 단일한 명제나 다소 긴 사실의 묶음(본질적으로는 하나의 "주장")을 제시하는 것으로, 그 뒤에는 요약인 '프로포시치오'(*propositio*)가 따라온다.

파르티치오(Partitio). 주제를 하부 이슈로 구분하는 것인데, 연설 나머지 부분에서 하나씩 다룰 것들이다.

콘피르마치오(Confirmatio). 연설의 명제를 확정하는 부분으로서, 각 이슈 혹은 주장의 하부 요소들을 증명하고 지지한다.

레푸타치오(Refutatio). 반대 의견을 약화시키는 부분으로서, 명제에 대한 반대나 반대논거에 대해 각각 대답한다.

페로라치오(Peroratio). 결론적으로 요지를 요약하면서, 그것을 선명하고 강력하게 재진술하여 공감을 불러일으켜서 행동으로 초대한다.

마르틴 루터의 동료였던 필리프 멜란히톤(Philipp Melanchthon)은 인문학의 선두적인 학자였다. 아그리콜라(Agricola)와 에라스무스(Erasmus)를 비롯한 여러 학자들과 함께, 당시 교회를 위해 아리스토텔레스, 키케로, 세네카와 퀸틸리안의 고전 수사학 방법론을 발굴하고 적용하기 위해 힘썼다. 멜란히톤의 노력은 특히 '인스티투티오네스 레토리케'(*Institutiones Rhetoricae*; "Elements of Rhetoric," 1521)로 모아졌는데, 그것은 기독교 설교자를 위한 고대 웅변술의 새로운 종합이었다. (이 중요한 저작은 1532년 영어로 번역되었다. *The Art or Crafte of Rhetoryke*. 재판이 2010년 7월 13일 EEBO Editions/ProQuest에 의해 출판되었다.)

그는 설교자들에게 성경 본문에서 발굴한 하나의 단일한 교리적 주제나 토픽으로 시작하라고 권면했다. 먼저 주석을 통해 어떻게 그 명제가 성경에 기초하는지를 보여주고, 이어서 둘째, 조직적으로 그것의 중심 용어를 정의하고, 다른 견해와의 차이점을 구분하고, 이어서 셋째, 그것의 다른 측면이나 원인들을 구별해 내야 한다. 멜란히톤은 아리스토텔레스의 4대 원인(cause)을 활용하라고 조언했다. 4대 원인이란 질료인, 형상인, 동력인, 목적인이다. 마지막으로 설교자는 그 교리의 의미를 듣는 이들에게 적용해 줘야 한다. Scott Manetsch, *Calvin's Company of Pastors* (New York: Oxford University Press, 2013), p. 157. 이때 멜란히톤의 접근은 대체로 다음과 같았다.

주석적 서론. '이 대목은 주석을 사용해' 하나의 단일한 교리적 주제를 본문에서 도출한다. 예를 들어, 로마서 3장 10-20절로부터 '우리의 선한 행위는 우리를 구원할 수 없다. 우리에겐 구원자가 필요하다'의 주제를 이끌어 낸다.

누구? 행위자들(The agents). 동력인은 무엇인가? 다른 말로, 그렇게 산다고 본문이 지목하는 자는 누구인가? 모두다. "의인은 없나니 하나도 없으며"(10절). 이것은 예외 없이 모든 사람을 포함한다. 유대인과 이방인. 종교인과 비종교인.

무엇? 묘사(Description). 우리의 선한 행위가 우리를 구원하지 못하는 질료적 이유는 무엇인가? 다른 말로, 우리 행위는 무엇으로 구성되는가? 그것들은 어떤 상태인가? 그것들은 악한 행위와 혼합된다. 심지어 종교적인 사람도 거짓을 말하고, 악한 혀를 갖고 있다 등. 그리고 평화가 아니라 투쟁을 추구한다(13-17절 참조).

어떻게? 기저 요소들(Underlying elements). 우리의 선한 행위가 우리를 구원하지 못하는 형상적 이유는 무엇인가? 다른 말로, 선한 행위의 무엇이 그것을 부적합한 것으로 만드는가? 다름 아닌 우리의 동기다. "하나님을 찾는 자도 없고"(11절), "그들의 눈 앞에 하나님을 두려워함이 없느니라"(18절). 형식적으로 선한 일을 행할 때에도, 우리는 그 안에서 하나님을 찾고 있지 않다.

왜? 우리의 선한 행위가 우리를 구원하지 못하는 목적적 이유 혹은 궁극적인 이유는 무엇인가? 그것은 하나님의 거룩성이다. "그의 앞에 의롭다 하심을 받을 육체가 없나니"(20절).

각 구분마다 논거가 제시되어야 하는데, 보통 성경 다른 곳에서 가져온 구절을 통해서 그리한다. 그러나 다른 예화와 논증도 사용될 수 있다.

적용. 이것은 우리에게 무엇을 의미하는가? 우리에게 구원자가 필요함을 의미한다. 우리가 구원을 위해 우리 스스로의 의를 축적하려는 시도를 포기해야 함을 의미한다. 드러난 죄를 회개하는 것은 물론, 부적합한 "선한 행위"로 우리 스스로를 구원하려는 시도에 대해서도 회개해야 함을 의미한다.

멜란히톤의 접근은 고전적인 디스포시치오, 즉 주제 배열 전통의 수정판이었다. 먼저 성경에서 주제를 끌어오는 엑소르디움, 즉 서론이 있었다. 이어서 나라치오, 파르티치오, 콘피르마치오 형식을 취했는데, 토픽을 대지로 쪼개서 깊이 탐구하고, 선명화하며, 방호하는 방식이었다. 마지막으로 "마무리"(peroration)로 이어지는데, 권면과 호소를 통해 주제를 각인시킨다. 이 접근은 신세대 프로테스탄트 설교자들 사이에 매우 각광을 받았으며, 특히 영국 청교도들이 이 방식을 선호했다. 그들은 매우 짤막한 본문(간혹 단 한 절)으로 시작했는데, 간결한 연구를 통해 "교리"(한 명제)를 발굴해 냈다. 그 명제를 여러 개의 추론과 측면(대지와 소지)으로 쪼개고는, 각각을 성경으로 증명했다. 마지막으로 각각의 추론에는 여러 개의 실천적인 적용이 가미되었다. 휴즈 올드는 이 형식은 "강해적이라기보다는 학문적 혹은 주제적"이었다고 주장한다. Old, *Reading and Preaching of the Scriptures: Vol. 4, The Age of Reformation*, p. 284. 그것은 중세 스콜라주의와 고전 수사학을 따른 결과였다. 물론 활용된 논증은 대부분 엄격히 성경에서 인용한 것이었지만 말이다. 이것은 개혁자들이 사용한 교부 모델과는 다른 것이었다. 교부들은 성경 한 단락에서 다수의 교리와 실천 항목들을 이끌어 내고는, 하나씩 연속적으로 다루는 방식을 취했다. 이와 달리 청교도들은 중세 스콜라 설교 형식을 수정해 견지했다. 하나의 요지와 주제를 도출하고, 그것을 여러 부분으로 쪼개고, 각각을 조밀하게 분석하는 방식이었다. Ibid., p. 327. 이로 보건대, 올드가 결론짓듯이, 청교도들은 스스로를 강해 설교자라고 주장하지만, 한 절 본문으로 다양한 설교를 선포했다는 점에서 의도가 어떠했든 사실상 주제 설교, 교리문답식 설교를 실천했다고 볼 수 있다. 역사적이고 궁극적으로, 그것은 강해보다는 "주제 설교를 향한 점진적 발전"으로 이끌었다. Ibid.

23. 설교 준비에서 이 대목에 관해서는 나는 특히 Glen C. Knecht, "Sermons Structure and Flow," in Logan, *Preacher and Preaching*을 추천한다. 《개혁주의 설교와 설교자》 (솔로몬 역간).

24. Motyer, *Preaching?*, pp. 79-80.

25. 지난 40년 동안 주류 프로테스탄트 교회는 전통적인 설교 개요에 대해 대체로 거부 반응을 보여 왔다. 에모리대학의 설교학 교수인 토마스 롱은, 지난 세대 백인 주류 프로테스탄트 교회에서 일어난 "내러티브 설교" 운동과 현재의 쇠락 과정을 가지런하게 정리해 준다. 이 운동은 중심 명제를 기초로 설명하고 방어하는 전통적인 설교 개요에 대해 강력하게 반기를 들었다. 롱은 주류 교회 설교자들과 신학자들이 설교 개요를 유보적으로 생각한 이유들 가운데 하나는, 명제적 계시라는 사상 자체에 대한 회의주의였다고 말한다. 그 사상을 향해 그들은 경멸조로 "생각 상자"(box of ideas)형 성경관이라고 불렀다. 성경 단락은 "신학적인 사상 혹은 진리들의 저장고"요, 설교자는 거기서 "주요 신학적 정보나 지식을 뽑아낼" 수 있다고 보는 전통적인 견해를, 그들은 거절했다. Thomas G. Long, *The Witness of Preaching*, 2nd ed. (Louisville, KY:

John Knox, 2005), p. 101.《증언하는 설교》(CLC 역간). 그들은 합리주의적이고, 깔끔한, 고도로 조직적인 설교 개요를 반대했다.

이 비판은 대체로 성경 계시에 대한 비복음주의적 이해에 기초하지만, 그 주장들 가운데는 정곡을 찌르는 것들도 있다. 우선, 고도로 조직적인 설교 개요는 내러티브 장르에는 잘 들어맞지 않는다. "뭉클한 소설을 읽거나, 강력한 연극을 보거나, 도발적인 영화를 보는 사람이라면 누구도 그 풍성한 경험을 오직 하나의 주된 사상으로 쥐어 짜내려는 엄두를 내지 않을 것이다." Ibid., p. 101. 다른 말로, 하나의 단일한 "요약" 명제가 그 영화를 대체할 수 있다고 누가 감히 생각할 수 있겠는가? 극장에 가서 영화 〈서부전선 이상 없다〉를 보는 대신, 그걸 그냥 '전쟁은 비극적이고 아무것도 이루지 못한다'라는 하나의 요약 명제에 담지 않는 데는 그만한 이유가 있다. 고작 짤막한 명제 하나가 138분짜리 영화의 메시지를 어떻게 전달할 수 있단 말인가? 특히 그 마지막 장면, 주인공이 나비를 향해 부드럽게 손을 내밀지만, 저격수에게 노출되고 결국 총탄에 맞아 죽게 되는 장면에 담긴 여러 의미를 하나의 명제에 담는 게 가능키나 한가 말이다. 결코 그럴 수 없다. 내러티브는 단지 한마디 진술로 졸여 낼 수 있는 것보다 훨씬 많은 의미를 전달한다.

롱은 프레드 크래독(Fred Craddock)의 1971년 기념비적인 책인《권위 없는 자처럼》(*As One Without Authority*, 예배와설교아카데미 역간)을 전통적인 설교 개요에 대한 주류 교회의 거부의 열쇠였다고 지목한다. 그 책은 "명제적 설교에 대한 전면적인 반란"으로 초대한다. Ibid., p. 103. 크래독은, 설교는 논지가 진술되고 이어서 설명하고 지지되는 연역적 방식이 되어서는 안 된다고 호소했다. 대신 그는 이야기 내러티브 혹은 은유의 점진적인 전개, 즉 귀납적 방식을 원했다. 그는 이미지가 풍성하고, 비논변적인 설교를 원했고, "하나의 논지에 삼대지"는 거부했다. Ibid. 롱은 이것이 하나의 분수령이 되었다고 말하고, 크래독의 제언이 주류 교회를 휩쓸었다고 말한다. 그것은 해석을 하나의 실존적인 사건이나 조우(encounter)로 보는, 당시 "신 해석학"(new hermeneutic)의 영향을 받았다. 크래독의 추종자들 가운데 가장 영향력 있는 사람은 유진 로우리였다. 그는, 성경은 대체로 "비명제적"이라고 주장했으며, 성경 단락을 원리나 진리로 쪼개는 것은 "복음의 경험적인 의미를 왜곡하거나 재구성하는 것"이라고 주장했다. Ibid., p.104. 크래독 자신은 설교자가 결국〔성경〕저자가 전하려고 한 '요점'"에 이르러야 한다고 기대했지만(Ibid., p. 100), 그런 수준의 "합리성"(rationality)마저 거절한 이들도 많았다. 주류 교회 설교학자들 상당수는, 설교자는 근본적으로 내래이션을 함으로써 듣는 이로 하여금 그들 자신의 결론을 이끌어 내도록 해야 한다고 주장했다. 각자가 본문과 조우하는 고유한 방식을 통해서 말이다.

롱은, 이 이론이 처음 제언되었을 때는 매우 매력적이고 해방적으로 들렸지만, 이론의 상당 부분이 "설교자와 학생들에게 혼란"스러운 것이었다고 인정하면서, 본문의 영향력은 본문의 실제 사상과 명제형 내용과는 연결되지 않는다는 소위 로우리 식 주장은 틀렸다고 결론짓는다. Long, *Witness of Preaching*, p. 107. 《증언하는 설교》 (CLC 역간). 롱은 다음 로우리의 말을 인용한다. "아마도 당신은 교회에 가서 〈나 같은 죄인 살리신〉 찬양을 들으면서 압도당한 경험이 있을 것이다. 그런데 그 경험은 결코 3절의 명제형 가사 중 특정한 부분 때문에 그런 것은 아니다." 찬양이 마음에 끼치는 영향력을 단지 가사 내용으로 축소할 수 없다는 점에서는, 로우리가 옳다. 그러나 찬양의 힘은 그 내용 이상이지만, 그 이하일 수는 없다. 롱은, 찬양을 부르는 경험이 명제형 내용과는 아무 연관이 없다고 말하는 건 너무 멀리 간 것이라고 주장한다. 재치 있게 묻기를, 교회에서 "Mary Had a Little Lamb"(마리아에겐 어린 양이 있었어요; 아이들 동요-옮긴이주)을 부르는 것도 노래하는 사람들에게 동일한 효과를 낼지를 묻는다. "본문이 '말하는' 것은 그것이 '행하는' 것을 지배한다"는 것이 롱의 결론이다. Ibid., p. 107.

주류 교회 설교자들이 설교 개요의 대안으로 제안한 것은 무엇일까? 롱은 지난 세기 몇몇 주류 교회 설교학자들을 거론하면서, 각 학자들이 전통적인 설교 개요를 어떻게 대체하려고 했는지를 추적한다. 프레드 크레독과 유진 로우리는, 설교는 의문이나 문제에 대한 대답으로 구성되어야 한다고 제안했다. 크레독이 대체로 문제를 사실상 본문의 의미로 만들었다면, 로우리는 청중의 삶 속에서 감지되는 개인적인 "필요" 문제를 선호했다. 여하튼 의문에 대한 답이 주어지든 혹은 문제가 해결되든, 그 과정은 제목, 토픽, 요점 따위로 선포되는 게 아니라, 인식 가능한 일련의 "움직임들"(moves)을 통해 이루어진다. 또 다른 탁월한 주류 교회 설교자인 데이비드 버트릭(David Buttrick)은 이 "움직임들" 각각이 어떤 모양인지에 관한 상세한 분석을 제공했다. 버트릭은 한 움직임은 4분을 넘겨서는 안 된다고 믿었으며(사람들은 그 이상 넘어가면 주의를 기울일 수 없다고 주장하면서), 또한 설교는 20분 정도여야 하고, "움직임"은 다섯 혹은 여섯 개를 넘어가면 안 된다고 믿었다. 그는 또한 각 움직임에 대한 지침을 주는데, 여는 문장과 요약 문장으로 확실하게 경계를 지어야 한다고 주장했다. Long, *Witness of Preaching*, pp. 131-134. 《증언하는 설교》(CLC 역간). 롱은 "내러티브 설교" 운동이 어떻게 지금은 혼란 내지는 쇠퇴에 이르렀는지를 묘사한다. Thomas G. Long, "A Likely Story: The Perils and Power of Narrative in Preaching," in *Preaching from Memory to Hope* (Louisville, KY: John Knox Press, 2009), pp. 1-26 을 보라.

교회 안에서 일어난 이 에피소드를 통해 우리는 무엇을 배울 수 있을까? 주류 교회 저자들도 사실상 개요의 필요성에서 벗어나지 못한다. "움직임들"은 여전히 신중하게 결정되어 연설에 구조를 부여하는 개요 안의 대지들이다. 주류 교회 사상가들이 동의하는 것은, 그렇지만("움직임"이라는 용어로 나오지만) 설교가 단지 사실들의 낭송이 되거나, 논쟁의 한쪽 편들기가 되어선 안 된다는 것이다. 설교는 청중의 정신만이 아니라 그들의 마음까지 사로잡아야 한다. 어디선가 청중을 붙잡아야 한다. 이 개념만은, 내러티브 설교 운동의 많은 실수와 오류에도 불구하고 보존해 남길 가치가 있다.

26. Eugene L. Lowry, The Homiletical Plot, *Expanded Edition: The Sermon as Narrative Art Form* (Louisville, KY: John Knox Press, 2000). 《이야기식 설교 구성》(한국장로교출판사 역간).

27. 이것은 다양한 자료들에서 나왔지만, 특히 N. T. Wright, *The New Testament and the People of God* (Minneapolis, MN: Fortress Press, 1992), pp. 47-81을 보라. 《신약성서와 하나님의 백성》(크리스천다이제스트 역간).

28. 이것은 브라이언 채플의 *Christ-Centered Preaching*, pp. 40-44에 나온 "타락한 상태에 초점을 맞추는 것"(Fallen Condition Focus)과 유사하다. 《그리스도 중심의 설교》(은성 역간). 채플이 더욱 관심을 기울이는 것은, 본문이 말하는 바는 죄가 유발한 문제임을 발견하고, 이어서 그 해결을 그리스도 안에서 찾아 설교하는 것이다. 로우리는, 먼저 문제를 선택하고 이어서 그것을 논의하는 데 도움이 될 성경 본문을 찾는 방식을 더 선호한다.

29. Lowry, *Homiletical Plot*, pp. 44-47. 《이야기식 설교 구성》(한국장로교출판사 역간).

30. Ibid., pp. 65-68, 100-103. 나는 지금 톨킨의 유명한 에세이 "On Fairy-Stories," in *Tree and Leaf* (New York: HarperCollins, 2001), pp. 1-82를 이야기하고 있다. "이야기가 최고로 잘 만들어 내는 …… 위안 …… 행복한 결말의 기쁨 …… 갑작스러운 행복한 '전환' …… 이 기쁨은, 본질적으로 현실 도피도 아니고 도망도 아니다. …… 그것은 갑작스럽고 기적 같은 은혜다. 결코 다시 일어나기를 기대할 수 없는 은혜 말이다. 그것은 '파국적 재앙'의 존재, 아픔과 실패의 존재를 부정하지는 않는다. 기실 이런 파국의 가능성은 구원의 기쁨을 위해 꼭 필요하다. 오히려 그것은 (원한다면 수많은 증거 앞에서) 궁극적인 우주적 패배를 부인하며, 그래서 잠시나마 기쁨을 엿보게 하는 '에반젤리움'(*evangelium*, 복음)이다. 쓰리고 아픈 세상의 벽을 넘어 기쁨을 엿보게 한다. 좋은 이야기, 더 높고 더 완벽한 이야기의 표지가 여기 있으니, 사건이 아무

리 거칠어도, 모험이 아무리 끔찍하고 굉장해도, 그 '전환'이 올 때면, 깊은 안도의 한숨과 눈물이 쏟아질 만큼 벅차오르는 심장과(혹은 정말로 눈물이 흐른다), 최고의 문학 예술이 준 듯 깊고 특별한 수준의 기쁨을 선물한다는 것이다. 그 '전환' …… 안에서 우리는 가슴을 파고드는 기쁨을 경험하는데, 마음 깊은 욕구에서 올라오는 그 기쁨은 일순간 틀을 벗어나 말 그대로 이야기의 그물을 찢어 버리고는, 한 줄기 빛이 들어오게 한다." Tolkien, "On Fairy-Stories," pp. 68-69. 나중에 톨킨은 그 궁극적인 이야기, 복음이 기쁨을 주는 행복한 결말로 끝나는 모든 다른 이야기의 정수라고 주장한다. "이 '기쁨'은 …… 더 깊이 고려할 가치가 있다. 성공적인 판타지 안에 있는 이 고유한 '기쁨'은 …… 기저를 흐르는 …… 실재에 대한 순간적인 엿보기로 설명될 수 있다. …… 복음서는 …… 동화의 모든 정수를 포괄하는 넓은 의미의 한 이야기를 품고 있다. 그것은 …… 가장 위대하고, 상상할 수 있는 가장 완전한 행복한 격변을 품고 있다. 그런데 '그' 이야기가 역사와 일차 세계(primary; 현실 세계를 의미함-옮긴이 주)로 들어왔다. …… 그리스도의 탄생은 인간 역사의 바로 그 행복한 격변이다. 부활은 성육신 이야기의 행복한 격변이다. 이 이야기는 기쁨으로 끝난다. …… 회자되는 이야기 가운데 이보다 더, 사람들이 진실임을 발견할 이야기는 없다. 이보다 더, 수많은 회의적인 사람들에게 그 자체로 진실이라고 받아들여진 이야기는 없다. '그것'의 예술이 더할 수 없이 높은, 최초의 예술, 즉 창조의 톤을 담아내고 있기 때문이다. 그것을 거절하는 것은 결국 슬픔이나 진노로 이어진다. …… '이' 이야기는 지고의(supreme) 이야기다. 그것은 진실이다. 예술은 증명되어 왔다. 하나님은 사람과 천사의 주님, 엘프들의 주님이시다. 전설과 역사는 서로 만나고 융합되었다." Tolkien, "On Fairy-Stories," pp. 71-73.

31. 로우리는 2000년 출판된 자신의 책의 증보판에서, 설교의 내러티브 줄거리에는 네 개의 국면이 있어야 한다고 말한다. 갈등, 문제의 가중(문제를 어렵게 만드는 핵심 이유들로 파고들기), 복음, 펼치기. 그의 견해로는, 설교는 그리스도를 "영웅"이나 문제에 대한 해답으로 계시한 후에, 네 번째 움직임으로 나아가야 한다. 네 번째 국면은 청중이 어떻게 미래의 삶을 살아야 하는지, 이 구체적인 복음의 성격과 능력에 대한 경험을 기초로, 어찌 살아야 할지를 제안한다. 다른 말로, 이것은 "적용" 국면이다.